Python für Excel

Python für Excel

Eine moderne Umgebung für Automatisierung und Datenanalyse

Felix Zumstein

Deutsche Übersetzung von Frank Langenau

O'REILLY®

Felix Zumstein

Lektorat: Alexandra Follenius
Übersetzung: Frank Langenau
Korrektorat: Sibylle Feldmann, *www.richtiger-text.de*
Satz: III-Satz, *www.drei-satz.de*
Herstellung: Stefanie Weidner
Umschlaggestaltung: Karen Montgomery, Michael Oréal, *www.oreal.de*
Druck und Bindung: mediaprint solutions GmbH, 33100 Paderborn

Bibliografische Information der Deutschen Nationalbibliothek
Die Deutsche Nationalbibliothek verzeichnet diese Publikation in der Deutschen Nationalbibliografie; detaillierte bibliografische Daten sind im Internet über *http://dnb.d-nb.de* abrufbar.

ISBN:
Print 978-3-96009-197-4
PDF 978-3-96010-716-3
ePub 978-3-96010-717-0
mobi 978-3-96010-718-7

1. Auflage 2022
1., korrigierter Nachddruck 2024

Hinweis:
Dieses Buch wurde mit mineralölfreien Farben auf PEFC-zertifiziertem Papier aus nachhaltiger Waldwirtschaft gedruckt. Der Umwelt zuliebe verzichten wir zusätzlich auf die Einschweißfolie. Hergestellt in Deutschland.

PEFC-zertifiziert
Dieses Buch stammt aus nachhaltig bewirtschafteten Wäldern und kontrollierten Quellen
PEFC
PEFC/04-31-0810
www.pefc.de

Schreiben Sie uns:
Falls Sie Anregungen, Wünsche und Kommentare haben, lassen Sie es uns wissen: *kommentar@oreilly.de*.

5 4 3 2 1

Inhalt

Teil III Excel-Dateien ohne Excel lesen und schreiben

Teil IV Die Excel-Anwendung mit xlwings programmieren

Vorwort

Microsoft unterhält ein Feedback-Forum für Excel auf UserVoice[1], in dem jeder die Möglichkeit hat, neue Ideen einzureichen, über die andere abstimmen können. Die meistgenannte Funktionsanforderung, »Python als Excel-Skriptsprache«, hat ungefähr doppelt so viele Stimmen wie die zweithäufigste. Obwohl seit der Aufnahme der Idee im Jahr 2015 nicht wirklich etwas passiert ist, witterten Excel-Benutzer Ende 2020 Morgenluft, als Guido van Rossum, der Schöpfer von Python, twitterte (https://oreil.ly/N1_7N), dass sein »Ruhestand langweilig« sei und er zu Microsoft wechseln werde. Ob sein Wechsel einen Einfluss auf das Zusammenspiel von Excel und Python hat, weiß ich nicht. Aber ich weiß, was diese Kombination so überzeugend macht und wie Sie Excel und Python gemeinsam nutzen können – heute. Und das ist, kurz gesagt, das, worum es in diesem Buch geht.

Die treibende Kraft hinter der Geschichte von *Python für Excel* ist die Tatsache, dass wir in einer Welt voller Daten leben. Heutzutage sind riesige Datensätze für jeden und über alles verfügbar. Oftmals sind diese Datensätze so groß, dass sie nicht mehr in ein Tabellenblatt passen. Vor einigen Jahren hätte man dies vielleicht noch als *Big Data* bezeichnet, aber heutzutage ist ein Datensatz mit ein paar Millionen Zeilen wirklich nichts Besonderes mehr. Excel hat sich weiterentwickelt, um mit diesem Trend fertigzuwerden: Eingeführt wurde *Power Query*, um solche Datensätze zu laden und zu bereinigen, die nicht mehr in ein Tabellenblatt passen, und das Add-in *Power Pivot*, um Datenanalysen auf diesen Datensätzen durchzuführen und die Ergebnisse zu präsentieren. Power Query basiert auf der Formelsprache *Power Query M* (kurz M), während Power Pivot Formeln mithilfe von *Data Analysis Expressions* (DAX) definiert. Und wenn Sie einige Dinge in Ihrer Excel-Datei automatisieren möchten, verwenden Sie VBA (*Visual Basic for Applications*), die in Excel integrierte Automatisierungssprache. Für etwas ziemlich Einfaches haben Sie es letztlich mit VBA, M und DAX zu tun. Ein Problem dabei ist, dass Ihnen alle diese Sprachen nur in der Microsoft-Welt weiterhelfen – vor allem auf Excel und Power BI trifft dies zu. (Power BI werde ich kurz in Kapitel 1 vorstellen.)

1 *https://web.archive.org/web/20201209042635/https://excel.uservoice.com/forums/304921-excel-for-windows-desktop-application/filters/top*

Auf der anderen Seite ist Python eine Allzweckprogrammiersprache, die bei Analysten und Data Scientists zu einer der beliebtesten Sprache avanciert ist. Wenn Sie Python mit Excel verwenden, steht Ihnen eine Programmiersprache zur Verfügung, die für alle Aspekte der Geschichte geeignet ist, sei es, um Excel zu automatisieren, auf Datensätze zuzugreifen und sie vorzubereiten oder um Aufgaben der Datenanalyse und Visualisierung wahrzunehmen. Vor allem aber können Sie Ihre Python-Kenntnisse außerhalb von Excel wiederverwenden: Wenn Sie Ihre Rechenleistung erhöhen müssen, können Sie Ihr quantitatives Modell, Ihre Simulation oder Ihre Anwendung für maschinelles Lernen einfach in die Cloud verlagern, wo praktisch unbegrenzte Rechenressourcen auf Sie warten.

Warum ich dieses Buch geschrieben habe

Durch meine Arbeit an *xlwings*, dem Excel-Automatisierungspaket, das Sie in Teil IV dieses Buchs kennenlernen werden, stehe ich in engem Kontakt mit vielen Anwendern, die Python für Excel einsetzen – sei es über den *Issue Tracker* (*https://oreil.ly/ZJQkB*) auf GitHub, aufgrund einer Frage auf *StackOverflow* (*https://stackoverflow.com/*) oder bei einer Veranstaltung wie einem Treffen oder einer Konferenz.

Regelmäßig werde ich gebeten, Quellen für die ersten Schritte mit Python zu empfehlen. Obwohl es sicherlich keinen Mangel an Python-Einführungen gibt, sind sie oft entweder zu allgemein (ohne irgendwas über Datenanalyse) oder zu spezifisch (vollständig wissenschaftlich). Excel-Benutzer befinden sich jedoch eher in der Mitte: Sie arbeiten sicherlich mit Daten, aber eine vollständige wissenschaftliche Einführung mag ihnen zu technisch erscheinen. Außerdem haben sie oftmals spezielle Anforderungen und Fragen, die in den vorhandenen Materialien nicht beantwortet werden. Einige dieser Fragen lauten:

- Welches Python-Excel-Paket brauche ich für welche Aufgabe?
- Wie verschiebe ich meine Power-Query-Datenbankverbindung zu Python?
- Was ist in Python äquivalent zu den Features AutoFilter und Pivottabelle von Excel?

Ich habe dieses Buch geschrieben, damit Sie ohne vorherige Python-Kenntnisse in der Lage sind, Ihre Excel-orientierten Aufgaben zu automatisieren und die Python-Tools für Datenanalyse und wissenschaftliche Berechnungen ohne Umwege in Excel zu nutzen.

Für wen dieses Buch gedacht ist

Wenn Sie als fortgeschrittener Excel-Benutzer die Grenzen von Excel mit einer modernen Programmiersprache überwinden möchten, ist dieses Buch genau das richtige für Sie. Normalerweise bedeutet dies, dass Sie jeden Monat Stunden damit zubringen, große Datenmengen herunterzuladen, zu bereinigen, zu kopieren und in unternehmenskritische Tabellen einzufügen. Es gibt zweifellos verschiedene Möglichkeiten, die Grenzen von Excel zu überwinden, doch dieses Buch konzentriert sich darauf, wie Sie für diese Aufgaben Python verwenden.

Es ist hilfreich, wenn Sie ein grundlegendes Verständnis von Programmierung mitbringen, denn wenn Sie schon einmal eine Funktion oder eine `for`-Schleife geschrieben haben (egal in welcher Programmiersprache), verfügen Sie schon über eine Vorstellung davon, was eine ganze Zahl oder ein String ist. Von diesem Buch können Sie möglicherweise auch profitieren, wenn Sie es gewohnt sind, komplexe Zellformeln zu schreiben, oder Erfahrung darin besitzen, aufgezeichnete VBA-Makros zu optimieren. Nicht erwartet werden Python-spezifische Kenntnisse, da Sie zu allen Tools, die wir hier verwenden, und zu Python selbst Einführungen bekommen.

Ein erfahrener VBA-Entwickler findet in diesem Buch regelmäßig Vergleiche zwischen Python und VBA, mit denen es möglich ist, die üblichen Probleme zu umschiffen und sofort loszulegen.

Dieses Buch kann auch hilfreich sein, wenn Sie als Python-Entwickler die verschiedenen Möglichkeiten kennenlernen müssen, die Python hat, um mit der Excel-Anwendung und den Excel-Dateien umgehen zu können, damit Sie je nach den Anforderungen Ihrer Geschäftskunden das richtige Paket auswählen können.

Wie dieses Buch aufgebaut ist

In diesem Buch zeige ich Ihnen alle Aspekte der Python-für-Excel-Geschichte, gegliedert in vier Teile:

Teil I: Einführung in Python
: Dieser Teil beleuchtet zunächst die Gründe dafür, dass Python ein so angenehmer Begleiter für Excel ist, und stellt dann die Tools vor, die wir in diesem Buch verwenden: die Anaconda-Python-Distribution, Visual Studio Code und Jupyter Notebooks. Außerdem erfahren Sie in diesem Teil genug über Python, um den Rest des Buchs zu meistern.

Teil II: Einführung in pandas
: Bei pandas handelt es sich um die Standardbibliothek von Python für die Datenanalyse. In diesem Teil lernen Sie, wie sich Excel-Arbeitsmappen durch eine Kombination aus Jupyter Notebooks und pandas ersetzen lassen. Normalerweise ist pandas-Code sowohl einfacher zu pflegen als auch effizienter als eine Excel-Arbeitsmappe. Und Sie können mit Datensätzen arbeiten, die für ein Excel-Tabellenblatt viel zu groß sind. Im Unterschied zu Excel können Sie mit pandas Ihren Code überall dort ausführen, wo Sie wollen, auch in der Cloud.

Teil III: Excel-Dateien ohne Excel lesen und schreiben
: In diesem Teil geht es um die Bearbeitung von Excel-Dateien mit einem der folgenden Python-Pakete: pandas, OpenPyXL, XlsxWriter, pyxlsb, xlrd und xlwt. Diese Pakete sind in der Lage, Excel-Arbeitsmappen direkt vom Datenträger zu lesen und darauf zu schreiben, und ersetzen somit die Excel-Anwendung: Da Sie keine Installation von Excel benötigen, funktionieren sie auf jeder Plattform, die Python unterstützt, einschließlich Windows, macOS und Linux. So wendet man ein Reader-Paket typischerweise an, um Daten aus Excel-Dateien einzulesen, die man jeden Morgen von einem externen Unternehmen oder System erhält, und diese Daten in einer Datenbank zu speichern. Ein Writer-Paket liefert zum Beispiel die Funktionalität hinter der berühmten Schaltfläche *Nach Excel exportieren*, die man in fast jeder Anwendung findet.

Teil IV: Die Excel-Anwendung mit xlwings programmieren
: In diesem Teil erfahren Sie, wie Sie Python mit dem Paket xlwings einsetzen können, um die Excel-Anwendung zu automatisieren, anstatt Excel-Dateien vom Datenträger zu lesen und darauf zu schreiben. Demzufolge ist für diesen Teil eine lokale Installation von Excel erforderlich. Sie lernen, wie Sie Excel-Arbeitsmappen öffnen und sie vor Ihren Augen bearbeiten. Neben dem Lesen und Schreiben von Dateien via Excel erstellen Sie interaktive Excel-Tools. Mit diesen ist es dann möglich, eine Schaltfläche anzuklicken, um Python etwas ausführen zu lassen, was Sie vielleicht schon mit VBA-Makros bewerkstelligt haben – beispielsweise eine umfangreiche Berechnung. Außerdem lernen Sie, wie Sie benutzerdefinierte Funktionen (*User-Defined Functions*, UDFs) in Python statt in VBA schreiben.

Es ist wichtig, den grundlegenden Unterschied zwischen Lesen und Schreiben von Excel-*Dateien* (Teil III) und dem Programmieren der Excel-*Anwendung* (Teil IV) zu verstehen, wie es Abbildung E-1 veranschaulicht.

Da Teil III keine Installation von Excel erfordert, funktioniert alles auf allen Plattformen, die Python unterstützen, namentlich Windows, macOS und Linux. Demgegenüber setzt Teil IV Plattformen voraus, die Microsoft Excel unterstützen, d. h. Windows und macOS, da sich der Code auf eine lokale Installation von Microsoft Excel stützt.

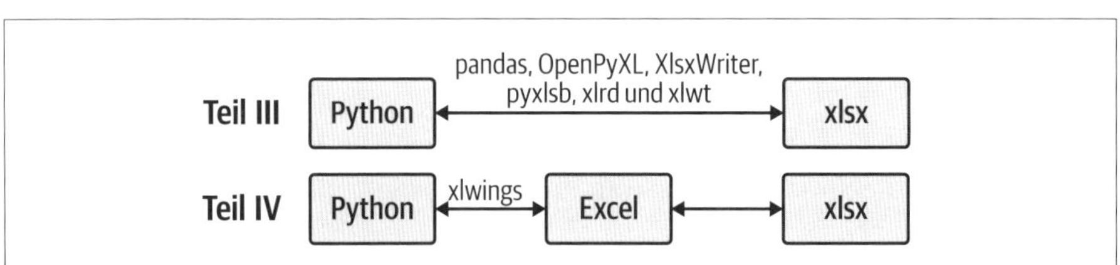

Abbildung E-1: Lesen und Schreiben von Excel-Dateien (Teil III) vs. Programmieren der Excel-Anwendung (Teil IV)

Python- und Excel-Versionen

Die Beispiele in diesem Buch sind mit der Anaconda-Python-Distribution 2020.11 (die Python 3.8 verwendet) und 2021.11 (die Python 3.9 verwendet) getestet worden. Wenn Sie eine neuere Version von Python verwenden möchten, beispielsweise Python 3.10, folgen Sie bitte den Anweisungen auf der Homepage des Buchs. Gelegentlich habe ich einen Kommentar hinterlassen, wenn sich etwas zwischen Python 3.8 und Python 3.9 geändert hat.

Es wird in diesem Buch davon ausgegangen, dass Sie eine moderne Version von Excel verwenden, d. h. mindestens Excel 2007 unter Windows und Excel 2016 unter macOS. Die lokal installierte Version von Excel, die zum Microsoft 365-Abonnement gehört, funktioniert ebenfalls perfekt – ich empfehle sie sogar, da sie über die neuesten Funktionen verfügt, die Sie in anderen Versionen von Excel nicht finden. Zudem ist es die Version, die ich für dieses Buch verwendet habe. Wenn Sie also mit einer anderen Version von Excel arbeiten, kann es sein, dass Sie kleine Unterschiede im Namen oder in der Position eines Menüelements feststellen.

In diesem Buch verwendete Konventionen

In diesem Buch gelten die folgenden typografischen Konventionen:

Kursiv

Kennzeichnet neue Begriffe, URLs, E-Mail-Adressen, Dateinamen und Dateiendungen.

`Schreibmaschinenschrift`

Wird in Programmlistings verwendet und im Fließtext für Programmelemente wie zum Beispiel Variablen- oder Funktionsnamen, Datenbanken, Datentypen, Umgebungsvariablen, Anweisungen und Schlüsselwörter.

`Schreibmaschinenschrift fett`

Kennzeichnet Befehle oder andere Texte, die vom Benutzer buchstäblich eingegeben werden sollen.

`Schreibmaschinenschrift kursiv`

Zeigt Text, der ersetzt werden soll durch Werte, die der Benutzer bereitstellt, oder Werte, die sich aus dem Kontext ergeben. Außerdem werden die in Tabellen kursiv gedruckten Transformationen derzeit von PyTorch nicht unterstützt.

Dieses Element kennzeichnet einen Tipp oder Vorschlag.

Dieses Element kennzeichnet einen allgemeinen Hinweis.

Dieses Element kennzeichnet eine Warnung oder einen Achtungshinweis.

Codebeispiele

Ich unterhalte eine Webseite (*https://xlwings.org/book*) mit ergänzenden Informationen, die Ihnen bei der Arbeit mit diesem Buch helfen sollen. Diese Seite sollten Sie sich unbedingt anschauen, vor allem dann, wenn Sie auf ein Problem stoßen.

Ergänzendes Material (Codebeispiele, Übungen usw.) stehen Ihnen unter *https://github.com/fzumstein/python-for-excel* zum Download zur Verfügung. Um dieses Begleitmaterial herunterzuladen, klicken Sie auf die grüne Schaltfläche *Code* und wählen dann *Download ZIP*. Nachdem Sie die ZIP-Datei heruntergeladen haben, klicken Sie unter Windows mit der rechten Maustaste auf diese Datei und wählen *Alle extrahieren*, um die im Archiv enthaltenen Dateien in einen Ordner zu entpacken. Unter macOS doppelklicken Sie hierzu einfach auf die Datei. Wenn Sie sich mit Git auskennen, können Sie das Archiv auch per Git auf Ihre lokale Festplatte klonen. Den Zielordner können Sie frei wählen, doch ich verweise im Buch gelegentlich auf folgenden Ordner:

```
C:\Users\username\python-for-excel
```

Wenn Sie die ZIP-Datei unter Windows einfach herunterladen und entpacken, erhalten Sie eine ähnliche Ordnerstruktur wie die folgende (wobei die sich wiederholenden Ordnernamen zu beachten sind):

```
C:\...\Downloads\python-for-excel-1st-edition\python-for-excel-1st-edition
```

Damit Sie Beispiele im Buch leichter verfolgen können, kopieren Sie diesen Ordner am besten in einen Ordner, den Sie unter *C:\Users\<Benutzername>\python-for-excel* anlegen. Das Gleiche gilt für macOS: Kopieren Sie die Dateien nach */Users/<Benutzername>/python-for-excel*.

Wenn Sie eine technische Frage oder ein Problem in Bezug auf die Codebeispiele haben, senden Sie bitte eine E-Mail an *kommentar@oreilly.de*.

Dieses Buch soll Ihnen bei Ihrer täglichen Arbeit helfen. Falls Beispielcode zum Buch angeboten wird, dürfen Sie ihn im Allgemeinen in Ihren Programmen und für

Dokumentationen verwenden. Sie müssen uns nicht um Erlaubnis bitten, es sei denn, Sie kopieren einen erheblichen Teil des Codes. Wenn Sie zum Beispiel ein Programm schreiben, das einige Codeblöcke aus diesem Buch verwendet, benötigen Sie keine Erlaubnis. Sollten Sie aber Beispiele aus O'Reilly-Büchern verkaufen oder verbreiten, ist eine Erlaubnis erforderlich. Wenn Sie eine Frage beantworten und dabei dieses Buch oder Beispielcode aus diesem Buch zitieren, brauchen Sie wiederum keine Erlaubnis. Aber wenn Sie erhebliche Teile des Beispielcodes aus diesem Buch in die Dokumentation Ihres Produkts einfließen lassen, ist eine Erlaubnis einzuholen.

Wir schätzen eine Quellenangabe, verlangen sie aber nicht. Eine Quellenangabe umfasst in der Regel Titel, Autor, Verlag und ISBN, zum Beispiel: »*Python für Excel*« von Felix Zumstein (O'Reilly). Copyright 2022 dpunkt.verlag, ISBN 978-3-96009-197-4.«

Sollten Sie der Meinung sind, dass Sie die Codebeispiele in einer Weise verwenden, die über die oben erteilte Erlaubnis hinausgeht, kontaktieren Sie uns bitte unter *kommentar@oreilly.de*.

Danksagung

Als Erstautor bin ich unglaublich dankbar für die Hilfe, die ich auf dem Weg bis zu diesem Buch von vielen Menschen bekommen habe – sie haben mir diese Reise sehr erleichtert!

Für ihre großartige Arbeit möchte mich bedanken bei meiner Lektorin Melissa Potter von O'Reilly – sie hat mich motiviert, im Zeitplan gehalten und mir geholfen, dieses Buch in eine lesbare Form zu bringen. Danke auch an Michelle Smith, die mit mir an dem ursprünglichen Buchvorschlag gearbeitet hat, und Daniel Elfanbaum, der nicht müde wurde, meine technischen Fragen zu beantworten.

Ein großes Dankeschön geht an alle meine Kollegen, Freunde und Kunden, die viele Stunden damit verbracht haben, meine ersten rudimentären Entwürfe zu lesen. Ihr Feedback war entscheidend, um das Buch verständlicher zu machen, und ein paar Fallstudien sind inspiriert worden von einigen realen Excel-Problemen, die sie mit mir geteilt haben. Mein Dank geht an Adam Rodriguez, Mano Beeslar, Simon Schiegg, Rui Da Costa, Jürg Nager und Christophe de Montrichard.

Hilfreiches Feedback habe ich auch von den Lesern der frühen Fassung erhalten, die auf der Onlinelernplattform von O'Reilly veröffentlicht wurde. Vielen Dank an Felipe Maion, Ray Doue, Kolyu Minevski, Scott Drummond, Volker Roth und David Ruggles!

Ich hatte das große Glück, dass hochqualifizierte technische Gutachter das Buch rezensiert haben, und ich weiß die harte Arbeit sehr zu schätzen, die sie unter großem Zeitdruck geleistet haben. Vielen Dank Jordan Goldmeier, George Mount, Andreas Clenow, Werner Brönnimann und Eric Moreira für all eure Hilfe!

Ein besonderer Dank geht an Björn Stiel, der nicht einfach technischer Rezensent war, sondern von dem ich auch viele der Dinge gelernt habe, über die ich in diesem Buch schreibe. Die schon mehrere Jahre dauernde Zusammenarbeit habe ich sehr genossen.

Nicht zuletzt möchte ich mich bei Eric Reynolds bedanken, der 2016 sein Excel-Python-Projekt in die xlwings-Codebasis integriert hat. Zudem hat er das gesamte Paket von Grund auf neu gestaltet, sodass meine schreckliche API aus den Anfangstagen der Vergangenheit angehört. Herzlichen Dank dafür.

TEIL I
Einführung in Python

KAPITEL 1

Warum Python für Excel?

Normalerweise beginnen Excel-Benutzer, ihre Tabellenkalkulationstools infrage zu stellen, wenn sie an eine Grenze stoßen. Klassischerweise passiert das, wenn z. B. Excel-Arbeitsmappen so viele Daten und Formeln enthalten, dass sie langsam werden oder im schlimmsten Fall sogar abstürzen. Es ist jedoch sinnvoll, dass Sie Ihr Setup hinterfragen, bevor die Dinge den Bach runtergehen: Wenn Sie mit unternehmenskritischen Arbeitsmappen arbeiten, bei denen Fehler zu finanziellen Ausfällen oder Rufschädigungen führen könnten, oder wenn Sie jeden Tag Stunden damit verbringen müssen, Excel-Arbeitsmappen manuell zu aktualisieren, sollten Sie lernen, wie Sie Ihre Prozesse mit einer Programmiersprache automatisieren können. Automatisierung verringert die Gefahr menschlicher Fehler, und Sie können Ihre Zeit mit produktiveren Aufgaben verbringen, als Daten in ein Excel-Tabellenblatt zu kopieren oder einzufügen.

In diesem Kapitel nenne ich einige Gründe, warum Python eine ausgezeichnete Wahl in Kombination mit Excel ist und welche Vorteile es gegenüber der in Excel integrierten Automatisierungssprache VBA bietet. Nachdem ich die Programmiersprache von Excel und deren Besonderheiten vorgestellt habe, gehe ich auf die speziellen Features ein, die Python im Vergleich zu VBA so viel stärker machen. Zunächst aber werfen wir einen Blick auf die Ursprünge unserer beiden Hauptakteure!

In Bezug auf die Computertechnik sind Excel und Python schon recht lange präsent: Excel wurde 1985 von Microsoft auf den Markt gebracht und war – was für viele überraschend sein mag – nur für den Apple Macintosh verfügbar. Erst 1987 bekam Microsoft Windows seine erste Version in Form von Excel 2.0. Allerdings war Microsoft auf dem Markt nicht der Vorreiter für Tabellenkalkulationen: VisiCorp brachte 1979 VisiCalc heraus, gefolgt von Lotus Software im Jahr 1983 mit Lotus 1-2-3. Und selbst Microsoft stieg nicht mit Excel ein: Drei Jahre zuvor brachte das Unternehmen Multiplan heraus, eine Tabellenkalkulation, die sich unter MS-DOS und einigen anderen Betriebssystemen ausführen ließ, aber nicht unter Windows.

Python wurde 1991 geboren, nur sechs Jahre nach Excel. Während aber Excel schon früh populär war, brauchte es bei Python etwas länger, bis es sich in bestimmten Bereichen wie der Webentwicklung oder der Systemadministration durchsetzte. Im Jahr 2005 mauserte sich Python zu einer ernsthaften Alternative für wissenschaftliche Berechnungen, als *NumPy* veröffentlicht wurde, ein Paket für Array-basierte Berechnungen und lineare Algebra. NumPy vereinigt zwei Vorgängerpakete und bündelt damit alle Entwicklungsanstrengungen rund um wissenschaftliches Rechnen in einem einzigen Projekt. Heute bildet es die Basis zahlreicher wissenschaftlicher Pakete, darunter *pandas*, das 2008 herauskam und weitgehend für die breite Akzeptanz von Python in Data Science und Finanzwesen verantwortlich ist, die nach 2010 einsetzte. Dank pandas ist Python neben R zu einer der am häufigsten verwendeten Sprachen für Aufgaben der Data Science, wie Datenanalyse, Statistik und maschinelles Lernen, geworden.

Die Tatsache, dass Python und Excel schon vor langer Zeit erfunden wurden, ist nicht die einzige Gemeinsamkeit: Excel und Python sind auch Programmiersprachen. Wahrscheinlich überrascht es Sie nicht, dies über Python zu hören, doch für Excel bedarf es vielleicht einer Erklärung, die jetzt umgehend folgt.

Excel ist eine Programmiersprache

Dieser Abschnitt beginnt mit einer Einführung in Excel als Programmiersprache. Damit können Sie besser verstehen, warum Probleme mit Tabellenkalkulationen regelmäßig in den Nachrichten auftauchen. Dann werfen wir einen Blick auf einige bewährte Verfahren, die sich in der Community der Softwareentwickler herausgebildet haben und die Sie vor vielen typischen Excel-Fehlern bewahren können. Wir schließen mit einer kurzen Einführung in Power Query und Power Pivot, zwei moderne Excel-Tools, die die Art von Funktionalität abdecken, für die wir stattdessen pandas verwenden werden.

Ist es nicht nur Ihre Einkaufsliste, die Sie mit Excel verwalten, verwenden Sie sicherlich auch Funktionen wie `=SUM(A1:A4)`, um einen Bereich von Zellen zu summieren. Wenn Sie einen Moment darüber nachdenken, wie das funktioniert, werden Sie feststellen, dass der Wert einer Zelle üblicherweise von einer oder mehreren anderen Zellen abhängt, die wiederum Funktionen verwenden können, die von einer oder mehreren anderen Zellen abhängen usw. Derartig verschachtelte Funktionsaufrufe unterscheiden sich nicht von der Funktionsweise anderer Programmiersprachen, nur dass Sie den Code in Zellen statt in Textdateien schreiben. Und sollte Sie das immer noch nicht überzeugt haben: Ende 2020 hat Microsoft angekündigt, *Lambda-Funktionen* einzuführen, womit Sie in der Excel-eigenen Formelsprache wiederverwendbare Funktionen schreiben können, und zwar ohne auf eine andere Sprache wie VBA zurückgreifen zu müssen. Laut dem Produktchef von Excel, Brian Jones, war dies das fehlende Teil, das Excel letztlich zu einer »echten« Programmiersprache macht.[1] Das bedeutet auch, dass Excel-Benutzer eigentlich Excel-Programmierer genannt werden sollten!

1 Die Ankündigung der Lambda-Funktionen können Sie im Excel-Blog unter *https://oreil.ly/4-0y2* nachlesen.

Bei Excel-Programmierern gibt es jedoch eine Besonderheit: Die meisten von ihnen sind Geschäftsanwender oder Fachexperten ohne formale Informatikausbildung. Es sind Kaufleute, Buchhalter oder Ingenieure, um nur ein paar Beispiele zu nennen. Ihre Tools für die Tabellenkalkulation sind darauf ausgerichtet, ein Geschäftsproblem zu lösen, wobei sie häufiger mal bewährte Verfahren der Softwareentwicklung ignorieren. Infolgedessen mischen diese Tabellenkalkulationstools oft Eingaben, Berechnungen und Ausgaben auf denselben Tabellenblättern, sie führen Schritte aus, die nicht unbedingt nachvollziehbar sind, aber für eine ordnungsgemäße Funktion gebraucht werden, und kritische Änderungen erfolgen ohne jegliches Sicherheitsnetz. Mit anderen Worten: Den Tabellenkalkulationstools fehlt eine solide Anwendungsarchitektur, und oftmals sind sie weder gut dokumentiert noch ausreichend getestet. Manchmal haben diese Probleme verheerende Folgen: Wenn Sie vergessen, Ihre Arbeitsmappe neu zu berechnen, bevor Sie eine Aktientransaktion absetzen, kaufen oder verkaufen Sie möglicherweise die falsche Anzahl von Aktien und verlieren dadurch Geld. Und wenn es nicht nur Ihr eigenes Geld ist, mit dem Sie handeln, schaffen Sie es bis in die Nachrichten, wie wir gleich sehen werden.

Excel in den Nachrichten

Excel ist regelmäßig in den Nachrichten vertreten, und während ich dieses Buch geschrieben habe, kamen zwei neue Geschichten in die Schlagzeilen. In der ersten ging es um das HUGO Gene Nomenclature Committee, das einige menschliche Gene umbenannt hat, damit sie von Excel nicht mehr als Datumswerte interpretiert werden. Um beispielsweise zu verhindern, dass das Gen `MARCH1` in `1-Mar` umbenannt wird, wurde es in `MARCHF1` umbenannt.[2] In der zweiten Geschichte wurde Excel für die verspätete Meldung von 16.000 COVID-19-Testergebnissen in Großbritannien verantwortlich gemacht. Verursacht wurde das Problem dadurch, dass die Testergebnisse im älteren Excel-Dateiformat (*.xls*) festgehalten wurden, das mit maximal etwa 65.000 Zeilen umgehen kann. Größere Datensätze wurden jenseits dieser Grenze einfach abgeschnitten.[3] Während diese beiden Geschichten die anhaltende Bedeutung und Dominanz von Excel in der heutigen Welt zeigen, gibt es wahrscheinlich keinen »Excel-Vorfall«, der berühmter ist als der London Whale.

London Whale ist der Spitzname eines Händlers, dessen Handelsfehler JP Morgan im Jahr 2012 dazu zwangen, einen erschütternden Verlust von sechs Milliarden Dollar bekannt zu geben. Die Ursache für die Panne war ein Excel-basiertes Value-at-Risk-Modell, das das tatsächliche Risiko eines Geldverlusts in einem ihrer Portfolios erheblich unterschätzt hatte. Der *Report of JPMorgan Chase & Co. Manage-*

2 James Vincent, *Scientists rename human genes to stop Microsoft Excel from misreading them as dates*. The Verge, 6. August 2020, *https://oreil.ly/0qo-n*.

3 Leo Kelion, *Excel: Why using Microsoft's tool caused COVID-19 results to be lost*. BBC News, 5. Oktober 2020, *https://oreil.ly/vvB6o*.

ment Task Force Regarding 2012 CIO Losses[4] (2013) erwähnt, dass »das Modell mit einer Reihe von Excel-Tabellen arbeitet, die manuell durch Kopieren und Einfügen von Daten aus einer Tabelle in eine andere vervollständigt werden müssen«. Zusätzlich zu diesen operativen Problemen gab es einen logischen Fehler: In einer Berechnung wurde durch eine Summe statt durch einen Mittelwert dividiert.

Wenn Sie mehr von diesen Geschichten lesen möchten, sehen Sie sich die Webseite *Horror Stories* an (*https://oreil.ly/WLO-I*), die von der *European Spreadsheet Risks Interest Group* (EuSpRIG) unterhalten wird.

Um zu verhindern, dass Ihre Firma mit einer ähnlichen Story in den Nachrichten landet, sollten Sie sich den nächsten Abschnitt zu bewährten Verfahren ansehen, um Ihre Arbeit mit Excel erheblich sicherer zu machen.

Best Practices der Programmierung

Dieser Abschnitt macht Sie mit den wichtigsten Best Practices der Programmierung bekannt, darunter Trennung der Belange, DRY-Prinzip, Testen und Versionskontrolle. Wie Sie sich selbst überzeugen können, lassen sich die Best Practices einfacher befolgen, wenn Sie Python zusammen mit Excel verwenden.

Trennung der Belange

Zu den wichtigsten Entwurfsprinzipien in der Programmierung gehört die *Trennung der Belange*, die man auch als *Modularität* bezeichnet. Es bedeutet, dass zusammengehörende Funktionen in einem separaten Teil eines Programms untergebracht werden, damit dieser sich leicht ersetzen lässt, ohne die übrige Anwendung zu beeinträchtigen. Auf der obersten Ebene gliedert man eine Anwendung häufig in die folgenden Schichten:[5]

- Darstellungsschicht
- Geschäftsschicht
- Datenschicht

Um die Aufgaben dieser Schichten zu beschreiben, betrachten wir einen einfachen Konverter für Währungen, wie ihn Abbildung 1-1 zeigt. Die Excel-Datei *currency_converter.xlsx* finden Sie im *xl*-Ordner des Begleit-Repositorys.

Die Anwendung funktioniert wie folgt: Sie geben den Betrag und die Währung in die Zellen A4 bzw. B4 ein. Excel wandelt dies in US-Dollar um und schreibt das Ergebnis in Zelle D4. Viele Tabellenkalkulationen sind in dieser Weise konzipiert und werden von Unternehmen tagtäglich eingesetzt. Die Anwendung werde ich jetzt in ihre Schichten aufteilen:

4 Wikipedia verweist auf das Dokument in einer der Fußnoten (*https://oreil.ly/0uUj9*) in ihrem Artikel über den Fall.

5 Die Terminologie entstammt dem *Microsoft Application Architecture Guide, 2nd Edition*, der online verfügbar ist (*https://oreil.ly/8V-GS*), allerdings nicht mehr regelmäßig aktualisiert wird.

Darstellungsschicht
: Dies ist die Schicht, die Sie sehen und mit der Sie interagieren, d. h. die Benutzeroberfläche: Die Werte der Zellen A4, B4 und D4 bilden zusammen mit ihren Beschriftungen die Darstellungsschicht des Währungskonverters.

Geschäftsschicht
: Diese Schicht realisiert die anwendungsspezifische Logik: Zelle D4 definiert, wie der Betrag in USD konvertiert wird. Die Formel `=A4 * VLOOKUP(B4, F4:G11, 2, FALSE)` lässt sich als Betrag mal Wechselkurs übersetzen.

Datenschicht
: Wie der Name vermuten lässt, greift diese Schicht auf die Daten zu: Der `VLOOKUP`-Teil von Zelle D4 übernimmt diese Aufgabe.

Die Datenschicht greift auf die Daten aus der Wechselkurstabelle zu, die in Zelle F3 beginnt und die als Datenbank dieser kleinen Anwendung dient. Sicherlich ist Ihnen aufgefallen, dass Zelle D4 in allen drei Schichten erscheint: Diese einfache Anwendung mischt Darstellungs-, Geschäfts- und Datenschicht in einer einzigen Zelle.

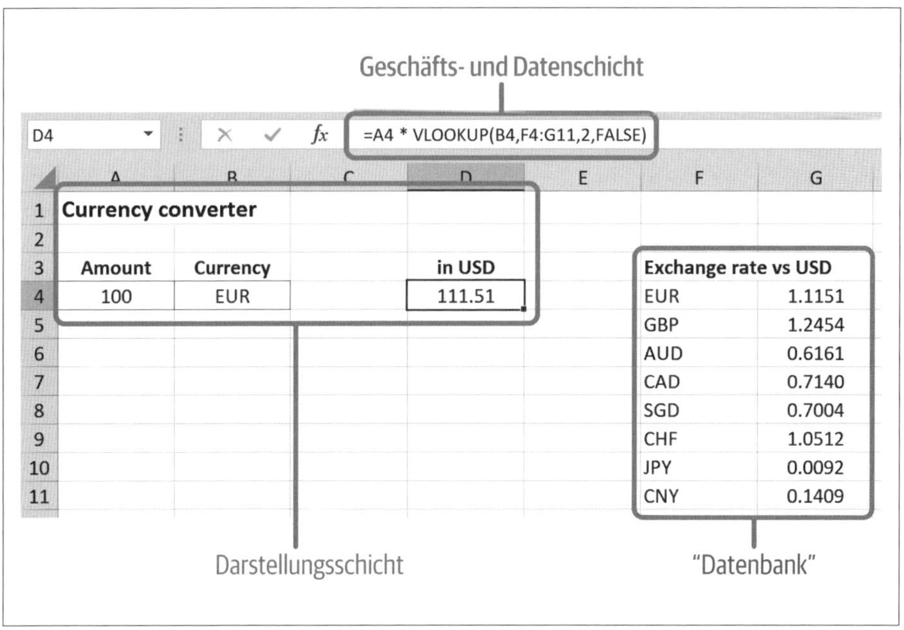

Abbildung 1-1: Die Excel-Datei currency_converter.xlsx

Für diesen einfachen Währungskonverter ist das nicht unbedingt ein Problem, aber oft wird aus einer kleinen Excel-Datei schon recht bald eine viel größere Anwendung. Wie lässt sich diese Situation verbessern? Die meisten professionellen Excel-Entwickler raten dazu, für jede Ebene – in der Excel-Terminologie üblicherweise *Eingaben*, *Berechnungen* und *Ausgaben* genannt – ein eigenes Tabellenblatt zu verwenden. Oftmals kombiniert man das mit bestimmten Farbcodes für jede Schicht, z. B. einem blauen Hintergrund für alle Eingabezellen. In Kapitel 11 erstellen wir eine echte Anwendung, die auf diesen drei Schichten basiert: Excel wird die Darstellungsschicht sein, während die Geschäfts- und Datenschichten nach Python verlagert werden, wo es viel einfacher ist, den Code ordnungsgemäß zu strukturieren.

Nachdem Sie nun wissen, was sich hinter der Trennung von Belangen verbirgt, wollen wir herausfinden, worum es sich beim DRY-Prinzip handelt.

Das DRY-Prinzip

Der pragmatische Programmierer von Hunt und Thomas (Pearson Education) hat das DRY-Prinzip populär gemacht: *Wiederholen Sie sich nicht* (DRY – *Don't Repeat Yourself*). Doppelter Code bedeutet mehr Codezeilen und mehr Fehlerquellen, wodurch der Code schwieriger zu warten ist. Wenn sich Ihre Geschäftslogik in Ihren Zellformeln befindet, ist es praktisch unmöglich, das DRY-Prinzip anzuwenden, da es keinen Mechanismus gibt, durch den Sie den Code in einer anderen Arbeitsmappe wiederverwenden können. Leider bedeutet das, dass Sie ein neues Excel-Projekt üblicherweise damit beginnen, dass Sie die Arbeitsmappe aus dem vorherigen Projekt oder von einer Vorlage kopieren.

Wenn Sie in VBA schreiben, ist der am häufigsten anzutreffende wiederverwendbare Code eine Funktion. Eine Funktion bietet Ihnen Zugriff auf denselben Codeblock, zum Beispiel von mehreren Makros aus. Wenn Sie mehrere Funktionen haben, die Sie ständig verwenden, werden Sie sie vielleicht in mehreren Arbeitsmappen gemeinsam verwenden wollen. Das Standardinstrument für die gemeinsame Nutzung von VBA-Code in mehreren Arbeitsmappen sind Add-ins. Allerdings fehlt bei VBA-Add-ins eine zuverlässige Möglichkeit, sie zu verteilen und zu aktualisieren. Zwar hat Microsoft einen Excel-internen Add-in-Speicher eingeführt, um dieses Problem zu lösen, doch funktioniert er nur mit JavaScript-basierten Add-ins, kommt also für VBA-Programmierer nicht infrage. Demzufolge ist es immer noch üblich, mit VBA per Copy-and-paste zu arbeiten: Nehmen wir an, Sie bräuchten eine *kubische Spline-Funktion* in Excel. Mit einer kubischen Spline-Funktion lässt sich eine Kurve basierend auf wenigen Punkten in einem Koordinatensystem interpolieren. Häufig wird sie von Händlern festverzinslicher Wertpapiere verwendet, um eine Zinskurve für alle Laufzeiten auf der Grundlage einiger bekannter Kombinationen von Laufzeit und Zinssatz abzuleiten. Wenn Sie im Internet nach »kubische splines excel« suchen, dauert es nicht allzu lange, bis Sie auf eine Seite mit VBA-Code stoßen, die genau das erledigt, was Sie wollen. Problematisch dabei ist, dass diese Funktionen in den meisten Fällen von einer einzelnen Person mit wahrscheinlich guten Absichten, aber ohne formale Dokumentation oder Tests geschrieben wurden. Vielleicht funktionieren sie für die Mehrheit der Eingaben, aber was ist mit einigen ungewöhnlichen Randfällen? Wenn Sie mit einem festverzinslichen Portfolio im Wert von mehreren Millionen handeln, brauchen Sie etwas, dem Sie vertrauen können. Zumindest werden Ihnen das Ihre internen Prüfer sagen, wenn sie feststellen, woher der Code stammt.

Wie der letzte Abschnitt dieses Kapitels zeigt, erleichtert Python die Verteilung des Codes mithilfe eines Paketmanagers. Bevor wir jedoch dazu kommen, wollen wir uns mit dem Testen befassen, einem der Eckpfeiler einer soliden Softwareentwicklung.

Testen

Wenn Sie einem Excel-Entwickler sagen, er möge Arbeitsmappen testen, wird er höchstwahrscheinlich einige Stichproben machen: auf eine Schaltfläche klicken und sehen, ob das Makro immer noch tut, was es tun soll, oder einige Eingaben ändern und prüfen, ob die Ausgabe vernünftig aussieht. Diese Strategie ist allerdings riskant: In Excel passieren leicht Fehler, die schwer aufzuspüren sind. Zum Beispiel können Sie eine Formel versehentlich durch einen fest codierten Wert überschreiben. Oder Sie vergessen, eine Formel in einer ausgeblendeten Spalte anzupassen.

Wenn Sie einem professionellen Softwareentwickler sagen, er möge seinen Code testen, schreibt er *Komponententests* (auch Modultests oder Unittests genannt). Wie aus dem Namen hervorgeht, handelt es sich um einen Mechanismus, um einzelne Komponenten eines Programms zu testen. Zum Beispiel stellen Komponententests sicher, dass eine einzelne Funktion eines Programms ordnungsgemäß funktioniert. Die meisten Programmiersprachen bieten eine Möglichkeit, Komponententests automatisch auszuführen. Dadurch lässt sich die Zuverlässigkeit Ihrer Codebasis erheblich erhöhen und einigermaßen sicherstellen, dass Sie beim Bearbeiten Ihres Codes nichts kaputt machen, was bisher funktioniert hat.

Wenn Sie sich das Tool zur Umrechnung von Währungen in Abbildung 1-1 ansehen, könnten Sie mit einem Test prüfen, ob die Formel in Zelle D4 bei den folgenden Eingaben das korrekte Ergebnis USD 105 zurückgibt: 100 EUR als Betrag und 1,05 als EUR-USD-Wechselkurs. Warum ist das hilfreich? Angenommen, Sie löschen versehentlich Zelle D4 mit der Umrechnungsformel und müssen sie neu schreiben: Anstatt den Betrag mit dem Wechselkurs zu multiplizieren, dividieren Sie durch den Wechselkurs – schließlich kann der Umgang mit Währungen verwirrend sein. Wenn Sie dann den obigen Test ausführen, erhalten Sie einen Testfehler, da 100 EUR/1,05 nicht mehr das erwartete Testergebnis 105 USD liefert. Auf diese Weise können Sie die fehlerhafte Formel erkennen und korrigieren, bevor Sie das Tabellenblatt an Ihre Benutzer übergeben.

Fast alle herkömmlichen Programmiersprachen bieten ein oder mehrere Test-Frameworks, um Komponententests ohne großen Aufwand schreiben zu können – aber nicht Excel. Glücklicherweise ist das Konzept der Komponententests einfach genug, und durch die Kopplung von Excel mit Python können Sie auf die leistungsfähigen Frameworks für Komponententests von Python zugreifen. Auch wenn eine ausführliche Darstellung von Komponententests den Rahmen dieses Buchs sprengen würde, lade ich Sie ein, einen kurzen Blick auf meinen Blogbeitrag (*https://oreil.ly/crwTm*) zu werfen, in dem ich das Thema anhand von praktischen Beispielen durchgehe.

Komponententests werden oft so eingerichtet, dass sie automatisch ausgeführt werden, wenn Sie Ihren Code an Ihr Versionskontrollsystem übergeben. Der nächste Abschnitt erläutert, was Versionskontrollsysteme sind und warum es schwierig ist, sie für Excel-Dateien zu verwenden.

Versionskontrolle

Ein weiteres Merkmal professioneller Programmierer ist, dass sie ein System zur *Versionskontrolle* oder *Quellcodekontrolle* verwenden. Ein *Versionskontrollsystem* (VCS) verfolgt Änderungen in Ihrem Quellcode im Laufe der Zeit, sodass Sie sehen können, wer was wann und warum geändert hat, und erlaubt Ihnen, zu jedem Zeitpunkt zu alten Versionen zurückzukehren. Das beliebteste Versionskontrollsystem ist heutzutage Git (*https://git-scm.com/*). Ursprünglich wurde es entwickelt, um den Linux-Quellcode zu verwalten, und hat seitdem die Programmierwelt erobert – selbst Microsoft hat Git im Jahr 2017 für die Verwaltung des Windows-Quellcodes übernommen. In der Excel-Welt kommt das mit Abstand beliebteste Versionskontrollsystem in Form eines Ordners daher, in dem Dateien wie diese archiviert werden:

```
currency_converter_v1.xlsx
currency_converter_v2_2020_04_21.xlsx
currency_converter_final_edits_Bob.xlsx
currency_converter_final_final.xlsx
```

Wenn sich der Excel-Entwickler – anders als in diesem Beispiel – an eine bestimmte Konvention im Dateinamen hält, ist daran an sich nichts auszusetzen. Doch wenn Sie den Versionsverlauf Ihrer Dateien lokal verwalten, entgehen Ihnen wichtige Aspekte der Versionskontrolle. Das betrifft unter anderem eine einfachere Zusammenarbeit, Peer-Reviews, Genehmigungsprozesse und Revisionsaufzeichnungen. Und wenn Sie Ihre Arbeitsmappen sicherer und stabiler machen möchten, werden Sie nicht auf solche Dinge verzichten wollen. Professionelle Programmierer verwenden in der Regel Git in Verbindung mit einer webbasierten Plattform wie GitHub, GitLab, Bitbucket oder Azure DevOps. Bei diesen Plattformen ist es möglich, mit sogenannten *Pull Requests* oder *Merge Requests* zu arbeiten. Entwickler können damit formell beantragen, dass ihre Änderungen in die Quellcodebasis übernommen werden. Ein Pull Request bietet die folgenden Informationen:

- Wer ist der Autor der Änderungen?
- Wann wurden die Änderungen vorgenommen?
- Welchen Zweck haben die in der Commit-Nachricht beschriebenen Änderungen?

- Welche Details der Änderungen werden in der mit `git diff` erzeugten Ansicht, die Änderungen für neuen Code grün und für gelöschten Code rot hervorhebt, als Unterschiede angezeigt?

Eine Kollegin oder ein Teamleiter kann somit die Änderungen überprüfen und Unregelmäßigkeiten feststellen. Oftmals ist ein zusätzliches Augenpaar in der Lage, den einen oder anderen Fehler auszumachen oder dem Programmierer anderweitig wertvolles Feedback zu geben. Angesichts dieser Vorteile stellt sich die Frage, warum Excel-Entwickler es vorziehen, das lokale Dateisystem und ihre eigene Namenskonvention zu verwenden, anstatt auf ein professionelles System wie Git zurückzugreifen.

- Viele Excel-Benutzer kennen Git einfach nicht, oder sie geben frühzeitig auf, denn Git hat eine relativ steile Lernkurve.
- Mit Git können mehrere Benutzer parallel an lokalen Kopien derselben Datei arbeiten. Nachdem alle ihre Arbeit committet haben, kann Git normalerweise alle Änderungen zusammenführen, ohne dass manuell eingegriffen werden muss. Bei Excel-Dateien funktioniert das nicht: Wenn sie parallel in separaten Kopien geändert werden, weiß Git nicht, wie es diese Änderungen wieder zu einer einzigen Datei zusammenführen soll.
- Selbst wenn es Ihnen gelingt, die vorgenannten Probleme in den Griff zu bekommen, bietet Git bei Excel-Dateien einfach nicht den gleichen Nutzen wie bei Textdateien. Git ist nicht in der Lage, Änderungen zwischen Excel-Dateien anzuzeigen, was einen zielführenden Peer-Review-Prozess verhindert.

Aufgrund all dieser Probleme hat mein Unternehmen xltrail (*https://xltrail.com/*) entwickelt, ein Git-basiertes Versionskontrollsystem, das mit Excel-Dateien umgehen kann. Es verbirgt die Komplexität von Git, sodass gewerbliche Anwender es bequem nutzen können, und ermöglicht auch die Verbindung zu externen Git-Systemen, falls Sie zum Beispiel Ihre Dateien bereits mit GitHub verfolgen. xltrail verfolgt verschiedene Komponenten einer Arbeitsmappe wie Zellformeln, benannte Bereiche, Power Queries und VBA-Code, sodass Sie auch von den klassischen Vorteilen der Versionskontrolle einschließlich der Peer-Reviews profitieren können.

Die Versionskontrolle mit Excel lässt sich auch dadurch vereinfachen, dass man die Geschäftslogik aus Excel herausnimmt und in Python-Dateien unterbringt, was wir in Kapitel 10 tun werden. Da sich Python-Dateien problemlos mit Git verfolgen lassen, haben Sie den wichtigsten Teil Ihres Tabellenkalkulationsprogramms unter Kontrolle.

Dieser Abschnitt ist zwar mit »Best Practices der Programmierung« überschrieben, stellt aber vor allem heraus, warum diese bei Excel schwerer zu befolgen sind als bei einer herkömmlichen Programmiersprache wie Python. Bevor wir uns Python zuwenden, möchte ich kurz Power Query und Power Pivot vorstellen, den Versuch von Microsoft, Excel zu modernisieren.

Modernes Excel

Die moderne Ära von Excel beginnt mit Excel 2007, als das Menüband und die neuen Dateiformate (z. B. *.xlsx* statt *.xls*) eingeführt wurden. Die Excel-Community meint aber mit »modernes Excel« die Tools, die mit Excel 2010 hinzugekommen sind: vor allem Power Query und Power Pivot. Mit diesen Tools können Sie eine Verbindung zu externen Datenquellen herstellen und Daten analysieren, die zu groß sind, um in ein Tabellenblatt zu passen. Da sich ihre Funktionen mit dem überschneiden, was wir mit pandas in Kapitel 5 machen werden, stelle ich sie im ersten Teil dieses Abschnitts kurz vor. Im zweiten Teil geht es um Power BI, eine eigenständige Business-Intelligence-Anwendung, die die Funktionen von Power Query und Power Pivot mit Visualisierungsfähigkeiten kombiniert – und das mit integrierter Unterstützung für Python!

Power Query und Power Pivot

Mit Excel 2010 hat Microsoft ein Add-in namens *Power Query* eingeführt. Power Query ermöglicht es, auf die unterschiedlichsten Datenquellen zuzugreifen, einschließlich Excel-Arbeitsmappen, CSV-Dateien und SQL-Datenbanken. Es bietet auch Verbindungen zu Plattformen wie Salesforce und kann sogar erweitert werden, um Verbindungen zu Systemen einzurichten, die standardmäßig nicht abgedeckt sind. Die Kernfunktionalität von Power Query ist auf Datensätze ausgerichtet, die zu groß für ein Tabellenblatt sind. Nach dem Laden der Daten können Sie in zusätzlichen Schritten die Daten bereinigen und bearbeiten, damit sie in einem brauchbaren Format in Excel ankommen. Zum Beispiel könnten Sie eine Spalte in zwei Spalten aufteilen, zwei Tabellen zusammenführen oder Ihre Daten filtern und gruppieren. Seit Excel 2016 ist Power Query kein Add-in mehr, sondern lässt sich direkt im Menüband auf der Registerkarte *Daten* über die Schaltfläche *Daten importieren* aufrufen. Unter macOS ist Power Query nur teilweise verfügbar – es wird jedoch aktiv weiterentwickelt, sodass es in einer zukünftigen Version von Excel vollständig unterstützt werden sollte.

Power Pivot geht Hand in Hand mit Power Query: Konzeptionell ist es der zweite Schritt, nachdem Sie Ihre Daten mit Power Query erfasst und bereinigt haben. Power Pivot hilft Ihnen, Ihre Daten direkt in Excel zu analysieren und ansprechend darzustellen. Stellen Sie es sich als eine herkömmliche Pivot-Tabelle vor, die wie Power Query mit großen Datensätzen umgehen kann. Mit Power Pivot können Sie formale Datenmodelle mit Beziehungen und Hierarchien definieren, und über die Formelsprache DAX können Sie berechnete Spalten hinzufügen. Power Pivot ist ebenfalls mit Excel 2010 eingeführt worden, bleibt aber ein Add-in und ist bislang nicht unter macOS verfügbar.

Wenn Sie mit Power Query und Power Pivot arbeiten und darauf aufbauend Dashboards erstellen möchten, ist Power BI einen Blick wert – sehen Sie sich an, warum!

Power BI

Power BI ist eine eigenständige Anwendung, die 2015 veröffentlicht wurde. Es ist die Antwort von Microsoft auf Business-Intelligence-Tools wie Tableau oder Qlik. Power BI Desktop ist kostenlos. Wenn Sie es ausprobieren möchten, laden Sie es sich auf die Startseite von Power BI (*https://oreil.ly/I1kGj*) herunter – beachten Sie aber, dass Power BI Desktop nur für Windows verfügbar ist. Ziel von Power BI ist es, große Datensätze in interaktiven Dashboards sinnvoll zu visualisieren. Im Kern stützt es sich auf die gleichen Power-Query- und Power-Pivot-Funktionen wie Excel. Kommerzielle Lizenzen ermöglichen die Zusammenarbeit und gemeinsame Nutzung von Dashboards online, doch sind diese getrennt von der Desktop-Version. Power BI ist vor allem deshalb im Rahmen dieses Buchs spannend, weil es seit 2018 Python-Skripte unterstützt. Python eignet sich sowohl für den Abfrageteil als auch für den Visualisierungsteil, indem die Plotting-Bibliotheken von Python genutzt werden. Für mich fühlt es sich etwas schwerfällig an, Python in Power BI zu verwenden, doch hier kommt es vor allem darauf an, dass Microsoft die Bedeutung von Python in Bezug auf die Datenanalyse erkannt hat. Dementsprechend groß sind die Hoffnungen, dass Python eines Tages auch offiziell in Excel Einzug halten wird.

Was ist also so toll an Python, dass Microsoft es mit Power BI zusammengebracht hat? Der nächste Abschnitt gibt darauf einige Antworten!

Python für Excel

In Excel geht es vor allem darum, Daten zu speichern, zu analysieren und zu visualisieren. Und da die Stärken von Python besonders auf dem Gebiet wissenschaftlicher Berechnungen liegen, passen Python und Excel auf natürliche Weise gut zusammen. Zudem ist Python eine der wenigen Sprachen, die sowohl für professionelle Programmierer als auch für Einsteiger, die alle paar Wochen nur wenige Codezeilen schreiben, interessant ist. Auf der einen Seite arbeiten professionelle Programmierer gern mit Python, weil es eine Allzweckprogrammiersprache ist und man so ziemlich alles erreichen kann, ohne große Klimmzüge machen zu müssen. Auf der anderen Seite ist Python bei Einsteigern beliebt, weil es einfacher zu erlernen ist als andere Sprachen. Infolgedessen wird Python sowohl für die Ad-hoc-Datenanalyse und kleinere Automatisierungsaufgaben als auch für riesige Produktionscodebasen wie das Backend von Instagram verwendet.[6] Falls also Ihr Python-basiertes Excel-Tool wirklich populär wird, können Sie in das Projekt ganz einfach einen Webentwickler einbinden, der Ihren Excel-Python-Prototyp in eine ausgewachsene Webanwendung überführt. Python bietet den einzigartigen Vorteil, dass Sie den Teil mit der Geschäftslogik höchstwahrscheinlich nicht neu schreiben müs-

6 Mehr darüber, wie Instagram mit Python arbeitet, finden Sie in deren Technikblog (*https://oreil.ly/SSnQG*).

sen, sondern unverändert vom Excel-Prototyp in die reale Webumgebung übertragen können.

Im folgenden Abschnitt stelle ich die Kernkonzepte von Python vor und vergleiche sie mit Excel und VBA. Dabei gehe ich auf die Lesbarkeit des Codes, die Standardbibliothek und den Paketmanager von Python, den Stack für wissenschaftliche Berechnungen, moderne Sprachfeatures und auf plattformübergreifende Kompatibilität ein. Den Anfang macht die Lesbarkeit.

Lesbarkeit und Wartbarkeit

Wenn Ihr Code lesbar ist, heißt das, dass er leicht zu verstehen und nachzuvollziehen ist – insbesondere für Außenstehende, die den Code nicht selbst geschrieben haben. Dadurch lassen sich Fehler besser erkennen, und der Code ist einfacher zu pflegen. In *Das Zen von Python* lautet eine Zeile deshalb »Lesbarkeit zählt«. Das Zen von Python ist eine prägnante Zusammenfassung der wichtigsten Designprinzipien von Python. Das nächste Kapitel zeigt, wie Sie diese Prinzipen auf den Bildschirm holen. Sehen Sie sich das folgende Codefragment in VBA an:

```
If i < 5 Then
    Debug.Print "i ist kleiner als 5"
ElseIf i <= 10 Then
    Debug.Print "i liegt zwischen 5 und 10"
Else
    Debug.Print "i ist groesser als 10"
End If
```

In VBA können Sie das Fragment in einem neuen Format schreiben, das vollkommen äquivalent ist:

```
If i < 5 Then
    Debug.Print "i ist kleiner als 5"
    ElseIf i <= 10 Then
    Debug.Print "i liegt zwischen 5 und 10"
    Else
    Debug.Print "i ist groesser als 10"
End If
```

In der ersten Version sind die optischen Einrückungen auf die Logik des Codes abgestimmt. Dadurch lässt sich der Code leicht lesen und verstehen, sodass auch Fehler einfacher aufzuspüren sind. In der zweiten Version sieht ein Entwickler, der den Code noch nicht kennt, die `ElseIf`- und `Else`-Bedingungen möglicherweise nicht, wenn er zum ersten Mal über den Code schaut – dies gilt erst recht, wenn der Code Teil einer größeren Codebasis ist.

Python akzeptiert keinen Code, der wie im zweiten Beispiel formatiert ist: Es zwingt Sie, die visuelle Einrückung an der Logik des Codes auszurichten, was Probleme mit der Lesbarkeit vermeidet. Python ist dazu in der Lage, da es anhand der Einrückungen Codeblöcke definiert, wie Sie sie in `if`-Anweisungen oder `for`-Schleifen verwenden. Anstelle der Einrückungen nutzen die meisten anderen Sprachen geschweifte Klammern, und VBA verwendet Schlüsselwörter wie `End If`, wie Sie in den Codefragmenten gesehen haben. Die Einrückung von Codeblöcken hat sich in der Programmierung bewährt, da der Programmierer die meiste Zeit auf die Pflege des Codes verwendet, anstatt ihn überhaupt zu schreiben. Lesbarer Code hilft neuen Programmierern (oder auch Ihnen selbst, wenn Sie Ihren Code einige Monate nicht gesehen haben) dabei, sich einzuarbeiten und zu verstehen, was vor sich geht.

Die Einrückungsregeln von Python lernen Sie in Kapitel 3 kennen. Zunächst aber wenden wir uns der Standardbibliothek zu: der Funktionalität, die Python von Haus aus mitbringt.

Standardbibliothek und Paketmanager

Python verfügt über einen umfangreichen Satz integrierter Funktionen, die in der *Standardbibliothek* enthalten sind. Die Python-Community spricht gern davon, dass Python »inklusive Batterien« geliefert wird. Ob Sie nun eine ZIP-Datei entpacken, die Werte einer CSV-Datei lesen oder Daten aus dem Internet abrufen wollen, die Standardbibliothek von Python deckt alles ab, und Sie können all dies in der Regel mit nur wenigen Codezeilen realisieren. Für die gleiche Funktionalität in VBA müssten Sie eine beträchtliche Menge an Code schreiben oder ein Add-in installieren. Und oftmals funktionieren die Lösungen, die Sie im Internet finden, nur unter Windows und nicht unter macOS.

Obwohl die Standardbibliothek von Python eine beeindruckende Menge an Funktionalität abdeckt, gibt es immer noch Aufgaben, die umständlich zu programmieren oder langsam sind, wenn man sich nur auf die Standardbibliothek verlässt. An dieser Stelle kommt *PyPI* (*https://pypi.org/*) ins Spiel. PyPI steht für *Python Package Index* und ist ein riesiges Repository, in das jeder (ja, auch Sie!) Open-Source-Python-Pakete hochladen kann, die Python mit zusätzlicher Funktionalität ausstatten.

> **PyPI vs. PyPy**
> Verwechseln Sie PyPI nicht mit PyPy, das eine schnelle alternative Implementierung von Python ist.

Wenn Sie beispielsweise das Abrufen von Daten aus Internetquellen erleichtern wollen, können Sie das Paket *Requests* installieren. Dadurch erhalten Sie Zugriff auf eine Gruppe von Befehlen, die leistungsstark und dennoch einfach zu verwenden sind. Um es zu installieren, rufen Sie *pip*, den Paketmanager von Python, über die Eingabeaufforderung oder das Terminal auf. Das rekursive Akronym *pip* steht für *pip installs packages*. Das mag momentan etwas abstrakt klingen – im nächsten Kapitel gehe ich ausführlich darauf ein. Fürs Erste kommt es darauf an, dass Sie verstehen, warum Paketmanager so wichtig sind. Einer der Hauptgründe ist, dass jedes vernünftige Paket nicht einfach von der Python-Standardbibliothek abhängt, sondern auch von anderen Open-Source-Paketen, die ebenfalls auf PyPI gehostet werden. Diese Abhängigkeiten könnten wiederum auf untergeordneten Abhängigkeiten beruhen usw. Der Paketmanager pip prüft die Abhängigkeiten und Unterabhängigkeiten eines Pakets rekursiv, lädt die entsprechenden Pakete herunter und installiert sie. Außerdem erleichtert es pip, die Pakete zu aktualisieren, sodass Sie Ihre Abhängigkeiten immer auf dem neuesten Stand halten können. Das DRY-Prinzip lässt dadurch viel einfacher einhalten, da Sie nichts neu erfinden oder kopieren/einfügen müssen, was bereits auf PyPI verfügbar ist. Mit pip und PyPI haben Sie außerdem einen soliden Mechanismus, um diese Abhängigkeiten zu verteilen. Bei Excel mit seinen herkömmlichen Add-ins fehlt dieser.

Open-Source-Software (OSS)

An dieser Stelle sind ein paar Worte zu *Open Source* angebracht, da ich diese Bezeichnung schon mehrmals in diesem Abschnitt verwendet habe. Wenn Software unter einer Open-Source-Lizenz vertrieben wird, heißt das, dass ihr Quellcode frei und kostenlos verfügbar ist, sodass ein jeder neue Funktionen, Fehlerkorrekturen oder Dokumentationen beisteuern kann. Python selbst und nahezu alle Python-Pakete von Drittanbietern sind Open Source und werden in der Regel von Entwicklern in ihrer Freizeit gepflegt. Das ist nicht immer ein idealer Zustand: Wenn Ihr Unternehmen auf bestimmte Pakete angewiesen ist, sind Sie daran interessiert, dass diese Pakete von professionellen Programmierern weiterentwickelt und gepflegt werden. Erfreulicherweise hat die wissenschaftliche Python-Community erkannt, dass einige Pakete zu wichtig sind, um ihr Schicksal in die Hände von ein paar Freiwilligen zu legen, die abends und an den Wochenenden daran arbeiten.

Deshalb wurde 2012 die gemeinnützige Organisation NumFOCUS (*https://numfocus.org/*) gegründet, um verschiedene Python-Pakete und -Projekte im Bereich des wissenschaftlichen Rechnens zu fördern. Die beliebtesten Python-Pakete, die von NumFOCUS gesponsert werden, sind pandas, NumPy, SciPy, Matplotlib und Project Jupyter. Mittlerweile werden aber auch Pakete aus verschiedenen anderen Sprachen unterstützt, darunter R, Julia und JavaScript. Es gibt einige große Unternehmen, die als Sponsoren auftreten, jedoch kann jeder NumFOCUS als kostenloses Community-Mitglied beitreten – Spenden sind steuerlich absetzbar.

Mit pip können Sie Pakete für so ziemlich alles installieren, für Excel-Benutzer gehören sicherlich die Pakete für wissenschaftliches Rechnen zu den interessantesten. Im nächsten Abschnitt erfahren Sie mehr über wissenschaftliches Rechnen mit Python.

Wissenschaftliches Rechnen

Der Erfolg von Python beruht zu einem Großteil auf der Tatsache, dass es als Allzweckprogrammiersprache entwickelt wurde. Die Fähigkeiten für wissenschaftliches Rechnen sind erst später in Form von Drittanbieterpaketen hinzugekommen. Dies hat den einzigartigen Vorteil, dass ein Data Scientist dieselbe Sprache für Experimente und Forschung verwenden kann wie ein Webentwickler, der letztlich eine produktionsreife Anwendung um den Rechenkern herum aufbauen wird. In der Lage zu sein, wissenschaftliche Anwendungen mit einer einzigen Sprache zu erstellen, verringert Reibungsverluste, Implementierungszeit und Kosten. Wissenschaftliche Pakete wie NumPy, SciPy und pandas eröffnen uns die Möglichkeit, mathematische Probleme in einer sehr prägnanten Art und Weise zu formulieren. Sehen wir uns als Beispiel eine der bekannteren Finanzformeln an, mit denen man die Portfoliovarianz entsprechend der modernen Portfoliotheorie berechnet:

$$\sigma^2 = w^T C w$$

Die Portfoliovarianz wird mit σ^2 bezeichnet, während w der Gewichtsvektor der einzelnen Assets und C die Kovarianzmatrix des Portfolios ist. Wenn w und C Excel-Bereiche sind, können Sie die Portfoliovarianz in VBA wie folgt berechnen:

```
variance = Application.MMult(Application.MMult(Application.Transpose(w), C), w)
```

Vergleichen Sie dies mit der fast mathematischen Notation in Python, vorausgesetzt, dass w und C pandas-DataFrames oder NumPy-Arrays sind (die ich formell in Teil II vorstelle):

```
variance = w.T @ C @ w
```

Doch es geht nicht nur um Ästhetik und Lesbarkeit: Hinter NumPy und pandas verbirgt sich kompilierter Fortran- und C-Code, der gerade bei der Verarbeitung großer Matrizen einen Leistungsschub gegenüber VBA bedeutet.

Die fehlende Unterstützung für wissenschaftliches Rechnen ist eine offensichtliche Einschränkung in VBA. Aber selbst wenn man sich die Kernfunktionen der Sprache ansieht, ist VBA ins Hintertreffen geraten, wie ich im nächsten Abschnitt zeigen werde.

Moderne Sprachfeatures

Seit Excel 97 hat die Sprache VBA im Hinblick auf ihre Features keine wesentlichen Änderungen erfahren. Das bedeutet jedoch nicht, dass VBA nicht mehr unterstützt wird: Microsoft liefert mit jeder neuen Version von Excel Updates aus, um die neuen Excel-Funktionen, die mit der jeweiligen Version eingeführt werden, automatisieren zu können. Zum Beispiel ist in Excel 2016 die Unterstützung für die Automatisierung von Power Query hinzugekommen. Eine Sprache, deren Entwicklung seit mehr als 20 Jahren stagniert, verpasst jedoch die modernen Sprachkonzepte, die im Laufe der Jahre in allen wichtigen Programmiersprachen Einzug gehalten haben. Zum Beispiel sieht man der Fehlerbehandlung in VBA wirklich ihr Alter an. Wenn Sie in VBA einen Fehler ordnungsgemäß behandeln wollen, sieht es etwa so aus:

```
Sub PrintReciprocal(number As Variant)
    ' Es wird ein Fehler auftreten, wenn number 0 oder ein String ist
    On Error GoTo ErrorHandler
        result = 1 / number
    On Error GoTo 0
    Debug.Print "Kein Fehler aufgetreten!"
Finally:
    ' Wird ausgeführt, ob ein Fehler auftritt oder nicht
    If result = "" Then
        result = "N/A"
    End If
    Debug.Print "Der Kehrwert ist: " & result
    Exit Sub
ErrorHandler:
    ' Wird nur im Fehlerfall ausgeführt
    Debug.Print "Es ist ein Fehler aufgetreten: " & Err.Description
    Resume Finally
End Sub
```

Den Kehrwert würde man wahrscheinlich nicht auf diese Weise berechnen – ich verwende ihn nur als Beispiel, um den Programmablauf leichter nachvollziehen zu können. Die VBA-Fehlerbehandlung verwendet im Beispiel *Labels* (d. h. Marken) wie `Finally` und `ErrorHandler`. Im Code veranlassen Sie mit Anweisungen wie `GoTo` oder `Resume`, dass das Programm zu diesen Labels springt. Schon früh hat man erkannt, dass solche Labels für das verantwortlich sind, was viele Programmierer als *Spaghetticode* bezeichnen: eine nette Umschreibung dafür, dass man dem Programmablauf nur schwer folgen kann und es schwierig ist, den Code zu pflegen. Aus diesem Grund haben so gut wie alle aktiv entwickelten Sprachen den `try/catch`-Mechanismus – in Python `try/except` genannt – eingeführt, den ich in Kapitel 11 vorstellen werde. Als erfahrener VBA-Entwickler dürfte Sie auch die Tatsache erfreuen, dass Python Klassenvererbung unterstützt, ein Feature der objektorientierten Programmierung, das in VBA fehlt.

Neben modernen Sprachfeatures gibt es eine weitere Anforderung an eine moderne Programmiersprache: plattformübergreifende Kompatibilität. Der nächste Abschnitt erläutert, warum das so wichtig ist.

Plattformübergreifende Kompatibilität

Selbst wenn Sie Ihren Code auf einem lokalen Computer entwickeln, der unter Windows oder macOS läuft, ist es sehr wahrscheinlich, dass Sie Ihr Programm irgendwann auf einem Server oder in der Cloud ausführen möchten. Server ermöglichen es, dass Ihr Code nach einem Zeitplan ausgeführt wird und Ihre Anwendung von überall aus zugänglich ist – mit der Rechenleistung, die Sie benötigen. Im nächsten Kapitel zeige ich Ihnen, wie Sie Python-Code mithilfe von gehosteten Jupyter Notebooks auf einem Server ausführen. Die große Mehrheit der Server läuft unter Linux, da es ein stabiles, sicheres und kostengünstiges Betriebssystem ist. Und da Python-Programme unverändert auf allen gängigen Betriebssystemen laufen, wird es Ihnen mühelos gelingen, von Ihrem lokalen Computer auf ein Produktions-Setup überzugehen.

Obwohl Excel VBA sowohl unter Windows als auch unter macOS läuft, ist es allerdings einfach, Funktionalität hinzuzufügen, die ausschließlich unter Windows läuft. In der offiziellen VBA-Dokumentation oder in Foren finden Sie oftmals Code wie diesen:

```
Set fso = CreateObject("Scripting.FileSystemObject")
```

Sobald ein Aufruf von `CreateObject` auftaucht oder Sie im VBA-Editor zu *Extras/ Verweise* gehen sollen, haben Sie es fast immer mit Code zu tun, der nur unter Windows läuft. Wenn Ihre Excel-Dateien sowohl unter Windows als auch unter macOS funktionieren sollen, müssen Sie auch auf *ActiveX-Steuerelemente* achten. Das sind Elemente der Benutzeroberfläche wie zum Beispiel Schaltflächen oder Drop-down-Listen, die Sie auf Ihren Tabellenblättern platzieren können, die aber nur unter Windows funktionieren. Vermeiden Sie diese besser, wenn Ihre Arbeitsmappe auch unter macOS funktionieren soll!

Zum Schluss

Dieses Kapitel hat mit Python und Excel zwei beliebte Technologien vorgestellt, die es schon seit mehreren Jahrzehnten gibt – eine lange Zeit im Vergleich zu vielen anderen Techniken, die wir heutzutage verwenden. Der London Whale hat als Beispiel dazu gedient, wie viel (in Dollar ausgedrückt) schiefgehen kann, wenn Sie Excel bei unternehmenskritischen Arbeitsmappen nicht ordnungsgemäß einsetzen. Dies war unsere Motivation, uns mit einem minimalen Satz von Best Practices für die Programmierung zu befassen: Trennung der Belange anwenden, dem DRY-Prinzip folgen und auf automatisiertes Testen und Versionskontrolle setzen. Anschließend haben wir uns Power Query und Power Pivot angesehen, Microsofts Ansatz, um Daten zu verarbeiten, die größer als ein Tabellenblatt sind. Meiner Ansicht nach sind das aber oftmals nicht die richtigen Lösungen, da sie Sie in der Microsoft-Welt gefangen halten und Sie daran hindern, von der Flexibilität und Leistungsfähigkeit moderner Cloud-basierter Lösungen zu profitieren.

Python bringt von Haus aus überzeugende Features mit, die in Excel fehlen: die Standardbibliothek, den Paketmanager, Bibliotheken für wissenschaftliches Rechnen und plattformübergreifende Kompatibilität. Wenn Sie lernen, Excel mit Python zu kombinieren, bekommen Sie das Beste aus beiden Welten. So sparen Sie Zeit durch Automatisierung, begehen weniger Fehler, da es einfacher ist, den Best Practices der Programmierung zu folgen, und Sie können Ihre Anwendung auch außerhalb von Excel skalieren, falls Sie dies jemals benötigen.

Nachdem Sie nun wissen, warum Python einen so leistungsstarken Begleiter für Excel abgibt, ist es an der Zeit, Ihre Entwicklungsumgebung einzurichten, damit Sie Ihre ersten Zeilen Python-Code schreiben können!

KAPITEL 2

Entwicklungsumgebung

Wahrscheinlich brennen Sie schon darauf, die Grundlagen von Python zu erlernen. Vorher aber müssen Sie Ihren Computer entsprechend einrichten. Um VBA-Code oder Power-Query-Abfragen zu schreiben, genügt es, Excel zu starten und den VBA- oder Power-Query-Editor zu öffnen. Mit Python fällt etwas mehr Arbeit an.

Dieses Kapitel beginnen wir mit der Installation der Python-Distribution Anaconda. Neben der Installation von Python erhalten wir mit Anaconda auch Zugriff auf den Anaconda Prompt und Jupyter Notebooks, zwei wichtige Tools, die wir das gesamte Buch hindurch einsetzen werden. Der *Anaconda Prompt* ist eine spezielle Version der Eingabeaufforderung (Windows) oder des Terminals (macOS). Damit können Sie Python-Skripte und andere Befehlszeilentools starten, denen Sie im Buch noch begegnen werden. Die *Jupyter Notebooks* ermöglichen es, mit Daten, Code und Diagrammen interaktiv zu arbeiten, was sie zu ernsthaften Konkurrenten von Excel-Arbeitsmappen macht. Nachdem Sie sich mit Jupyter Notebooks vertraut gemacht haben, installieren Sie *Visual Studio Code* (VS Code), einen leistungsstarken Texteditor. *VS Code* eignet sich hervorragend, um Python-Skripte zu schreiben, auszuführen und zu debuggen. Zudem bringt dieses Tool ein integriertes Terminal mit. Abbildung 2-1 fasst zusammen, was in Anaconda und VS Code enthalten ist.

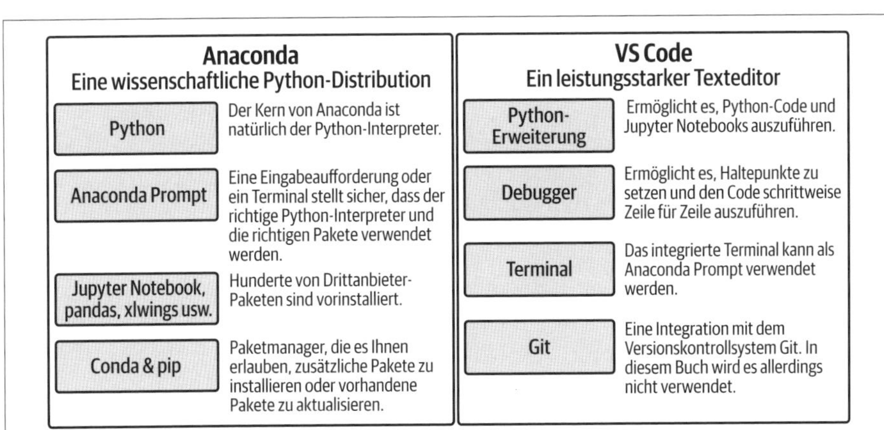

Abbildung 2-1: Entwicklungsumgebung

Da es in diesem Buch um Excel geht, konzentriere ich mich in diesem Kapitel auf Windows und macOS. Allerdings laufen alle Codebeispiele bis einschließlich Teil III auch unter Linux. Los geht es mit der Installation von Anaconda!

Die Python-Distribution Anaconda

Anaconda ist die wohl populärste Python-Distribution, die für Data Science verwendet wird. Vorinstalliert wird sie mit Hunderten von Drittanbieterpaketen: Enthalten sind Jupyter Notebooks und die meisten anderen Pakete, die in diesem Buch ausgiebig verwendet werden, einschließlich pandas, OpenPyXL und xlwings. Die *Anaconda Individual Edition* ist für die private Nutzung kostenlos und garantiert, dass alle enthaltenen Pakete miteinander kompatibel sind. Sie wird in einem einzigen Ordner installiert und lässt sich leicht wieder deinstallieren. Nach der Installation lernen Sie einige grundlegende Befehle am Anaconda Prompt kennen und führen eine interaktive Sitzung durch. Danach zeige ich Ihnen die Paketmanager *Conda*und*pip*, bevor dieser Abschnitt mit Conda-Umgebungen abschließt. Laden Sie nun Anaconda herunter und installieren Sie es!

Installation

Gehen Sie auf die Anaconda-Startseite (*https://oreil.ly/QV7Na*) und laden Sie die neueste Version des Anaconda-Installers (Individual Edition) herunter. Achten Sie darauf, den 64 Bit Graphical Installer für die Python-3.x-Version herunterzuladen.[1] Doppelklicken Sie dann auf den heruntergeladenen Installer, um die Installation zu starten. Übernehmen Sie alle Standardeinstellungen. Weitergehende Installationsanweisungen finden Sie in der offiziellen Dokumentation (*https://oreil.ly/r01wn*).

Andere Python-Distributionen

Die Anweisungen in diesem Buch gehen zwar davon aus, dass Sie die Anaconda Individual Edition installiert haben, doch werden der angegebene Code und die Konzepte auch mit jeder anderen Python-Installation funktionieren. In diesem Fall müssen Sie jedoch die erforderlichen Abhängigkeiten installieren, indem Sie den Anweisungen folgen, die in der Datei *requirements.txt* im Begleit-Repository enthalten sind.

Nachdem Sie Anaconda installiert haben, können Sie nun mit dem Anaconda Prompt beginnen. Sehen Sie sich an, wie das funktioniert.

1 32-Bit-Systeme sind selten geworden und existieren nur noch unter Windows. Welche Windows-Version Sie haben, finden Sie am einfachsten heraus, wenn Sie im Datei-Explorer zum Laufwerk C:\ gehen. Sind hier die Ordner *Program Files* und *Program Files (x86)* vorhanden, ist eine 64-Bit-Version von Windows installiert. Sehen Sie nur den Ordner *Program Files*, handelt es sich um ein 32-Bit-System.

Anaconda Prompt

Der Anaconda Prompt ist eigentlich nur eine Eingabeaufforderung unter Windows und ein Terminal unter macOS, die so eingerichtet sind, dass sie den richtigen Python-Interpreter und die richtigen Drittanbieterpakete aufrufen. Der Anaconda Prompt ist das grundlegendste Tool, um Python-Code auszuführen. Wir verwenden ihn in diesem Buch ausgiebig, um Python-Skripte und alle Arten von Befehlszeilentools zu starten, die von verschiedenen Paketen angeboten werden.

> **Anaconda Prompt ohne Anaconda**
>
> Wenn Sie nicht die Python-Distribution von Anaconda installiert haben, müssen Sie unter Windows die *Eingabeaufforderung* und unter macOS das *Terminal* aufrufen, sobald im Buch die Anweisung erscheint, den Anaconda Prompt zu verwenden.

Keine Bange, wenn Sie noch nie mit der Eingabeaufforderung unter Windows oder dem Terminal unter macOS gearbeitet haben: Sie müssen nur eine Handvoll Befehle kennen, die Ihnen bereits eine Menge Möglichkeiten bieten. Wenn Sie sich einmal daran gewöhnt haben, kommen Sie mit dem Anaconda Prompt oftmals schneller und komfortabler voran, als wenn Sie sich durch Menüs der grafischen Benutzeroberfläche klicken. Los geht's:

Windows

Klicken Sie auf die *Start*-Schaltfläche und tippen Sie **`Anaconda Prompt`** ein. Wählen Sie aus den angezeigten Einträgen *Anaconda Prompt* aus, nicht *Anaconda Powershell Prompt*. Verwenden Sie dazu entweder die Pfeiltasten und ↵ oder klicken Sie direkt mit der Maus auf den entsprechenden Eintrag. Den Prompt können Sie auch vom *Start*-Menü aus über den Eintrag *Anaconda3* öffnen. Es empfiehlt sich, den Anaconda Prompt an die Windows-Taskleiste anzuheften, da Sie ihn für die Beispiele im Buch regelmäßig benötigen. Die Eingabezeile des Anaconda Prompt beginnt mit `(base)`:

```
(base) C:\Users\felix>
```

macOS

Unter macOS finden Sie keine Anwendung namens Anaconda Prompt. Stattdessen beziehe ich mich mit Anaconda Prompt auf das Terminal, das der Anaconda-Installer eingerichtet hat, um automatisch eine Conda-Umgebung zu aktivieren (mehr zur Conda-Umgebung erfahren Sie gleich): Drücken Sie `cmd` + `Leertaste`, oder Sie öffnen das Launchpad, tippen **`Terminal`** ein und drücken ↵. Alternativ öffnen Sie den Finder und navigieren zu *Anwendungen/Utilities*, wo Sie dann auf die Terminal-App doppelklicken können. Das geöffnete Terminal sollte nun wie folgt aussehen, d. h. eine Eingabezeile zeigen, die mit `(base)` beginnt:

```
(base) felix@MacBook-Pro ~ %
```

Auf einer älteren Version von macOS sieht die Zeile dagegen so aus:

```
(base) MacBook-Pro:~ felix$
```

Anders als die Eingabeaufforderung unter Windows zeigt das Terminal auf macOS keinen vollständigen Pfad des aktuellen Verzeichnisses an. Stattdessen steht die Tilde für das Home-Verzeichnis, das normalerweise */Users/<username>* lautet. Wollen Sie den vollständigen Pfad Ihres aktuellen Verzeichnisses anzeigen, geben Sie **pwd** gefolgt von [↵] ein. Der Befehlsname pwd steht für *print working directory* (gib Arbeitsverzeichnis aus).

Wenn die Eingabezeile in Ihrem Terminal nach der Installation von Anaconda nicht mit (base) beginnt, hat das häufig folgenden Grund: Lief das Terminal während der Installation von Anaconda, müssen Sie es neu starten. Ein Klick auf das rote Kreuz links oben im Terminalfenster blendet das Fenster nur aus, schließt das Terminal aber nicht. Klicken Sie stattdessen mit der rechten Maustaste auf das Terminal im Dock und wählen Sie *Beenden* oder drücken Sie [cmd]+[Q], während das Terminal Ihr aktives Fenster ist. Wenn Sie es wieder starten und das Terminal (base) am Anfang einer neuen Zeile anzeigt, ist alles eingerichtet. Es empfiehlt sich, das Terminal in Ihrem Dock zu halten, da Sie es beim Durcharbeiten dieses Buchs regelmäßig benutzen werden.

Wenn Sie den Anaconda Prompt gestartet haben, probieren Sie die Befehle aus, die in Tabelle 2-1 aufgelistet sind. Im Anschluss erläutere ich die einzelnen Befehle ausführlicher.

Tabelle 2-1: Befehle für den Anaconda Prompt

Befehl	Windows	macOS
Dateien im aktuellen Verzeichnis auflisten	`dir`	`ls -la`
Verzeichnis wechseln (relativ)	`cd path\to\dir`	`cd path/to/dir`
Verzeichnis wechseln (absolut)	`cd C:\path\to\dir`	`cd /path/to/dir`
Auf Laufwerk D wechseln	`D:`	(existiert nicht)
In das übergeordnete Verzeichnis wechseln	`cd ..`	`cd ..`
Durch die vorherigen Befehle scrollen	`? (up-arrow)`	`? (up-arrow)`

Dateien im aktuellen Verzeichnis auflisten

Unter Windows geben Sie **dir** für *directory* (Verzeichnis) ein und drücken [↵]. Daraufhin wird der Inhalt des aktuellen Verzeichnisses ausgegeben.

Unter macOS geben Sie **ls -la** ein und drücken [↵]. Der Befehl ls steht für *list directory contents* (Verzeichnisinhalt auflisten), und die Option -la bewirkt, dass die Ausgabe im langen Listingformat mit *allen* – auch den ausgeblendeten – Dateien angezeigt wird.

Verzeichnis wechseln

Geben Sie **cd Down** ein und drücken Sie [⇆]. Der Befehl cd steht für *change directory* (Verzeichnis wechseln). Wenn Sie sich in Ihrem Stammverzeichnis befinden, sollte der Anaconda Prompt höchstwahrscheinlich in der Lage sein, den Befehl automatisch zu `cd Downloads` zu vervollständigen. Wenn Sie sich in einem anderen Ordner befinden oder keinen Ordner namens *Downloads* haben, tippen Sie einfach die ersten Zeichen von einem der Verzeichnisnamen, die Sie mit dem vorherigen Befehl (`dir` bzw. `ls -la`) gesehen haben, bevor Sie den Befehl mit [Tab] automatisch vervollständigen lassen. Drücken Sie dann [↵], um in das ausgewählte Verzeichnis zu wechseln. Sollte es unter Windows erforderlich sein, auf ein anderes Laufwerk zu wechseln, müssen Sie zuerst den Laufwerknamen eingeben, bevor Sie in das Zielverzeichnis wechseln können:

```
C:\Users\felix> D:
D:\> cd data
D:\data>
```

Wenn Sie Ihren Pfad mit einem Verzeichnis- oder Dateinamen beginnen, der innerhalb Ihres aktuellen Verzeichnisses liegt, verwenden Sie einen *relativen Pfad*, z. B. `cd Downloads`. Wollen Sie aus dem aktuellen Verzeichnis herausgehen, können Sie einen absoluten Pfad eingeben, z. B. `cd C:\Users` unter Windows oder `cd /Users` unter macOS (beachten Sie den Schrägstrich am Anfang).

In das übergeordnete Verzeichnis wechseln

Um in das übergeordnete Verzeichnis zu gehen, d. h. eine Ebene in der Verzeichnishierarchie nach oben, geben Sie **`cd ..`** ein und drücken [↵] (achten Sie darauf, dass ein Leerzeichen zwischen `cd` und beiden Punkten steht). Diesen Befehl können Sie mit einem Verzeichnisnamen kombinieren. Wenn Sie zum Beispiel eine Ebene nach oben und dann zum *Desktop* wechseln möchten, geben Sie **`cd ..\Desktop`** ein. Unter macOS ersetzen Sie den Backslash durch einen normalen Schrägstrich.

Durch die vorherigen Befehle scrollen

Mit der [↑]-Taste scrollen Sie durch die vorherigen Befehle. Dies erspart Ihnen viele Tastenanschläge, wenn Sie die gleichen Befehle immer wieder ausführen müssen. Haben Sie zu weit gescrollt, kommen Sie mit der [↓]-Taste wieder zurück.

Dateierweiterungen

Leider sind die *Dateierweiterungen* im Windows-Explorer und im macOS-Finder standardmäßig ausgeblendet. Dadurch ist es manchmal schwer, mit Python-Skripten und dem Anaconda Prompt zu arbeiten, da beide bei Verweisen auf Dateien auch die dazugehörenden Erweiterungen verlangen. Wenn Sie mit Excel arbeiten, können Sie anhand der Dateierweiterungen erkennen, ob Sie es mit der standardmäßigen *.xlsx*-Datei, einer *.xlsm*-Datei mit Makros oder einem der anderen Excel-Dateiformate zu tun haben. Die Dateierweiterungen blenden Sie wie folgt ein:

Windows
: Öffnen Sie einen Datei-Explorer und gehen Sie auf die Registerkarte *Ansicht*. Aktivieren Sie in der Gruppe *Ein-/ausblenden* das Kontrollkästchen *Dateinamenerweiterungen*.

macOS
: Öffnen Sie den Finder und gehen Sie zu *Einstellungen*, indem Sie `cmd`+`,` (`cmd`+Komma) drücken. Auf der Registerkarte *Erweitert* aktivieren Sie das Kästchen neben *Alle Dateinamenerweiterungen anzeigen*.

Und das war es bereits! Sie sind nun bereit, den Anaconda Prompt zu starten und Befehle im gewünschten Verzeichnis auszuführen. Im nächsten Abschnitt wenden Sie dies unmittelbar an, wenn ich Ihnen zeige, wie Sie eine interaktive Python-Sitzung beginnen.

Python REPL: eine interaktive Python-Sitzung

Um eine interaktive Python-Sitzung zu beginnen, führen Sie an einem Anaconda Prompt den Befehl `python` aus:

```
(base) C:\Users\felix>python
Python 3.8.5 (default, Sep 3 2020, 21:29:08) [...] :: Anaconda, Inc. on win32
Type "help", "copyright", "credits" or "license" for more information.
>>>
```

Der Text, den ein Terminal unter macOS ausgibt, sieht etwas anders aus, doch sonst funktioniert alles genauso. Dieses Buch basiert auf Python 3.8 – wenn Sie eine neuere Version von Python verwenden wollen, sollten Sie sich auf der Homepage des Buchs (*https://xlwings.org/book*) über Änderungen informieren.

Anaconda-Prompt-Notation

Von nun an werde ich Codezeilen mit `(base)>` beginnen, um zu verdeutlichen, dass die Eingaben an einem Anaconda Prompt erfolgen. Um zum Beispiel einen interaktiven Python-Interpreter zu starten, schreibe ich:

```
(base)> python
```

was unter Windows wie folgt aussehen wird:

```
(base) C:\Users\felix> python
```

und unter macOS etwa so (denken Sie daran, dass unter macOS das Terminal Ihr Anaconda Prompt ist):

```
(base) felix@MacBook-Pro ~ % python
```

Spielen wir ein wenig damit herum! Beachten Sie, dass `>>>` in einer interaktiven Sitzung bedeutet, dass Python Ihre Eingabe erwartet. Diese Zeichen müssen Sie nicht eintippen. Vollziehen Sie die folgenden Schritte nach, indem Sie in jede mit `>>>` beginnende Zeile etwas eingeben und mit `↵` bestätigen:

```
>>> 3 + 4
7
>>> "python " * 3
'python python python '
```

Diese interaktive Python-Sitzung wird auch als *Python REPL* bezeichnet, wobei *REPL* für *Read-Eval-Print Loop* (Lesen-Auswerten-Ausgeben-Schleife) steht: Python liest Ihre Eingabe, wertet sie aus und gibt das Ergebnis unmittelbar aus, dann erwartet es Ihre nächste Eingabe. Erinnern Sie sich noch an das Zen von Python, das ich im letzten Kapitel erwähnt habe? Du kannst nun die vollständige Version lesen, um einen Einblick in die Leitlinien von Python zu bekommen (Schmunzeln inklusive). Führen Sie einfach die folgende Zeile aus, indem Sie nach dem Eintippen mit [↵] starten:

```
>>> import this
```

Um die Python-Sitzung zu verlassen, geben Sie **`quit()`** ein und drücken [↵]. Alternativ geht das unter Windows auch mit der Tastenkombination [Strg]+[Z] und [↵]. Unter macOS genügt [Strg]+[D] – [↵] ist nicht erforderlich.

Nachdem Sie die Python REPL verlassen haben, bietet es sich an, die mit der Anaconda-Installation gelieferten Paketmanager Conda und pip auszuprobieren.

Paketmanager: Conda und pip

Im vorherigen Kapitel habe ich den Paketmanager pip von Python bereits kurz erwähnt: pip kümmert sich darum, Python-Pakete mit ihren Abhängigkeiten und Unterabhängigkeiten herunterzuladen, zu installieren, zu aktualisieren und zu deinstallieren. Anaconda arbeitet zwar mit pip, bringt aber mit Conda einen eigenen alternativen Paketmanager mit. Ein Vorteil von Conda ist, dass er nicht nur Python-Pakete installieren kann, sondern beispielsweise auch zusätzliche Versionen des Python-Interpreters. Um es kurz zu machen: Mit Paketen erweitern Sie Ihre Python-Installation durch zusätzliche Funktionalität, die von der Standardbibliothek nicht abgedeckt wird. Ein Beispiel für ein derartiges Paket ist pandas, das ich in Kapitel 5 ausführlich vorstellen werde. Da es in der Python-Installation von Anaconda vorinstalliert ist, brauchen Sie es nicht manuell zu installieren.

Conda vs. pip

Mit Anaconda sollten Sie alles, was Sie können, über Conda installieren und mit pip nur diejenigen Pakete, die Conda nicht finden kann. Andernfalls überschreibt Conda möglicherweise Dateien, die zuvor mit pip installiert wurden.

Tabelle 2-2 gibt einen Überblick über die Befehle, die Sie am häufigsten verwenden werden. Mit diesen Befehlen, die Sie am Anaconda Prompt eingeben, können Sie Ihre Drittanbieterpakete installieren, aktualisieren und deinstallieren.

Tabelle 2-2: Befehle der Paketmanager Conda und pip

Aktion	**Conda**	**pip**
Alle installierten Pakete auflisten	`conda list`	`pip freeze`
Die neueste Paketversion installieren	`conda install` *package*	`pip install` *package*
Eine bestimmte Paketversion installieren	`conda install` *package=1.0.0*	`pip install` *package==1.0.0*
Ein Paket aktualisieren	`conda update` *package*	`pip install --upgrade` *package*
Ein Paket deinstallieren	`conda remove` *package*	`pip uninstall` *package*

Um zum Beispiel zu sehen, welche Pakete bereits in Ihrer Anaconda-Distribution verfügbar sind, geben Sie ein:

```
(base)> conda list
```

Wenn die Beispiele in diesem Buch ein Paket benötigen, das nicht in der Anaconda-Installation enthalten ist, weise ich explizit darauf hin und zeige, wie Sie es installieren. Allerdings empfiehlt es sich, die fehlenden Pakete bereits jetzt zu installieren, damit Sie sich später nicht damit herumschlagen müssen. Installieren wir zuerst plotly und xlutils, die Pakete, die über Conda verfügbar sind:

```
(base)> conda install plotly xlutils
```

Nachdem Sie diesen Befehl ausgeführt haben, zeigt Conda, was es tun wird, und verlangt von Ihnen, dass Sie das mit Eingabe von **y** und [↵] bestätigen. Anschließend können Sie pyxlsb und pytrends mit pip installieren, da diese Pakete nicht über Conda verfügbar sind:

```
(base)> pip install pyxlsb pytrends
```

Im Unterschied zu Conda installiert pip die Pakete sofort, sobald Sie [↵] drücken, ohne eine Bestätigung zu verlangen.

Paketversionen

Viele Python-Pakete werden häufig aktualisiert und führen manchmal Änderungen ein, die nicht abwärtskompatibel sind. Möglicherweise funktionieren dann einige Beispiele in diesem Buch nicht mehr. Ich werde versuchen, mit diesen Änderungen Schritt zu halten und Korrekturen auf der Homepage des Buchs (*https://xlwings.org/book*) zu veröffentlichen, doch Sie könnten auch eine Conda-Umgebung einrichten, die die gleichen Versionen der Pakete verwendet, wie ich sie beim Schreiben dieses Buchs zur Verfügung hatte. Conda-Umgebungen stelle ich im nächsten Abschnitt vor. Detaillierte Anleitungen dazu, wie man eine Conda-Umgebung mit den spezifischen Paketen erstellt, finden Sie in Anhang A.

Sie wissen nun, wie Sie den Anaconda Prompt verwenden, um einen Python-Interpreter zu starten und zusätzliche Pakete zu installieren. Im nächsten Abschnitt erläutere ich, was (base) am Anfang Ihres Anaconda Prompt bedeutet.

Conda-Umgebungen

Vielleicht haben Sie sich schon gefragt, warum der Anaconda Prompt am Anfang jeder Eingabezeile (`base`) anzeigt. Das ist der Name der aktiven *Conda-Umgebung*. Eine Conda-Umgebung ist eine eigene »Python-Welt« mit einer spezifischen Version von Python und einem Satz von installierten Paketen mit bestimmten Versionen. Weshalb ist dies notwendig? Wenn Sie parallel an verschiedenen Projekten arbeiten, werden diese unterschiedliche Anforderungen haben: Ein Projekt verwendet vielleicht Python 3.8 mit pandas 0.25.0, ein anderes Projekt Python 3.9 mit pandas 1.0.0. Code, der für pandas 0.25.0 geschrieben ist, verlangt oftmals Änderungen, um mit pandas 1.0.0 ausgeführt zu werden. Daher können Sie nicht einfach Ihre Python- und pandas-Versionen upgraden, ohne Änderungen an Ihrem Code vorzunehmen. Wenn Sie für jedes Projekt eine Conda-Umgebung einrichten, ist sichergestellt, dass jedes Projekt mit den korrekten Abhängigkeiten läuft. Während Conda-Umgebungen spezifisch für die Anaconda-Distribution sind, existiert das Konzept bei jeder Python-Installation unter dem Namen *virtuelle Umgebung*. Conda-Umgebungen sind leistungsfähiger, weil sie es erleichtern, mit verschiedenen Versionen von Python selbst zu hantieren, nicht nur mit Paketen.

Während Sie dieses Buch durcharbeiten, werden Sie Ihre Conda-Umgebung nicht ändern müssen, da wir immer die standardmäßige Basisumgebung verwenden. Wenn Sie jedoch eigene Projekte erstellen, ist es ratsam, je eine Conda- oder virtuelle Umgebung für jedes Projekt zu nutzen, um potenzielle Konflikte zwischen ihren Abhängigkeiten zu vermeiden. Alles, was Sie über den Umgang mit mehreren Conda-Umgebungen wissen müssen, wird in Anhang A erklärt. Dort finden Sie auch Anweisungen zum Erstellen einer Conda-Umgebung mit genau den Versionen der Pakete, die ich für die Beispiele in diesem Buch verwendet habe. Somit können Sie die Beispiele im Buch noch über viele Jahre hinweg unverändert ausführen. Allerdings können Sie auch die Homepage des Buchs (*https://xlwings.org/book*) nach möglichen Änderungen inspizieren, die für neuere Versionen von Python und den jeweiligen Paketen erforderlich sind.

Nachdem wir das Geheimnis um Conda-Umgebungen gelüftet haben, ist es nun an der Zeit, das nächste Tool vorzustellen, das wir in diesem Buch ausgiebig nutzen werden: Jupyter Notebooks.

Jupyter Notebooks

Im vorhergehenden Abschnitt habe ich Ihnen gezeigt, wie Sie eine interaktive Python-Sitzung von einem Anaconda Prompt aus starten. Das ist nützlich, wenn Sie eine einfache Umgebung benötigen, um etwas Simples auszuprobieren. Für den Großteil Ihrer Arbeit werden Sie jedoch eine Umgebung benötigen, die leichter zu verwenden ist. Zum Beispiel ist es mit einer Python REPL, die in einem Anaconda Prompt läuft, schwierig, zu vorherigen Befehlen zurückzukehren und Diagramme anzuzeigen. Zum Glück bringt Anaconda nicht nur mehrere Python-Interpreter mit, es enthält auch Jupyter Notebooks, das sich als eines der beliebtesten Tools etabliert hat, Python-Code in einem Data-Science-Kontext auszuführen. Mit Jupyter Notebooks können Sie eine Geschichte erzählen, indem Sie ausführbaren Python-Code mit formatierten Texten, Bildern und Diagrammen zu einem interaktiven Notizbuch kombinieren, das in Ihrem Browser ausgeführt wird. Dies ist benutzerfreundlich und vor allem nützlich für die ersten Schritte Ihrer Python-Reise. Allerdings erfreuen sich Jupyter Notebooks auch großer Beliebtheit in Lehre, Prototypenerstellung und Forschung, da sie reproduzierbare Forschung erleichtern.

Jupyter Notebooks haben sich zu einem ernsthaften Konkurrenten von Excel entwickelt, da sie in etwa den gleichen Anwendungsfall abdecken wie eine Arbeitsmappe: Man kann Daten schnell aufbereiten, analysieren und visualisieren. Im Unterschied zu Excel geschieht dies alles, indem Sie Python-Code schreiben, anstatt in Excel mit der Maus herumzuklicken. Ein weiterer Vorteil von Jupyter Notebooks ist, dass sie Daten und Geschäftslogik nicht miteinander vermischen: Das Jupyter Notebook speichert Ihren Code und die Diagramme, während Sie die Daten normalerweise aus einer externen CSV-Datei oder einer Datenbank beziehen. Da der Python-Code im Notebook sichtbar ist, können Sie leicht verfolgen, was vor sich geht. Dagegen sind in Excel die Formeln hinter dem Wert einer Zelle versteckt. Außerdem lassen sich Jupyter Notebooks problemlos sowohl lokal als auch auf einem Remote-Server ausführen. Server besitzen üblicherweise mehr Rechenleistung als Ihr lokaler Computer, und sie können Ihren Code völlig unbeaufsichtigt ausführen, was mit Excel nur schwer möglich ist.

Dieser Abschnitt erläutert Ihnen Grundlagen dazu, wie Sie ein Jupyter Notebook ausführen und darin navigieren. Lernen Sie, was Notebook-Zellen sind und wie sich Bearbeitungs- und Befehlsmodus voneinander unterscheiden. Dann verstehen Sie auch, warum die Ausführungsreihenfolge der Zellen eine Rolle spielt. Abschließend lernen Sie in diesem Abschnitt, wie Sie Notebooks ordnungsgemäß herunterfahren. Beginnen Sie nun mit Ihrem ersten Notebook!

Jupyter Notebooks ausführen

An Ihrem Anaconda Prompt wechseln Sie in das Verzeichnis Ihres Begleit-Repositorys und starten dann einen Jupyter-Notebook-Server:

```
(base)> cd C:\Users\username\python-for-excel
(base)> jupyter notebook
```

Darauf öffnet sich automatisch Ihr Browser und zeigt das Jupyter-Dashboard mit den Dateien in dem Verzeichnis an, aus dem Sie den Befehl gestartet haben. Klicken Sie im Jupyter-Dashboard ganz oben rechts auf *New* und wählen Sie dann *Python 3* aus der Drop-down-Liste (siehe Abbildung 2-2).

Daraufhin öffnet sich ein neues Browserregister, das Ihr erstes leeres Jupyter Notebook enthält, wie Abbildung 2-3 zeigt.

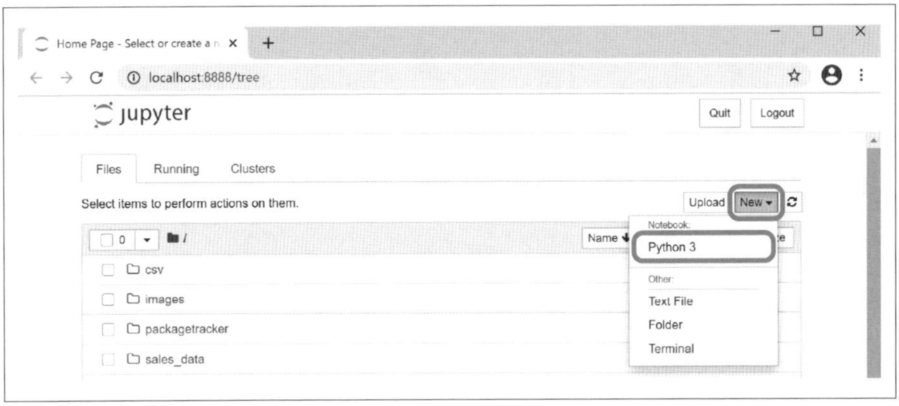

Abbildung 2-2: Das Jupyter-Dashboard

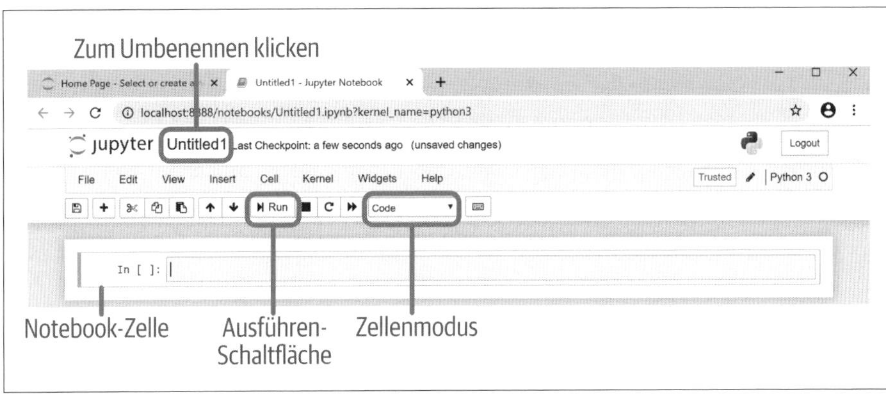

Abbildung 2-3: Ein leeres Jupyter Notebook

Es empfiehlt sich, neben dem Jupyter-Logo auf *Untitled1* zu klicken, um die Arbeitsmappe umzubenennen und ihr einen aussagekräftigeren Titel zu geben, z. B. *erstes_Notebook*. Der untere Teil von Abbildung 2-3 zeigt eine Notebook-Zelle – mehr dazu im nächsten Abschnitt!

Notebook-Zellen

In Abbildung 2-3 sehen Sie eine leere Zelle mit einer blinkenden Einfügemarke. Wenn die Einfügemarke nicht blinkt, klicken Sie mit der Maus in die Zelle, d. h. rechts von In [ ]. Wiederholen Sie nun die Übung aus dem letzten Abschnitt: Tippen Sie 3 + 4 ein und führen Sie die Zelle aus, indem Sie entweder in der Menüleiste ganz oben auf die Schaltfläche Run klicken oder – viel einfacher – ⇧+↵ drücken. Dadurch wird der Code in der Zelle ausgeführt, das Ergebnis unterhalb der Zelle ausgegeben und zur nächsten Zelle gesprungen. In diesem Fall wird eine leere Zelle darunter eingefügt, da wir bisher nur eine Zelle haben. Etwas ausführlicher:

Während eine Zelle rechnet, zeigt sie In [*] an. Wenn sie fertig ist, verwandelt sich das Sternchen in eine Zahl, z. B. In [1]. Unterhalb der Zelle erscheint die entsprechende Ausgabe, die mit der gleichen Zahl gekennzeichnet ist: Out [1]. Immer wenn Sie eine Zelle ausführen, wird der Zähler um eins erhöht, sodass Sie sehen können, in welcher Reihenfolge die Zellen ausgeführt wurden. Von nun an werde ich die Codebeispiele in diesem Format darstellen, z. B. sieht das REPL-Beispiel von vorhin so aus:

```
In [1]: 3 + 4

Out[1]: 7
```

Durch diese Notation können Sie alles leicht nachvollziehen, indem Sie **`3 + 4`** in eine Notebook-Zelle eingeben. Wenn Sie das mit ⇧+↵ ausführen, erhalten Sie, was ich als Ausgabe unter `Out[1]` zeige. In der Eingabezelle werden Strings, Zahlen usw. in verschiedenen Farben formatiert, um die Lesbarkeit zu verbessern. Dies wird als *Syntaxhervorhebung* bezeichnet.

Zellenausgabe

Gibt die letzte Zeile in einer Zelle einen Wert zurück, gibt das Jupyter Notebook ihn automatisch unter `Out [ ]` aus. Wenn Sie aber die Funktion `print` verwenden oder eine Ausnahme auftritt, wird er direkt unter der `In`-Zelle ohne das Label `Out [ ]` ausgegeben. Die Codebeispiele in diesem Buch sind diesem Verhalten entsprechend formatiert.

Zellen können verschiedene Typen haben, wobei vor allem zwei für uns von Interesse sind:

Code
: Dies ist der Standardtyp. Verwenden Sie ihn immer dann, wenn Sie Python-Code ausführen wollen.

Markdown
: Markdown ist eine Syntax, die Standardtextzeichen für die Formatierung verwendet und mit der Sie ansprechend formatierte Erläuterungen und Anweisungen in Ihr Notebook einbinden können.

Um den Typ einer Zelle in Markdown zu ändern, markieren Sie die Zelle und wählen dann *Markdown* in der Drop-down-Liste *Cell mode* (siehe Abbildung 2-3). In Tabelle 2-3 ist auch eine Tastenkombination angegeben, mit der Sie den Zellenmodus ändern können. Nachdem Sie eine leere Zelle in eine Markdown-Zelle geändert haben, geben Sie den folgenden Text ein, der einige Markdown-Regeln erklärt:

```
# Dies ist eine Überschrift der ersten Ebene

## Dies ist eine Überschrift der zweiten Ebene

Den Text können Sie *kursiv* oder **fett** oder in `Schreibmaschinenschrift`
formatieren.
```

```
* Dies ist ein Aufzählungspunkt
* Dies ist ein weiterer Aufzählungspunkt
```

Nachdem Sie ⇧+↵ gedrückt haben, wird der Text in schön formatiertem HTML wiedergegeben. Zu diesem Zeitpunkt sollte Ihr Notebook wie das in Abbildung 2-4 aussehen. In Markdown-Zellen lassen sich auch Bilder, Videos oder Formeln einfügen, siehe dazu die Dokumentation zu Jupyter Notebooks (*https://oreil.ly/elGTF*).

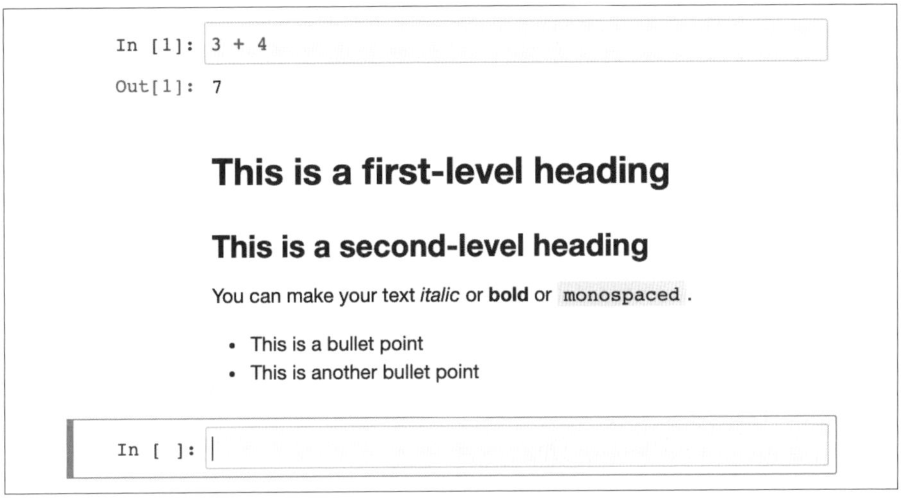

Abbildung 2-4: Das Notebook nach Ausführung einer Codezelle und einer Markdown-Zelle

Nachdem Ihnen die Code- und Markdown-Zelltypen nun geläufig sind, lernen Sie gleich eine einfachere Methode kennen, um zwischen Zellen zu navigieren: Der nächste Abschnitt stellt den Bearbeitungsmodus und den Befehlsmodus vor und gibt einige Tastenkombinationen an.

Bearbeitungs- vs. Befehlsmodus

Wenn Sie mit Zellen in einem Jupyter Notebook interagieren, arbeiten Sie entweder im Bearbeitungsmodus oder im Befehlsmodus:

Bearbeitungsmodus
: Wenn Sie auf eine Zelle klicken, startet der Befehlsmodus: Der Rahmen um die ausgewählte Zelle wird grün, und die Einfügemarke blinkt. Anstatt in eine Zelle zu klicken, können Sie auch ↵ drücken, wenn die Zelle ausgewählt ist.

Befehlsmodus
: Um in den Befehlsmodus zu wechseln, drücken Sie Esc. Der Rahmen um die ausgewählte Zelle wird blau, und es gibt keine blinkende Einfügemarke mehr. Tabelle 2-3 enthält die wichtigsten Tastenkombinationen an, die Sie im Befehlsmodus verwenden können.

Tabelle 2-3: Tastenkombinationen (Befehlsmodus)

Taste bzw. Tastenkombination	Aktion
⇧+↵	Ausführen der Zelle (funktioniert auch im Bearbeitungsmodus).
↑ (Pfeil nach oben)	Zelle darüber auswählen.
↓ (Pfeil nach unten)	Zelle darunter auswählen.
b	Eine neue Zelle *unterhalb* der aktuellen Zelle einfügen.
a	Eine neue Zelle *oberhalb* der aktuellen Zelle einfügen.
d d	Die aktuelle Zelle löschen (zweimal den Buchstaben »d« drücken).
m	Den Zelltyp in Markdown ändern.
y	Den Zelltyp in Code ändern.

Mit diesen Tastenkombinationen gestaltet sich das Arbeiten mit Notebooks effizienter, weil Sie nicht ständig zwischen Maus und Tastatur wechseln müssen. Im nächsten Abschnitt zeige ich Ihnen einen häufigen Problemfall, den Sie bei Jupyter Notebooks beachten müssen: Es geht um die Ausführung der Zellen in der richtigen Reihenfolge.

Ausführungsreihenfolge

So einfach und benutzerfreundlich Notebooks für den Einstieg sind, so leicht kann es auch passieren, dass unklare Zustände auftreten, wenn Sie Zellen nicht in der richtigen Reihenfolge ausführen. Angenommen, Sie haben die folgenden Notebook-Zellen, die Sie von oben nach unten ausführen:

```
In [2]: a = 1

In [3]: a

Out[3]: 1

In [4]: a = 2
```

Zelle `Out[3]` gibt wie erwartet den Wert `1` aus. Wenn Sie jetzt aber zurückgehen und `In[3]` erneut ausführen, landen Sie in dieser Situation:

```
In [2]: a = 1

In [5]: a

Out[5]: 2

In [4]: a = 2
```

`Out[5]` zeigt nun den Wert `2`, was Sie höchstwahrscheinlich nicht erwarten würden, wenn Sie das Notebook von oben nach unten lesen, vor allem wenn Zelle `In[4]` weiter entfernt wäre und Sie nach unten scrollen müssten. Um derartige Fälle zu vermeiden, empfehle ich, dass Sie nicht nur eine einzelne Zelle, sondern auch alle vorhergehenden Zellen erneut ausführen. In Jupyter Notebooks können Sie dies einfach erreichen, wenn Sie im Menü *Cell* den Befehl *Run All Above* wählen. Nach diesen warnenden Worten wollen wir nun sehen, wie man ein Notebook ordnungsgemäß herunterfährt.

Jupyter Notebooks herunterfahren

Jedes Notebook läuft in einem eigenen *Jupyter-Kernel*. Ein Kernel ist die »Engine«, die den Python-Code ausführt, den Sie in eine Notebook-Zelle eingeben. Jeder Kernel greift in Form von CPU und RAM auf Ressourcen Ihres Betriebssystems zu. Wenn Sie also ein Notebook schließen, sollten Sie auch dessen Kernel herunterfahren, sodass die Ressourcen wieder anderen Tasks zur Verfügung stehen – so verhindern Sie, dass Ihr System langsamer wird. Am einfachsten erreichen Sie dies, wenn Sie ein Notebook über *File/Close and Halt* schließen. Wenn Sie nur das Browserregister schließen, wird der Kernel nicht automatisch heruntergefahren. Alternativ können Sie im Jupyter-Dashboard über die Registerkarte *Running* laufende Notebooks schließen.

Um den gesamten Jupyter-Server herunterzufahren, klicken Sie im Jupyter-Dashboard oben rechts auf die Schaltfläche *Quit*. Wenn Sie Ihren Browser bereits geschlossen haben, können Sie im Anaconda Prompt, in dem Notebook-Server läuft, zweimal `Strg`+`C` drücken oder den Anaconda Prompt ganz schließen.

Jupyter Notebooks in der Cloud

Jupyter Notebooks sind inzwischen so beliebt, dass verschiedene Cloud-Provider sie als gehostete Lösung anbieten. Ich stelle hier drei Dienste vor, die alle kostenlos zu nutzen sind. Diese Dienste haben den Vorteil, dass sie sofort und überall dort laufen, wo Sie auf einen Browser zugreifen können, ohne dass Sie irgendetwas lokal installieren müssen. So können Sie etwa die Beispiele aus diesem Buch auf einem Tablet ausführen, während Sie die ersten drei Teile lesen. Da Teil IV eine lokale Installation von Excel voraussetzt, funktioniert dies dort allerdings nicht.

Binder
: Binder (*https://mybinder.org/*) ist ein Dienst von Project Jupyter, der Organisation hinter Jupyter Notebooks. Binder ist dazu gedacht, Jupyter Notebooks von öffentlichen Git-Repositorys auszuprobieren – man speichert nichts auf Binder selbst und muss sich folglich weder registrieren noch anmelden, um den Dienst zu nutzen.

Kaggle Notebooks
: Kaggle (*https://kaggle.com/*) ist eine Plattform für Data Science. Da hier Data-Science-Wettbewerbe veranstaltet werden, bekommen Sie einen einfachen Zugang zu einer riesigen Sammlung von Datensätzen. Seit 2017 ist Kaggle ein Teil von Google.

Google Colab

Google Colab (kurz für Colaboratory) ist die Notebook-Plattform von Google. Leider funktioniert die Mehrheit der Tastenkombinationen von Jupyter Notebook nicht, doch Sie können auf Dateien auf Ihrem Google Drive zugreifen, Google Sheets eingeschlossen.

Die Jupyter Notebooks des Begleit-Repositorys lassen sich am einfachsten in der Cloud ausführen, wenn Sie deren Binder-URL (*https://oreil.ly/MAjJK*) aufrufen. Da Sie an einer Kopie des Begleit-Repositorys arbeiten, können Sie den Code nach Herzenslust bearbeiten und verstümmeln!

Wie Sie mit Jupyter Notebooks arbeiten, wissen Sie jetzt. Als Nächstes lernen Sie, wie Sie standardmäßige Python-Skripte schreiben und ausführen. Hierfür verwenden wir Visual Studio Code, einen leistungsfähigen Texteditor mit großartiger Python-Unterstützung.

Visual Studio Code

In diesem Abschnitt installieren und konfigurieren Sie *Visual Studio Code (VS Code)*, einen kostenlosen und quelloffenen Texteditor von Microsoft. Nachdem Sie seine wichtigsten Komponenten kennengelernt haben, schreiben Sie ein erstens Python-Skript und führen es auf verschiedene Arten aus. Zu Beginn werde ich aber erklären, wann man Jupyter Notebooks verwendet, anstatt Python-Skripts auszuführen, und warum ich VS Code für dieses Buch ausgewählt habe.

Während sich Jupyter Notebooks hervorragend für interaktive Arbeitsabläufe wie Forschung, Lehre und Experimente eignen, sind sie weniger ideal, wenn Sie Python-Skripte schreiben wollen, die auf eine Produktionsumgebung abzielen, in der die Visualisierungsfunktionalität von Notebooks nicht erforderlich ist. Zudem sind komplexere Projekte, die viele Dateien umfassen und an denen viele Entwickler beteiligt sind, nur schwer mit Jupyter Notebooks zu verwalten. In diesem Fall empfiehlt sich ein geeigneter Texteditor, um klassische Python-Dateien zu schreiben und auszuführen. Prinzipiell könnten Sie jeden beliebigen Texteditor verwenden (selbst Notepad würde gehen), doch werden Sie sich für die Praxis einen Editor wünschen, der Python »versteht« – das heißt einen Texteditor, der mindestens die folgenden Funktionen unterstützt:

Syntaxhervorhebung

Der Editor färbt Wörter unterschiedlich ein, je nachdem, ob sie eine Funktion, einen String, eine Zahl usw. darstellen. Dadurch lässt sich der Code leichter lesen und verstehen.

Autovervollständigung
: Autovervollständigung oder *IntelliSense* (wie Microsoft dieses Feature nennt) schlägt automatisch Textkomponenten vor. Dadurch müssen Sie weniger tippen, was auch die Anzahl der Eingabefehler verringert.

Und schon bald werden Sie sich weitere Funktionen wünschen, auf die Sie direkt aus dem Editor heraus zugreifen können:

Code ausführen
: Es kann ziemlich umständlich sein, zwischen dem Texteditor und einem externen Anaconda Prompt (d. h. Eingabeaufforderung oder Terminal) hin- und herzuwechseln, um den Code auszuführen.

Debugger
: Mit einem Debugger können Sie den Code schrittweise Zeile für Zeile durchgehen, um den Programmablauf zu untersuchen.

Versionskontrolle
: Wenn Sie Git für die Versionsverwaltung Ihrer Dateien verwenden, ist es zweckmäßig, die Git-bezogenen Aufgaben direkt im Editor zu erledigen, damit Sie nicht ständig zwischen zwei Anwendungen hin- und herwechseln müssen.

Es gibt eine breite Palette an Tools, die Ihnen dabei helfen können, und wie üblich hat jeder Entwickler andere Bedürfnisse und Vorlieben. Einigen ist vielleicht ein schlichter Texteditor zusammen mit einer externen Eingabeaufforderung lieber. Andere bevorzugen eine *integrierte Entwicklungsumgebung* (IDE). Denn integrierte Entwicklungsumgebungen versuchen, alles, was Sie jemals brauchen werden, in einem einzigen Tool zusammenzubringen. Allerdings sind sie dadurch oftmals überladen.

Für dieses Buch habe ich VS Code ausgewählt, da dieses Tool nach seiner Erstveröffentlichung im Jahr 2015 schnell zu einem der beliebtesten Codeeditoren unter Entwicklern avanciert ist: Im StackOverflow Developer Survey 2019 (*https://oreil.ly/savHe*) wurde es zur beliebtesten Entwicklungsumgebung gekürt. Was macht VS Code zu einem so beliebten Tool? Im Wesentlichen ist es die richtige Mischung zwischen einem einfachen Texteditor und einer vollwertigen IDE: VS Code ist eine Mini-IDE, die von Haus aus alles enthält, was man zum Programmieren braucht, aber nicht mehr:

Plattformübergreifend
: VS Code läuft unter Windows, macOS und Linux. Zudem gibt es Versionen wie *GitHub Codespaces* (*https://oreil.ly/bDGWE*), die in der Cloud gehostet werden.

Integrierte Tools
: VS Code verfügt über einen Debugger, Unterstützung für die Versionsverwaltung Git und ein integriertes Terminal, das Sie als Anaconda Prompt verwenden können.

Erweiterungen
: Alles andere, wie zum Beispiel die Unterstützung von Python, wird über Erweiterungen hinzugefügt, die sich mit einem einfachen Klick installieren lassen.

Leichtgewichtig
: Je nach Betriebssystem ist das Installationsprogramm für VS Code nur etwa 50 bis 100 MB groß.

> **Visual Studio Code vs. Visual Studio**
>
> Verwechseln Sie Visual Studio Code nicht mit Visual Studio, der IDE! Zwar können Sie Visual Studio für die Python-Entwicklung einsetzen (es kommt mit PTVS, den *Python Tools for Visual Studio*), aber die Installation ist sehr umfangreich und wird traditionell für die Arbeit mit .NET-Sprachen wie C# verwendet.

Um herauszufinden, ob Sie meinen Lobpreisungen für VS Code zustimmen, gibt es keinen besseren Weg, als das Tool zu installieren und selbst auszuprobieren. Im nächsten Abschnitt geht es damit los!

Installation und Konfiguration

Laden Sie das Installationsprogramm von der VS Code-Homepage (*https://oreil.ly/26Jfa*) herunter. Neueste Installationsanweisungen bekommen Sie in den offiziellen Dokumentationen.

Windows
: Doppelklicken Sie auf das Installationsprogramm und übernehmen Sie alle Standardeinstellungen. Öffnen Sie dann VS Code über das *Start*-Menü von Windows, wo Sie es unter *Visual Studio Code* finden.

macOS
: Doppelklicken Sie auf die ZIP-Datei, um die App zu entpacken. Verschieben Sie dann *Visual Studio Code.app* per Drag-and-drop in den Ordner *Applications* – nun können Sie es über das Launchpad starten. Sollte die Anwendung nicht starten, gehen Sie zu *System Preferences/Security & Privacy/General* und wählen *Open Anyway*.

Wenn Sie VS Code erstmals öffnen, sieht das Tool wie in Abbildung 2-5 aus. Beachten Sie, dass ich das dunkle Standard-Thema in ein helles geändert habe, damit sich die Bildschirmfotos besser lesen lassen.

> **Anzeigesprache von VS Code**
>
> Wenn Sie VS Code nach der Installation das erste Mal starten, erscheint unten eine Schaltfläche mit der Frage, ob Sie die Anzeigesprache in Deutsch ändern möchten. Sollten Sie das wünschen, wird die Anzeigesprache installiert und VS Code neu gestartet.

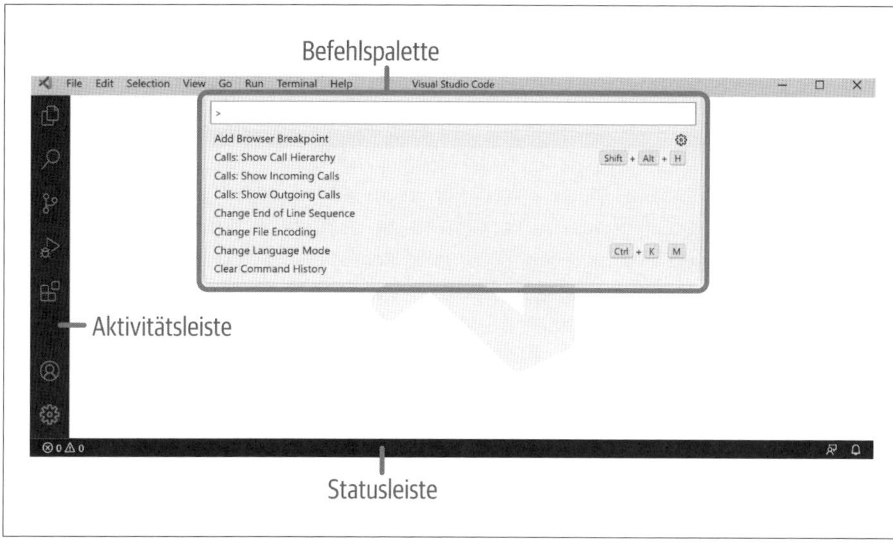

Abbildung 2-5: Visual Studio Code

Aktivitätsleiste
: Auf der linken Seite befindet sich die Aktivitätsleiste mit den folgenden Symbolen von oben nach unten:

  - Explorer
  - Suchen
  - Quellcodeverwaltung
  - Ausführen und debuggen
  - Erweiterungen

Statusleiste
: Am unteren Rand des Editors befindet sich die Statusleiste. Sobald Sie die Konfiguration angeschlossen haben und eine Python-Datei bearbeiten, erscheint dort der Python-Interpreter.

Befehlspalette
: Die Befehlspalette zeigen Sie mit [F1] oder über die Tastenkombination [Strg]+[⇧]+[P] (Windows) bzw. [cmd]+[⇧]+[P] (macOS) an. Wenn Sie sich über etwas im Unklaren sind, sollten Sie immer zuerst die Befehlspalette konsultieren, da Sie hier auf nahezu alles Zugriff erhalten, was Sie mit VS Code bewerkstelligen können. Möchten Sie zum Beispiel nach Tastenkombinationen suchen, geben Sie **`tastenkombinationen`** ein, wählen den Eintrag *Hilfe: Referenz für Tastenkombinationen* und drücken [↵].

VS Code ist von Haus aus ein großartiger Texteditor, damit er aber gut mit Python harmoniert, sind noch einige Dinge zu konfigurieren: Klicken Sie in der Aktivitätsleiste auf *Erweiterungen* und suchen Sie nach *Python*. Installieren Sie die offizielle

Python-Erweiterung, die *Microsoft* als Herausgeber angibt. Die Installation dauert einen Moment. Anschließend können Sie auf die Schaltfläche *Erneutes Laden erforderlich* klicken, um sie abzuschließen – alternativ starten Sie VS Code vollkommen neu. Schließen Sie die Konfiguration entsprechend Ihrer Plattform ab:

Windows
: Öffnen Sie die Befehlspalette und geben Sie **`standardprofil`** ein. Klicken Sie auf den Eintrag *Terminal: Standardprofil auswählen* und drücken Sie ↵. Im Drop-down-Menü wählen Sie *Command Prompt* und bestätigen die Auswahl mit ↵. Dies ist erforderlich, da VS Code sonst die Conda-Umgebungen nicht ordnungsgemäß aktivieren kann.

macOS
: Öffnen Sie die Befehlspalette und geben Sie **`shell command`** ein. Markieren Sie den Eintrag *Shell Command: Install 'code' command in PATH* und drücken Sie ↵. Dies ist erforderlich, damit Sie VS Code komfortabel vom Anaconda Prompt aus (d. h. dem Terminal) starten können.

Da VS Code nun installiert und konfiguriert ist, werden Sie Ihr erstes Python-Skript schreiben und ausführen.

Ein Python-Skript ausführen

VS Code können Sie zwar unter Windows über das *Start*-Menü oder unter macOS über das Launchpad öffnen, doch oftmals geht es schneller, VS Code vom Anaconda Prompt aus zu öffnen, wo Sie es mit dem Befehl `code` starten können. Öffnen Sie daher einen neuen Anaconda Prompt und wechseln Sie mit dem Befehl `cd` in das Verzeichnis, in dem Sie arbeiten möchten. Weisen Sie dann VS Code an, das aktuelle Verzeichnis (durch den Punkt dargestellt) zu öffnen:

```
(base)> cd C:\Users\username\python-for-excel
(base)> code .
```

Wenn Sie VS Code auf diese Weise starten, zeigt der Explorer in der Aktivitätsleiste automatisch den Inhalt des Verzeichnisses an, in dem Sie sich bei Aufruf des `code`-Befehls befunden haben. VS Code fragt Sie: »Vertrauen Sie den Herausgebern der Dateien in diesem Ordner?« Bestätigen Sie diesen Dialog, indem Sie auf die Schaltfläche *Ja, ich vertraue den Herausgebern* klicken.

Alternativ könnten Sie ein Verzeichnis auch über *Datei/Ordner öffnen* (unter macOS: *Datei/Öffnen*) öffnen, doch das könnte unter macOS zu Berechtigungsfehlern führen, wenn wir in Teil IV xlwings einsetzen. Sobald Sie den Mauszeiger auf der Aktivitätsleiste über die Dateiliste im Explorer führen, erscheint, wie in Abbildung 2-6 dargestellt, die Schaltfläche *Neue Datei*. Klicken Sie darauf, nennen Sie Ihre Datei *hello_world.py* und drücken Sie dann ↵. Nachdem sie im Editor geöffnet ist, schreiben Sie die folgende Codezeile:

```
print("hello world!")
```

Wie bereits erwähnt, geben Jupyter Notebooks den Rückgabewert der letzten Zeile automatisch aus. Wenn Sie ein herkömmliches Python-Skript ausführen, müssen Sie Python explizit sagen, was ausgegeben werden soll. Deshalb ist hier die Funktion `print` erforderlich. In der Statusleiste sollte nun Ihre Python-Version erscheinen, z. B. *Python 3.8.5 64-bit (conda)*. Wenn Sie darauf klicken, öffnet sich die Befehlspalette, in der Sie einen anderen Python-Interpreter auswählen können, sofern mehrere installiert sind (dies gilt auch für Conda-Umgebungen). Das Setup sollte bei Ihnen nun wie in Abbildung 2-6 aussehen.

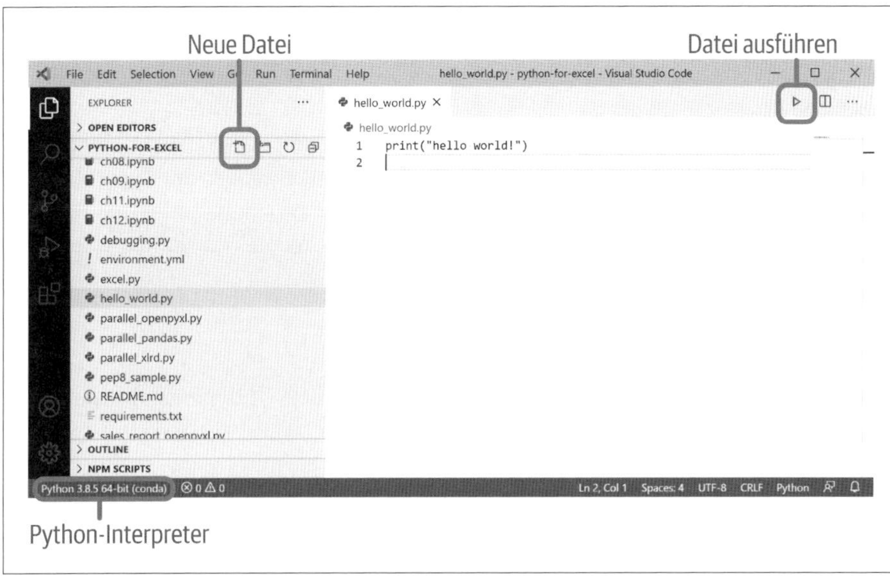

Abbildung 2-6: VS Code mit dem geöffneten Skript hello_world.py

Bevor Sie das Skript ausführen können, müssen Sie es speichern. Drücken Sie dazu Strg+S unter Windows bzw. cmd+S unter macOS. Bei Jupyter Notebooks wählen Sie einfach eine Zelle aus und drücken ⇧+↵, um diese Zelle auszuführen. Bei VS Code können Sie Ihren Code entweder vom Anaconda Prompt aus starten oder indem Sie auf die Schaltfläche *Ausführen* klicken. Skripte, die auf einem Server liegen, werden Sie höchstwahrscheinlich vom Anaconda Prompt aus starten. Deshalb ist es wichtig zu wissen, wie das funktioniert.

Anaconda Prompt

Öffnen Sie einen Anaconda Prompt, wechseln Sie mit `cd` in das Verzeichnis mit dem Skript und führen Sie dann das Skript wie folgt aus:

```
(base)> cd C:\Users\username\python-for-excel
(base)> python hello_world.py
hello world!
```

Die letzte Zeile ist die Ausgabe, die vom Skript erzeugt wird. Wenn Sie sich nicht im selben Verzeichnis wie Ihre Python-Datei befinden, müssen Sie den vollständigen Pfad zu Ihrer Python-Datei angeben:

```
(base)> python C:\Users\username\python-for-excel\hello_world.py
hello world!
```

Lange Dateipfade am Anaconda Prompt

Der Umgang mit langen Dateipfaden ist bequemer, wenn Sie die Datei per Drag-and-drop auf Ihren Anaconda Prompt ziehen. Dadurch wird der vollständige Pfad dorthin geschrieben, wo sich der Cursor befindet.

Anaconda Prompt in VS Code

Um mit dem Anaconda Prompt zu arbeiten, müssen Sie VS Code nicht verlassen: VS Code besitzt ein integriertes Terminal, das Sie über die Tastenkombination Strg+` oder über *Anzeigen/Terminal* aufrufen. Da es im Projektordner geöffnet wird, müssen Sie auch nicht erst in das Verzeichnis wechseln:

```
(base)> python hello_world.py
hello world!
```

Ausführen-Schaltfläche in VS Code

In VS Code gibt es eine einfache Methode, um den Code auszuführen, ohne den Anaconda Prompt zu verwenden: Wenn Sie eine Python-Datei bearbeiten, erscheint rechts oben ein grünes Wiedergabesymbol – das ist die Schaltfläche *Datei ausführen*, wie Abbildung 2-6 zeigt. Beim Klicken darauf wird automatisch das Terminal am unteren Rand geöffnet und der Code dort ausgeführt.

Dateien in VS Code öffnen

VS Code weist ein unkonventionelles Standardverhalten auf, wenn Sie im Explorer (Aktivitätsleiste) auf eine Datei einmal klicken: Die Datei wird im Vorschaumodus geöffnet, das heißt, sie wird durch die nächste Datei, auf die Sie einmal klicken, in der Registerkarte ersetzt, sofern Sie keine Änderungen an der Datei vorgenommen haben. Wenn Sie das Einmal-Klick-Verhalten abschalten möchten (sodass ein einmaliges Klicken eine Datei auswählt und ein Doppelklick die Datei öffnet), gehen Sie zu *Einstellungen/Einstellungen* (Strg+, unter Windows bzw. cmd+, unter macOS) und stellen die Drop-down-Liste unter *Workbench/List: Open Mode* auf *doubleClick*.

Sie wissen nun, wie man Python-Skripte in VS Code erstellt, bearbeitet und ausführt. VS Code kann aber noch viel mehr: In Anhang B erkläre ich, wie Sie den Debugger verwenden und wie Sie Jupyter Notebooks mit VS Code ausführen können.

Alternative Texteditoren und integrierte Entwicklungsumgebungen

Tools sind etwas Individuelles, und nur weil dieses Buch auf Jupyter Notebooks und VS Code basiert, heißt das nicht, dass Sie andere Optionen links liegen lassen sollten. Beliebte Texteditoren sind unter anderem:

Sublime Text
: Sublime (*https://oreil.ly/9FVLD*) ist ein schneller, kommerzieller Texteditor.

Notepad++
: Notepad++ (*https://oreil.ly/7Ksk9*) ist kostenlos und schon seit Langem verfügbar. Allerdings gibt es diesen Editor nur für Windows.

Vim und Emacs
: Vim (*https://vim.org/*) und Emacs (*https://oreil.ly/z__Kz*) sind aufgrund ihrer steilen Lernkurve wahrscheinlich nicht die besten Optionen für Programmiereinsteiger, doch bei Profis sind sie sehr beliebt. Die Rivalität zwischen den beiden freien Editoren ist so groß, dass Wikipedia sie unter dem Stichwort »Editor War« (»Krieg der Editoren«) beschreibt.

Zu den beliebtesten integrierten Entwicklungsumgebungen (IDEs) gehören:

PyCharm
: Die PyCharm Community Edition (*https://oreil.ly/OrIj-*) ist kostenlos und sehr leistungsfähig, während die Professional Edition kommerziell ist und Unterstützung für wissenschaftliche Tools und Webentwicklung bietet.

Spyder
: Spyder (*https://spyder-ide.org/*) ähnelt der IDE von MATLAB und bringt einen Variablen-Explorer mit. Da diese IDE in der Anaconda-Distribution enthalten ist, können Sie sie ausprobieren, indem Sie `(base)>`**`spyder`** am Anaconda Prompt ausführen.

JupyterLab
: JupyterLab (*https://jupyter.org/*) ist eine webbasierte IDE, die vom Team hinter Jupyter Notebooks entwickelt wurde und selbstverständlich Jupyter Notebooks ausführen kann. Darüber hinaus wurde versucht, alles andere, was Sie für Ihre Data-Science-Aufgaben benötigen, in einem einzigen Tool zusammenzubringen.

Wing Python IDE
: Wing Python IDE (*https://wingware.com/*) ist eine IDE, die schon seit Langem existiert. Es gibt kostenlose vereinfachte Versionen und eine kommerzielle Version namens Wing Pro.

Komodo IDE
: Komodo IDE (*https://oreil.ly/Cdtab*) ist eine kommerzielle IDE, die von ActiveState entwickelt wurde und neben Python viele andere Sprachen unterstützt.

PyDev
: PyDev (*https://pydev.org/*) ist eine Python-IDE, die auf der beliebten Eclipse-IDE aufbaut.

Zum Schluss

In diesem Kapitel habe ich Ihnen gezeigt, wie Sie die Tools, mit denen wir arbeiten werden, installieren und verwenden: Anaconda Prompt, Jupyter Notebooks und VS Code. Außerdem haben Sie ein winziges Stück Python-Code in einer Python REPL, in einem Jupyter Notebook und als Skript in VS Code ausgeführt.

Ich empfehle Ihnen, sich mit dem Anaconda Prompt vertraut zu machen, da er Ihnen eine Menge Möglichkeiten eröffnet, sobald Sie sich daran gewöhnt haben. Die Fähigkeit, mit Jupyter Notebooks in der Cloud zu arbeiten, ist ebenfalls sehr komfortabel, sodass Sie damit die Codebeispiele der ersten drei Teile dieses Buchs in Ihrem Browser ausführen können.

Mit einer funktionierenden Entwicklungsumgebung sind Sie nun bereit, das nächste Kapitel in Angriff zu nehmen, in dem Sie genügend über Python lernen, um dem Rest des Buchs folgen zu können.

KAPITEL 3

Erste Schritte mit Python

Nachdem Sie Anaconda installiert haben und Jupyter Notebooks ausführungsbereit ist, haben Sie alles, was Sie brauchen, um erste Schritte mit Python zu unternehmen. Obwohl dieses Kapitel kaum über die Grundlagen hinausgeht, deckt es doch die wichtigsten Dinge ab. Wenn Sie am Beginn Ihrer Programmierkarriere stehen, müssen Sie vieles erst einmal verdauen. Allerdings werden die Konzepte klarer, sobald Sie sie in späteren Kapiteln als Teil eines praktischen Beispiels nachvollziehen. Machen Sie sich also keine Sorgen, wenn Sie etwas nicht auf Anhieb verstehen. Wann immer sich Python und VBA signifikant unterscheiden, weise ich darauf hin, um sicherzustellen, dass Sie reibungslos von VBA zu Python wechseln können und sich der offensichtlichen Fallen bewusst sind. Wenn Sie bisher noch nicht mit VBA programmiert haben, können Sie diese Teile getrost ignorieren.

Ich beginne dieses Kapitel mit den grundlegenden Datentypen von Python, wie zum Beispiel Ganzzahlen und Strings. Danach erläutere ich Indizierung und Slicing, ein Kernkonzept in Python, mit dem Sie auf bestimmte Elemente einer Sequenz zugreifen können. Als Nächstes geht es um Datenstrukturen wie Listen und Dictionarys, die mehrere Objekte speichern können. Anschließend lernen Sie die `if`-Anweisung sowie die `for`- und `while`-Schleifen kennen, bevor ich Funktionen und Module einführe, mit denen Sie Ihren Code organisieren und strukturieren können. Zum Abschluss dieses Kapitels zeige ich, wie Sie Ihren Python-Code ordnungsgemäß formatieren. Wie Sie wahrscheinlich schon vermutet haben, ist dieses Kapitel recht technisch angelegt. Demzufolge empfiehlt es sich, dass Sie die Beispiele gleichzeitig in einem Jupyter Notebook ausführen, um alles etwas interaktiver und spielerischer zu gestalten. Entweder tippen Sie den Beispielcode selbst ein, oder Sie nutzen die bereitgestellten Notebooks im Begleit-Repository.

Datentypen

Wie jede andere Programmiersprache behandelt Python Zahlen, Text, boolesche Werte usw. unterschiedlich, indem ihnen verschiedene *Datentypen* zugewiesen werden. Die Datentypen, die wir am häufigsten verwenden, sind Ganzzahlen,

Gleitkommazahlen, boolesche Werte und Strings. In diesem Abschnitt führe ich die einzelnen Datentypen nacheinander anhand einiger Beispiele ein. Um aber Datentypen verstehen zu können, werde ich zuerst erläutern, was ein Objekt ist.

Objekte

In Python ist *alles* ein Objekt, einschließlich Zahlen, Strings, Funktionen und allem anderen, was Sie in diesem Kapitel kennenlernen werden. Objekte können komplexe Dinge einfach und intuitiv machen, indem sie Ihnen Zugang zu einer Reihe von Variablen und Funktionen geben. Lassen Sie mich also zunächst ein paar Worte zu Variablen und Funktionen sagen!

Variablen

In Python ist eine *Variable* ein Name, den Sie mithilfe eines Gleichheitszeichens einem Objekt zuweisen. Die erste Zeile des folgenden Beispiels weist dem Namen a das Objekt 3 zu:

```
In [1]: a = 3
        b = 4
        a + b

Out[1]: 7
```

Dies funktioniert für alle Objekte gleich, was einfacher ist als in VBA, wo Sie für Datentypen wie Zahlen und Strings das Gleichheitszeichen, für Objekte wie Arbeitsmappen (`workbooks`) oder Tabellenblätter (`worksheets`) aber die `Set`-Anweisung verwenden. In Python ändern Sie den Typ einer Variablen, indem Sie ihr einfach ein neues Objekt zuweisen. Dies wird als *dynamische Typisierung* bezeichnet:

```
In [2]: a = 3
        print(a)
        a = "three"
        print(a)

3
three
```

Im Unterschied zu VBA beachtet Python die Groß-/Kleinschreibung, sodass `a` und `A` zwei verschiedene Variablen sind. Die Namen von Variablen müssen bestimmten Regeln folgen:

- Namen müssen mit einem Buchstaben oder einem Unterstrich beginnen.
- Namen dürfen nur aus Buchstaben, Ziffern und Unterstrichen bestehen.

Nach dieser kurzen Einführung in Variablen sehen wir uns an, wie man Funktionen aufrufen kann.

Funktionen

Auf Funktionen gehe ich später in diesem Kapitel noch ausführlicher ein. Fürs Erste sollten Sie lediglich wissen, wie Sie vordefinierte Funktionen aufrufen, etwa die Funktion `print`, die bereits im vorherigen Codebeispiel verwendet wurde. Um eine Funktion aufzurufen, schreiben Sie nach dem Funktionsnamen ein Klammernpaar und geben innerhalb der Klammern die Argumente an. Dies entspricht ziemlich genau der mathematischen Notation:

```
function_name(argument1, argument2, ...)
```

Sehen Sie sich nun an, wie Variablen und Funktionen im Kontext von Objekten funktionieren.

Attribute und Methoden

Im Zusammenhang mit Objekten bezeichnet man Variablen als *Attribute* und Funktionen als *Methoden*: Attribute ermöglichen den Zugriff auf die Daten eines Objekts, und mit Methoden lassen sich Aktionen durchführen. Um auf die Attribute und Methoden zuzugreifen, verwenden Sie die folgende Punktnotation: `myobject.attribute` und `myobject.method()`.

Lassen Sie uns das etwas anschaulicher machen: Wenn Sie ein Spiel für Autorennen schreiben, würden Sie wahrscheinlich ein Objekt verwenden, das ein Auto repräsentiert. Das Objekt `car` könnte ein Geschwindigkeitsattribut `speed` enthalten, das Ihnen über `car.speed` die aktuelle Geschwindigkeit liefert, und wenn Sie die Methode `car.accelerate(10)` aufrufen, ließe sich das Auto um 10 km/h beschleunigen.

Der Typ eines Objekts und damit sein Verhalten werden durch eine Klasse definiert, sodass es für das vorherige Beispiel erforderlich wäre, eine Klasse `Car` zu schreiben. Den Vorgang, ein car-Objekt von einer Klasse `Car` zu erzeugen, nennt man *Instanziierung*. Und ein Objekt instanziieren Sie, indem Sie die Klasse in der gleichen Weise wie eine Funktion aufrufen: `car = Car()`. Für die Beispiele in diesem Buch werden Sie keine eigenen Klassen schreiben, wenn Sie wissen jedoch wollen, wie das Ganze funktioniert, sehen Sie sich Anhang C an.

Im nächsten Abschnitt verwenden Sie eine erste Objektmethode, um einen Textstring in Großbuchstaben umzuwandeln, und auf das Thema Objekte und Klassen kommen wir zurück, wenn es gegen Ende dieses Kapitels um `datetime`-Objekte geht. Los geht es aber nun mit Objekten, die einen numerischen Datentyp haben.

Numerische Typen

Die Datentypen `int` und `float` stellen *Ganzzahlen* (auch *Integer* genannt) bzw. *Gleitkommazahlen* dar. Um den Datentyp eines bestimmten Objekts herauszufinden, rufen Sie die vordefinierte Funktion `type` auf:

```
In [3]: type(4)

Out[3]: int

In [4]: type(4.4)

Out[4]: float
```

Wenn Sie eine Zahl mit dem Typ `float` anstelle von `int` erstellen wollen, genügt es, einen Dezimalpunkt anzufügen oder den `float`-Konstruktor zu verwenden:

```
In [5]: type(4.)

Out[5]: float

In [6]: float(4)

Out[6]: 4.0
```

Das letzte Beispiel lässt sich auch umdrehen: Mit dem `int`-Konstruktor können Sie einen `float`-Wert in einen `int`-Wert umwandeln. Wenn der gebrochene Anteil nicht null ist, wird er abgeschnitten:

```
In [7]: int(4.9)

Out[7]: 4
```

Excel-Zellen speichern immer Gleitkommazahlen

Möglicherweise müssen Sie eine Gleitkommazahl in eine Ganzzahl umwandeln, wenn Sie eine Zahl aus einer Excel-Zelle einlesen und an eine Python-Funktion übergeben, die als Argument eine Ganzzahl erwartet. Excel speichert nämlich sämtliche Zahlen in den Zellen hinter den Kulissen immer als Gleitkommazahlen, selbst wenn sie nach außen hin wie Ganzzahlen aussehen.

In Python gibt es noch ein paar weitere numerische Typen, die ich aber in diesem Buch weder verwenden noch besprechen werde: `decimal`, `fraction` und `complex`. Wenn die Ungenauigkeit von Gleitkommazahlen ein Thema ist (siehe Kasten), verwenden Sie den Typ `decimal`, um exakte Ergebnisse zu erhalten. Diese Fälle kommen allerdings sehr selten vor. Als Faustregel gilt: Wenn Excel für die Berechnungen gut genug wäre, verwenden Sie Gleitkommazahlen.

Ungenauigkeiten bei Gleitkommazahlen

Standardmäßig zeigt Excel oftmals gerundete Zahlen an: Geben Sie `=1,125-1,1` in eine Zelle ein, und es erscheint `0,025`. Das ist zwar das, was man erwartet, aber es ist nicht das, was Excel intern speichert. Ändern Sie das Anzeigeformat, sodass mindestens 16 Dezimalstellen angezeigt werden, werden Sie den Wert `0,0249999999999999` sehen. Dies ist der Effekt der *Ungenauigkeit von Gleitkommazahlen*: Computer leben in einer binären Welt, d. h., sie rechnen nur mit Nullen und Einsen. Bestimmte Dezimalbrüche wie `0,1` lassen sich nicht als endliche binäre Gleitkommazahl speichern, was das Ergebnis der Subtraktion erklärt. In Python werden Sie den gleichen Effekt sehen, aber Python versteckt die Dezimalstellen nicht:

```
In [8]: 1.125 - 1.1

Out[8]: 0.02499999999999991
```

Mathematische Operatoren

Für das Rechnen mit Zahlen sind mathematische Operatoren wie das Plus- oder Minuszeichen erforderlich. Mit Ausnahme des Potenzoperators sollte es keine Überraschungen geben, wenn Sie von Excel kommen:

```
In [9]: 3 + 4  # Summe

Out[9]: 7

In [10]: 3 - 4  # Subtraktion

Out[10]: -1

In [11]: 3 / 4  # Division

Out[11]: 0.75

In [12]: 3 * 4  # Multiplikation

Out[12]: 12

In [13]: 3**4  # Potenzoperator (Excel verwendet 3^4)

Out[13]: 81

In [14]: 3 * (3 + 4)  # Einsatz von Klammern

Out[14]: 21
```

Kommentare

In den vorherigen Beispielen habe ich die Funktionsweise des Codes mithilfe von *Kommentaren* beschrieben (z. B. `# Summe`). Kommentare helfen anderen Menschen (und Ihnen selbst, wenn einige Zeit vergangen ist, nachdem Sie den Code geschrieben haben), zu verstehen, was in Ihrem Programm vor sich geht. Es gehört zum guten Stil, nur diejenigen Dinge zu kommentieren, die sich nicht bereits aus dem Lesen des Codes ergeben: Im Zweifelsfall ist kein Kommentar besser als ein veralteter Kommentar, der dem Code widerspricht. Alles, was mit einem Nummernzeichen

(#) beginnt, ist in Python ein Kommentar und wird ignoriert, wenn Sie den Code ausführen:

```
In [15]: # Dies ist ein Beispiel, das Sie bereits gesehen haben.
         # Jede Kommentarzeile muss mit einem # beginnen.
         3 + 4

Out[15]: 7

In [16]: 3 + 4  # Dies ist ein Inline-Kommentar.

Out[16]: 7
```

Die meisten Editoren definieren Tastenkombinationen, um Zeilen zu kommentieren und Kommentare zu entfernen. In Jupyter Notebooks und VS Code sind das `Strg`+`/` (Windows) bzw. `cmd`+`/` (macOS). Beachten Sie, dass Markdown-Zellen in Jupyter Notebooks keine Kommentare akzeptieren – wenn Sie dort eine Zeile mit einem # beginnen, interpretiert Markdown dies als Überschrift.

Nachdem Sie Ganzzahlen und Gleitkommazahlen kennengelernt haben, kommen wir im nächsten Abschnitt zu booleschen Werten.

Boolesche Werte

Die booleschen Typen in Python sind `True` und `False`, genau wie in VBA. Die booleschen Operatoren `and`, `or` und `not` werden allerdings durchgängig kleingeschrieben, während VBA sie in Großbuchstaben darstellt. Boolesche Ausdrücke funktionieren ähnlich wie in Excel, Ausnahmen sind Gleichheits- und Ungleichheitsoperatoren:

```
In [17]: 3 == 4  # Gleichheit (Excel verwendet 3 = 4)

Out[17]: False

In [18]: 3 != 4  # Ungleichheit (Excel verwendet 3 <> 4)

Out[18]: True

In [19]: 3 < 4  # Kleiner als. Verwenden Sie > für größer als.

Out[19]: True

In [20]: 3 <= 4  # Kleiner als oder gleich. Verwenden Sie >=
 für größer als oder gleich.

Out[20]: True

In [21]: # Logische Ausdrücke können Sie verketten.
         # In VBA wäre dies: 10 < 12 And 12 < 17.
         # In Excel-Formeln wäre dies: =AND(10 < 12, 12 < 17).
         10 < 12 < 17
```

```
Out[21]: True

In [22]: not True  # "not"-Operator

Out[22]: False

In [23]: False and True  # "and"-Operator

Out[23]: False

In [24]: False or True  # "or"-Operator

Out[24]: True
```

Jedes Python-Objekt wird entweder zu `True` oder zu `False` ausgewertet. Die Mehrheit der Objekte ist `True`, doch es gibt einige, die `False` ergeben – `None` (siehe Kasten), `False`, `0` und leere Datentypen eingeschlossen, z. B. ein leerer String (der nächste Abschnitt stellt Strings vor).

None

Bei `None` handelt es sich um eine vordefinierte Konstante, die entsprechend der offiziellen Dokumentation »das Fehlen eines Werts« verkörpert. Wenn zum Beispiel eine Funktion keinen expliziten Rückgabewert liefert, gibt sie `None` zurück. Diese Konstante ist auch eine gute Wahl, um leere Zellen in Excel darzustellen, wie Teil III und Teil IV noch zeigen werden.

Um zu überprüfen, ob ein Objekt `True` oder `False` ist, verwenden Sie den `bool`-Konstruktor:

```
In [25]: bool(2)

Out[25]: True

In [26]: bool(0)

Out[26]: False

In [27]: bool("Irgendein Text")  # Im nächsten Abschnitt geht es um Strings.

Out[27]: True

In [28]: bool("")

Out[28]: False

In [29]: bool(None)

Out[29]: False
```

Da Sie nun auch wissen, was boolesche Werte sind, bleibt nur noch ein grundlegender Datentyp übrig: Textdaten, die besser als *Strings* bekannt sind.

Strings

Wenn Sie in VBA schon einmal mit Strings (oder Zeichenfolgen, wie es nach der Microsoft-Terminologie offiziell heißt) gearbeitet haben, die länger als eine Zeile sind und Variablen sowie Text in Anführungszeichen enthalten, haben Sie sich wahrscheinlich gewünscht, es wäre einfacher. Erfreulicherweise ist dies ein Gebiet, auf dem Python besonders stark ist. Strings kann man entweder durch doppelte (") oder durch einfache Anführungszeichen (') ausdrücken. Die einzige Bedingung ist, dass Sie den String mit demselben Typ von Anführungszeichen beginnen und beenden müssen. Strings lassen sich mit + verketten oder mit * wiederholen. Da ich die Wiederholung von Strings bereits beim Ausprobieren der Python REPL im vorigen Kapitel gezeigt habe, hier ein Beispiel mit dem Pluszeichen:

```
In [30]: "Ein String in doppelten Anführungszeichen. " +
         'Ein String in einfachen Anführungszeichen.'

Out[30]: 'Ein String in doppelten Anführungszeichen.
          Ein String in einfachen Anführungszeichen.'
```

Je nachdem, was Sie schreiben wollen, kann es vorteilhafter sein, die eine oder die andere Art von Anführungszeichen zu verwenden, beispielsweise wenn Textteile in Anführungszeichen vorkommen, die Sie ohne Escapezeichen darstellen wollen. Möchten Sie dennoch ein Sonderzeichen als literales Zeichen darstellen, setzen Sie einen Backslash davor:

```
In [31]: print("Don't wait! " + 'Learn how to "speak" Python.')

Don't wait! Learn how to "speak" Python.

In [32]: print("It's easy to \"escape\" characters with a leading \\.")

It's easy to "escape" characters with a leading \.
```

Wenn Sie Strings mit Variablen mischen, verwenden Sie in der Regel *f-Strings*, was für *formatierte Stringliterale* steht. Setzen Sie einfach ein `f` vor Ihren String und schreiben Sie Variablen in geschweifte Klammern:

```
In [33]: # In Python können Sie bequem mehrere Werte mehreren Variablen
         # in einer einzigen Zeile zuweisen.
         first_adjective, second_adjective = "frei", "Open Source"
         f"Python ist {first_adjective} und {second_adjective}."

Out[33]: 'Python ist frei und Open Source.'
```

Wie bereits zu Beginn dieses Abschnitts erwähnt, sind Strings Objekte wie alles andere auch, und sie bieten einige Methoden (d. h. Funktionen), um eine Aktion auf diesem String durchzuführen. Zum Beispiel können Sie Strings von Groß- in Kleinschreibung umwandeln und umgekehrt:

```
In [34]: "PYTHON".lower()

Out[34]: 'python'

In [35]: "python".upper()

Out[35]: 'PYTHON'
```

> **Hilfe erhalten**
>
> Woher wissen Sie, welche Attribute bestimmte Objekte haben und welche Argumente ihre Methoden übernehmen? Die Antwort hängt ein wenig vom Tool ab, das Sie verwenden: Bei Jupyter Notebooks drücken Sie [Tab], nachdem Sie den Punkt geschrieben haben, der auf ein Objekt folgt, zum Beispiel `"python"`[Tab]. Daraufhin erscheint eine Drop-down-Liste mit allen Attributen und Methoden, die dieses Objekt bietet. Befindet sich Ihr Cursor in einer Methode, zum Beispiel innerhalb der Klammern von `"python".upper()`, drücken Sie [Shift]+[Tab], um die Beschreibung der Funktion zu erhalten. VS Code zeigt diese Informationen automatisch als QuickInfo an. Wenn Sie eine Python REPL am Anaconda Prompt ausführen, erhalten Sie mit `dir("python")` die verfügbaren Attribute und mit `help("python".upper)` die Beschreibung der Methode `upper`. Im Übrigen ist es immer eine gute Idee, auf die Onlinedokumentation von Python zurückzugreifen. Wenn Sie nach der Dokumentation für Pakete von Drittanbietern wie pandas suchen, ist es hilfreich, diese im PyPI, dem Paketindex von Python, zu suchen, wo Sie die Links zu den jeweiligen Homepages und der Dokumentation finden.

Wenn Sie mit Strings arbeiten, müssen Sie regelmäßig Teile eines Strings auswählen. Vielleicht möchten Sie den `USD`-Teil aus der Wechselkursnotation `EURUSD` extrahieren. Der nächste Abschnitt zeigt Ihnen den leistungsfähigen Mechanismus von Python zum Indizieren und Slicen, mit dem Sie genau dies bewerkstelligen können.

Indizieren und Slicing

Durch Indizieren und Slicing erhalten Sie Zugriff auf bestimmte Elemente einer Sequenz. Da Strings eine Folge einzelner Zeichen sind, können wir sie verwenden, um die Funktionsweise zu untersuchen. Im nächsten Abschnitt lernen Sie weitere Sequenzen kennen, wie Listen und Tupel, die ebenfalls Indizieren und Slicing unterstützen.

Indizieren

Abbildung 3-1 führt das Konzept der *Indizierung* ein. Python ist nullbasiert, das heißt, dass auf das erste Element in einer Sequenz mit dem Index `0` verwiesen wird. Negative Indizes ab `-1` erlauben es, Elemente vom Ende der Sequenz her anzusprechen.

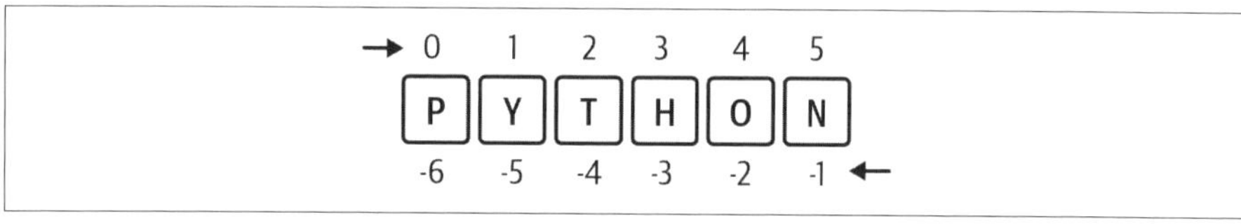

Abbildung 3-1: Indizieren vom Anfang und vom Ende einer Sequenz her

Häufige Fehlerfallen für VBA-Entwickler

Wenn Sie von VBA kommen, ist Indizierung eine häufige Fehlerquelle. VBA verwendet für die meisten Auflistungen, wie etwa Tabellenblätter (`Sheets(1)`), eine 1-basierte Indizierung, dagegen eine 0-basierte Indizierung bei Arrays (`MyArray(0)`), obwohl sich diese Standardeinstellung ändern lässt. Ein anderer Unterschied besteht darin, dass VBA runde Klammern für die Indizierung verwendet, während Python mit eckigen Klammern arbeitet.

Die Syntax für das Indizieren sieht folgendermaßen aus:

```
sequence[index]
```

Dementsprechend können Sie auf bestimmte Elemente aus einem String wie folgt zugreifen:

```
In [36]: language = "PYTHON"

In [37]: language[0]

Out[37]: 'P'

In [38]: language[1]

Out[38]: 'Y'

In [39]: language[-1]

Out[39]: 'N'

In [40]: language[-2] Out[40]: 'O'
```

Oftmals möchten Sie nicht nur ein einzelnes Zeichen extrahieren – und hier kommt Slicing ins Spiel.

Slicing

Mithilfe der Slicing-Syntax können Sie mehr als ein Element aus einer Sequenz abrufen:

```
sequence[start:stop:step]
```

Python verwendet halboffene Intervalle: Der start-Index ist in den Bereich eingeschlossen, der stop-Index nicht. Wenn Sie das Argument start oder stop weglassen, wird alles von Anfang an bzw. vom Ende der Sequenz her eingeschlossen. Das Argument step bestimmt die Richtung und die Schrittweite: Zum Beispiel gibt 2 jedes zweite Element von links nach rechts zurück, und -3 liefert jedes dritte Element von rechts nach links. Der Standardwert der Schrittweite ist 1:

```
In [41]: language[:3]  # das Gleiche wie language[0:3]

Out[41]: 'PYT'

In [42]: language[1:3]

Out[42]: 'YT'

In [43]: language[-3:]  # das Gleiche wie language[-3:6]

Out[43]: 'HON'

In [44]: language[-3:-1]

Out[44]: 'HO'

In [45]: language[::2]  # jedes zweite Element

Out[45]: 'PTO'

In [46]: language[-1:-4:-1]  # Negative Schrittweite läuft von rechts nach links.

Out[46]: 'NOH'
```

Bisher haben wir nur eine einzelne Index- oder Slice-Operation betrachtet, aber Python ermöglicht es auch, mehrere Index- und Slice-Operationen miteinander zu verketten. Wenn Sie zum Beispiel das zweite Zeichen aus den letzten drei Zeichen abrufen möchten, geht das wie folgt:

```
In [47]: language[-3:][1]

Out[47]: 'O'
```

Das ist das Gleiche wie language[-2], sodass Verkettung in diesem Fall wenig sinnvoll ist. Allerdings ist sie zweckmäßiger, wenn wir Indizierung und Slicing mit Listen verwenden, also mit einer der Datenstrukturen, die der nächste Abschnitt einführt.

Datenstrukturen

Python bietet leistungsstarke Datenstrukturen, die den Umgang mit Objektauflistungen sehr vereinfachen. In diesem Abschnitt werde ich Listen, Wörterbücher, Tupel und Mengen vorstellen. Obwohl sich die einzelnen Datenstrukturen in ihren Eigenschaften leicht unterscheiden, haben sie gemeinsam, dass sie mehrere Objekte aufnehmen können. In VBA haben Sie möglicherweise mehrere Werte in Auflistungen oder Arrays gespeichert. VBA bietet sogar eine als Dictionary (dt. Wörterbuch) bezeichnete Datenstruktur, die konzeptionell genauso funktioniert wie der Datentyp Dictionary von Python. Allerdings ist dieser Typ von Haus aus nur in der Windows-Version von Excel verfügbar. Beginnen wir mit Listen, der Datenstruktur, die Sie wahrscheinlich am häufigsten verwenden werden.

Listen

Listen können mehrere Objekte unterschiedlicher Datentypen speichern. Sie sind so vielseitig, dass Sie ständig damit arbeiten werden. Eine Liste erstellen Sie wie folgt:

```
[element1, element2, ...]
```

Das folgende Beispiel zeigt zwei Listen, eine mit den Namen von Excel-Dateien und die andere mit einigen Zahlen:

```
In [48]: file_names = ["one.xlsx", "two.xlsx", "three.xlsx"]
         numbers = [1, 2, 3]
```

Wie Strings lassen sich Listen mit dem Pluszeichen leicht verketten. Dies zeigt Ihnen auch, dass Listen verschiedene Typen von Objekten speichern können:

```
In [49]: file_names + numbers

Out[49]: ['one.xlsx', 'two.xlsx', 'three.xlsx', 1, 2, 3]
```

Da Listen Objekte wie alle anderen sind, können sie auch andere Listen als ihre Elemente enthalten. Ich bezeichne sie als verschachtelte Listen:

```
In [50]: nested_list = [[1, 2, 3], [4, 5, 6], [7, 8, 9]]
```

Wenn Sie diese Auflistung auf mehrere Zeilen aufteilen, erkennen Sie leicht, dass es eine sehr schöne Darstellung einer Matrix oder eines Bereichs von Zellen einer Tabellenkalkulation ist. Die eckigen Klammern ermöglichen Ihnen implizit, die Zeilen aufzuteilen (siehe Kasten). Über Indizierung und Slicing greifen Sie auf die gewünschten Elemente zu:

```
In [51]: cells = [[1, 2, 3],
                  [4, 5, 6],
                  [7, 8, 9]]

In [52]: cells[1]  # zweite Zeile
```

```
Out[52]: [4, 5, 6]

In [53]: cells[1][1:]  # zweite Zeile, zweite und dritte Spalte

Out[53]: [5, 6]
```

Zeilenfortsetzung

Manchmal kann eine Codezeile so lang werden, dass Sie sie auf zwei oder mehr Zeilen aufteilen möchten, um den Code lesbar zu halten. Technisch lässt sich eine Zeile mit Klammern oder einem Backslash trennen:

```
In [54]: a = (1 + 2
              + 3)

In [55]: a = 1 + 2 \
             + 3
```

Den Stilrichtlinien von Python entsprechend sollten Sie nach Möglichkeit implizite Zeilenumbrüche bevorzugen: Wenn Sie einen Ausdruck verwenden, der runde, eckige oder geschweifte Klammern enthält, können Sie damit einen Zeilenumbruch einleiten, ohne ein zusätzliches Zeichen einfügen zu müssen. Am Ende dieses Kapitels werde ich ausführlicher auf die Stilrichtlinien von Python eingehen.

In Listen können Sie Elemente ändern:

```
In [56]: users = ["Linda", "Brian"]

In [57]: users.append("Jennifer")  # Meistens fügen Sie am Ende an.
         users

Out[57]: ['Linda', 'Brian', 'Jennifer']

In [58]: users.insert(0, "Kim")  # "Kim" an Index 0 einfügen.
         users

Out[58]: ['Kim', 'Linda', 'Brian', 'Jennifer']
```

Um ein Element zu löschen, verwenden Sie entweder `pop` oder `del`. Während `pop` eine Methode ist, wird `del` in Python als Anweisung implementiert:

```
In [59]: users.pop()  #
 Standardmäßig wird das letzte Element entfernt und zurückgegeben.

Out[59]: 'Jennifer'

In [60]: users

Out[60]: ['Kim', 'Linda', 'Brian']

In [61]: del users[0]  # del entfernt ein Element am gegebenen Index.
```

Mit Listen können Sie auch andere nützliche Operationen ausführen:

```
In [62]: len(users)  # Länge

Out[62]: 2

In [63]: "Linda" in users  # Prüfen, ob users den String "Linda" enthält.

Out[63]: True

In [64]: print(sorted(users))  # Gibt eine neue sortierte Liste zurück.
         print(users)  # Die ursprüngliche Liste bleibt unverändert.

['Brian', 'Linda']
['Linda', 'Brian']

In [65]: users.sort()  # Sortiert die ursprüngliche Liste.
         users

Out[65]: ['Brian', 'Linda']
```

Die Funktionen `len` und `in` können Sie auch für Strings verwenden:

```
In [66]: len("Python")

Out[66]: 6

In [67]: "frei" in "Python ist frei und Open Source."

Out[67]: True
```

Um die Elemente in einer Liste anzusprechen, verweisen Sie auf sie nach ihrer Position oder nach dem Index – das ist nicht immer praktisch. Mit Wörterbüchern, dem Thema des nächsten Abschnitts, können Sie auf die Elemente über einen Schlüssel (oftmals einen Namen) zugreifen.

Wörterbücher

Wörterbücher bilden Schlüssel auf Werte ab. Mit Schlüssel-Wert-Kombinationen werden Sie es häufig zu tun haben. Ein Wörterbuch lässt sich am einfachsten wie folgt einrichten:

```
{key1: value1, key2: value2, ...}
```

Während man bei Listen nach dem Index, d. h. der Position, auf Elemente zugreift, ist es mit Wörterbüchern möglich, die Elemente über einen Schlüssel anzusprechen. Wie bei Indizes erfolgt der Zugriff über Schlüssel mit eckigen Klammern. Die nächsten Codebeispiele verwenden ein Währungspaar (Schlüssel), das einem Wechselkurs (Wert) zugeordnet wird:

```
In [68]: exchange_rates = {"EURUSD": 1.1152,
                           "GBPUSD": 1.2454,
                           "AUDUSD": 0.6161}
```

```
In [69]: exchange_rates["EURUSD"]  # Auf den Wechselkurs EURUSD zugreifen.

Out[69]: 1.1152
```

Die folgenden Beispiele zeigen, wie Sie vorhandene Werte ändern und neue Schlüssel-Wert-Paare hinzufügen können:

```
In [70]: exchange_rates["EURUSD"] = 1.2  # Einen vorhandenen Wert ändern
         exchange_rates.

Out[70]: {'EURUSD': 1.2, 'GBPUSD': 1.2454, 'AUDUSD': 0.6161}

In [71]: exchange_rates["CADUSD"] = 0.714  # Ein neues Schlüssel-Wert-Paar
                                           # hinzufügen.
         exchange_rates

Out[71]: {'EURUSD': 1.2, 'GBPUSD': 1.2454, 'AUDUSD': 0.6161, 'CADUSD': 0.714}
```

Zwei oder mehr Wörterbücher lassen sich am einfachsten zusammenführen, wenn man sie in ein neues Wörterbuch entpackt. Ein Wörterbuch entpacken Sie, indem Sie zwei führende Sternchen angeben. Enthält das zweite Wörterbuch Schlüssel aus dem ersten, werden die Werte aus dem ersten Wörterbuch überschrieben. Am Beispiel des Wechselkurses `GBPUSD` können Sie dies verfolgen:

```
In [72]: {**exchange_rates, **{"SGDUSD": 0.7004, "GBPUSD": 1.2222}}

Out[72]: {'EURUSD': 1.2,
          'GBPUSD': 1.2222,
          'AUDUSD': 0.6161,
          'CADUSD': 0.714,
          'SGDUSD': 0.7004}
```

Python 3.9 hat als dedizierten Merge-Operator für Wörterbücher das Pipe-Zeichen eingeführt, wodurch Sie den vorherigen Ausdruck wie folgt vereinfachen können:

```
exchange_rates | {"SGDUSD": 0.7004, "GBPUSD": 1.2222}
```

Als Schlüssel können viele Objekte dienen; der folgende Code zeigt ein Beispiel mit Ganzzahlen:

```
In [73]: currencies = {1: "EUR", 2: "USD", 3: "AUD"}

In [74]: currencies[1]

Out[74]: 'EUR'
```

Mit der Methode `get` erlauben es Wörterbücher, einen Standardwert zu verwenden, falls der Schlüssel nicht vorhanden ist:

```
In [75]: # currencies[100] würde eine Ausnahme auslösen. Anstelle von 100 könnten
         # Sie auch jeden anderen Schlüssel verwenden, der nicht existiert.
         currencies.get(100, "N/A")

Out[75]: 'N/A'
```

Oftmals bieten sich Wörterbücher an, wenn Sie eine Case-Anweisung in VBA schreiben würden. Das vorherige Beispiel ließe sich wie folgt in VBA neu schreiben:

```
Select Case x
Case 1
    Debug.Print "EUR"
Case 2
    Debug.Print "USD"
Case 3
    Debug.Print "AUD"
Case Else
    Debug.Print "N/A"
End Select
```

Nachdem ich Sie mit Wörterbüchern bekannt gemacht habe, kommen wir zur nächsten Datenstruktur: den Tupeln. Sie ähneln Listen, unterscheiden sich aber in einem wesentlichen Punkt, wie der nächste Abschnitt zeigt.

Tupel

Tupel ähneln Listen, jedoch mit dem Unterschied, dass sie unveränderlich sind: Einmal erstellt, können ihre Elemente nicht mehr geändert werden. Obwohl man Tupel und Listen oftmals austauschbar verwenden kann, sind Tupel die offensichtliche Wahl für eine Auflistung, die sich während des Programms nie ändert. Tupel werden erstellt, indem man durch Kommata getrennte Werte angibt:

```
mytuple = element1, element2, ...
```

Klammern verbessern oftmals die Lesbarkeit:

```
In [76]: currencies = ("EUR", "GBP", "AUD")
```

Mit Tupeln können Sie auf Elemente genauso zugreifen wie auf Elemente von Listen, doch es ist nicht möglich, Elemente zu verändern. Stattdessen erzeugt die Verkettung von Tupeln hinter den Kulissen ein neues Tupel. Binden Sie dann Ihre Variable an dieses neue Tupel:

```
In [77]: currencies[0]  # Auf das erste Element zugreifen.

Out[77]: 'EUR'

In [78]: # Die Verkettung von Tupeln gibt ein neues Tupel zurück.
         currencies + ("SGD",)

Out[78]: ('EUR', 'GBP', 'AUD', 'SGD')
```

Den Unterschied zwischen veränderbaren und nicht veränderbaren Objekten erläutere ich ausführlich in Anhang C. Zunächst aber werfen wir einen Blick auf die letzte Datenstruktur dieses Abschnitts: Mengen.

Mengen

Mengen (Sets) sind Auflistungen, die keine doppelten Elemente enthalten. Man kann sie zwar auch für Operationen der Mengenlehre verwenden, doch in der Praxis helfen sie Ihnen oft, die eindeutigen Werte einer Liste oder eines Tupels zu ermitteln. Mengen erstellen Sie mit geschweiften Klammern:

```
{element1, element2, ...}
```

Um die eindeutigen Elemente einer Liste oder eines Tupels abzurufen, verwenden Sie einen Konstruktor wie folgt:

```
In [79]: set(["USD", "USD", "SGD", "EUR", "USD", "EUR"])

Out[79]: {'EUR', 'SGD', 'USD'}
```

Außerdem können Sie mengentheoretische Operationen wie Schnittmenge und Vereinigung anwenden:

```
In [80]: portfolio1 = {"USD", "EUR", "SGD", "CHF"}
         portfolio2 = {"EUR", "SGD", "CAD"}

In [81]: # das Gleiche wie portfolio2.union(portfolio1)
         portfolio1.union(portfolio2)

Out[81]: {'CAD', 'CHF', 'EUR', 'SGD', 'USD'}

In [82]: # das Gleiche wie portfolio2.intersection(portfolio1)
         portfolio1.intersection(portfolio2)

Out[82]: {'EUR', 'SGD'}
```

Für einen vollständigen Überblick über die Mengenoperationen sei auf die offizielle Dokumentation verwiesen. Bevor es weitergeht, gehen wir noch einmal, zusammengefasst in Tabelle 3-1, die vier Datenstrukturen durch. Hier finden Sie ein Beispiel zu jeder Datenstruktur in der Notation, die ich in den vorangegangenen Abschnitten verwendet habe, die sogenannten *Literale*. Außerdem sind ihre Konstruktoren angegeben, die eine Alternative zum Einsatz von Literalen darstellen und oft verwendet werden, um eine Datenstruktur in eine andere umzuwandeln. Zum Beispiel wandeln Sie wie folgt ein Tupel in eine Liste um:

```
In [83]: currencies = "USD", "EUR", "CHF"
         currencies

Out[83]: ('USD', 'EUR', 'CHF')

In [84]: list(currencies)

Out[84]: ['USD', 'EUR', 'CHF']
```

Tabelle 3-1: Datenstrukturen

Datenstruktur	Literale	Konstruktor
Liste	`[1, 2, 3]`	`list((1, 2, 3))`
Wörterbuch	`{"a": 1, "b": 2}`	`dict(a=1, b=2)`
Tupel	`(1, 2, 3)`	`tuple([1, 2, 3])`
Menge	`{1, 2, 3}`	`set((1, 2, 3))`

Sie kennen nun alle wichtigen Datentypen, einschließlich der grundlegenden Typen wie Gleitkommazahlen und Strings, sowie Datenstrukturen wie Listen und Wörterbücher. Im nächsten Abschnitt geht es um den Steuerungsfluss.

Steuerungsfluss

In diesem Abschnitt lernen Sie die `if`-Anweisung sowie die `for`- und `while`-Schleifen kennen. Die `if`-Anweisung ermöglicht es, bestimmte Codezeilen nur dann auszuführen, wenn eine Bedingung erfüllt ist. Die `for`- und `while`-Schleifen führen einen Codeblock wiederholt aus. Am Ende des Abschnitts werde ich Listenabstraktionen (engl. *List Comprehensions*) einführen, mit denen sich Listen konstruieren lassen, die als Alternative zu `for`-Schleifen fungieren können. Dieser Abschnitt beginnt mit einer Definition zu Codeblöcken, wofür ich auch eine der bemerkenswertesten Besonderheiten von Python vorstellen werde: signifikanten Leerraum.

Codeblöcke und die pass-Anweisung

Ein *Codeblock* definiert einen Abschnitt im Quellcode, der für etwas Bestimmtes verwendet wird. Zum Beispiel schreiben Sie in einen Codeblock die Zeilen, die Ihr Programm in einer Schleife durchlaufen soll, oder Sie definieren in einem Codeblock eine Funktion. In Python definieren Sie Codeblöcke, indem Sie sie einrücken, und nicht, indem Sie wie in VBA Schlüsselwörter verwenden oder geschweifte Klammern wie in den meisten anderen Sprachen. Dies wird auch als *signifikanter Leerraum* (engl. *Significant White Space*) bezeichnet. Die Python-Community hat sich auf vier Leerzeichen als Einrückung geeinigt, normalerweise gibt man die Einrückungen mit der ⇆-Taste ein: Sowohl Jupyter Notebooks als auch VS Code wandeln den Tabulatorsprung automatisch in vier Leerzeichen um. Der folgende Code zeigt am Beispiel der `if`-Anweisung, wie Codeblöcke formal definiert werden:

```
if condition:
    pass  # Nichts tun
```

Die Zeile vor dem Codeblock wird immer mit einem Doppelpunkt abgeschlossen. Da das Ende des Codeblocks erreicht ist, wenn Sie die Zeile nicht mehr einrücken, müssen Sie die pass-Anweisung verwenden, wenn Sie einen Dummy-Codeblock erzeugen wollen, der nichts bewirkt. In VBA entspricht das dem folgenden Code:

```
If condition Then
    ' Nichts tun
End If
```

Das »Nichts tun« ist in beiden Versionen ein Kommentar, der auch weggelassen werden kann. Wie Sie Codeblöcke definieren, wissen Sie nun. Im nächsten Abschnitt, der die if-Anweisung vorstellt, werden Sie sie gleich verwenden.

Die if-Anweisung und bedingte Ausdrücke

Um die if-Anweisung einzuführen, wiederhole ich das Beispiel aus Kapitel 1, »Lesbarkeit und Wartbarkeit«, auf Seite Seite 32, diesmal aber in Python:

```
In [85]: i = 20
         if i < 5:
             print("i ist kleiner als 5")
         elif i <= 10:
             print("i liegt zwischen 5 und 10")
         else:
             print("i ist groesser als 10")

i ist groesser als 10
```

Wenn Sie das Gleiche wie in Kapitel 1 machen würden, d. h. die elif- und else-Anweisungen einrücken, würden Sie einen SyntaxError erhalten. Python erlaubt es nicht, dass Sie den Code entgegen der Logik einrücken. Im Unterschied zu VBA sind die Schlüsselwörter kleingeschrieben, und anstelle von ElseIf in VBA verwendet Python elif. Anhand von if-Anweisungen lässt sich leicht erkennen, ob ein Programmierer neu in Python ist oder ob er sich bereits einen *Python-Stil* angeeignet hat: In Python müssen um eine einfache if-Anweisung keine Klammern stehen. Und um zu testen, ob ein Wert True ist, müssen Sie dies nicht einmal explizit angegeben:

Ich meine damit Folgendes:

```
In [86]: is_important = True
         if is_important:
             print("Dies ist wichtig.")
         else:
             print("Dies ist nicht wichtig.")

Dies ist wichtig.
```

Das Gleiche funktioniert, wenn Sie überprüfen wollen, ob eine Sequenz wie eine Liste leer ist oder nicht:

```
In [87]: values = []
         if values:
             print(f"Die folgenden Werte sind gegeben: {values}")
         else:
```

```
            print("Es wurden keine Werte bereitgestellt.")
```

```
Es wurden keine Werte bereitgestellt.
```

Programmierer, die von anderen Sprachen kommen, schreiben stattdessen oftmals etwas wie `if (is_important == True)` oder `if len(values) > 0`.

Mit *bedingten Ausdrücken*, die man auch als *ternäre Operatoren* bezeichnet, lassen sich einfache `if/else`-Anweisungen kompakter formulieren:

```
In [88]: is_important = False
         print("wichtig") if is_important else print("nicht wichtig")
```

```
nicht wichtig
```

Da Sie nun mit `if`-Anweisungen und bedingten Ausdrücken ausgerüstet sind, wenden wir uns im nächsten Abschnitt den `for`- und `while`-Schleifen zu.

Die for- und while-Schleifen

Wenn Sie etwas wiederholt ausführen müssen, zum Beispiel die Werte von zehn verschiedenen Variablen drucken, tun Sie sich einen großen Gefallen, wenn Sie die Anweisung zum Drucken nicht zehnmal kopieren und einfügen. Stattdessen verwenden Sie eine `for`-Schleife, die Ihnen die Arbeit abnimmt. Eine `for`-Schleife durchläuft die Elemente einer Sequenz, beispielsweise einer Liste, eines Tupels oder eines Strings (denn Strings sind ja Folgen von Zeichen). In dem einführenden Beispiel erstellen Sie eine `for`-Schleife, die die Elemente aus der Liste `currencies` der Variablen `currency` zuweist und ausgibt – eines nach dem anderen, bis die Liste keine Elemente mehr enthält:

```
In [89]: currencies = ["USD", "HKD", "AUD"]

         for currency in currencies:
             print(currency)
```

```
USD
HKD
AUD
```

Nebenbei bemerkt, die `For Each`-Anweisung in VBA arbeitet ähnlich wie die `for`-Schleife in Python. Das vorherige Beispiel ließe sich in VBA so schreiben:

```
Dim currencies As Variant
Dim curr As Variant  ' In VBA ist currency ein reserviertes Wort

currencies = Array("USD", "HKD", "AUD")

For Each curr In currencies
    Debug.Print curr
Next
```

Wenn Sie in Python eine Zählervariable in einer `for`-Schleife benötigen, können Ihnen die integrierten Funktionen `range` oder `enumerate` helfen. Die Funktion `range` gibt eine Folge von Zahlen zurück: Im Aufruf der Funktion übergeben Sie entweder ein einzelnes stop-Argument oder ein start- und ein stop-Argument mit einem optionalen step-Argument. Wie beim Slicing schließt start die Bereichsgrenze ein, stop schließt sie aus, und step bestimmt die Schrittweite, wobei 1 der Standardwert ist:

```
range(stop)
range(start, stop, step)
```

Die Funktion range beschreibt den Bereich lediglich, ohne die Sequenz konkret zu speichern, sodass die erzeugte Sequenz nicht in der Ausgabe erscheint:

```
In [90]: range(5)

Out[90]: range(0, 5)
```

Dieses Problem lässt sich lösen, wenn man den Bereich in eine Liste umwandelt:

```
In [91]: list(range(5))  # stop-Argument

Out[91]: [0, 1, 2, 3, 4]

In [92]: list(range(2, 5, 2))  # die Argumente start, stop und step

Out[92]: [2, 4]
```

Meistens ist es jedoch nicht nötig, einen Bereich mit einer Liste zu umschließen:

```
In [93]: for i in range(3):
             print(i)

0
1
2
```

Wenn Sie eine Zählervariable benötigen, während Sie eine Sequenz durchlaufen, verwenden Sie enumerate. Die Funktion gibt eine Sequenz von (index, element)-Tupeln zurück. Standardmäßig beginnt der Index bei null und wird um eins inkrementiert. In einer Schleife können Sie enumerate wie folgt verwenden:

```
In [94]: for i, currency in enumerate(currencies):
             print(i, currency)

0 USD
1 HKD
2 AUD
```

Schleifen über Tupel und Mengen funktionieren genauso wie bei Listen. Wenn Sie Wörterbücher durchlaufen, führt Python eine Schleife über die Schlüssel aus:

```
In [95]: exchange_rates = {"EURUSD": 1.1152,
                           "GBPUSD": 1.2454,
                           "AUDUSD": 0.6161}
         for currency_pair in exchange_rates:
             print(currency_pair)
```

```
EURUSD
GBPUSD
AUDUSD
```

Mit der Methode `items` rufen Sie gleichzeitig den Schlüssel und den Wert als Tupel ab:

```
In [96]: for currency_pair, exchange_rate in exchange_rates.items():
             print(currency_pair, exchange_rate)

EURUSD 1.1152
GBPUSD 1.2454
AUDUSD 0.6161
```

Mit der `break`-Anweisung verlassen Sie eine Schleife:

```
In [97]: for i in range(15):
             if i == 2:
                 break
             else:
                 print(i)

0
1
```

Sie überspringen die restlichen Anweisungen in einem Schleifendurchlauf mit der `continue`-Anweisung, was bedeutet, dass die Schleife mit dem nächsten Element `i` fortgesetzt wird:

```
In [98]: for i in range(4):
             if i == 2:
                 continue
             else:
                 print(i)

0
1
3
```

Die `for`-Schleifen in VBA und Python unterscheiden sich geringfügig: In VBA wird die Zählervariable über die obere Grenze hinaus inkrementiert, nachdem die Schleife beendet ist:

```
For i = 1 To 3
    Debug.Print i
Next i
Debug.Print i
```

Dies ergibt folgende Ausgabe:

```
1
2
3
4
```

In Python verhält sich die Ausgabe so, wie man sie wahrscheinlich erwartet:

```
In [99]: for i in range(1, 4):
             print(i)
         print(i)

1
2
3
3
```

Anstatt eine Schleife über einer Sequenz auszuführen, können Sie auch mit einer `while`-Konstruktion eine Schleife ausführen, solange eine bestimmte Bedingung wahr ist:

```
In [100]: n = 0
          while n <= 2:
              print(n)
              n += 1

0
1
2
```

> **Erweiterte Zuweisung**
>
> Im letzten Beispiel habe ich die *erweiterte Zuweisung* verwendet: `n += 1`. Dies ist das Gleiche, als würden Sie `n = n + 1` schreiben. Das funktioniert auch mit allen anderen mathematischen Operatoren, die ich weiter oben eingeführt habe. Zum Beispiel könnten Sie eine Subtraktion als `n -= 1` notieren.

Recht oft müssen Sie bestimmte Elemente in einer Liste zusammentragen, um sie weiterzuverarbeiten. In diesem Fall bietet Python eine Alternative zu Schleifenkonstruktionen: Listen-, Wörterbuch- und Mengenabstraktionen.

Listen-, Wörterbuch- und Mengenabstraktionen

Listen-, Wörterbuch- und Mengenabstraktionen sind technisch gesehen eine Möglichkeit, die jeweilige Datenstruktur zu erstellen, aber sie ersetzen oftmals eine `for`-Schleife, weshalb ich sie hier einführe. Angenommen, Sie möchten in der folgenden Liste von USD-Währungspaaren diejenigen Währungen heraussuchen, bei denen USD als zweite Währung notiert ist. Das ließe sich mit der folgenden Schleife bewerkstelligen:

```
In [101]: currency_pairs = ["USDJPY", "USDGBP", "USDCHF",
                            "USDCAD", "AUDUSD", "NZDUSD"]

In [102]: usd_quote = []
          for pair in currency_pairs:
              if pair[3:] == "USD":
                  usd_quote.append(pair[:3])
          usd_quote

Out[102]: ['AUD', 'NZD']
```

Diese Aufgabe lässt sich oftmals mit einer *Listenabstraktion* einfacher formulieren. Eine Listenabstraktion ist eine prägnante Methode, um eine Liste zu erstellen. Die Syntax können Sie aus diesem Beispiel ableiten, das das Gleiche wie die vorherige `for`-Schleife realisiert:

```
In [103]: [pair[:3] for pair in currency_pairs if pair[3:] == "USD"]

Out[103]: ['AUD', 'NZD']
```

Wenn es keine Bedingung gibt, die zu erfüllen wäre, lassen Sie einfach den `if`-Teil weg. Um zum Beispiel alle Währungspaare umzudrehen, sodass die erste Währung an zweiter Stelle steht und die zweite Währung an erster, geht das folgendermaßen:

```
In [104]: [pair[3:] + pair[:3] for pair in currency_pairs]

Out[104]: ['JPYUSD', 'GBPUSD', 'CHFUSD', 'CADUSD', 'USDAUD', 'USDNZD']
```

Bei Wörterbüchern gibt es Wörterbuchabstraktionen:

```
In [105]: exchange_rates = {"EURUSD": 1.1152,
                            "GBPUSD": 1.2454,
                            "AUDUSD": 0.6161}
          {k: v * 100 for (k, v) in exchange_rates.items()}

Out[105]: {'EURUSD': 111.52, 'GBPUSD': 124.54, 'AUDUSD': 61.61}
```

Und bei Mengen sind es Mengenabstraktionen:

```
In [106]: {s + "USD" for s in ["EUR", "GBP", "EUR", "HKD", "HKD"]}

Out[106]: {'EURUSD', 'GBPUSD', 'HKDUSD'}
```

Mittlerweile sind Sie in der Lage, einfache Skripte zu schreiben, da Sie die meisten Grundbausteine von Python kennen. Im nächsten Abschnitt lernen Sie, wie Sie Ihren Code organisieren, damit er sich auch noch pflegen lässt, wenn Ihre Skripte größer werden.

Codeorganisation

In diesem Abschnitt erfahren Sie, wie Sie Ihren Code in eine wartbare Struktur bringen. Zunächst stelle ich Funktionen mit allen Einzelheiten vor, die Sie üblicherweise benötigen, bevor ich zeige, wie Sie Ihren Code in verschiedene Python-Module aufteilen. Mit dem Wissen über Module können Sie diesen Abschnitt abschließen, indem Sie sich das `datetime`-Modul ansehen, das Teil der Standardbibliothek ist.

Funktionen

Selbst wenn Sie Python nur für einfache Skripte verwenden, werden Sie dennoch regelmäßig Funktionen schreiben, denn diese gehören zu den wichtigsten Konstrukten jeder Programmiersprache und ermöglichen Ihnen, die gleichen Codezeilen an jeder Stelle Ihres Programms wiederzuverwenden. In diesem Abschnitt definieren Sie zunächst eine Funktion und lernen dann, wie man sie aufruft.

Funktionen definieren

Um eine eigene Funktion in Python zu erstellen, schreiben Sie das Schlüsselwort `def`, das für die *Definition* der Funktion steht. Im Gegensatz zu VBA unterscheidet Python nicht zwischen einer Funktion und einer Sub-Prozedur. Das Äquivalent der Sub-Prozedur ist in Python einfach eine Funktion, die nichts zurückgibt. Funktionen in Python folgen der Syntax für Codeblöcke, d. h., Sie beenden die erste Zeile mit einem Doppelpunkt und rücken den Rumpf der Funktion ein:

```
def function_name(erforderliches_argument, optionales_argument=standardwert, ...):
    return wert1, wert2, ...
```

Erforderliche Argumente
: Erforderliche Argumente haben keinen Standardwert. Mehrere Argumente werden durch Kommata voneinander getrennt.

Optionale Argumente
: Ein Argument machen Sie optional, indem Sie einen Standardwert zuweisen. Oftmals verwendet man `None`, um ein Argument optional zu machen, wenn es keinen sinnvollen Standardwert gibt.

Return value
: Die `return`-Anweisung definiert den Wert, den die Funktion zurückgibt. Ohne `return`-Anweisung gibt die Funktion automatisch `None` zurück. Python erlaubt es, komfortabel mehrere Werte durch Kommata getrennt zurückzugeben.

Um ein wenig mit einer Funktion herumspielen zu können, definieren wir eine Funktion, die die Temperatur von Fahrenheit oder Kelvin in Grad Celsius umwandeln kann:

```
In [107]: def convert_to_celsius(degrees, source="fahrenheit"):
              if source.lower() == "fahrenheit":
                  return (degrees-32) * (5/9)
              elif source.lower() == "kelvin":
                  return degrees - 273.15
              else:
                  return f"Kann {source} nicht umrechnen."
```

Ich verwende hier die Stringmethode `lower`, die die übergebenen Strings in Kleinbuchstaben umwandelt. Dadurch ist es möglich, als `source` einen String in beliebiger Groß-/Kleinschreibung zu akzeptieren, wobei der Vergleich funktioniert, ohne die Schreibweise berücksichtigen zu müssen. Nachdem wir die Funktion `convert_to_celsius function` definiert haben, klären wir nun die Frage, wie sie sich aufrufen lässt.

Funktionen aufrufen

Wie zu Beginn dieses Kapitels kurz erwähnt, rufen Sie eine Funktion auf, indem Sie an den Funktionsnamen Klammern anfügen, in die Sie die Funktionsargumente einschließen:

```
wert1, wert2, ... = funktionsname(pos_arg, arg_name=wert, ...)
```

Positionsargumente
: Wenn Sie einen Wert als Positionsargument (`pos_arg`) übergeben, werden die Werte entsprechend ihrer Position in der Funktionsdefinition zugeordnet.

Schlüsselwortargumente
: Wenn Sie das Argument in der Form `arg_name=wert` übergeben, stellen Sie ein Schlüsselwortargument bereit. Dies hat den Vorteil, dass Sie die Argumente in beliebiger Reihenfolge angeben können. Außerdem ist es für den Leser des Codes eindeutiger und kann das Verständnis erleichtern. Wenn zum Beispiel die Funktion als `f(a, b)` definiert ist, könnten Sie die Funktion mit `f(b=1, a=2)` aufrufen. Dieses Konzept existiert auch in VBA, wo Sie Schlüsselwortargumente verwenden können, indem Sie eine Funktion in der Form `f(b:=1, a:=1)` aufrufen. Allerdings bezeichnet man sie in VBA als *benannte Argumente*.

Experimentieren wir etwas mit der Funktion `convert_to_celsius`, um zu sehen, wie das alles in der Praxis abläuft:

```
In [108]: convert_to_celsius(100, "fahrenheit")  # Positionsargumente

Out[108]: 37.77777777777778

In [109]: convert_to_celsius(50)  # Wir verwenden das source-
                                  # Standardargument (fahrenheit).

Out[109]: 10.0

In [110]: convert_to_celsius(source="kelvin", degrees=0)  # Schlüsselwortargumente

Out[110]: -273.15
```

Nachdem Sie nun wissen, wie Sie Funktionen definieren und aufrufen, sehen wir uns an, wie sie sich mithilfe von Modulen organisieren lassen.

Module und die import-Anweisung

Wenn Sie Code für größere Projekte schreiben, werden Sie ihn irgendwann in verschiedene Dateien aufteilen müssen, um ihn in eine wartbare Struktur zu bringen. Wie Sie bereits im vorherigen Kapitel gesehen haben, ist Python-Dateien die Erweiterung *.py* zugeordnet, und die Hauptdatei bezeichnet man normalerweise als *Skript*. Wenn Sie nun in Ihrer Hauptdatei auf Funktionalität aus anderen Dateien zugreifen möchten, müssen Sie zunächst diese Funktionalität *importieren*. In diesem Zusammenhang werden Python-Quelldateien als *Module* bezeichnet. Um ein besseres Gefühl dafür zu bekommen, wie das funktioniert und welche Importoptionen es gibt, werfen wir einen Blick auf die Datei *temperature.py* im Begleit-Repository. Öffnen Sie dazu die Datei mit VS Code (siehe Beispiel 3-1). Wenn Sie nicht mehr genau wissen, wie man Dateien in VS Code öffnet, werfen Sie einen erneuten Blick in Kapitel 2.

Beispiel 3-1: temperature.py

```
TEMPERATURE_SCALES = ("fahrenheit", "kelvin", "celsius")

def convert_to_celsius(degrees, source="fahrenheit"):
    if source.lower() == "fahrenheit":
        return (degrees-32) * (5/9)
    elif source.lower() == "kelvin":
        return degrees - 273.15
    else:
        return f"Kann {source} nicht umrechnen."

print("Dies ist das Temperaturmodul.")
```

Um das Temperaturmodul aus Ihrem Jupyter Notebook importieren zu können, müssen sich das Jupyter Notebook und das Temperaturmodul im selben Verzeichnis befinden – wie es beim Begleit-Repository der Fall ist. Um es zu importieren, geben Sie nur den Namen des Moduls ohne die Erweiterung *.py* an. Ist die `import`-Anweisung ausgeführt, haben Sie über die Punktnotation Zugriff auf alle Objekte in diesem Python-Modul. Zum Beispiel können Sie Ihre Umwandlung mit `temperature.convert_to_celsius()` ausführen:

```
In [111]: import temperature

Dies ist das Temperaturmodul.

In [112]: temperature.TEMPERATURE_SCALES

Out[112]: ('fahrenheit', 'kelvin', 'celsius')

In [113]: temperature.convert_to_celsius(120, "fahrenheit")

Out[113]: 48.88888888888889
```

Die durchgängige Großschreibung von `TEMPERATURE_SCALES` drückt aus, dass es sich um eine Konstante handelt – mehr dazu am Ende dieses Kapitels. Wenn Sie die Zelle mit `import temperature` ausführen, arbeitet Python die Datei *temperature.py* von oben nach unten ab. Das können Sie leicht erkennen, da das Importieren des Moduls die `print`-Funktion ganz unten in *temperature.py* auslöst.

Module werden nur einmal importiert

Wenn Sie die Zelle `import temperature` noch einmal ausführen, erscheint keine Ausgabe mehr. Das liegt daran, dass Python-Module nur einmal pro Sitzung importiert werden. Ändern Sie den Code in einem importierten Modul, müssen Sie Ihren Python-Interpreter neu starten, um alle Änderungen zu übernehmen. In einem Jupyter Notebook müssen Sie also auf *Kernel/Restart* klicken.

In der Praxis gibt man normalerweise in Modulen nichts aus. Hier sollte nur gezeigt werden, was passiert, wenn ein Modul mehr als einmal importiert wird. Meistens packen Sie Funktionen und Klassen in Ihre Module (mehr zu Klassen siehe Anhang C). Wollen Sie nicht jedes Mal **`temperature`** eintippen, wenn Sie ein Objekt aus dem Modul `temperature` verwenden, ändern Sie die `import`-Anweisung wie folgt:

```
In [114]: import temperature as tp

In [115]: tp.TEMPERATURE_SCALES

Out[115]: ('fahrenheit', 'kelvin', 'celsius')
```

Indem Sie dem Modul den kurzen Alias `tp` zuweisen, ist es einfacher, das Modul zu verwenden, wobei immer klar bleibt, woher ein Objekt stammt. Viele Drittanbieterpakete schlagen eine bestimmte Konvention vor, wenn ein Alias verwendet wird. Zum Beispiel importiert man pandas üblicherweise mit `import pandas as pd`. Es gibt noch eine Möglichkeit, Objekte aus einem anderen Modul zu importieren:

```
In [116]: from temperature import TEMPERATURE_SCALES, convert_to_celsius

In [117]: TEMPERATURE_SCALES

Out[117]: ('fahrenheit', 'kelvin', 'celsius')
```

Der Ordner __pycache__

Wenn Sie das Modul `temperature` importieren, werden Sie feststellen, dass Python einen Ordner namens *__pycache__* erzeugt hat. Dieser Ordner enthält Dateien mit der Erweiterung *.pyc*. Das sind Bytecode-kompilierte Dateien, die der Python-Interpreter erzeugt, wenn Sie ein Modul importieren. Für unsere Zwecke können Sie diesen Ordner einfach ignorieren, da es sich um ein technisches Detail dazu handelt, wie Python Ihren Code ausführt.

Wenn Sie die Syntax `from x import y` verwenden, importieren Sie nur bestimmte Objekte, und zwar direkt in den *Namespace* Ihres Hauptskripts: Folglich können Sie ohne einen Blick auf die `import`-Anweisungen nicht erkennen, ob die importierten Objekte in Ihrem aktuellen Python-Skript oder im Jupyter Notebook definiert wurden oder ob sie aus einem anderen Modul stammen. Das könnte zu Konflikten führen: Wenn Ihr Hauptskript eine Funktion namens `convert_to_celsius` enthält, würde sie die Funktion überschreiben, die Sie aus dem Modul `temperature` importieren. Wenn Sie dagegen eine der beiden vorherigen Methoden verwenden, können Ihre lokale Funktion und die Funktion aus dem importierten Modul als `convert_to_celsius` und `temperature.convert_to_celsius` konfliktfrei nebeneinander existieren.

Benennen Sie Ihre Skripte nicht wie vorhandene Pakete

Eine häufige Fehlerquelle besteht darin, eine Python-Datei wie ein vorhandenes Python-Paket oder -Modul zu benennen. Wenn Sie eine Datei anlegen, um eine pandas-Funktionalität zu testen, nennen Sie diese Datei nicht *pandas.py*, da dies Konflikte verursachen kann.

Da Sie nun wissen, wie der Importmechanismus funktioniert, nutzen wir ihn gleich und importieren das Modul `datetime`. Dabei haben Sie die Möglichkeit, einige weitere Dinge über Objekte und Klassen zu lernen.

Die Klasse datetime

In Excel hat man es häufig mit Datums- und Zeitwerten zu tun, die allerdings einige Einschränkungen aufweisen: Zum Beispiel lässt das Excel-Zellenformat für die Uhrzeit keine kleineren Einheiten als Millisekunden zu, und Zeitzonen werden überhaupt nicht unterstützt. In Excel werden Datum und Uhrzeit als einfache Gleitkommazahl gespeichert, als sogenannte *serielle Datumszahl*. Die Excel-Zelle wird dann so formatiert, dass sie diese serielle Zahl als Datum und/oder Uhrzeit anzeigt. Zum Beispiel hat der 1. Januar 1900 die serielle Datumszahl 1. Das bedeutet auch, dass es sich um das früheste Datum handelt, mit dem Sie in Excel arbeiten können. Die Uhrzeit wird mit dem gebrochenen Teil der Gleitkommazahl dargestellt, und somit hat `1900-01-01 10:10:00` den seriellen Datumswert `1,4236111111`.

Um in Python mit Datum und Uhrzeit zu arbeiten, importieren Sie das `datetime`-Modul, das Teil der Standardbibliothek ist. Das `datetime`-Modul enthält eine gleichnamige Klasse, mit der Sie `datetime`-Objekte erstellen können. Da es verwirrend sein kann, wenn das Modul und die Klasse den gleichen Namen haben, werde ich im gesamten Buch die folgende Importkonvention verwenden: `import datetime as dt`. Damit ist es einfach, zwischen dem Modul (`dt`) und der Klasse (`datetime`) zu unterscheiden.

Bis jetzt haben wir meistens *Literale* verwendet, um Objekte wie Listen oder Wörterbücher zu erstellen. Literale beziehen sich auf die Syntax, die Python als einen bestimmten Objekttyp erkennt – im Fall einer Liste wäre das etwa `[1, 2, 3]`. Die meisten Objekte müssen jedoch durch Aufruf ihrer Klasse erzeugt werden. Diesen Vorgang bezeichnet man als *Instanziierung*. Dementsprechend sind Objekte *Klasseninstanzen*. Eine Klasse aufzurufen, funktioniert genauso wie der Aufruf einer Funktion, d. h., Sie fügen Klammern an den Klassennamen an und stellen die Argumente in der gleichen Weise bereit, wie Sie es bei Funktionen getan haben. Um ein `datetime`-Objekt zu instanziieren, rufen Sie die Klasse wie folgt auf:

```
import datetime as dt
dt.datetime(year, month, day, hour, minute, second, microsecond, timezone)
```

Anhand einiger Beispiele werde ich nun zeigen, wie Sie mit datetime-Objekten in Python umgehen. Im Rahmen dieser Einführung ignorieren wir die Zeitzonen und arbeiten mit zeitzonenunabhängigen datetime-Objekten:

```
In [118]: # Das datetime-Modul als "dt" importieren.
          import datetime as dt

In [119]: # Ein datetime-Objekt namens "timestamp" instanziieren.
          timestamp = dt.datetime(2020, 1, 31, 14, 30)
          timestamp

Out[119]: datetime.datetime(2020, 1, 31, 14, 30)

In [120]: # datetime-Objekte bieten verschiedene Attribute,
          # um z. B. den Tag abzurufen.
          timestamp.day

Out[120]: 31

In [121]: # Die Differenz zweier datetime-Objekte gibt ein
          # timedelta-Objekt zurück.
          timestamp - dt.datetime(2020, 1, 14, 12, 0)

Out[121]: datetime.timedelta(days=17, seconds=9000)

In [122]: # Dementsprechend kann man auch mit timedelta-Objekten arbeiten.
          timestamp + dt.timedelta(days=1, hours=4, minutes=11)

Out[122]: datetime.datetime(2020, 2, 1, 18, 41)
```

Mit der Methode strftime lassen sich datetime-Objekte in Strings formatieren, und mit der Funktion strptime können Sie einen String parsen und in ein datetime-Objekt umwandeln:

```
In [123]: # Ein datetime-Objekt in bestimmter Weise formatieren.
          # Man könnte auch einen f-String verwenden: f"{timestamp:%d/%m/
%Y %H:%M}"
          timestamp.strftime("%d/%m/%Y %H:%M")

Out[123]: '31/01/2020 14:30'

In [124]: # Einen String in ein datetime-Objekt parsen.
          dt.datetime.strptime("12.1.2020", "%d.%m.%Y")

Out[124]: datetime.datetime(2020, 1, 12, 0, 0)
```

Einen Überblick über die akzeptierten Formatcodes finden Sie in der datetime-Dokumentation (*https://oreil.ly/gXOts*).

Nach dieser kurzen Einführung in das datetime-Modul geht es nun im letzten Thema dieses Kapitels darum, wie Sie Ihren Code richtig formatieren.

PEP 8: Style Guide für Python-Code

Vielleicht haben Sie sich gefragt, warum ich manchmal Variablennamen mit Unterstrichen oder durchgängig in Großbuchstaben geschrieben verwendet habe. Dieser Abschnitt erklärt anhand des offiziellen Style Guide von Python meine Formatierungsentscheidungen. Python verwendet sogenannte *Python Enhancement Proposals* (PEP), um die Einführung neuer Sprachfunktionen zu diskutieren. Einer davon, der Style Guide für Python-Code, wird gewöhnlich nach seiner Nummer benannt: *PEP 8*. Er enthält eine Reihe von Stilempfehlungen für die Python-Community. Wenn sich alle, die am selben Code arbeiten, an denselben Style Guide halten, wird der Code viel lesbarer. Dies ist besonders wichtig in der Welt von Open Source, wo viele Programmierer, oft ohne sich persönlich zu kennen, am selben Projekt arbeiten. Beispiel 3-2 zeigt eine kurze Python-Datei, in der die wichtigsten Konventionen vorgestellt werden.

Beispiel 3-2: pep8_sample.py

```
"""Dieses Skript zeigt einige Regeln von PEP 8. ❶
"""

import datetime as dt  ❷

TEMPERATURE_SCALES = ("fahrenheit", "kelvin",
                      "celsius")  ❸
❹

class TemperatureConverter: ❺
    pass  # Tut im Moment nichts ❻

def convert_to_celsius(degrees, source="fahrenheit"):  ❼
    """Diese Funktion konvertiert Grad Fahrenheit oder Kelvin
    in Grad Celsius.  ❽
    """
    if source.lower() == "fahrenheit":  ❾
        return (degrees-32) * (5/9)  ❿
    elif source.lower() == "kelvin":
        return degrees - 273.15
    else:
        return f"Kann {source} nicht umrechnen."

celsius = convert_to_celsius(44, source="fahrenheit")  ⓫
non_celsius_scales = TEMPERATURE_SCALES[:-1]  ⓬

print("Aktuelle Zeit: " + dt.datetime.now().isoformat())
print(f"Die Temperatur in Grad Celcius beträgt: {celsius}")
```

❶ Erläutern Sie ganz am Anfang mit einem *Docstring*, welche Aufgabe das Skript/Modul hat. Ein Docstring ist ein spezieller String, der in drei doppelte Anführungszeichen eingeschlossen ist. Er dient nicht nur als Dokumentation für Ihren Code, sondern erleichtert es auch, Strings über mehrere Zeilen zu schreiben, und er ist nützlich, wenn Ihr Text viele doppelte oder einfache Anführungszeichen enthält, da Sie diese nicht als Escapezeichen formatieren müssen. Zudem lassen sich mit Docstrings mehrzeilige SQL-Abfragen schreiben, wie Kapitel 11 zeigt.

❷ Alle Importe stehen am Beginn der Datei, jeweils ein Import pro Zeile. Listen Sie zuerst die Importe der Standardbibliothek auf, dann die aus Paketen von Drittanbietern und schließlich die aus Ihren eigenen Modulen. Der Beispielcode greift nur auf die Standardbibliothek zurück.

❸ Verwenden Sie Großbuchstaben mit Unterstrichen für Konstanten. Schreiben Sie nicht mehr als 79 Zeichen auf eine Zeile. Nutzen Sie nach Möglichkeit runde Klammern, eckige Klammern oder geschweifte Klammern für implizite Zeilenumbrüche.

❹ Trennen Sie Klassen und Funktionen durch zwei Leerzeilen vom Rest des Codes.

❺ Obwohl viele Klassen wie `datetime` durchgängig kleingeschrieben sind, sollten Sie für die Namen Ihrer eigenen Klassen die `KamelSchreibweise` wählen. Weitere Informationen zu Klassen finden Sie in Anhang C.

❻ Inline-Kommentare sollten Sie durch mindestens zwei Leerzeichen vom Code trennen. Codeblöcke sollten um vier Leerzeichen eingerückt sein.

❼ Die Namen von Funktionen und Funktionsargumenten sollten Sie kleinschreiben und gegebenenfalls Unterstriche verwenden, wenn sie die Lesbarkeit verbessern. Zwischen dem Namen des Arguments und dessen Standardwert dürfen keine Leerzeichen stehen.

❽ Der Docstring einer Funktion sollte die Funktionsargumente auflisten und erklären. Hier habe ich darauf verzichtet, um das Beispiel kurz zu halten, aber Sie finden vollständige Docstrings in der Datei *excel.py*, die im Begleit-Repository enthalten ist und mit der Sie wieder in Kapitel 8 zu tun haben.

❾ Der Doppelpunkt darf nicht von Leerzeichen umgeben sein.

❿ Schließen Sie mathematische Operatoren in Leerzeichen ein. Bei Operatoren mit verschiedenen Prioritäten genügt es, Leerzeichen nur um die Operatoren mit der niedrigsten Priorität zu setzen. Da die Multiplikation in diesem Beispiel die niedrigste Priorität hat, habe ich Leerzeichen um sie eingefügt.

⓫ Schreiben Sie die Namen von Variablen in Kleinbuchstaben. Mit Unterstrichen können Sie deren Lesbarkeit verbessern. Wenn Sie einen Variablennamen zuweisen, schreiben Sie Leerzeichen um das Gleichheitszeichen. Rufen Sie dagegen eine Funktion auf, geben Sie keine Leerzeichen um das Gleichheitszeichen an, das bei Schlüsselwortargumenten verwendet wird.

⓬ Beim Indizieren und Slicing schreiben Sie keine Leerzeichen um die eckigen Klammern.

Dies ist eine vereinfachte Zusammenfassung von PEP 8. Wenn Sie sich ernsthafter mit Python befassen, sehen Sie sich am besten den ursprünglichen PEP 8 (*https://*

oreil.ly/3fTTZ) an. PEP 8 stellt aber auch klar, dass es sich um eine Empfehlung handelt und Ihre eigenen Stilrichtlinien Vorrang haben. Schließlich ist Einheitlichkeit der wichtigste Faktor. Wenn Sie sich für andere öffentlich verfügbare Richtlinien interessieren, sollten Sie sich den Style Guide für Python von Google (*https://oreil.ly/6sYSa*) ansehen, der PEP 8 recht nahekommt. In der Praxis halten sich die meisten Python-Programmierer nicht sklavisch an PEP 8, und die wahrscheinlich häufigste Sünde ist es, die maximale Zeilenlänge von 79 Zeichen zu ignorieren.

Da es schwierig sein kann, den Code gleich beim Schreiben ordnungsgemäß zu formatieren, können Sie sich Ihren Stil auch automatisch überprüfen lassen. Der nächste Abschnitt zeigt Ihnen, wie dies mit VS Code funktioniert.

PEP 8 und VS Code

Wenn Sie mit VS Code arbeiten, können Sie ganz einfach sicherstellen, dass Ihr Code den Regeln von PEP 8 entspricht: Verwenden Sie einen Linter. Ein Linter prüft Ihren Quellcode auf Syntax- und Stilfehler. Öffnen Sie die Befehlspalette (Strg+⇧+P unter Windows oder cmd+⇧+P unter macOS) und suchen Sie nach *Python: Linter auswählen*. Eine beliebte Option ist *flake8*, ein Paket, das mit Anaconda vorinstalliert wird. Ist es aktiviert, unterstreicht VS Code problematische Stellen mit Wellenlinien, wenn Sie Ihre Datei speichern. Führen Sie den Mauszeiger über eine derartige Wellenlinie, um eine Erläuterung in einer QuickInfo zu erhalten. Einen Linter können Sie wieder abschalten, indem Sie in der Befehlspalette nach *Python: Linting aktivieren* suchen und *Disable* wählen. Falls Sie es vorziehen, können Sie `flake8` auch an einem Anaconda Prompt ausführen, um einen Bericht ausgeben zu lassen:

```
(base)> cd C:\Users\username\python-for-excel
(base)> flake8 pep8_sample.py
```

Der Befehl liefert nur eine Ausgabe, wenn PEP 8 verletzt wird, sodass dieser Befehl bei der Datei *pep8_sample.py* nichts ausgibt, es sei denn, Sie bauen eine Verletzung ein.

Python hat die statische Codeanalyse mit der Unterstützung für *Type Hints* einen Schritt vorangebracht. Der nächste Abschnitt erläutert, wie dies funktioniert.

Type Hints

In VBA sehen Sie oftmals Code, der jeder Variablen eine Abkürzung für den Datentyp voranstellt, wie zum Beispiel `strEmployeeName` oder `wbWorkbookName`. In Python ist dies allerdings nicht üblich, auch wenn Sie niemand davon abhält, es zu tun. Es gibt auch kein Äquivalent zu den VBA-Anweisungen `Option Explicit` und `Dim`, um den Typ einer Variablen zu deklarieren. Stattdessen hat Python 3.5 sogenannte *Type Hints* eingeführt. Die auch als Typ-Annotationen bezeichneten Type Hints erlauben es, den Datentyp einer Variablen zu deklarieren. Sie sind völlig optional und wirken sich nicht darauf aus, wie der Python-Interpreter den Code ausführt. Allerdings gibt es Pakete von Drittanbietern, wie *pydantic* (*https://oreil.ly/J9W8h*), die diese Type Hints zur Laufzeit durchsetzen. Die Type Hints haben vor allem den Zweck, Texteditoren wie VS Code dabei zu unterstützen, mehr Fehler zu identifizieren, bevor der Code ausgeführt wird. Darüber hinaus können sie auch die automatische Codevervollständigung durch VS Code und andere Editoren verbessern. Das populärste Tool zur Überprüfung von annotiertem Code ist *mypy*, das VS Code als Linter anbietet. Damit Sie sich ein Bild davon machen können, wie Typ-Annotationen in Python funktionieren, hier ein kurzes Beispiel ohne Type Hints:

```
x = 1

def hello(name):
    return f"Hello {name}!"
```

Und hier das gleiche Beispiel mit Type Hints:

```
x: int = 1

def hello(name: str) -> str:
    return f"Hello {name}!"
```

Da Type Hints im Allgemeinen für größere Codebasen sinnvoller sind, verzichte ich im restlichen Buch darauf.

Zum Schluss

Dieses Kapitel war eine kurz gefasste Einführung in Python. Sie haben die wichtigsten Bausteine der Sprache kennengelernt, unter anderem Datenstrukturen, Funktionen und Module. Auch einige Besonderheiten von Python wurden gestreift, beispielsweise signifikanter Leerraum und Richtlinien zur Codeformatierung, besser bekannt als PEP 8. Um mit diesem Buch fortzufahren, brauchen Sie nicht alle Details zu kennen: Wenn Sie als Einsteiger über Listen und Wörterbücher, Indizieren und Slicing Bescheid wissen und mit Funktionen, Modulen, `for`-Schleifen und `if`-Anweisungen umgehen können, kommen Sie schon recht weit.

Im Vergleich zu VBA finde ich Python konsistenter und leistungsfähiger, gleichzeitig aber leichter zu erlernen. Wenn Sie ein eingefleischter VBA-Fan sind und dieses Kapitel Sie noch nicht überzeugt hat, bin ich mir ziemlich sicher, dass Sie der nächste Teil überzeugen wird. Dort gebe ich Ihnen eine Einführung in Array-basierte Berechnungen, bevor wir unsere Datenanalysereise mit der pandas-Bibliothek beginnen. Los geht es in Teil II mit einigen Grundlagen zu NumPy!

TEIL II

Einführung in pandas

KAPITEL 4

NumPy-Grundlagen

Wie Kapitel 1 erläutert hat, ist NumPy das Kernpaket für wissenschaftliche Berechnungen in Python. Es unterstützt Array-basierte Berechnungen und lineare Algebra. Da NumPy das Rückgrat von pandas ist, werde ich in diesem Kapitel dessen Grundlagen vorstellen: Nachdem ich erklärt habe, was ein NumPy-Array ist, lernen Sie mit Vektorisierung und Broadcasting zwei wichtige Konzepte kennen, die es Ihnen erlauben, prägnanten mathematischen Code zu schreiben, und die Sie in pandas wiederfinden werden. Danach werden Sie erfahren, warum NumPy spezielle Funktionen – sogenannte universelle Funktionen – bietet, bevor Sie am Ende dieses Kapitels lernen, wie man Werte eines Arrays abruft und setzt und worin der Unterschied zwischen einer Ansicht und einer Kopie eines NumPy-Arrays liegt. Selbst wenn wir NumPy in diesem Buch kaum direkt verwenden, werden Ihnen diesbezügliche Grundkenntnisse von Nutzen sein, wenn es im nächsten Kapitel um pandas geht.

Erste Schritte mit NumPy

In diesem Abschnitt lernen Sie ein- und zweidimensionale NumPy-Arrays kennen und erfahren, was hinter den Fachbegriffen *Vektorisierung*, *Broadcasting* und *universelle Funktion* steckt.

NumPy-Array

Um Array-basierte Berechnungen mit verschachtelten Listen durchzuführen, wie Sie sie im letzten Kapitel kennengelernt haben, müssten Sie eine Art Schleife schreiben. Wollen Sie zum Beispiel zu jedem Element in einer verschachtelten Liste eine Zahl hinzuaddieren, können Sie die folgende verschachtelte Listenabstraktion verwenden:

```
In [1]: matrix = [[1, 2, 3],
                  [4, 5, 6],
                  [7, 8, 9]]
```

```
In [2]: [[i + 1 for i in row] for row in matrix]

Out[2]: [[2, 3, 4], [5, 6, 7], [8, 9, 10]]
```

Zum einen ist dies nicht sehr übersichtlich, und zum anderen wird das Durchlaufen jedes Elements in Schleifen insbesondere bei großen Arrays sehr langsam. Je nach Anwendungsfall und Größe der Arrays können Berechnungen mit NumPy-Arrays anstelle von Python-Listen um einiges und sogar bis zu hundertmal schneller laufen. NumPy erreicht diese Performance mithilfe von Code, der in C oder Fortran geschrieben ist – d. h. in kompilierten Programmiersprachen, die wesentlich schneller als Python sind. Ein NumPy-Array ist ein N-dimensionales Array für *gleichartige Daten*. Dabei bedeutet *gleichartig*, dass alle Elemente im Array vom selben Datentyp sein müssen. Meistens haben Sie es mit ein- oder zweidimensionalen Arrays von Gleitkommazahlen zu tun, wie es Abbildung 4-1 schematisch darstellt.

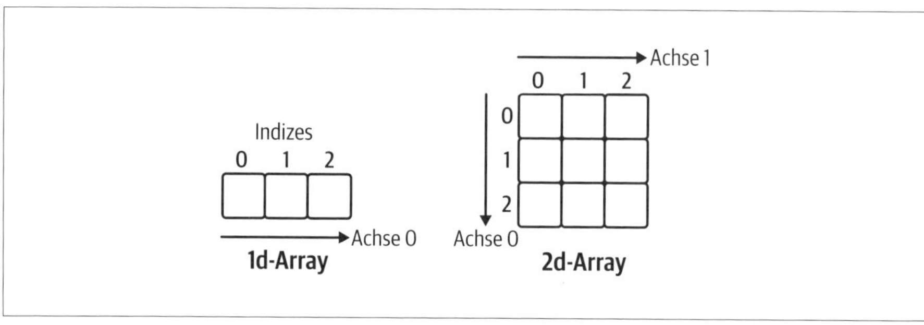

Abbildung 4-1: Ein eindimensionales und ein zweidimensionales NumPy-Array

Erstellen Sie nun ein eindimensionales und ein zweidimensionales Array, mit denen Sie in diesem Kapitel arbeiten:

```
In [3]: # Zuerst NumPy importieren.
        import numpy as np

In [4]: # Ein Array mit einer einfachen Liste zu konstruieren, ergibt ein 1d-
Array.
        array1 = np.array([10, 100, 1000.])

In [5]: #
 Ein Array mit einer verschachtelten Liste zu konstruieren, ergibt ein 2d-Array.
        array2 = np.array([[1., 2., 3.],
                           [4., 5., 6.]])
```

Array-Dimension

Es ist wichtig, den Unterschied zwischen ein- und zweidimensionalen Arrays zu beachten: Ein eindimensionales Array hat nur eine Achse und daher keine explizite Spalten- oder Zeilenorientierung. Die Arrays verhalten sich zwar wie in VBA, doch Sie müssen sich möglicherweise umstellen, wenn Sie von einer Sprache wie MATLAB kommen, wo eindimensionale Arrays immer eine Spalten- oder Zeilenausrichtung haben.

Auch wenn array1 aus Ganzzahlen besteht – mit Ausnahme des letzten Elements (das eine Gleitkommazahl ist) –, verlangt die Homogenität von NumPy-Arrays für das Array den Datentyp float64, mit dem sich sämtliche Elemente darstellen lassen. Um den Datentyp eines Arrays zu inspizieren, rufen Sie dessen Attribut dtype ab:

```
In [6]: array1.dtype

Out[6]: dtype('float64')
```

Da dtype einen Wert vom Typ float64 statt float, den wir im letzten Kapitel kennengelernt haben, zurückgibt, haben Sie vielleicht schon erraten, dass NumPy eigene numerische Datentypen verwendet. Diese sind feiner abgestuft als die Datentypen von Python. Normalerweise ist das kein Problem, da die verschiedenen Typen in Python und NumPy automatisch konvertiert werden. Wenn Sie aber einen NumPy-Datentyp explizit in einen der grundlegenden Datentypen von Python umwandeln müssen, verwenden Sie einfach den entsprechenden Konstruktor (in Kürze mehr über den Zugriff auf ein Element aus einem Array):

```
In [7]: float(array1[0])

Out[7]: 10.0
```

Eine vollständige Liste der Datentypen von NumPy finden Sie in der NumPy-Dokumentation. Mit NumPy-Arrays können Sie einfachen Code schreiben, um Array-basierte Berechnungen durchzuführen, wie Sie gleich sehen werden.

Vektorisierung und Broadcasting

Wenn Sie die Summe eines Skalars und eines NumPy-Arrays bilden, führt NumPy eine elementweise Operation aus. Das heißt, Sie müssen die Elemente nicht selbst durchlaufen. Die NumPy-Community bezeichnet dies als *Vektorisierung*. Damit lässt sich prägnanter Code schreiben, der praktisch die mathematische Notation darstellt:

```
In [8]: array2 + 1

Out[8]: array([[2., 3., 4.],
               [5., 6., 7.]])
```

Skalar

Skalar bezieht sich auf einen grundlegenden Python-Datentyp wie eine Gleitkommazahl oder einen String. Dies soll sie von Datenstrukturen mit mehreren Elementen wie Listen und Wörterbüchern oder ein- oder zweidimensionalen NumPy-Arrays unterscheiden.

Das gleiche Prinzip gilt, wenn Sie mit zwei Arrays arbeiten: NumPy führt die Operation elementweise durch:

```
In [9]: array2 * array2

Out[9]: array([[ 1., 4., 9.],
               [16., 25., 36.]])
```

Wenn Sie zwei Arrays mit unterschiedlicher Gestalt in einer arithmetischen Operation verwenden, erweitert NumPy – falls möglich – das kleinere Array automatisch über das größere Array, sodass deren Formen kompatibel werden. Man spricht hierbei von *Broadcasting*:

```
In [10]: array2 * array1

Out[10]: array([[ 10., 200., 3000.],
                [ 40., 500., 6000.]])
```

Matrixmultiplikationen und Punktprodukte lassen sich mit dem Operator `@` bilden:[1]

```
In [11]: array2 @ array2.T  # array2.T ist eine Kurzform für array2.transpose()

Out[11]: array([[14., 32.],
                [32., 77.]])
```

Lassen Sie sich nicht einschüchtern von der Terminologie – Skalar, Vektorisierung, Broadcasting –, die ich in diesem Abschnitt eingeführt habe! Wenn Sie schon einmal mit Arrays in Excel gearbeitet haben, sollte Ihnen dies sehr natürlich vorkommen, wie Abbildung 4-2 zeigt. Der Screenshot basiert auf der Datei *array_calculations.xlsx*, die Sie im Verzeichnis *xl* des Begleit-Repositorys finden.

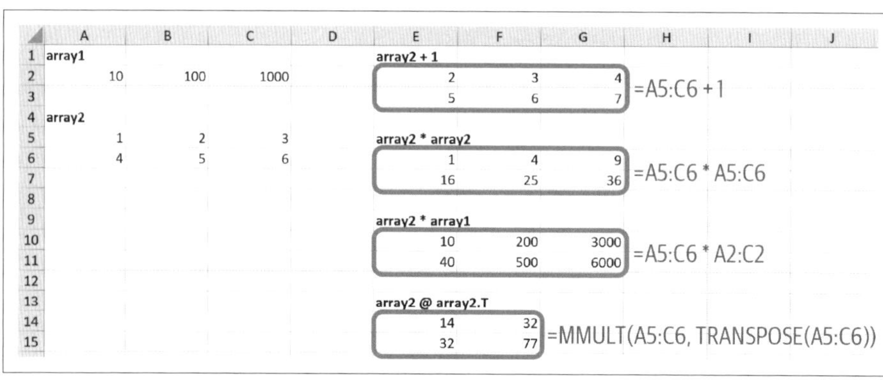

Abbildung 4-2: Array-basierte Berechnungen in Excel

Zwar wissen Sie jetzt, dass Arrays arithmetische Operationen elementweise ausführen, doch wie können Sie eine Funktion auf jedes Element in einem Array anwenden? Dafür gibt es die universellen Funktionen.

1 Wenn Ihr letzter Kurs in linearer Algebra schon eine Weile her ist, können Sie dieses Beispiel überspringen – die Multiplikation von Matrizen ist nicht Gegenstand dieses Buchs.

Universelle Funktionen (ufunc)

Universelle Funktionen (ufuncs) wirken auf jedes Element in einem NumPy-Array. Wenn Sie zum Beispiel die standardmäßige Quadratwurzelfunktion von Python aus dem `math`-Modul auf ein NumPy-Array anwenden, ernten Sie eine Fehlermeldung:

```
In [12]: import math

In [13]: math.sqrt(array2)  # Löst einen Fehler aus.

---------------------------------------------------------------------------
TypeError                                 Traceback (most recent call last)
<ipython-input-13-5c37e8f41094> in <module>
----> 1 math.sqrt(array2) # Löst einen Fehler aus.

TypeError: only size-1 arrays can be converted to Python scalars
```

Natürlich könnten Sie eine verschachtelte Schleife schreiben, um die Quadratwurzel jedes Elements zu ziehen und dann aus dem Ergebnis wieder ein NumPy-Array aufzubauen:

```
In [14]: np.array([[math.sqrt(i) for i in row] for row in array2])

Out[14]: array([[1.        , 1.41421356, 1.73205081],
                [2.        , 2.23606798, 2.44948974]])
```

Dies funktioniert in Fällen, in denen NumPy keine ufuncs bietet und das Array klein genug ist. Wenn jedoch NumPy eine ufunc mitbringt, sollten Sie diese verwenden, da sie bei großen Arrays viel schneller arbeitet – abgesehen davon, dass sie einfacher zu schreiben und zu lesen ist:

```
In [15]: np.sqrt(array2)

Out[15]: array([[1.        , 1.41421356, 1.73205081],
                [2.        , 2.23606798, 2.44948974]])
```

Einige der ufuncs von NumPy, wie zum Beispiel `sum`, sind zusätzlich als Array-Methoden verfügbar: Wenn Sie die Summe jeder Spalte berechnen wollen, geht das mit folgendem Code:

```
In [16]: array2.sum(axis=0)  # Gibt ein 1d-Array zurück.

Out[16]: array([5., 7., 9.])
```

Das Argument `axis=0` bezieht sich auf die Achse entlang der Zeilen, während `axis=1` auf die Achse entlang der Spalten verweist, wie Abbildung 4-1 zeigt. Lässt man das `axis`-Argument weg, wird das gesamte Array summiert:

```
In [17]: array2.sum()

Out[17]: 21.0
```

In diesem Buch werden Sie noch weitere NumPy-ufuncs kennenlernen, da sie auch mit pandas-`DataFrames` verwendet werden können.

Bislang haben wir immer mit dem gesamten Array gearbeitet. Der nächste Abschnitt zeigt, wie Sie Teile eines Arrays manipulieren, und stellt einige hilfreiche Array-Konstruktoren vor.

Arrays erstellen und manipulieren

In diesem Abschnitt erfahren Sie zunächst, wie Sie bestimmte Elemente eines Arrays abrufen und festlegen, bevor ich einige nützliche Array-Konstruktoren vorstelle. Unter anderem zeige ich einen Pseudozufallszahlengenerator, den Sie für eine Monte-Carlo-Simulation verwenden können. Abschließend erläutere ich in diesem Abschnitt den Unterschied zwischen einer Ansicht und einer Kopie eines Arrays.

Array-Elemente abrufen und festlegen

Im letzten Kapitel habe ich gezeigt, wie Sie Listen indizieren und slicen können, um auf bestimmte Elemente zuzugreifen. Wenn Sie mit verschachtelten Listen wie `matrix` aus dem ersten Beispiel in diesem Kapitel arbeiten, können Sie eine *verkettete Indizierung* verwenden: `matrix[0][0]` liefert das erste Element der ersten Zeile. Bei NumPy-Arrays hingegen geben Sie die Index- und Slice-Argumente für beide Dimensionen in einem einzigen Paar eckiger Klammern an:

```
numpy_array[row_selection, column_selection]
```

Für eindimensionale Arrays vereinfacht sich das zu `numpy_array[selection]`. Wenn Sie ein einzelnes Element auswählen, erhalten Sie einen Skalar zurück, andernfalls ein ein- oder zweidimensionales Array. Denken Sie daran, dass die Slice-Notation aus einem Startindex (inklusive) und einem Endindex (exklusive) mit einem Doppelpunkt dazwischen besteht, wie in `start:end`. Wenn Sie Startindex und Endindex weglassen, bleibt ein Doppelpunkt übrig, der demzufolge für alle Zeilen oder alle Spalten in einem zweidimensionalen Array steht. In Abbildung 4-3 habe ich einige Beispiele visualisiert. Sehen Sie sich aber auch noch einmal Abbildung 4-1 an, da dort die Indizes und Achsen beschriftet sind. Beim Slicen einer Spalte oder Zeile eines zweidimensionalen Arrays bekommen Sie ein eindimensionales Array zurück, keinen zweidimensionalen Spalten- oder Zeilenvektor!

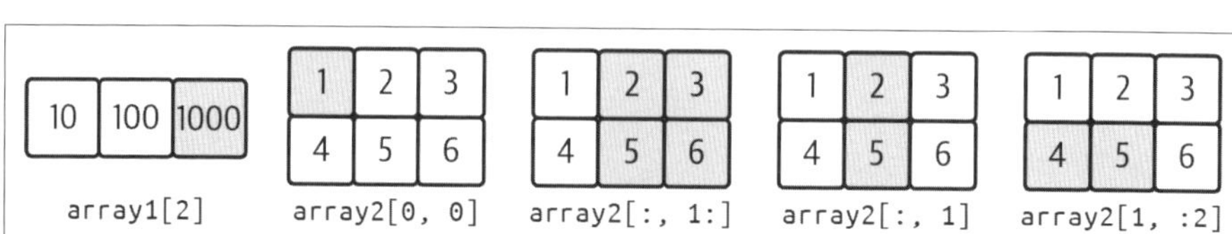

Abbildung 4-3: Elemente eines NumPy-Arrays auswählen

Probieren Sie die in Abbildung 4-3 dargestellten Beispiele aus, indem Sie den folgenden Code ausführen:

```
In [18]: array1[2]  # Gibt einen Skalar zurück.

Out[18]: 1000.0

In [19]: array2[0, 0]  # Gibt einen Skalar zurück.

Out[19]: 1.0

In [20]: array2[:, 1:]  # Gibt ein 2d-Array zurück.

Out[20]: array([[2., 3.],
                [5., 6.]])

In [21]: array2[:, 1]  # Gibt ein 1d-Array zurück.

Out[21]: array([2., 5.])

In [22]: array2[1, :2]  # Gibt ein 1d-Array zurück.

Out[22]: array([4., 5.])
```

Bislang habe ich die Beispiel-Arrays manuell konstruiert, d. h., indem ich die Zahlen in einer Liste bereitgestellt habe. NumPy bietet aber einige nützliche Funktionen, um Arrays zu konstruieren.

Nützliche Array-Konstruktoren

NumPy bietet einige Möglichkeiten, um Arrays zu konstruieren, die ebenso hilfreich sind, um pandas-DataFrames zu erstellen, wie Kapitel 5 zeigt. Mit der Funktion arange lassen sich Arrays ganz einfach erstellen. Der Funktionsname steht für *Array Range* (Array-Bereich) und ähnelt der integrierten Funktion range, die das vorherige Kapitel vorgestellt hat – mit dem Unterschied, dass arange ein NumPy-Array zurückgibt. Wenn Sie diese Funktion mit reshape kombinieren, können Sie schnell ein Array mit den gewünschten Dimensionen erzeugen:

```
In [23]: np.arange(2 * 5).reshape(2, 5)  # 2 Zeilen, 5 Spalten

Out[23]: array([[0, 1, 2, 3, 4],
                [5, 6, 7, 8, 9]])
```

Oftmals muss man auch Arrays von normal verteilten Pseudozufallszahlen erzeugen, was zum Beispiel für Monte-Carlo-Simulationen erforderlich ist. Mit NumPy geht das ganz leicht:

```
In [24]: np.random.randn(2, 3)  # 2 Zeilen, 3 Spalten

Out[24]: array([[-0.30047275, -1.19614685, -0.13652283],
                [ 1.05769357, 0.03347978, -1.2153504 ]])
```

Weitere hilfreiche Konstruktoren sind `np.ones` und `np.zeros`, um Arrays mit Einsen bzw. Nullen für eine Identitätsmatrix zu erstellen. Auf einige dieser Konstruktoren kommen wir im nächsten Kapitel noch einmal zu sprechen. Zunächst aber werde ich den Unterschied zwischen einer Ansicht und einer Kopie eines NumPy-Arrays erläutern.

Ansicht vs. Kopie

NumPy-Arrays geben beim Slicing *Ansichten* (engl. *Views*) zurück. Das heißt, Sie arbeiten mit einer Teilmenge des ursprünglichen Arrays, ohne die Daten zu kopieren. Wenn Sie einen Wert in einer Ansicht verändern, ändern Sie daher auch das ursprüngliche Array:

```
In [25]: array2

Out[25]: array([[1., 2., 3.],
                [4., 5., 6.]])

In [26]: subset = array2[:, :2]
         subset

Out[26]: array([[1., 2.],
                [4., 5.]])

In [27]: subset[0, 0] = 1000

In [28]: subset

Out[28]: array([[1000.,    2.],
                [   4.,    5.]])

In [29]: array2

Out[29]: array([[1000.,    2.,    3.],
                [   4.,    5.,    6.]])
```

Ist es nicht das, was Sie wollen, müssten Sie `In [26]` wie folgt ändern:

```
subset = array2[:, :2].copy()
```

Wenn Sie mit einer Kopie arbeiten, bleibt das ursprüngliche Array unverändert.

Zum Schluss

In diesem Kapitel habe ich Ihnen gezeigt, wie Sie mit NumPy-Arrays arbeiten können und was sich hinter Ausdrücken wie Vektorisierung und Broadcasting verbirgt. Abgesehen von diesen Fachbegriffen sollte es Ihnen gelingen, intuitiv mit Arrays zu arbeiten, da sie der mathematischen Notation sehr eng folgen. Auch wenn NumPy eine unglaublich leistungsfähige Bibliothek ist, sind vor allem zwei Probleme zu berücksichtigen, wenn Sie sie für die Datenanalyse einsetzen wollen:

- Das gesamte NumPy-Array muss vom selben Datentyp sein. Dies bedeutet zum Beispiel, dass Sie keine der arithmetischen Operationen ausführen können, die wir in diesem Kapitel vorgestellt haben, wenn Ihr Array eine Mischung aus Text und Zahlen enthält. Sobald Text involviert ist, hat das Array den Datentyp `object`, der keine mathematischen Operationen erlaubt.
- Wenn Sie NumPy-Arrays für die Datenanalyse verwenden, werden Sie kaum in Erfahrung bringen können, worauf sich die einzelnen Spalten oder Zeilen beziehen, weil man Spalten typischerweise nach ihrer Position auswählt, wie in `array2[:, 1]`.

Im Paket pandas ist dieses Problem dadurch gelöst worden, dass es intelligentere Datenstrukturen auf NumPy-Arrays aufsetzt. Welche das sind und wie sie funktionieren, ist Thema des nächsten Kapitels.

KAPITEL 5

Datenanalyse mit pandas

In diesem Kapitel lernen Sie pandas kennen, die *Python Data Analysis Library* oder – wie ich sie gern nenne – die Python-basierte Tabellenkalkulation mit Superkräften. Da diese Bibliothek so leistungsfähig ist, haben es einige der Firmen, mit denen ich gearbeitet habe, geschafft, komplett auf Excel zu verzichten, indem sie es durch eine Kombination von Jupyter Notebooks und pandas ersetzt haben. Allerdings gehe ich davon aus, dass Sie als Leser dieses Buchs Excel beibehalten wollen. In diesem Fall dient pandas als Schnittstelle, um Daten mit den Tabellen der Tabellenkalkulation auszutauschen. Aufgaben, die in Excel besonders mühsam sind, lassen sich in pandas einfacher, schneller und weniger fehleranfällig realisieren. Zu diesen Aufgaben gehören das Abrufen großer Datensätze aus externen Quellen und das Arbeiten mit Statistiken, Zeitreihen und interaktiven Diagrammen. Zu den Superkräften von pandas zählen Vektorisierung und Datenabgleich. Wie Sie bereits im vorherigen Kapitel bei den NumPy-Arrays gesehen haben, ist es durch Vektorisierung möglich, prägnanten, Array-basierten Code zu schreiben, während der Datenabgleich sicherstellt, dass es keine Datendiskrepanzen gibt, wenn Sie mit mehreren Datensätzen arbeiten.

Dieses Kapitel deckt die gesamte Palette der Datenanalyse ab: Zunächst geht es darum, die Daten zu bereinigen und aufzubereiten, bevor Sie lernen, wie sich größere Datensätze über Aggregation, beschreibende Statistiken und Visualisierung interpretieren lassen. Am Ende dieses Kapitels werden Sie sehen, wie Sie Daten mit pandas importieren und exportieren können. Beginnen wir aber mit dem Wichtigsten – einer Einführung in die Hauptdatenstrukturen von pandas: DataFrame und Serie!

DataFrame und Serie

Die Datentypen *DataFrame* und *Series* sind die zentralen Datenstrukturen in pandas. In diesem Abschnitt stelle ich sie vor, wobei ich den Schwerpunkt auf die Hauptkomponenten eines DataFrame lege: Index, Spalten und Daten. Ein DataFrame ähnelt einem zweidimensionalen NumPy-Array, besitzt aber Spalten- und

Zeilenbeschriftungen, und jede Spalte kann verschiedene Datentypen speichern. Ziehen Sie eine einzelne Spalte oder Zeile aus einem DataFrame heraus, bekommen Sie eine eindimensionale Serie. Auch eine Serie ist einem eindimensionalen NumPy-Array mit Beschriftungen ähnlich. Wenn Sie sich die Struktur eines DataFrame in Abbildung 5-1 ansehen, brauchen Sie nicht viel Fantasie, um zu erkennen, dass Ihre Python-basierten Tabellen einer Tabellenkalkulation aus DataFrames hervorgehen.

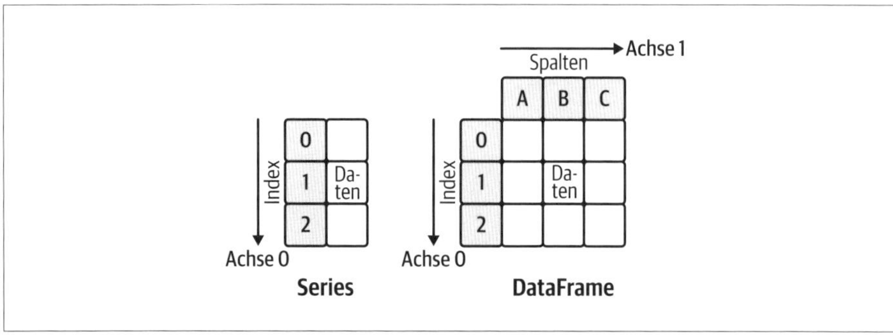

Abbildung 5-1: Beispiele für die Datenstrukturen Series und DataFrame in pandas

Anhand der Excel-Tabelle in Abbildung 5-2 werden Sie sehen, wie einfach der Übergang von einem Tabellenblatt zu einem DataFrame ist. Die Tabelle zeigt die Teilnehmer eines Onlinekurses und ihren Punktestand. Die entsprechende Datei *course_participants.xlsx* finden Sie im Ordner *xl* des Begleit-Repositorys.

	A	B	C	D	E	F
1	user_id	name	age	country	score	continent
2	1001	Mark	55	Italy	4.5	Europe
3	1000	John	33	USA	6.7	America
4	1002	Tim	41	USA	3.9	America
5	1003	Jenny	12	Germany	9	Europe

Abbildung 5-2: Die Excel-Tabelle in der Datei course_participants.xlsx

Um die Excel-Tabelle Python verfügbar zu machen, importieren Sie zunächst pandas und verwenden dann die Funktion `read_excel`, die einen DataFrame zurückgibt:

```
In [1]: import pandas as pd

In [2]: pd.read_excel("xl/course_participants.xlsx")

Out[2]:    user_id   name  age  country  score continent
        0     1001   Mark   55    Italy    4.5    Europe
        1     1000   John   33      USA    6.7   America
        2     1002    Tim   41      USA    3.9   America
        3     1003  Jenny   12  Germany    9.0    Europe
```

Die Funktion read_excel mit Python 3.9

Wenn Sie `pd.read_excel` mit Python 3.9 oder darüber ausführen, müssen Sie mindestens pandas 1.2 verwenden, da Sie andernfalls eine Fehlermeldung beim Lesen von *.xlsx*-Dateien erhalten.

Wenn Sie dies in einem Jupyter Notebook ausführen, wird der DataFrame ordnungsgemäß als HTML-Tabelle formatiert, wodurch er im Aussehen einer Excel-Tabelle noch stärker ähnelt. In Kapitel 7 gehe ich ausführlich auf das Lesen und Schreiben von Excel-Dateien mit pandas ein. Dieses einführende Beispiel hier soll lediglich zeigen, dass Tabellenblätter und DataFrames in der Tat sehr ähnlich sind. Wir wollen nun diesen DataFrame von Grund auf neu erstellen, ohne ihn aus der Excel-Datei zu lesen. Eine Möglichkeit dafür ist, die Daten als verschachtelte Liste zusammen mit Werten für `columns` und `index` bereitzustellen:

```
In [3]: data = [["Mark", 55, "Italy", 4.5, "Europe"],
                ["John", 33, "USA", 6.7, "America"],
                ["Tim", 41, "USA", 3.9, "America"],
                ["Jenny", 12, "Germany", 9.0, "Europe"]]
        df = pd.DataFrame(data=data,
                          columns=["name", "age", "country",
                                   "score", "continent"],
                          index=[1001, 1000, 1002, 1003])
        df

Out[3]:        name  age  country  score continent
        1001   Mark   55    Italy    4.5    Europe
        1000   John   33      USA    6.7   America
        1002    Tim   41      USA    3.9   America
        1003  Jenny   12  Germany    9.0    Europe
```

Schlüsselwortargument vs. Variablenname

Im vorherigen Beispiel rufe ich die Klasse `DataFrame` mit `data=data` auf. Zwar wird Ihnen dies häufig in Python-Code begegnen, doch mag es auf den ersten Blick etwas verwirrend aussehen: Der Teil auf der linken Seite des Gleichheitszeichens ist der Name des Funktionsparameters, während der Teil auf der rechten Seite des Gleichheitszeichens der Name der Variablen ist, die Sie an die Funktion als Argument übergeben. Wenn Ihnen das nicht gefällt, können Sie den Variablennamen in etwas wie `source_data` in der vorhergehenden Zeile ändern, sodass der Aufruf der `DataFrame`-Klasse `pd.DataFrame(data=source_data, ...)` lauten würde. Was Schlüsselwortargumente sind, hat Kapitel 3 erläutert.

Die Methode `info` liefert Ihnen grundlegende Angaben zum DataFrame, vor allem die Anzahl der Datenpunkte und die Datentypen für jede Spalte:

```
In [4]: df.info()

<class 'pandas.core.frame.DataFrame'>
Int64Index: 4 entries, 1001 to 1003
Data columns (total 5 columns):
```

```
 #   Column     Non-Null Count  Dtype
---  ------     --------------  -----
 0   name       4 non-null      object
 1   age        4 non-null      int64
 2   country    4 non-null      object
 3   score      4 non-null      float64
 4   continent  4 non-null      object
dtypes: float64(1), int64(1), object(3)
memory usage: 192.0+ bytes
```

Wenn Sie lediglich am Datentyp Ihrer Spalten interessiert sind, führen Sie stattdessen `df.dtypes` aus. Spalten mit Strings oder gemischten Datentypen haben den Datentyp `object`.[1] Sehen Sie sich nun den Index und die Spalten eines DataFrame näher an.

Index

Die Zeilenbeschriftungen eines DataFrame werden als *Index* bezeichnet. Wenn Sie keinen sinnvollen Index haben, lassen Sie ihn beim Konstruieren eines DataFrame weg. In diesem Fall erstellt pandas automatisch einen Ganzzahlindex, der bei null beginnt. Einen derartigen Index haben Sie bereits im ersten Beispiel gesehen, das den DataFrame aus der Excel-Datei eingelesen hat. Ein Index ermöglicht pandas, Daten schneller zu suchen, und er ist für viele gängige Operationen wichtig, z. B. für das Kombinieren zweier DataFrames. Auf das Indexobjekt greifen Sie folgendermaßen zu:

```
In [5]: df.index

Out[5]: Int64Index([1001, 1000, 1002, 1003], dtype='int64')
```

Wenn es zweckmäßig ist, geben Sie dem Index einen Namen. Folgen wir der Tabelle in Excel und nennen wir den Index `user_id`:

```
In [6]: df.index.name = "user_id"
        df

Out[6]:           name  age  country  score continent
        user_id
        1001      Mark   55    Italy    4.5    Europe
        1000      John   33      USA    6.7   America
        1002       Tim   41      USA    3.9   America
        1003     Jenny   12  Germany    9.0    Europe
```

Im Unterschied zum Primärschlüssel einer Datenbank kann ein DataFrame-Index Duplikate enthalten, wobei aber die Suche nach Werten in diesem Fall möglicherweise langsamer ist. Um einen Index in eine reguläre Spalte zu verwandeln, rufen Sie `reset_index` auf, und um einen neuen Index festzulegen, verwenden Sie `set_`

1 Mit pandas 1.0.0 wurde ein dedizierter Datentyp `string` eingeführt, um bestimmte Operationen mit Text einfacher und konsistenter zu gestalten. Da er sich immer noch in der experimentellen Phase befindet, werde ich ihn in diesem Buch nicht verwenden.

index. Wollen Sie Ihren vorhandenen Index nicht verlieren, wenn Sie einen neuen Index festlegen, sollten Sie ihn zuerst zurücksetzen:

```
In [7]: # "reset_index" wandelt den Index in eine Spalte um und ersetzt den Index
        # durch den Standardindex. Dies entspricht dem DataFrame
        # vom Beginn, den wir aus Excel geladen haben.
        df.reset_index()

Out[7]:    user_id   name  age  country  score continent
        0     1001   Mark   55    Italy    4.5    Europe
        1     1000   John   33      USA    6.7   America
        2     1002    Tim   41      USA    3.9   America
        3     1003  Jenny   12  Germany    9.0    Europe

In [8]: # "reset_index" wandelt "user_id" in eine normale Spalte um, und
        # "set_index" wandelt die Spalte "name" in den Index um.
        df.reset_index().set_index("name")

Out[8]:        user_id  age  country  score continent
        name
        Mark      1001   55    Italy    4.5    Europe
        John      1000   33      USA    6.7   America
         Tim      1002   41      USA    3.9   America
       Jenny      1003   12  Germany    9.0    Europe
```

Die Anweisung `df.reset_index().set_index("name")` nutzt die *Methodenverkettung*: Da `reset_index()` einen DataFrame zurückgibt, können Sie direkt eine andere DataFrame-Methode aufrufen, ohne das Zwischenergebnis erst ausgeben zu müssen.

DataFrame-Methoden geben Kopien zurück

Wenn Sie eine Methode auf einem DataFrame in der Form `df.method_name()` aufrufen, erhalten Sie eine Kopie des DataFrame, auf die diese Methode angewandt wurde, wobei der ursprüngliche DataFrame unberührt bleibt. Das haben wir soeben getan, indem wir `df.reset_index()` aufgerufen haben. Wollten Sie den ursprünglichen DataFrame ändern, müssten Sie den Rückgabewert wieder der ursprünglichen Variablen wie folgt zuweisen:

```
df = df.reset_index()
```

Da dies hier nicht geschieht, heißt das, dass unsere Variable `df` immer noch ihre ursprünglichen Daten enthält. Die nächsten Beispiele rufen ebenfalls DataFrame-Methoden auf, verändern also den ursprünglichen DataFrame nicht.

Um den Index zu verändern, rufen Sie die Methode `reindex` auf:

```
In [9]: df.reindex([999, 1000, 1001, 1004])

Out[9]:         name   age country  score continent
        user_id
        999      NaN   NaN     NaN    NaN       NaN
        1000    John  33.0     USA    6.7   America
        1001    Mark  55.0   Italy    4.5    Europe
        1004     NaN   NaN     NaN    NaN       NaN
```

Dies ist ein erstes Beispiel für die Datenausrichtung: Die Methode `reindex` übernimmt alle Zeilen, die mit dem neuen Index übereinstimmen, und führt Zeilen mit fehlenden Werten (`NaN`) ein, wo keine Informationen vorhanden sind. Indexelemente, die Sie weglassen, fallen unter den Tisch. Auf `NaN` gehe ich etwas später in diesem Kapitel noch ausführlich ein. Um einen Index zu sortieren, verwenden Sie schließlich die Methode `sort_index`:

```
In [10]: df.sort_index()

Out[10]:          name  age  country  score continent
         user_id
         1000     John   33      USA    6.7   America
         1001     Mark   55    Italy    4.5   Europe
         1002      Tim   41      USA    3.9   America
         1003    Jenny   12  Germany    9.0   Europe
```

Wenn Sie stattdessen die Zeilen nach einer oder mehreren Spalten sortieren möchten, nutzen Sie `sort_values`:

```
In [11]: df.sort_values(["continent", "age"])

Out[11]:          name  age  country  score continent
         user_id
         1000     John   33      USA    6.7   America
         1002      Tim   41      USA    3.9   America
         1003    Jenny   12  Germany    9.0    Europe
         1001     Mark   55    Italy    4.5    Europe
```

Das Beispiel zeigt, wie zuerst nach `continent` und dann nach `age` sortiert wird. Wenn Sie nach nur einer Spalte sortieren möchten, können Sie den Spaltennamen ebenfalls als String angeben:

```
df.sort_values("continent")
```

Damit kennen Sie nun die grundlegende Funktionsweise von Indizes. Wenden wir uns nun ihrem Gegenstück zu – den DataFrame-Spalten.

Spalten

Informationen über die Spalten eines DataFrame lassen sich mit dem folgenden Code abrufen:

```
In [12]: df.columns

Out[12]: Index(['name', 'age', 'country', 'score', 'continent'], dtype='object')
```

Wenn Sie beim Konstruieren eines DataFrame keine Spaltennamen angeben, nummeriert pandas die Spalten mit Ganzzahlen, beginnend bei null. Allerdings ist dies meistens keine gute Lösung, da Spalten Variablen darstellen und demzufolge leicht zu benennen sind. Den Spaltenköpfen weisen Sie in der gleichen Weise Namen zu, wie Sie es vom Index her kennen:

```
In [13]: df.columns.name = "properties"
         df

Out[13]: properties   name  age  country  score continent
         user_id
         1001         Mark   55    Italy    4.5    Europe
         1000         John   33      USA    6.7   America
         1002          Tim   41      USA    3.9   America
         1003        Jenny   12  Germany    9.0    Europe
```

Gefallen Ihnen die Spaltennamen nicht, benennen Sie sie um:

```
In [14]: df.rename(columns={"name": "First Name", "age": "Age"})

Out[14]: properties First Name  Age  country  score continent
         user_id
         1001             Mark   55    Italy    4.5    Europe
         1000             John   33      USA    6.7   America
         1002              Tim   41      USA    3.9   America
         1003            Jenny   12  Germany    9.0    Europe
```

Spalten können Sie mit der folgenden Syntax löschen (das Beispiel zeigt, wie Sie Spalten und Indizes gleichzeitig entfernen):

```
In [15]: df.drop(columns=["name", "country"],
                 index=[1000, 1003])

Out[15]: properties  age  score continent
         user_id
         1001         55    4.5    Europe
         1002         41    3.9   America
```

Die Spalten und der Index eines DataFrame werden beide durch ein `Index`-Objekt dargestellt, sodass Sie Ihre Spalten in Zeilen umwandeln können und umgekehrt, indem Sie Ihren DataFrame transponieren:

```
In [16]: df.T  # Kurzform für df.transpose()

Out[16]: user_id       1001     1000     1002     1003
         properties
         name          Mark     John      Tim    Jenny
         age             55       33       41       12
         country      Italy      USA      USA  Germany
         score          4.5      6.7      3.9        9
         continent   Europe  America  America   Europe
```

An dieser Stelle sei daran erinnert, dass unser DataFrame `df` immer noch unverändert ist, da wir den von den Methodenaufrufen zurückgegebenen DataFrame nie wieder der ursprünglichen Variablen `df` zugewiesen haben. Wenn Sie die Spalten eines DataFrame neu anordnen möchten, könnten Sie das mit der Methode `reindex` bewerkstelligen, die wir mit dem Index verwendet haben, aber es ist meistens intuitiver, die Spalten in der gewünschten Reihenfolge auszuwählen:

```
In [17]: df.loc[:, ["continent", "country", "name", "age", "score"]]
```

```
Out[17]: properties continent  country   name  age  score
         user_id
         1001          Europe    Italy   Mark   55    4.5
         1000         America      USA   John   33    6.7
         1002         America      USA    Tim   41    3.9
         1003          Europe  Germany  Jenny   12    9.0
```

Dieses letzte Beispiel bedarf einiger Erklärungen: Alles über loc und wie die Datenauswahl funktioniert, ist Thema des nächsten Abschnitts.

Datenmanipulation

Echte Daten bekommen Sie kaum auf einem Silbertablett serviert. Bevor Sie mit ihnen arbeiten, müssen Sie sie also bereinigen und in eine verdauliche Form bringen. In diesem Abschnitt sehen wir uns zunächst an, wie Daten aus einem DataFrame ausgewählt werden, wie man sie ändert und wie man mit fehlenden und doppelten Daten umgeht. Dann führen Sie einige Berechnungen mit DataFrames durch und lernen, wie Sie mit Textdaten arbeiten. Am Ende dieses Abschnitts untersuchen wir schließlich, wann pandas eine Ansicht und wann es eine Kopie der Daten zurückgibt. Einige Konzepte sind mit dem verwandt, was Sie bereits im letzten Kapitel bei NumPy-Arrays gesehen haben.

Daten auswählen

Beginnen wir mit dem Zugriff auf Daten nach Label und Position, bevor wir uns andere Methoden ansehen, einschließlich der booleschen Indizierung und der Auswahl von Daten durch die Verwendung eines MultiIndex.

Nach Label auswählen

Auf die Daten eines DataFrame wird am häufigsten über ihre Labels zugegriffen. Mit dem Attribut loc, das für *Position* (engl. *Location*) steht, geben Sie an, welche Zeilen und Spalten Sie abrufen möchten:

```
df.loc[row_selection, column_selection]
```

Das Attribut loc unterstützt die Slice-Notation und akzeptiert demzufolge einen Doppelpunkt, um alle Zeilen bzw. Spalten auszuwählen. Zusätzlich können Sie Listen mit Labels sowie einen einzelnen Spalten- oder Zeilennamen bereitstellen. Tabelle 5-1 zeigt Ihnen einige Beispiele dazu, wie Sie verschiedene Teile aus unserem Beispiel-DataFrame df auswählen können.

Tabelle 5-1: Daten nach Label auswählen

Auswahl	Rückgabedatentyp	Beispiel
Einzelner Wert	Skalar	df.loc[1000, "country"]
Eine Spalte (eindimensional)	Series	df.loc[:, "country"]

Tabelle 5-1: Daten nach Label auswählen (Fortsetzung)

Auswahl	Rückgabedatentyp	Beispiel
Eine Spalte (zweidimensional)	DataFrame	`df.loc[:, ["country"]]`
Mehrere Spalten	DataFrame	`df.loc[:, ["country", "age"]]`
Bereich von Spalten	DataFrame	`df.loc[:, "name":"country"]`
Eine Zeile (eindimensional)	Series	`df.loc[1000, :]`
Eine Zeile (zweidimensional)	DataFrame	`df.loc[[1000], :]`
Mehrere Zeilen	DataFrame	`df.loc[[1003, 1000], :]`
Bereich von Zeilen	DataFrame	`df.loc[1000:1002, :]`

Geschlossene Intervalle beim Slicing mit Labels

Im Unterschied zu allem anderen in Python und pandas wird bei der Slice-Notation in Verbindung mit Labels die obere Bereichsgrenze eingeschlossen.

Mit den Angaben aus Tabelle 5-1 können Sie nun mithilfe von `loc` Skalare, Series und DataFrames auswählen:

```
In [18]: # Wenn man Skalare sowohl für Zeilen- als auch Spaltenauswahl
         # verwendet, wird ein Skalar zurückgegeben.
         df.loc[1001, "name"]

Out[18]: 'Mark'

In [19]: # Wenn man einen Skalar entweder für die Zeilen- oder für die
         # Spaltenauswahl verwendet, wird eine Serie zurückgegeben.
         df.loc[[1001, 1002], "age"]

Out[19]: user_id
         1001  55
         1002  41
         Name: age, dtype: int64

In [20]: # Bei Auswahl mehrerer Zeilen und Spalten wird ein DataFrame
         # zurückgegeben.
         df.loc[:1002, ["name", "country"]]

Out[20]: properties  name country
         user_id
         1001        Mark   Italy
         1000        John     USA
         1002         Tim     USA
```

Es ist wichtig, dass Sie den Unterschied zwischen einem DataFrame mit einer oder mehreren Spalten und einer Serie verstehen: Selbst mit einer einzigen Spalte sind DataFrames zweidimensional, während Series-Objekte eindimensional sind. Sowohl DataFrame- als auch Series-Objekte verfügen über einen Index, aber nur der DataFrame enthält Spaltenüberschriften. Wenn Sie eine Spalte als Series-Typ auswählen, wird die Spaltenüberschrift zum Namen der Serie. Viele Funktionen oder Methoden funktionieren sowohl auf Series-Objekten als auch auf DataFrames, doch bei arithmetischen Berechnungen verhalten sie sich unterschiedlich: Bei DataFrames richtet pandas die Daten entsprechend den Spaltenüberschriften aus – mehr dazu weiter unten in diesem Kapitel.

Kurzverfahren zur Spaltenauswahl

Da das Auswählen von Spalten eine so häufig vorkommende Operation ist, bietet pandas eine Kurzform. Anstelle von

```
df.loc[:, column_selection]
```

können Sie schreiben:

```
df[column_selection]
```

Zum Beispiel gibt `df["country"]` eine Serie aus unserem Beispiel-DataFrame zurück, und `df[["name", "country"]]` liefert einen DataFrame mit zwei Spalten.

Nach Position auswählen

Eine Teilmenge eines DataFrame nach Position auszuwählen, entspricht dem, was wir zu Beginn dieses Kapitels mit NumPy-Arrays gemacht haben. Bei DataFrames müssen Sie jedoch das Attribut `iloc` verwenden, das für *Integer Location* – ganzzahlige Position – steht:

```
df.iloc[row_selection, column_selection]
```

Wenn Sie mit Slices arbeiten, haben Sie es mit den standardmäßigen halboffenen Intervallen zu tun. Tabelle 5-2 listet die gleichen Fälle auf, die auch Tabelle 5-1 aufgeführt hat.

Tabelle 5-2: Daten nach Position auswählen

Auswahl	Rückgabedatentyp	Beispiel
Einzelner Wert	Skalar	`df.iloc[1, 2]`
Eine Spalte (eindimensional)	Series	`df.iloc[:, 2]`
Eine Spalte (zweidimensional)	DataFrame	`df.iloc[:, [2]]`
Mehrere Spalten	DataFrame	`df.iloc[:, [2, 1]]`
Bereich von Spalten	DataFrame	`df.iloc[:, :3]`
Eine Zeile (eindimensional)	Series	`df.iloc[1, :]`
Eine Zeile (zweidimensional)	DataFrame	`df.iloc[[1], :]`
Mehrere Zeilen	DataFrame	`df.iloc[[3, 1], :]`
Bereich von Zeilen	DataFrame	`df.iloc[1:3, :]`

Der folgende Code zeigt, wie Sie `iloc` einsetzen – erneut mit den gleichen Beispielen wie zuvor bei `loc`:

```
In [21]: df.iloc[0, 0]  # Gibt einen Skalar zurück.

Out[21]: 'Mark'

In [22]: df.iloc[[0, 2], 1]  # Gibt eine Serie zurück.

Out[22]: user_id
         1001  55
         1002  41
         Name: age, dtype: int64

In [23]: df.iloc[:3, [0, 2]]  # Gibt einen DataFrame zurück.

Out[23]: properties  name country
         user_id
         1001        Mark   Italy
         1000        John     USA
         1002         Tim     USA
```

Daten nach Label oder Position auszuwählen, ist nicht das einzige Mittel, um auf eine Teilmenge des DataFrame zuzugreifen. Ein anderes wichtiges Verfahren ist die boolesche Indizierung, die der folgende Abschnitt beschreibt.

Durch boolesche Indizierung auswählen

Bei *boolescher Indizierung* werden Teilmengen eines DataFrame mithilfe einer Serie oder eines DataFrame ausgewählt, deren oder dessen Daten nur aus `True` oder `False` bestehen. Boolesche Series-Objekte werden verwendet, um bestimmte Spalten und Zeilen eines DataFrame auszuwählen, während boolesche DataFrames genutzt werden, um bestimmte Werte über einen ganzen DataFrame hinweg auszuwählen. Meistens werden Sie boolesche Indizierung verwenden, um die Zeilen eines DataFrame zu filtern. Stellen Sie sich dies als die AutoFilter-Funktionalität in Excel vor. Zum Beispiel filtert der folgende Code den DataFrame so, dass er nur noch Personen zeigt, die in den USA leben und älter als 40 Jahre sind:

```
In [24]: tf = (df["age"] > 40) & (df["country"] == "USA")
         tf  # Dies ist eine Serie, die nur True/False enthält.

Out[24]: user_id
         1001  False
         1000  False
         1002   True
         1003  False
         dtype: bool

In [25]: df.loc[tf, :]

Out[25]: properties name  age country  score continent
         user_id
         1002        Tim   41     USA    3.9   America
```

Hierzu muss ich zwei Dinge erklären: Erstens können Sie aufgrund von technischen Beschränkungen nicht die booleschen Operatoren von Python (siehe Kapitel 3) mit

DataFrames verwenden. Stattdessen müssen Sie auf die Zeichen zurückgreifen, die in Tabelle 5-3 angegeben sind.

Tabelle 5-3: Boolesche Operatoren

Grundlegende Python-Datentypen	DataFrames und Series
`and`	`&`
`or`	`|`
`not`	`~`

Und wenn Sie zweitens mehrere Bedingungen verknüpfen, müssen Sie darauf achten, jeden booleschen Ausdruck in Klammern zu setzen, damit Ihnen die Rangfolge der Operatoren nicht in die Quere kommt: Zum Beispiel hat `&` Vorrang vor `==`. Ohne Klammern würde also der Ausdruck im Beispiel wie folgt interpretiert werden:

```
df["age"] > (40 & df["country"]) == "USA"
```

Wenn Sie den Index filtern möchten, können Sie darauf mit `df.index` verweisen:

```
In [26]: df.loc[df.index > 1001, :]

Out[26]: properties   name  age  country  score continent
         user_id
         1002          Tim   41      USA    3.9   America
         1003        Jenny   12  Germany    9.0    Europe
```

Dort, wo Sie den Operator `in` bei Python-Datenstrukturen wie Listen verwenden würden, nehmen Sie `isin` bei einer Serie. Den DataFrame filtern Sie wie folgt, um Teilnehmer aus Italien und Deutschland anzuzeigen:

```
In [27]: df.loc[df["country"].isin(["Italy", "Germany"]), :]

Out[27]: properties   name  age  country  score continent
         user_id
         1001         Mark   55    Italy    4.5    Europe
         1003        Jenny   12  Germany    9.0    Europe
```

Während Sie mit `loc` eine boolesche Serie bereitstellen, bieten DataFrames eine spezielle Syntax ohne `loc`, um Werte auszuwählen, wenn der vollständige DataFrame aus booleschen Werten gegeben ist:

```
df[boolean_df]
```

Dies ist besonders hilfreich, wenn DataFrames nur aus Zahlen bestehen. Stellt man einen DataFrame aus booleschen Werten bereit, enthält der zurückgegebene DataFrame überall dort `NaN`, wo im booleschen DataFrame `False` steht. Wie bereits erwähnt, gehe ich auf `NaN` in Kürze noch ausführlich ein. Beginnen wir damit, einen neuen Beispiel-DataFrame namens `rainfall` zu erstellen, der nur aus Zahlen besteht:

```
In [28]: # Dies könnte die jährliche Regenmenge in Millimeter sein.
         rainfall = pd.DataFrame(data={"City 1": [300.1, 100.2],
                                       "City 2": [400.3, 300.4],
                                       "City 3": [1000.5, 1100.6]})
         rainfall

Out[28]:    City 1  City 2  City 3
         0   300.1   400.3  1000.5
         1   100.2   300.4  1100.6

In [29]: rainfall < 400

Out[29]:    City 1  City 2  City 3
         0    True   False   False
         1    True    True   False

In [30]: rainfall[rainfall < 400]

Out[30]:    City 1  City 2  City 3
         0   300.1     NaN     NaN
         1   100.2   300.4     NaN
```

In diesem Beispiel habe ich ein Wörterbuch verwendet, um einen neuen DataFrame zu konstruieren – das ist oftmals zweckmäßig, wenn die Daten bereits in dieser Form vorliegen. Boolesche Werte verwendet man auf diese Weise meistens, um bestimmte Werte auszufiltern, beispielsweise Ausreißer.

Um den Abschnitt zur Datenauswahl abzuschließen, stelle ich noch einen speziellen Indextyp namens MultiIndex vor.

Mit einem MultiIndex auswählen

Ein *MultiIndex* ist ein Index mit mehr als einer Ebene. Damit können Sie Ihre Daten hierarchisch gruppieren und in einfacher Weise auf Teilmengen zugreifen. Wenn Sie zum Beispiel den Index unseres Beispiel-DataFrame `df` als Kombination von `continent` und `country` einrichten, können Sie leicht alle Zeilen mit einem bestimmten Kontinent auswählen:

```
In [31]: # A MultiIndex needs to be sorted
         df_multi = df.reset_index().set_index(["continent", "country"])
         df_multi = df_multi.sort_index()
         df_multi

Out[31]: properties         user_id   name  age  score
         continent country
         America   USA         1000   John   33    6.7
                   USA         1002    Tim   41    3.9
         Europe    Germany     1003  Jenny   12    9.0
                   Italy       1001   Mark   55    4.5

In [32]: df_multi.loc["Europe", :]

Out[32]: properties  user_id   name  age  score
         country
```

```
Germany          1003  Jenny   12     9.0
Italy            1001   Mark   55     4.5
```

Beachten Sie, dass pandas die Ausgabe eines MultiIndex aufhübscht, indem es die ganz linke Indexebene (die Kontinente) nicht für jede Zeile wiederholt. Stattdessen wird der Kontinent nur ausgegeben, wenn er sich ändert. Um eine Auswahl über mehrere Indexebenen zu treffen, stellt man ein Tupel bereit:

```
In [33]: df_multi.loc[("Europe", "Italy"), :]

Out[33]: properties          user_id  name  age  score
         continent country
         Europe    Italy        1001  Mark   55    4.5
```

Wenn Sie einen Teil eines MultiIndex selektiv zurücksetzen möchten, geben Sie die Ebene als Argument an. Die Zählung der Spalten beginnt links mit null:

```
In [34]: df_multi.reset_index(level=0)

Out[34]: properties continent  user_id   name  age  score
         country
         USA          America     1000   John   33    6.7
         USA          America     1002    Tim   41    3.9
         Germany       Europe     1003  Jenny   12    9.0
         Italy         Europe     1001   Mark   55    4.5
```

In diesem Buch werden wir zwar keinen MultiIndex manuell erstellen, aber es gibt bestimmte Operationen wie `groupby`, die pandas veranlassen, einen DataFrame mit einem MultiIndex zurückzugeben, sodass man zumindest Bescheid darüber wissen sollte. Auf `groupby` kommen wir später in diesem Kapitel zurück.

Da Sie nun verschiedene Möglichkeiten kennen, Daten *auszuwählen*, ist es an der Zeit, zu lernen, wie Sie die Daten *ändern* können.

Daten festlegen

Die Daten eines DataFrame lassen sich am einfachsten ändern, indem Sie mithilfe der Attribute `loc` oder `iloc` Werte bestimmten Elemente zuweisen. Das ist der Ausgangspunkt dieses Abschnitts, bevor wir uns andere Möglichkeiten dazu ansehen, wie sich bestehende DataFrames manipulieren lassen: Werte ersetzen und neue Spalten hinzufügen.

Daten nach Label oder Position festlegen

Wie bereits weiter oben in diesem Kapitel erwähnt, werden DataFrame-Methoden wie `df.reset_index()` immer auf eine Kopie angewendet, sodass der ursprüngliche DataFrame unberührt bleibt. Allerdings wird der ursprüngliche DataFrame geändert, wenn Sie Werte mithilfe der Attribute `loc` und `iloc` zuweisen. Da ich unseren DataFrame `df` unverändert lassen möchte, arbeite ich hier mit einer Kopie, die ich `df2` nenne. Einen einzelnen Wert ändern Sie wie folgt:

```
In [35]: #
 Zuerst den DataFrame kopieren, um den ursprünglichen unverändert zu lassen.
         df2 = df.copy()

In [36]: df2.loc[1000, "name"] = "JOHN"
         df2

Out[36]: properties   name  age  country  score continent
         user_id
         1001         Mark   55    Italy    4.5    Europe
         1000         JOHN   33      USA    6.7   America
         1002          Tim   41      USA    3.9   America
         1003        Jenny   12  Germany    9.0    Europe
```

Sie können auch mehrere Werte auf einmal ändern. So lässt sich der Punktestand der Benutzer mit den IDs 1000 und 1001 mithilfe einer Liste ändern:

```
In [37]: df2.loc[[1000, 1001], "score"] = [3, 4]
         df2

Out[37]: properties   name  age  country  score continent
         user_id
         1001         Mark   55    Italy    4.0    Europe
         1000         JOHN   33      USA    3.0   America
         1002          Tim   41      USA    3.9   America
         1003        Jenny   12  Germany    9.0    Europe
```

Daten nach Position über `iloc` zu ändern, funktioniert in der gleichen Weise. Sehen wir uns nun an, wie sich Daten mithilfe boolescher Indizierung ändern lassen.

Daten nach boolescher Indizierung festlegen

Die boolesche Indizierung, mit der wir Zeilen gefiltert haben, lässt sich auch nutzen, um Werte in einem DataFrame zuzuweisen. Stellen Sie sich vor, dass Sie alle Namen von Personen, die jünger als 20 Jahre sind oder aus den USA stammen, anonymisieren müssen:

```
In [38]: tf = (df2["age"] < 20) | (df2["country"] == "USA")
         df2.loc[tf, "name"] = "xxx"
         df2

Out[38]: properties  name  age  country  score continent
         user_id
         1001        Mark   55    Italy    4.0    Europe
         1000         xxx   33      USA    3.0   America
         1002         xxx   41      USA    3.9   America
         1003         xxx   12  Germany    9.0    Europe
```

Manchmal müssen Sie in einem Datensatz bestimmte Werte generell ersetzen, d. h. nicht spezifisch für bestimmte Spalten. In diesem Fall verwenden Sie wieder die spezielle Syntax und stellen den gesamten DataFrame mit booleschen Werten bereit (wobei das Beispiel erneut auf den DataFrame `rainfall` zurückgreift):

```
In [39]: # Zuerst den DataFrame kopieren,
         # um den ursprünglichen unberührt zu lassen.
         rainfall2 = rainfall.copy()
         rainfall2

Out[39]:    City 1  City 2  City 3
         0   300.1   400.3  1000.5
         1   100.2   300.4  1100.6

In [40]: # Die Werte überall dort auf 0 setzen, wo sie unter 400 liegen.
         rainfall2[rainfall2 < 400] = 0
         rainfall2

Out[40]:    City 1  City 2  City 3
         0     0.0   400.3  1000.5
         1     0.0     0.0  1100.6
```

Wenn Sie lediglich einen Wert durch einen anderen ersetzen wollen, gibt es eine einfachere Methode, die ich als Nächstes zeige.

Daten durch Ersetzen von Werten ändern

Mit der Methode `replace` können Sie einen bestimmten Wert im gesamten DataFrame oder in ausgewählten Spalten ersetzen:

```
In [41]: df2.replace("USA", "U.S.")

Out[41]: properties  name  age  country  score continent
         user_id
         1001        Mark   55    Italy    4.0    Europe
         1000         xxx   33     U.S.    3.0   America
         1002         xxx   41     U.S.    3.9   America
         1003         xxx   12  Germany    9.0    Europe
```

Möchten Sie stattdessen Werte nur in der Spalte `country` ändern, verwenden Sie folgende Syntax:

```
df2.replace({"country": {"USA": "U.S."}})
```

Da die USA nur in der Spalte `country` erscheint, liefert diese Anweisung das gleiche Ergebnis wie im vorherigen Beispiel. Zum Schluss dieses Abschnitts sehen wir uns an, wie Sie zusätzliche Spalten zu einem DataFrame hinzufügen können.

Daten festlegen durch Hinzufügen einer neuen Spalte

Um einem DataFrame eine neue Spalte hinzuzufügen, weisen Sie einem neuen Spaltennamen Werte zu. Zum Beispiel könnten Sie eine neue Spalte zu einem DataFrame mithilfe eines Skalars oder einer Liste hinzufügen:

```
In [42]: df2.loc[:, "discount"] = 0
         df2.loc[:, "price"] = [49.9, 49.9, 99.9, 99.9]
         df2
```

```
Out[42]: properties  name  age  country  score continent  discount  price
         user_id
         1001        Mark   55    Italy    4.0    Europe         0   49.9
         1000         xxx   33      USA    3.0   America         0   49.9
         1002         xxx   41      USA    3.9   America         0   99.9
         1003         xxx   12  Germany    9.0    Europe         0   99.9
```

Wenn man eine neue Spalte hinzufügt, sind oftmals vektorisierte Berechnungen auszuführen:

```
In [43]: df2 = df.copy()  # Mit einer neuen Kopie beginnen.
         df2.loc[:, "birth year"] = 2021 - df2["age"]
         df2

Out[43]: properties   name  age  country  score continent birth year
         user_id
         1001         Mark   55    Italy    4.5    Europe       1966
         1000         John   33      USA    6.7   America       1988
         1002          Tim   41      USA    3.9   America       1980
         1003        Jenny   12  Germany    9.0    Europe       2009
```

Auf die Berechnungen bei DataFrames gehe ich gleich ausführlicher ein, vorher aber will ich Ihnen mehr Kontext zum Thema der fehlenden Daten liefern, da ich `NaN` schon einige Male verwendet habe.

Fehlende Daten

Fehlende Daten können ein Problem darstellen, da sie möglicherweise die Ergebnisse Ihrer Datenanalyse verzerren. Das führt zu Einbußen in der Zuverlässigkeit Ihrer Schlussfolgerungen. Dennoch kommt es häufig vor, dass es in Ihren Datensätzen Lücken gibt, mit denen Sie umgehen müssen. In Excel haben Sie es normalerweise mit leeren Zellen oder `#N/A`-Fehlern zu tun, während pandas `np.nan` von NumPy für fehlende Daten verwendet, was als `NaN` angezeigt wird. Bei `NaN` handelt es sich um den Gleitkommastandard für *Not-a-Number* (keine Zahl). Für Zeitstempel ist es dagegen `pd.NaT`, und für Text verwendet pandas `None`. Mithilfe von `None` oder `np.nan` können Sie fehlende Werte einführen:

```
In [44]: df2 = df.copy()  # Mit einer neuen Kopie beginnen.
         df2.loc[1000, "score"] = None
         df2.loc[1003, :] = None
         df2

Out[44]: properties  name   age country score continent
     user_id
     1001            Mark  55.0   Italy   4.5    Europe
     1000            John  33.0     USA   NaN   America
     1002             Tim  41.0     USA   3.9   America
     1003            None   NaN    None   NaN      None
```

Um einen DataFrame zu bereinigen, werden Sie oftmals Zeilen mit fehlenden Daten entfernen. Das lässt sich leicht bewerkstelligen:

```
In [45]: df2.dropna()

Out[45]: properties  name   age country  score continent
         user_id
         1001        Mark  55.0   Italy    4.5    Europe
         1002         Tim  41.0     USA    3.9   America
```

Wenn Sie jedoch nur Zeilen entfernen möchten, in denen *alle* Werte fehlen, geben Sie den Parameter `how` an:

```
In [46]: df2.dropna(how="all")

Out[46]: properties  name   age country  score continent
         user_id
         1001     Mark 55.0  Italy  4.5  Europe
         1000     John 33.0   USA  NaN  America
         1002      Tim 41.0   USA  3.9  America
```

Um einen booleschen DataFrame oder eine Serie zu erhalten, abhängig davon, ob `NaN` vorhanden ist oder nicht, verwenden Sie `isna`:

```
In [47]: df2.isna()

Out[47]: properties   name    age  country  score  continent
         user_id
         1001        False  False    False  False      False
         1000        False  False    False   True      False
         1002        False  False    False  False      False
         1003         True   True     True   True       True
```

Mit der Methode `fillna` können Sie fehlende Werte auffüllen. Um zum Beispiel `NaN` in der Spalte score durch ihren Mittelwert zu ersetzen, schreiben Sie:

```
In [48]: df2.fillna({"score": df2["score"].mean()})

Out[48]: properties  name   age country  score continent
         user_id
         1001        Mark  55.0   Italy    4.5    Europe
         1000        John  33.0     USA    4.2   America
         1002         Tim  41.0     USA    3.9   America
         1003        None   NaN    None    4.2      None
```

(Beschreibende Statistiken wie zum Beispiel `mean` stelle ich in Kürze vor.)

Fehlende Daten sind nicht der einzige Grund, weswegen wir unseren Datensatz bereinigen müssen. Das Gleiche gilt auch für doppelte Daten. Sehen wir uns an, welche Möglichkeiten sich Ihnen hier bieten.

Doppelte Daten

Wie fehlende Daten beeinflussen Duplikate die Zuverlässigkeit einer Datenanalyse. Rufen Sie die Methode `drop_duplicates` auf, um doppelte Zeilen loszuwerden. Optional können Sie eine Teilmenge der Spalten als Argument übergeben:

```
In [49]: df.drop_duplicates(["country", "continent"])
```

```
Out[49]: properties   name  age  country  score continent
         user_id
         1001         Mark   55    Italy    4.5    Europe
         1000         John   33      USA    6.7   America
         1003        Jenny   12  Germany    9.0    Europe
```

Standardmäßig bleibt das erste Vorkommen erhalten. Mit den beiden folgenden Befehlen können Sie herausfinden, ob eine bestimmte Spalte Duplikate enthält, oder ihre eindeutigen Werte ermitteln (verwenden Sie `df.index` anstelle von `df ["country"]`, wenn Sie dies stattdessen auf dem Index ausführen möchten):

```
In [50]: df["country"].is_unique
```

```
Out[50]: False
```

```
In [51]: df["country"].unique()
```

```
Out[51]: array(['Italy', 'USA', 'Germany'], dtype=object)
```

Und schließlich lässt sich mit der Methode `duplicated` feststellen, welche Zeilen Duplikate sind. Diese Methode gibt eine boolesche Serie zurück: Mit dem standardmäßigen Parameter `keep="first"` wird das erste Vorkommen beibehalten, und es werden nur Duplikate mit `True` markiert. Wenn Sie den Parameter `keep` auf `False` setzen, gibt die Methode `True` für alle Zeilen zurück, einschließlich des ersten Vorkommens, sodass es einfach ist, einen DataFrame mit allen doppelten Zeilen zu erhalten. Im folgenden Beispiel untersuchen wir die Spalte `country` auf Duplikate. In der Praxis betrachtet man aber oftmals den Index oder komplette Zeilen. In diesem Fall würden Sie stattdessen `df.index.duplicated()` oder `df.duplicated()` verwenden:

```
In [52]: # Standardmäßig werden nur Duplikate als True markiert, d. h.
         # ohne das erste Vorkommen.
         df["country"].duplicated()
```

```
Out[52]: user_id
         1001   False
         1000   False
         1002    True
         1003   False
         Name: country, dtype: bool
```

```
In [53]: # Um alle Zeilen zu erhalten, in denen "country" doppelt vorkommt,
         # geben Sie keep=False an.
         df.loc[df["country"].duplicated(keep=False), :]
```

```
Out[53]: properties  name  age country  score continent
         user_id
         1000        John   33     USA    6.7   America
         1002         Tim   41     USA    3.9   America
```

Nachdem Sie fehlende und doppelte Daten entfernt und somit Ihre DataFrames bereinigt haben, werden Sie möglicherweise bestimmte arithmetische Operationen ausführen wollen – der nächste Abschnitt führt Sie in die Arbeitsweise derartiger Operationen ein.

Arithmetische Operationen

Wie NumPy-Arrays nutzen DataFrames und Series-Objekte die Vektorisierung. Zum Beispiel können Sie zu jedem Wert im DataFrame `rainfall` ganz einfach eine Zahl hinzuaddieren:

```
In [54]: rainfall

Out[54]:    City 1  City 2  City 3
         0   300.1   400.3  1000.5
         1   100.2   300.4  1100.6

In [55]: rainfall + 100

Out[55]:    City 1  City 2  City 3
         0   400.1   500.3  1100.5
         1   200.2   400.4  1200.6
```

Die wahre Stärke von pandas ist jedoch der Mechanismus für die automatische *Datenausrichtung*: Wenn Sie arithmetische Operatoren mit mehr als einem DataFrame verwenden, richtet pandas diese automatisch nach ihren Spalten und Zeilenlabels aus. Wir erstellen einen zweiten DataFrame, bei dem einige der Zeilen- und Spaltenlabels gleich sind. Dann bilden wir die Summe:

```
In [56]: more_rainfall = pd.DataFrame(data=[[100, 200], [300, 400]],
                                      index=[1, 2],
                                      columns=["City 1", "City 4"])
         more_rainfall

Out[56]:    City 1  City 4
         1     100     200
         2     300     400

In [57]: rainfall + more_rainfall

Out[57]:    City 1  City 2  City 3  City 4
         0     NaN     NaN     NaN     NaN
         1   200.2     NaN     NaN     NaN
         2     NaN     NaN     NaN     NaN
```

Der Index und die Spalten des resultierenden DataFrame bilden die Vereinigung der Indizes und Spalten der beiden DataFrames: Bei den Feldern, die in beiden DataFrames einen Wert enthalten, ist die Summe zu sehen, während der übrige DataFrame `NaN` zeigt. Daran müssen Sie sich vielleicht erst gewöhnen, wenn Sie von Excel kommen, wo leere Zellen automatisch zu Nullen umgewandelt werden, wenn Sie sie in arithmetischen Operationen verwenden. Wollen Sie das gleiche

Verhalten wie in Excel erreichen, rufen Sie die Methode add mit einem fill_value auf, um NaN-Werte durch Nullen zu ersetzen:

```
In [58]: rainfall.add(more_rainfall, fill_value=0)

Out[58]:    City 1  City 2  City 3  City 4
         0   300.1   400.3  1000.5     NaN
         1   200.2   300.4  1100.6   200.0
         2   300.0     NaN     NaN   400.0
```

Dies funktioniert für die anderen arithmetischen Operatoren entsprechend, wie Tabelle 5-4 zeigt.

Tabelle 5-4: Arithmetische Operatoren

Operator	Methode
*	mul
+	add
-	sub
/	div
**	pow

Wenn Ihre Berechnung einen DataFrame und eine Serie umfasst, wird die Serie standardmäßig entlang des Index verbreitet:

```
In [59]: # Eine Serie, die aus einer Zeile gebildet wurde.
         rainfall.loc[1, :]

Out[59]: City 1     100.2
         City 2     300.4
         City 3    1100.6
         Name: 1, dtype: float64

In [60]: rainfall + rainfall.loc[1, :]

Out[60]:    City 1  City 2  City 3
         0   400.3   700.7  2101.1
         1   200.4   600.8  2201.2
```

Um also eine Serie spaltenweise zu addieren, ist die Methode add mit einem expliziten axis-Argument erforderlich:

```
In [61]: # Eine Serie, die aus einer Spalte gebildet wurde.
         rainfall.loc[:, "City 2"]

Out[61]: 0    400.3
         1    300.4
         Name: City 2, dtype: float64

In [62]: rainfall.add(rainfall.loc[:, "City 2"], axis=0)

Out[62]:    City 1  City 2  City 3
```

```
0  700.4  800.6  1400.8
1  400.6  600.8  1401.0
```

Während es in diesem Abschnitt um DataFrames mit Zahlen und dem Verhalten in arithmetischen Operationen gegangen ist, zeigt der nächste Abschnitt Ihre Möglichkeiten, wenn Sie es mit der Verarbeitung von Text in DataFrames zu tun haben.

Mit Textspalten arbeiten

Wie zu Beginn dieses Kapitels bereits erläutert, haben Spalten mit Text oder gemischten Datentypen den Datentyp `object`. Für Operationen auf Spalten mit Textzeichenfolgen verwenden Sie das Attribut `str`, mit dem Sie auf die Stringmethoden von Python zugreifen können. Auch wenn Sie bereits einige Stringmethoden in Kapitel 3 kennengelernt haben, empfiehlt es sich, einen Blick auf die verfügbaren Methoden in den Python-Dokumentationen zu werfen. Zum Beispiel können Sie mit der Methode `strip` führende und nachgestellte Leerzeichen (Whitespaces) entfernen und mit der Methode `capitalize` alle Anfangsbuchstaben zu Großbuchstaben machen. Indem Sie diese Methoden verketten, lassen sich unübersichtliche Textspalten, die oft durch manuelle Dateneingaben entstehen, bereinigen:

```
In [63]: # Einen neuen DataFrame erstellen
         users = pd.DataFrame(data=[" mArk ", "JOHN ", "Tim", " jenny"],
                              columns=["name"])
         users

Out[63]:      name
         0   mArk
         1  JOHN
         2     Tim
         3   jenny

In [64]: users_cleaned = users.loc[:, "name"].str.strip().str.capitalize()
         users_cleaned

Out[64]: 0     Mark
         1     John
         2      Tim
         3    Jenny
         Name: name, dtype: object
```

Mit den folgenden Anweisungen finden Sie alle Namen, die mit einem »J« beginnen:

```
In [65]: users_cleaned.str.startswith("J")

Out[65]: 0    False
         1     True
         2    False
         3     True
         Name: name, dtype: bool
```

Die Stringmethoden sind einfach anzuwenden, aber manchmal müssen Sie einen DataFrame auf eine Weise manipulieren, für die es keine vordefinierte Methode gibt. In diesem Fall erstellen Sie eine eigene Funktion und wenden sie auf Ihren DataFrame an, wie der nächste Abschnitt zeigt.

Eine Funktion anwenden

DataFrames bieten die Methode `applymap`, die eine Funktion auf jedes einzelne Element anwendet. Dies ist zweckmäßig, wenn keine ufuncs von NumPy verfügbar sind. Zum Beispiel gibt es keine ufuncs zur Stringformatierung, aber Sie können jedes Element eines DataFrame wie folgt formatieren:

```
In [66]: rainfall

Out[66]:    City 1  City 2  City 3
         0   300.1   400.3  1000.5
         1   100.2   300.4  1100.6

In [67]: def format_string(x):
             return f"{x:,.2f}"

In [68]: # Wir übergeben die Funktion, ohne sie aufzurufen,
         # d. h. format_string und nicht format_string()!
         rainfall.applymap(format_string)

Out[68]:    City 1  City 2    City 3
         0  300.10  400.30  1,000.50
         1  100.20  300.40  1,100.60
```

Um dies zu verdeutlichen: Der f-String `f"{x}"` gibt `x` als String zurück. Um eine Formatierung hinzuzufügen, hängen Sie einen Doppelpunkt an die Variable an, gefolgt von der Formatierungszeichenfolge `,.2f`. Das Komma ist das *Tausendertrennzeichen*, und `.2f` bedeutet eine *Festkommadarstellung mit zwei Stellen nach dem Dezimaltrennzeichen*. Mehr Einzelheiten zur Formatierung von Strings finden Sie im *Format Specification Mini-Language* (*https://oreil.ly/NgsG8*), der Teil der Python-Dokumentation ist.

Für derartige Anwendungsfälle sind *Lambda-Ausdrücke* (siehe Kasten) sehr verbreitet, da man dasselbe in einer einzigen Zeile schreiben kann, ohne eine eigene Funktion definieren zu müssen. Mit Lambda-Ausdrücken können wir das vorherige Beispiel wie folgt neu schreiben:

```
In [69]: rainfall.applymap(lambda x: f"{x:,.2f}")

Out[69]:    City 1  City 2    City 3
         0  300.10  400.30  1,000.50
         1  100.20  300.40  1,100.60
```

Lambda-Ausdrücke

In Python können Sie eine Funktion in einer einzigen Zeile über Lambda-Ausdrücke definieren. Lambda-Ausdrücke sind anonyme Funktionen, d. h. Funktionen ohne Namen. Sehen Sie sich folgende Funktion an:

```
def function_name(arg1, arg2, ...):
    return return_value
```

Diese Funktion lässt sich als Lambda-Ausdruck so neu schreiben:

```
lambda arg1, arg2, ...: return_value
```

Im Wesentlichen ersetzen Sie `def` durch `lambda`, lassen das Schlüsselwort `return` und den Funktionsnamen weg und schreiben alles auf eine Zeile. Wie Sie bei der Methode `applymap` gesehen haben, kann das in diesem Fall sehr praktisch sein, da wir keine Funktion für etwas definieren müssen, das nur ein einziges Mal verwendet wird.

Ich habe nun alle wichtigen Methoden zur Datenmanipulation erwähnt, aber bevor wir zum nächsten Thema kommen, ist es wichtig, zu verstehen, wann pandas eine Ansicht eines DataFrame verwendet und wann eine Kopie.

Ansicht vs. Kopie

Wie im vorherigen Kapitel erläutert, gibt das Slicing von NumPy-Arrays eine Ansicht zurück. Bei DataFrames ist es leider komplizierter: Es lässt sich nicht immer leicht vorhersagen, ob `loc` und `iloc` Ansichten oder Kopien zurückgeben, und das macht es zu einem der verwirrendsten Themen. Da es ein großer Unterschied ist, ob Sie die Ansicht oder eine Kopie eines DataFrame ändern, gibt pandas regelmäßig die Warnung `SettingWithCopyWarning` aus, wenn es annimmt, dass Sie die Daten in nicht beabsichtigter Weise festlegen. Um diese recht kryptische Warnung zu umgehen, hier ein paar Ratschläge:

- Setzen Sie Werte im ursprünglichen DataFrame und nicht in einem DataFrame, der aus einem anderen DataFrame geslict wurde.
- Wenn Sie nach dem Slicing einen unabhängigen DataFrame haben wollen, erstellen Sie eine explizite Kopie:

  selection = df.loc[:, ["country", "continent"]].copy()

Zwar sind die Dinge mit `loc` und `iloc` kompliziert, doch sollten Sie nicht vergessen, dass *alle* DataFrame-Methoden wie `df.dropna()` oder `df.sort_values("column_name")` *immer* eine Kopie zurückgeben.

Bisher haben wir hauptsächlich mit jeweils einem DataFrame gearbeitet. Der nächste Abschnitt zeigt Ihnen verschiedene Möglichkeiten, mehrere DataFrames zu einem einzigen zu kombinieren. Für diese sich häufig stellende Aufgabe bietet pandas leistungsfähige Tools.

DataFrames kombinieren

In Excel kann es ziemlich mühsam sein, verschiedene Datensätze zu kombinieren, und in der Regel sind dabei viele VLOOKUP-Formeln im Spiel. Erfreulicherweise ist das Kombinieren von DataFrames eines der Killer-Features von pandas, dessen Fähigkeiten zur Datenausrichtung Ihnen das Leben wirklich erleichtern und gleichzeitig die Wahrscheinlichkeit für Fehler stark verringern. Das Kombinieren und Zusammenführen von DataFrames lässt sich auf verschiedene Arten bewerkstelligen. Dieser Abschnitt betrachtet nur die häufigsten Fälle, die `concat`, `join` und `merge` nutzen. Trotz einiger Überschneidungen macht jede Funktion eine bestimmte Aufgabe sehr einfach. Ich beginne mit der Funktion `concat`, erläutere dann die verschiedenen Optionen bei `join` und führe schließlich mit `merge` die generischste Funktion der drei ein.

Verketten

Um mehrere DataFrames in einfacher Weise miteinander zu verbinden, ist die Funktion `concat` Ihr bester Freund. Wie der Funktionsname verrät, handelt es sich technisch gesehen um eine *Verkettung* (engl. *Concatenation*). Standardmäßig verkettet `concat` DataFrames entlang der Zeilen und richtet die Spalten automatisch aus. Im folgenden Beispiel erstelle ich mit `more_users` einen weiteren DataFrame und hänge ihn unten an unseren Beispiel-DataFrame `df` an:

```
In [70]: data = [[15, "France", 4.1, "Becky"],
                 [44, "Canada", 6.1, "Leanne"]]
         more_users = pd.DataFrame(data=data,
                                   columns=["age", "country", "score", "name"],
                                   index=[1000, 1011])
         more_users

Out[70]:       age country  score     name
      1000  15 France   4.1  Becky
      1011  44 Canada   6.1 Leanne

In [71]: pd.concat([df, more_users], axis=0)

Out[71]:          name  age  country  score continent
         1001     Mark   55    Italy    4.5    Europe
         1000     John   33      USA    6.7   America
         1002      Tim   41      USA    3.9   America
         1003    Jenny   12  Germany    9.0    Europe
         1000    Becky   15   France    4.1       NaN
         1011   Leanne   44   Canada    6.1       NaN
```

Jetzt haben Sie doppelte Indexelemente, da concat die Daten auf der angegebenen Achse (den Zeilen) zusammenfügt und sie nur auf der anderen Achse (den Spalten) ausrichtet, wobei die Spaltennamen automatisch abgeglichen werden – selbst wenn sie in den beiden DataFrames nicht in derselben Reihenfolge erscheinen! Wenn Sie zwei DataFrames entlang der Spalten verbinden möchten, setzen Sie axis=1:

```
In [72]: data = [[3, 4],
                 [5, 6]]
         more_categories = pd.DataFrame(data=data,
                                        columns=["quizzes", "logins"],
                                        index=[1000, 2000])
         more_categories

Out[72]:       quizzes  logins
         1000        3       4
         2000        5       6

In [73]: pd.concat([df, more_categories], axis=1)

Out[73]:        name   age  country  score continent  quizzes  logins
         1000   John  33.0      USA    6.7   America      3.0     4.0
         1001   Mark  55.0    Italy    4.5    Europe      NaN     NaN
         1002    Tim  41.0      USA    3.9   America      NaN     NaN
         1003  Jenny  12.0  Germany    9.0    Europe      NaN     NaN
         2000    NaN   NaN      NaN    NaN       NaN      5.0     6.0
```

Die Methode concat hat die besondere und sehr nützliche Eigenschaft, dass sie mehr als zwei DataFrames akzeptiert. Wir setzen dies im nächsten Kapitel ein, um einen einzelnen DataFrame aus mehreren CSV-Dateien zu erzeugen:

```
pd.concat([df1, df2, df3, ...])
```

Demgegenüber funktionieren join und merge lediglich mit zwei DataFrames, wie Sie gleich sehen werden.

Verknüpfen und zusammenführen

Wenn Sie zwei DataFrames *verknüpfen*, kombinieren Sie die Spalten der beiden DataFrames zu einem neuen DataFrame und entscheiden anhand der Mengenlehre, was mit den Zeilen geschieht. Sollten Sie bereits mit relationalen Datenbanken gearbeitet haben, kennen Sie dieses Konzept in Form der JOIN-Klausel bei SQL-Abfragen. Abbildung 5-3 zeigt, wie die vier Verbundtypen (d. h. der innere, der linke, der rechte und der äußere Join) bei den beiden Beispiel-DataFrames df1 und df2 funktionieren.

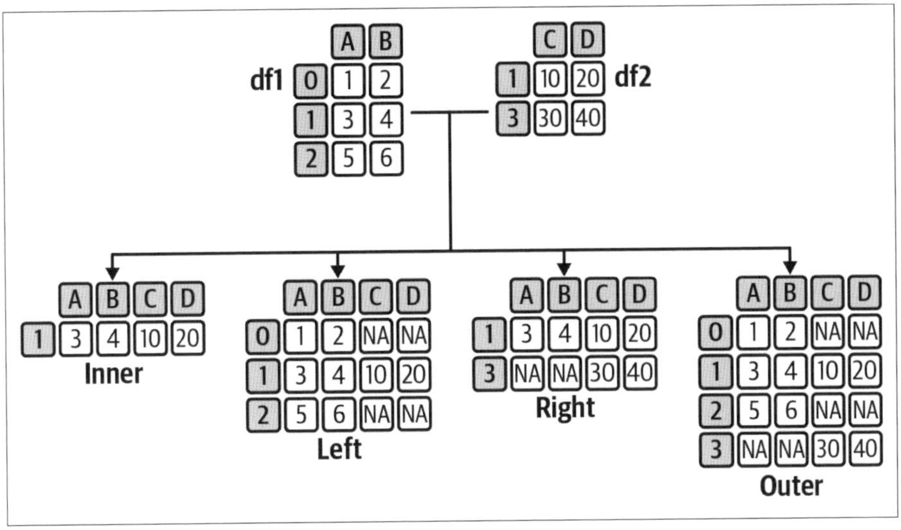

Abbildung 5-3: Verbundtypen

Bei join verwendet pandas die Indizes beider DataFrames, um die Zeilen auszurichten. Ein *innerer Verbund* (Inner Join) gibt einen DataFrame zurück, der nur die Zeilen umfasst, bei denen sich die Indizes überschneiden. Ein *linker Verbund* (Left Join) übernimmt alle Zeilen aus dem linken DataFrame df1 und gleicht sie mit den Zeilen aus dem rechten DataFrame df2 auf dem Index ab. Wo df2 keine übereinstimmende Zeile hat, füllt pandas mit NaN auf. Der linke Verbund entspricht dem VLOOKUP-Fall in Excel. Der *rechte Verbund* (Right Join) übernimmt alle Zeilen aus der rechten Tabelle df2 und gleicht sie mit den Zeilen aus df1 auf dem Index ab. Und schließlich übernimmt der *äußere Verbund* – auch *vollständiger äußerer Verbund* ([Full] Outer Join) – die Vereinigungsmenge der Indizes aus beiden DataFrames und gleicht die Werte ab, wo es möglich ist. Tabelle 5-5 entspricht Abbildung 5-3 in Textform.

Tabelle 5-5: Verbundtypen

Typ	Beschreibung
inner	Nur Zeilen, deren Index in beiden DataFrames existiert.
left	Alle Zeilen aus dem linken DataFrame, die Zeilen aus dem rechten DataFrame entsprechen.
right	Alle Zeilen aus dem rechten DataFrame, die Zeilen aus dem linken DataFrame entsprechen.
outer	Die Vereinigungsmenge der Zeilenindizes aus beiden DataFrames.

Sehen Sie sich an, wie das in der Praxis funktioniert, indem Sie die Beispiele nach Abbildung 5-3 zum Leben erwecken:

```
In [74]: df1 = pd.DataFrame(data=[[1, 2], [3, 4], [5, 6]],
                            columns=["A", "B"])
         df1
```

```
Out[74]:    A  B
         0  1  2
         1  3  4
         2  5  6

In [75]: df2 = pd.DataFrame(data=[[10, 20], [30, 40]],
                            columns=["C", "D"], index=[1, 3])
         df2

Out[75]:     C   D
         1  10  20
         3  30  40

In [76]: df1.join(df2, how="inner")

Out[76]:    A  B   C   D
         1  3  4  10  20

In [77]: df1.join(df2, how="left")

Out[77]:    A  B     C     D
         0  1  2   NaN   NaN
         1  3  4  10.0  20.0
         2  5  6   NaN   NaN

In [78]: df1.join(df2, how="right")

Out[78]:      A    B   C   D
         1  3.0  4.0  10  20
         3  NaN  NaN  30  40

In [79]: df1.join(df2, how="outer")

Out[79]:      A    B     C     D
         0  1.0  2.0   NaN   NaN
         1  3.0  4.0  10.0  20.0
         2  5.0  6.0   NaN   NaN
         3  NaN  NaN  30.0  40.0
```

Wenn Sie in Bezug auf eine oder mehrere DataFrame-Spalten verknüpfen möchten, verwenden Sie `merge` anstelle von `join`, anstatt sich auf den Index zu verlassen. Die Methode `merge` übernimmt das Argument `on`, um eine oder mehrere Spalten als *Verknüpfungsbedingung* anzugeben: Diese Spalten, die in beiden DataFrames vorhanden sein müssen, dienen dem Abgleich der Zeilen:

```
In [80]: # Eine Spalte "category" zu beiden DataFrames hinzufügen.
         df1["category"] = ["a", "b", "c"]
         df2["category"] = ["c", "b"]

In [81]: df1

Out[81]:    A  B category
         0  1  2        a
         1  3  4        b
         2  5  6        c
```

```
In [82]: df2

Out[82]:     C   D category
         1  10  20        c
         3  30  40        b

In [83]: df1.merge(df2, how="inner", on=["category"])

Out[83]:    A  B category   C   D
         0  3  4        b  30  40
         1  5  6        c  10  20

In [84]: df1.merge(df2, how="left", on=["category"])

Out[84]:    A  B category     C     D
         0  1  2        a   NaN   NaN
         1  3  4        b  30.0  40.0
         2  5  6        c  10.0  20.0
```

Da `join` und `merge` eine ganze Reihe optionaler Argumente übernehmen, um für komplexere Szenarios gerüstet zu sein, sollten Sie sich die offizielle Dokumentation ansehen, um mehr über sie zu lernen.

Sie wissen nun, wie Sie einen oder mehrere DataFrames manipulieren können, was uns zum nächsten Schritt auf unserer Datenanalysetour bringt: Daten interpretieren.

Beschreibende Statistik und Datenaggregation

Eine Möglichkeit, große Datensätze zu interpretieren, besteht darin, eine beschreibende Statistik wie die Summe oder den Mittelwert entweder auf dem gesamten Datensatz oder für sinnvolle Teilmengen zu berechnen. Dieser Abschnitt zeigt zunächst, wie dies mit pandas funktioniert, und stellt dann zwei Verfahren vor, um Daten in Teilmengen zu aggregieren: die Methode `groupby` und die Funktion `pivot_table`.

Beschreibende Statistik

Beschreibende (oder *deskriptive*) *Statistik* erlaubt es, Datensätze mithilfe quantitativer Maße zusammenzufassen. Zum Beispiel ist die Anzahl der Datenpunkte ein einfaches Maß der beschreibenden Statistik. Durchschnittswerte wie Mittelwert, Median oder Modus sind andere bekannte Beispiele. DataFrames und Series-Objekte erlauben es, auf beschreibende Statistiken komfortabel über Methoden wie `sum`, `mean` und `count` zuzugreifen, um nur einige zu nennen. Viele davon werden Sie in diesem Buch kennenlernen, die vollständige Liste finden Sie über die pandas-Dokumentation (*https://oreil.ly/t2q9Q*). Standardmäßig geben sie eine Serie entlang von `axis=0` zurück, was bedeutet, dass Sie die Statistiken der Spalten bekommen:

```
In [85]: rainfall

Out[85]:    City 1  City 2  City 3
         0   300.1   400.3  1000.5
         1   100.2   300.4  1100.6

In [86]: rainfall.mean()

Out[86]: City 1     200.15
         City 2     350.35
         City 3    1050.55
         dtype: float64
```

Wenn Sie die Statistiken pro Zeile abrufen möchten, übergeben Sie das Argument `axis`:

```
In [87]: rainfall.mean(axis=1)

Out[87]: 0    566.966667
         1    500.400000
         dtype: float64
```

Standardmäßig erscheinen fehlende Werte nicht in beschreibenden Statistiken wie `sum` oder `mean`. Dies entspricht der Art und Weise, wie Excel leere Zellen behandelt. Wenn Sie also die Excel-Formel für den Mittelwert (`AVERAGE` bzw. `MITTELWERT`) auf einen Bereich mit leeren Zellen anwenden, erhalten Sie das gleiche Ergebnis wie mit der Methode `mean`, die Sie auf eine Serie mit den gleichen Zahlenwerten und `NaN`-Werten anstelle von leeren Zellen anwenden.

Manchmal genügt es nicht, Statistiken über alle Zeilen eines DataFrame abzurufen, und man benötigt detailliertere Informationen – zum Beispiel den Mittelwert pro Kategorie. Im nächsten Abschnitt erfahren Sie, wie sich das bewerkstelligen lässt.

Gruppieren

Wir nehmen wieder unseren Beispiel-DataFrame `df` und ermitteln die durchschnittliche Punktzahl pro Kontinent. Hierzu gruppieren wir zuerst die Zeilen nach Kontinent und rufen anschließend die Methode `mean` auf, die den Mittelwert *pro Gruppe* berechnet. Alle nicht numerischen Spalten werden automatisch ausgeschlossen:

```
In [88]: df.groupby(["continent"]).mean()

Out[88]: properties   age  score
         continent
         America     37.0   5.30
         Europe      33.5   6.75
```

Wenn Sie mehr als eine Spalte einbinden, erhält der resultierende DataFrame einen hierarchischen Index – den bereits erwähnten MultiIndex:

```
In [89]: df.groupby(["continent", "country"]).mean()
```

```
Out[89]: properties         age  score
         continent country
         America   USA     37.0    5.3
         Europe    Germany 12.0    9.0
                   Italy   55.0    4.5
```

Statt `mean` können Sie die meisten der beschreibenden Statistiken verwenden, die pandas bietet, und wenn Sie Ihre eigene Funktion nutzen wollen, nehmen Sie die Methode agg. Zum Beispiel berechnen Sie wie folgt die Differenz zwischen dem maximalen und dem minimalen Wert pro Gruppe:

```
In [90]: selection = df.loc[:, ["age", "score", "continent"]]
         selection.groupby(["continent"]).agg(lambda x: x.max() - x.min())
```

```
Out[90]: properties  age  score
         continent
         America       8    2.8
         Europe       43    4.5
```

Eine beliebte Methode, um in Excel Statistiken pro Gruppe zu erhalten, ist die Verwendung von Pivottabellen. Sie führen eine zweite Dimension ein und erlauben einen großartigen Blick auf Ihre Daten aus verschiedenen Perspektiven. Auch pandas verfügt über Funktionalität für Pivottabellen, wie der nächste Abschnitt zeigt.

Pivotieren und verschmelzen

Wenn Ihnen Pivottabellen in Excel geläufig sind, werden Sie keine Probleme haben, die Funktion `pivot_table` von pandas zu verwenden, da sie weitgehend auf die gleiche Weise arbeitet. Die Daten im folgenden DataFrame sind in ähnlicher Weise organisiert, wie Datensätze normalerweise in einer Datenbank gespeichert werden; jede Zeile zeigt eine Verkaufstransaktion für eine bestimmte Frucht in einer bestimmten Region:

```
In [91]: data = [["Oranges", "North", 12.30],
                 ["Apples", "South", 10.55],
                 ["Oranges", "South", 22.00],
                 ["Bananas", "South", 5.90],
                 ["Bananas", "North", 31.30],
                 ["Oranges", "North", 13.10]]

         sales = pd.DataFrame(data=data,
                              columns=["Fruit", "Region", "Revenue"])
         sales
```

```
Out[91]:       Fruit Region  Revenue
         0   Oranges  North    12.30
         1    Apples  South    10.55
         2   Oranges  South    22.00
         3   Bananas  South     5.90
         4   Bananas  North    31.30
         5   Oranges  North    13.10
```

Um eine Pivottabelle zu erstellen, übergeben Sie den DataFrame als erstes Argument an die Funktion `pivot_table`. Mit `index` und `columns` definieren Sie, welche Spalten des DataFrame zur Zeile bzw. zu Spaltenlabels der Pivottabelle werden. Die Werte `values` werden im Datenteil des resultierenden DataFrame mithilfe der Funktion `aggfunc` aggregiert. Diese Funktion kann als String oder NumPy-ufunc bereitgestellt werden. Und schließlich entspricht `margins` der Gesamtsumme in Excel, d. h., wenn Sie `margins` und `margins_name` weglassen, werden die Gesamtsummen der Spalten und Zeilen nicht angezeigt:

```
In [92]: pivot = pd.pivot_table(sales,
                                index="Fruit", columns="Region",
                                values="Revenue", aggfunc="sum",
                                margins=True, margins_name="Total")
         pivot

Out[92]: Region   North  South  Total
         Fruit
         Apples     NaN  10.55  10.55
         Bananas   31.3   5.90  37.20
         Oranges   25.4  22.00  47.40
         Total     56.7  38.45  95.15
```

Alles in allem bedeutet das Pivotieren Ihrer Daten, dass Sie die eindeutigen Werte einer Spalte (in unserem Fall `Region`) übernehmen, sie in die Spaltenüberschriften der Pivottabelle umwandeln und dabei die Werte aus einer anderen Spalte aggregieren. Dies macht es leichter, zusammenfassende Informationen über die interessierenden Dimensionen hinweg abzulesen. In unserer Pivottabelle sehen Sie sofort, dass in der Region Nord keine Äpfel verkauft wurden und dass in der Region Süd die meisten Einnahmen aus dem Verkauf von Orangen stammen. Wollen Sie den umgekehrten Weg gehen und die Spaltenüberschriften in die Werte einer einzelnen Spalte umwandeln, verwenden Sie `melt` (verschmelzen). In diesem Sinne ist `melt` das Gegenstück zur Funktion `pivot_table`:

```
In [93]: pd.melt(pivot.iloc[:-1,:-1].reset_index(),
                 id_vars="Fruit",
                 value_vars=["North", "South"], value_name="Revenue")

Out[93]:      Fruit Region  Revenue
         0   Apples  North      NaN
         1  Bananas  North    31.30
         2  Oranges  North    25.40
         3   Apples  South    10.55
         4  Bananas  South     5.90
         5  Oranges  South    22.00
```

Hier stelle ich unsere Pivottabelle als Eingabe bereit, verwende aber `iloc`, um die Gesamtsummen für Zeile und Spalte loszuwerden. Außerdem setze ich den Index zurück, sodass alle Informationen als reguläre Spalten verfügbar sind. Dann gebe ich mit `id_vars` die Bezeichner an und definiere mit `value_vars`, welche Spalten ich »entpivotieren« möchte. Schmelzen kann nützlich sein, wenn Sie die Daten so vorbereiten möchten, dass sie sich in einer Datenbank speichern lassen, die dieses Format erwartet.

Zwar verstehen Sie Ihre Daten besser, wenn Sie mit aggregierten Statistiken arbeiten, doch möchte niemand eine Seite voller Zahlen lesen. Die Informationen lassen sich viel verständlicher darbieten, wenn Sie Visualisierungen erzeugen, um die es als Nächstes geht. In Excel spricht man von *Diagrammen* (engl. *Charts*), während pandas im Allgemeinen den Begriff *Plots* verwendet. In diesem Buch nutze ich beide Begriffe synonym.

Plotten

Durch Plotten lassen sich die Ergebnisse Ihrer Datenanalyse visualisieren. Dies ist wahrscheinlich einer der wichtigsten Schritte im gesamten Prozess. Für das Plotten verwenden wir zwei Bibliotheken: Zunächst sehen wir uns Matplotlib an, die Standardbibliothek von pandas zum Plotten, und konzentrieren uns dann auf Plotly, eine moderne Plotting-Bibliothek, die Ihnen bessere Interaktionen in Jupyter Notebooks ermöglicht.

Matplotlib

Matplotlib ist ein Plot-Paket, das es schon längere Zeit gibt und das in der Anaconda-Distribution enthalten ist. Damit können Sie Plots in den verschiedensten Formaten generieren, einschließlich Vektorgrafiken für Druckausgaben in hoher Qualität. Wenn Sie die Methode `plot` eines DataFrame aufrufen, erzeugt pandas standardmäßig einen Matplotlib-Plot.

Um Matplotlib in einem Jupyter Notebook zu verwenden, müssen Sie zuerst einen von zwei magischen Befehlen ausführen (siehe dazu auch den Kasten »Magische Befehle« auf Seite 142): `%matplotlib inline` oder `%matplotlib notebook`. Diese Befehle konfigurieren das Notebook, sodass Plots im Notebook selbst angezeigt werden können. Der zweite Befehl bietet etwas mehr Interaktivität. So können Sie die Größe oder den Zoomfaktor des Diagramms ändern. Zum Einstieg erzeugen wir einen ersten Plot mit pandas und Matplotlib (siehe Abbildung 5-4):

```
In [94]: import numpy as np
         %matplotlib inline
         # oder %matplotlib notebook

In [95]: data = pd.DataFrame(data=np.random.rand(4, 4) * 100000,
                             index=["Q1", "Q2", "Q3", "Q4"],
                             columns=["East", "West", "North", "South"])
         data.index.name = "Quarters"
         data.columns.name = "Region"
         data

Out[95]: Region         East          West          North          South
         Quarters
```

```
Q1          23254.220271  96398.309860  16845.951895  41671.684909
Q2          87316.022433  45183.397951  15460.819455  50951.465770
Q3          51458.760432   3821.139360  77793.393899  98915.952421
Q4          64933.848496   7600.277035  55001.831706  86248.512650

In [96]: data.plot()  # Kurzform für data.plot.line()

Out[96]: <AxesSubplot:xlabel='Quarters'>
```

In diesem Beispiel habe ich ein NumPy-Array verwendet, um einen pandas-DataFrame zu konstruieren. Durch das Bereitstellen von NumPy-Arrays profitieren Sie von den Konstruktoren von NumPy, die Sie im letzten Kapitel kennenlernen werden; hier generieren wir mit NumPy einen pandas-DataFrame basierend auf pseudozufälligen Zahlen. Wenn Sie also das Beispiel ausführen, werden Sie abweichende Werte erhalten.

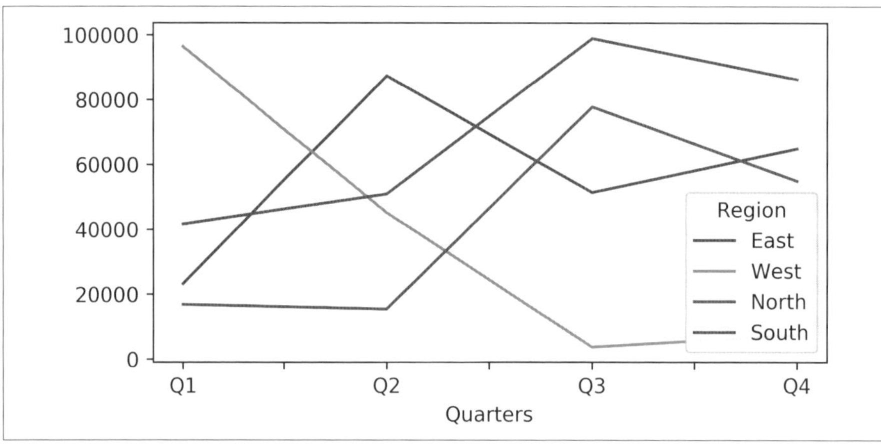

Abbildung 5-4: Ein Matplotlib-Plot

Magische Befehle

Der Befehl `%matplotlib inline`, den wir verwendet haben, damit Matplotlib in Jupyter Notebooks ordnungsgemäß funktioniert, ist ein *magischer Befehl*. Das sind Befehle, die aus einer Reihe einfacher Befehle bestehen und bewirken, dass sich eine Zelle eines Jupyter Notebook in bestimmter Weise verhält, oder die umständliche Aufgaben so vereinfachen, dass es sich fast wie Magie anfühlt. Magische Befehle schreiben Sie in Zellen wie Python-Code, wobei sie aber entweder mit `%%` oder mit `%` beginnen. Befehle, die auf die gesamte Zelle wirken, beginnen mit `%%`, und Befehle, die nur eine einzelne Zeile in einer Zelle beeinflussen, beginnen mit `%`.

In den nächsten Kapiteln lernen Sie weitere magische Befehle kennen. Mit `%lsmagic` können Sie alle derzeit verfügbaren magischen Befehle auflisten und mit `%magic` eine detaillierte Beschreibung erhalten.

Selbst wenn Sie den magischen Befehl `%matplotlib notebook` verwenden, werden Sie wahrscheinlich feststellen, dass Matplotlib ursprünglich für statische Plots und nicht für eine interaktive Erfahrung auf einer Webseite konzipiert wurde. Deshalb werden wir als Nächstes Plotly verwenden, eine Plot-Bibliothek, die für das Web entwickelt wurde.

Plotly

Plotly ist eine JavaScript-basierte Bibliothek, die – seit Version 4.8.0 – als pandas-Plot-Backend mit großer Interaktivität verwendet werden kann: Man kann die Darstellung leicht vergrößern, auf die Legende klicken, um eine Kategorie aus- oder abzuwählen, und QuickInfos mit weiteren Angaben zum Datenpunkt erhalten, wenn man den Mauszeiger darüberführt. In der Anaconda-Installation ist Plotly nicht enthalten. Wenn Sie es noch nicht installiert haben, holen Sie das jetzt mit diesem Befehl nach:

```
(base)> conda install plotly
```

Sobald Sie die folgende Zelle ausführen, wird das Plot-Backend des gesamten Notebooks auf Plotly gesetzt, und würden Sie die vorherige Zelle erneut ausführen, würde sie ebenfalls als Plotly-Diagramm wiedergegeben. Anstatt den magischen Befehl auszuführen, müssen Sie nur Plotly als Backend festlegen, bevor Sie die Plots in Abbildung 5-5 und Abbildung 5-6 ausgeben können:

```
In [97]: # Das Plot-Backend auf Plotly setzen.
         pd.options.plotting.backend = "plotly"
```

```
In [98]: data.plot()
```

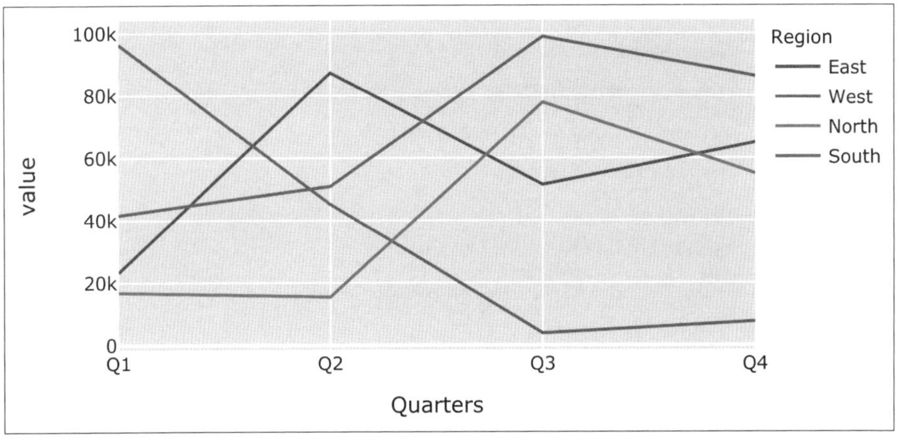

Abbildung 5-5: Plotly-Liniendiagramm

```
In [99]: # Dieselben Daten als Balkendiagramm anzeigen.
         data.plot.bar(barmode="group")
```

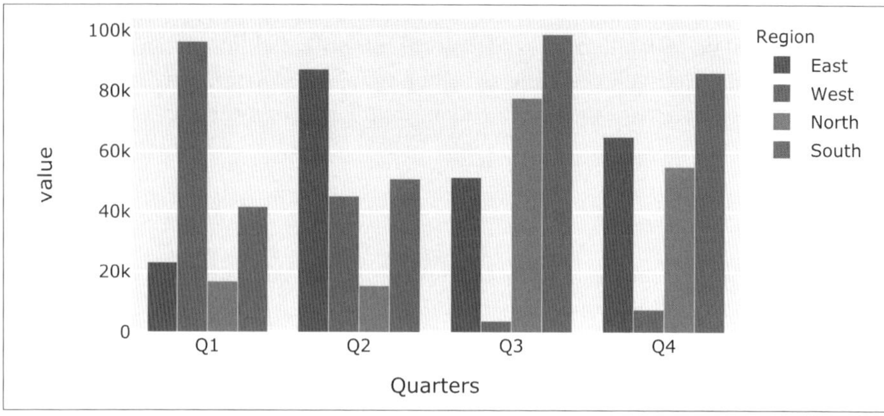

Abbildung 5-6: Plotly-Balkendiagramm

Unterschiede in den Plot-Backends

Wenn Sie Plotly als Plot-Backend verwenden, müssen Sie die akzeptierten Argumente der Plot-Methoden direkt in den Plotly-Dokumentationen überprüfen. Zum Beispiel können Sie sich das Argument `barmode=group` in der Dokumentation zu Balkendiagrammen von Plotly (*https://oreil.ly/Ekurd*) ansehen.

Die Bibliothek pandas und die zugrunde liegenden Plot-Bibliotheken bieten eine Fülle von Diagrammtypen und Optionen, um die Diagramme in nahezu jeder gewünschten Weise zu formatieren. Es ist auch möglich, mehrere Plots in einer Reihe von Subplots anzuordnen. Tabelle 5-6 beschreibt die verfügbaren Plot-Typen.

Tabelle 5-6: Plot-Typen von pandas

Typ	Beschreibung
`line`	Liniendiagramm, Standard bei der Ausführung von `df.plot()`
`bar`	vertikales Balkendiagramm (Säulendiagramm)
`barh`	horizontales Balkendiagramm
`hist`	Histogramm
`box`	Box-Plot
`kde`	Dichte-Plot, kann auch über `density` verwendet werden
`area`	Flächendiagramm
`scatter`	Streudiagramm
`hexbin`	hexagonales Binning-Diagramm
`pie`	Kuchendiagramm

Darüber hinaus bietet pandas einige anspruchsvollere Plotting-Tools und -Techniken, die aus mehreren Einzelkomponenten bestehen. Für Details sei auf die pandas-Dokumentation zur Visualisierung (*https://oreil.ly/FxYg9*) verwiesen.

> **Andere Plotting-Bibliotheken**
>
> Die wissenschaftliche Visualisierungslandschaft in Python ist sehr aktiv, und neben Matplotlib und Plotly gibt es viele weitere hochwertige Möglichkeiten, die für bestimmte Anwendungsfälle die bessere Wahl sein können:
>
> *Seaborn*
> : Seaborn (*https://oreil.ly/a3U1t*) baut auf Matplotlib auf. Diese Bibliothek verbessert den Standardstil und fügt zusätzliche Diagramme wie Heatmaps hinzu, die oftmals Ihre Arbeit vereinfachen: Komplexe statistische Diagramme können Sie mit nur wenigen Codezeilen erstellen.
>
> *Bokeh*
> : Bokeh (*https://docs.bokeh.org/*) ähnelt Plotly hinsichtlich Technologie und Funktionalität: Die Bibliothek basiert auf JavaScript und eignet sich demzufolge für interaktive Diagramme in Jupyter Notebooks. Bokeh ist in Anaconda enthalten.
>
> *Altair*
> : Altair (*https://oreil.ly/t06t7*) ist eine Bibliothek für statistische Visualisierungen, die auf dem Projekt Vega (*https://oreil.ly/RN6A7*) basiert. Sie basiert ebenfalls auf JavaScript und bietet eine gewisse Interaktivität, beispielsweise Zooming.
>
> *HoloViews*
> : HoloViews ist ein weiteres JavaScript-basiertes Paket, bei dem es vor allem darum geht, Datenanalyse und Visualisierung zu vereinfachen. Mit wenigen Codezeilen lassen sich komplexe statistische Diagramme realisieren.

Im nächsten Kapitel werden wir weitere Diagramme erstellen, um Zeitreihen zu analysieren. Vorher aber lernen Sie noch zum Abschluss dieses Kapitels, wie Sie Daten mit pandas importieren und exportieren können.

DataFrames importieren und exportieren

Bisher haben wir DataFrames aus verschachtelten Listen, Wörterbüchern oder NumPy-Arrays von Grund auf neu erstellt. Diese Techniken sollten Sie auf jeden Fall beherrschen, doch in der Regel sind die Daten bereits vorhanden, und Sie müssen sie nur noch in einen DataFrame umwandeln. Hierfür bietet pandas verschiedene Reader-Funktionen. Doch selbst wenn Sie auf ein proprietäres System zugreifen müssen, für das pandas keinen eingebauten Reader mitbringt, haben Sie oftmals ein Python-Paket, um sich mit diesem System zu verbinden, und sobald Sie über die Daten verfügen, ist es ein Leichtes, sie in einen DataFrame zu überführen. In Excel gehört der Datenimport zu den Aufgaben, die Sie normalerweise mit Power Query erledigen würden.

Nachdem Sie Ihren Datensatz analysiert und geändert haben, werden Sie die Ergebnisse zurück in eine Datenbank stellen oder in eine CSV-Datei schreiben oder – dem Titel des Buchs entsprechend – Ihrem Vorgesetzten in einer Excel-Arbeitsmappe präsentieren. Um pandas-DataFrames zu exportieren, verwenden Sie eine der Exportmethoden, die DataFrames bieten. Tabelle 5-7 gibt einen Überblick über die gängigsten Import- und Exportmethoden.

Tabelle 5-7: DataFrames importieren und exportieren

Datenformat/System	Importieren: pandas-(pd-)Funktion	Exportieren: DataFrame-(df-)Methode
CSV-Dateien	`pd.read_csv`	`df.to_csv`
JSON	`pd.read_json`	`df.to_json`
HTML	`pd.read_html`	`df.to_html`
Zwischenablage	`pd.read_clipboard`	`df.to_clipboard`
Excel-Dateien	`pd.read_excel`	`df.to_excel`
SQL-Datenbanken	`pd.read_sql`	`df.to_sql`

Die Funktionen `pd.read_sql` und `pd.to_sql` werden Sie in Kapitel 11 kennenlernen, wo wir sie im Rahmen einer Fallstudie verwenden. Und da ich das gesamte Kapitel 7 dem Lesen und Schreiben von Excel-Dateien mit pandas widmen werde, konzentriere ich mich in diesem Abschnitt auf das Importieren und Exportieren von CSV-Dateien. Als Erstes werden Sie einen bestehenden DataFrame exportieren.

CSV-Dateien exportieren

Wenn Sie einen DataFrame an eine Kollegin weitergeben müssen, die vielleicht weder Python noch pandas verwendet, ist es in der Regel zu empfehlen, den DataFrame in Form einer CSV-Datei zu übergeben: So gut wie jedes Programm weiß, wie man derartige Dateien importiert. Um unseren Beispiel-DataFrame `df` in eine CSV-Datei zu exportieren, rufen Sie die Methode `to_csv` auf:

```
In [100]: df.to_csv("course_participants.csv")
```

Möchten Sie die Datei in einem anderen Verzeichnis speichern, geben Sie den vollständigen Pfad als Rohstring an, wie zum Beispiel `r"C:\path\to\desired\location\msft.csv"`.

Wenn Sie nur den Dateinamen angeben, wie ich es tue, wird die Datei *course_participants.csv* im selben Verzeichnis wie das Notebook mit dem folgenden Inhalt angelegt:

```
user_id,name,age,country,score,continent
1001,Mark,55,Italy,4.5,Europe
1000,John,33,USA,6.7,America
1002,Tim,41,USA,3.9,America
1003,Jenny,12,Germany,9.0,Europe
```

Rohstrings für Dateipfade unter Windows

In Strings leitet der Backslash Escapesequenzen bei bestimmten Sonderzeichen ein. Um also mit Dateipfaden unter Windows zu arbeiten, müssen Sie entweder doppelte Backslashs schreiben (`C:\\path\\to\\file.csv`) oder dem String ein `r` voranstellen, um ihn in einen *Rohstring* umzuwandeln, in dem jedes Zeichen buchstäblich interpretiert wird. Unter macOS oder Linux ist dies kein Problem, da hier Schrägstriche als Pfadtrennzeichen dienen.

Nachdem Sie jetzt wissen, wie Sie die Methode `df.to_csv` einsetzen, sehen wir uns an, wie das Importieren einer CSV-Datei funktioniert.

CSV-Dateien importieren

Um eine lokale CSV-Datei zu importieren, müssen Sie nichts weiter tun, als deren Pfad an die Funktion `read_csv` zu übergeben. Die Datei *MSFT.csv* ist eine CSV-Datei, die ich von *Yahoo! Finanzen* heruntergeladen habe und die Sie auch im Ordner *csv* des Begleit-Repositorys finden. Diese Datei enthält die täglichen historischen Aktienkurse von Microsoft (MSFT):

```
In [101]: msft = pd.read_csv("csv/MSFT.csv")
```

Oftmals müssen Sie der Funktion `read_csv` weitere Parameter als nur den Dateinamen übergeben. Zum Beispiel können Sie pandas mit `sep` mitteilen, welches Trennzeichen CSV-Dateien anstelle des standardmäßigen Kommas verwenden sollen. Weitere Parameter lernen Sie im nächsten Kapitel kennen, einen vollständigen Überblick finden Sie in der pandas-Dokumentation (*https://oreil.ly/2GMhW*).

Da wir es nun mit großen DataFrames mit vielen Tausend Zeilen zu tun haben, führt man in der Regel zunächst die Methode `info` aus, um eine Zusammenfassung des DataFrame zu erhalten. Als Nächstes möchte man einen Blick auf die ersten und letzten Zeilen des DataFrame werfen, wofür die Methoden `head` und `tail` vorgesehen sind. Diese Methoden geben standardmäßig fünf Zeilen zurück, was sich aber ändern lässt, indem man die gewünschte Anzahl der Zeilen als Argument übergibt. Und um grundlegende Statistiken zu erhalten, können Sie auch die Methode `describe` ausführen:

```
In [102]: msft.info()

<class 'pandas.core.frame.DataFrame'>
RangeIndex: 8622 entries, 0 to 8621
Data columns (total 7 columns):
 #  Column    Non-Null Count  Dtype
---  ------    --------------  -----
 0  Date      8622 non-null   object
 1  Open      8622 non-null   float64
 2  High      8622 non-null   float64
 3  Low       8622 non-null   float64
 4  Close     8622 non-null   float64
 5  Adj Close 8622 non-null   float64
```

```
 6  Volume    8622 non-null  int64
dtypes: float64(5), int64(1), object(1)
memory usage: 471.6+ KB

In [103]: # Aus Platzgründen wähle ich nur einige Spalten aus.
          # Sie können auch einfach msft.head() ausführen.
          msft.loc[:, ["Date", "Adj Close", "Volume"]].head()

Out[103]:          Date  Adj Close      Volume
         0  1986-03-13   0.062205  1031788800
         1  1986-03-14   0.064427   308160000
         2  1986-03-17   0.065537   133171200
         3  1986-03-18   0.063871    67766400
         4  1986-03-19   0.062760    47894400

In [104]: msft.loc[:, ["Date", "Adj Close", "Volume"]].tail(2)

Out[104]:             Date   Adj Close    Volume
         8620  2020-05-26  181.570007  36073600
         8621  2020-05-27  181.809998  39492600

In [105]: msft.loc[:, ["Adj Close", "Volume"]].describe()

Out[105]:          Adj Close        Volume
         count  8622.000000  8.622000e+03
         mean     24.921952  6.030722e+07
         std      31.838096  3.877805e+07
         min       0.057762  2.304000e+06
         25%       2.247503  3.651632e+07
         50%      18.454313  5.350380e+07
         75%      25.699224  7.397560e+07
         max     187.663330  1.031789e+09
```

Der Bezeichner `Adj Close` steht für *Adjusted Close Price* (angepasster Schlusskurs) und korrigiert den Aktienkurs in Bezug auf Kapitalmaßnahmen wie zum Beispiel Aktienteilungen. Mit `Volume` wird die Anzahl der gehandelten Aktien angegeben. Die verschiedenen DataFrame-Erklärungsmethoden, die Sie in diesem Kapitel kennengelernt haben, habe ich in Tabelle 5-8 zusammengefasst.

Tabelle 5-8: Methoden und Attribute zur Erklärung von DataFrames

DataFrame-(df-)Methode/-Attribut	Beschreibung
`df.info()`	Stellt die Anzahl der Datenpunkte, den Indextyp, den Datentyp und die Speicherverwendung bereit.
`df.describe()`	Stellt grundlegende Statistiken bereit, einschließlich Anzahl, Mittelwert, Standardabweichung, Minimum, Maximum und Perzentile.
`df.head(n=5)`	Gibt die ersten *n* Zeilen des DataFrame zurück.
`df.tail(n=5)`	Gibt die letzten *n* Zeilen des DataFrame zurück.
`df.dtypes`	Gibt den Datentyp jeder Spalte zurück.

Die Funktion read_csv akzeptiert auch eine URL anstelle einer lokalen CSV-Datei. Somit können Sie die CSV-Datei direkt aus dem Begleit-Repository wie folgt lesen:

```
In [106]: # Der Zeilenumbruch in der URL ist nur dafür da, dass die
          # URL auf die Seite passt.
          url = ("https://raw.githubusercontent.com/fzumstein/"
                 "python-for-excel/1st-edition/csv/MSFT.csv")
          msft = pd.read_csv(url)

In [107]: msft.loc[:, ["Date", "Adj Close", "Volume"]].head(2)

Out[107]:          Date  Adj Close      Volume
          0  1986-03-13   0.062205  1031788800
          1  1986-03-14   0.064427   308160000
```

Mit diesem Datensatz und der Funktion read_csv geht es im nächsten Kapitel zu Zeitreihen weiter, wobei wir die Spalte Date in eine DatetimeIndex-Spalte umwandeln.

Zum Schluss

Dieses Kapitel war vollgepackt mit neuen Konzepten und Tools, um Datensätze in pandas zu analysieren. Dabei haben Sie gelernt, wie Sie CSV-Dateien laden, wie Sie mit fehlenden oder doppelten Daten umgehen und wie Sie beschreibende Statistiken nutzen. Außerdem haben Sie gesehen, wie einfach es ist, DataFrames in interaktive Plots umzuwandeln. Vielleicht brauchen Sie eine Weile, um alles zu verdauen, aber wahrscheinlich wird es nicht lange dauern, bis Sie die immensen Möglichkeiten verstehen, die Sie mit pandas in Ihrem Werkzeugkasten zur Verfügung haben. Dabei haben wir pandas mit den folgenden Excel-Funktionen verglichen:

AutoFilter-Funktionalität
: Siehe »Durch boolesche Indizierung auswählen« auf Seite 119.

VLOOKUP-Formel
: Siehe »Verknüpfen und zusammenführen« auf Seite 134.

Pivottabelle
: Siehe »Pivotieren und verschmelzen« auf Seite 139.

Power Query
: Dies ist eine Kombination aus »DataFrames importieren und exportieren« auf Seite 145, »Datenmanipulation« auf Seite 116 und »DataFrames kombinieren« auf Seite 133.

Im nächsten Kapitel geht es um Zeitreihenanalyse – die Funktionalität, die zu der breiten Akzeptanz von pandas durch die Finanzindustrie geführt hat. Sehen Sie sich an, warum gerade dieser Teil von pandas gegenüber Excel punktet.

KAPITEL 6

Zeitreihenanalyse mit pandas

Eine *Zeitreihe* ist eine Folge von Datenpunkten entlang einer Zeitachse, die in vielen verschiedenen Szenarios eine zentrale Rolle spielt: Während Händler historische Aktienkurse heranziehen, um Risikomaße zu berechnen, basiert die Wettervorhersage auf Zeitreihen, die von Sensoren zur Messung von Temperatur, Luftfeuchtigkeit und Luftdruck erzeugt werden. Und die Abteilung für digitales Marketing stützt sich auf Zeitreihen, die von Webseiten generiert werden, zum Beispiel die Quelle und die Anzahl der Seitenaufrufe pro Stunde. Wir ziehen daraus unsere Schlussfolgerungen in Bezug auf die jeweiligen Marketingkampagnen.

Vor allem die Zeitreihenanalyse ist dafür verantwortlich, dass Wissenschaftler und Analysten nach einer besseren Alternative zu Excel gesucht haben. Die folgenden Punkte fassen einige der Gründe für diesen Schritt zusammen:

Große Datensätze
: Zeitreihen können schnell über die Excel-Grenze von ungefähr einer Million Zeilen pro Tabellenblatt hinauswachsen. Wenn Sie zum Beispiel mit Intraday-Aktienkursen auf der Ebene von Tickdaten arbeiten, haben Sie es oftmals mit Hunderttausenden von Datensätzen zu tun – pro Aktie und Tag!

Datum und Uhrzeit
: Wie Kapitel 3 gezeigt hat, gibt es in Excel verschiedene Einschränkungen, was den Umgang mit Datum und Uhrzeit angeht, dem Rückgrat der Zeitreihen. Fehlende Unterstützung für Zeitzonen und ein Zahlenformat, das auf Millisekunden beschränkt ist, sind einige davon. Demgegenüber unterstützt pandas Zeitzonen und verwendet den Datentyp `datetime64[ns]` von NumPy, der eine Auflösung bis in den Nanosekundenbereich bietet.

Fehlende Funktionalität
: Excel fehlen selbst grundlegende Werkzeuge, um vernünftig mit Zeitreihendaten arbeiten zu können. Wenn Sie zum Beispiel eine tägliche Zeitreihe in eine monatliche Zeitreihe umwandeln möchten, lässt sich das nicht so ohne Weiteres bewerkstelligen, obwohl es sich um eine Aufgabe handelt, die sehr häufig vorkommt.

DataFrames ermöglichen Ihnen, mit verschiedenen zeitbasierten Indizes zu arbeiten: `DatetimeIndex` ist der gebräuchlichste und repräsentiert einen Index mit Zeitstempeln. Andere Indextypen wie `PeriodIndex` beruhen auf Zeitintervallen wie Stunden oder Monaten. In diesem Kapitel befassen wir uns jedoch nur mit `DatetimeIndex`, den ich nun näher vorstellen werde.

DatetimeIndex

In diesem Abschnitt erfahren Sie, wie Sie einen `DatetimeIndex` konstruieren, wie Sie einen derartigen Index auf einen bestimmten Zeitbereich filtern und wie Sie mit Zeitzonen arbeiten.

Einen DatetimeIndex erstellen

Um einen `DatetimeIndex` zu konstruieren, bietet pandas die Funktion `date_range`. Sie akzeptiert ein Startdatum, eine Häufigkeit und entweder die Anzahl der Perioden oder das Enddatum:

```
In [1]: # Zunächst die Pakete importieren, die wir in diesem Kapitel verwenden,
        # und das Plotting-Backend auf Plotly setzen.
        import pandas as pd import numpy as np
        pd.options.plotting.backend = "plotly"

In [2]: # Erstellt einen DatetimeIndex basierend auf einem Start-Zeitstempel,
        # der Anzahl der Perioden und der Häufigkeit ("D" = täglich).
        daily_index = pd.date_range("2020-02-28", periods=4, freq="D")
        daily_index

Out[2]: DatetimeIndex(['2020-02-28', '2020-02-29', '2020-03-01', '2020-03-02'],
         dtype='datetime64[ns]', freq='D')

In [3]: # Erstellt einen DatetimeIndex basierend auf Start-/Ende-Zeitstempeln.
        # Die Häufigkeit wird gesetzt auf "wöchentlich an Sonntagen" ("W-SUN").
        weekly_index = pd.date_range("2020-01-01", "2020-01-31", freq="W-SUN")
        weekly_index

Out[3]: DatetimeIndex(['2020-01-05', '2020-01-12', '2020-01-19', '2020-01-26'],
         dtype='datetime64[ns]', freq='W-SUN')

In [4]: # Konstruiert einen DataFrame basierend auf
        # dem wöchentlichen Index. Dies könnte der
        # Besucherzähler eines Museums sein, das nur an Sonntagen öffnet.
        pd.DataFrame(data=[21, 15, 33, 34],
                     columns=["visitors"], index=weekly_index)

Out[4]:             visitors
        2020-01-05        21
        2020-01-12        15
        2020-01-19        33
        2020-01-26        34
```

Kehren wir nun zur Zeitreihe der Microsoft-Aktien (MSFT) aus dem letzten Kapitel zurück. Ein genauer Blick auf die Datentypen der Spalten zeigt, dass die Spalte `Date` den Typ `object` hat. Das bedeutet, dass pandas die Zeitstempel als Strings interpretiert hat:

```
In [5]: msft = pd.read_csv("csv/MSFT.csv")

In [6]: msft.info()

<class 'pandas.core.frame.DataFrame'>
RangeIndex: 8622 entries, 0 to 8621
Data columns (total 7 columns):
 #   Column     Non-Null Count  Dtype
---  ------     --------------  -----
 0   Date       8622 non-null   object
 1   Open       8622 non-null   float64
 2   High       8622 non-null   float64
 3   Low        8622 non-null   float64
 4   Close      8622 non-null   float64
 5   Adj Close  8622 non-null   float64
 6   Volume     8622 non-null   int64
dtypes: float64(5), int64(1), object(1)
memory usage: 471.6+ KB
```

Es gibt zwei Möglichkeiten, dies zu beheben und die Spalte in einen `datetime`-Datentyp umzuwandeln. Die erste besteht darin, die Funktion `to_datetime` auf diese Spalte anzuwenden. Achten Sie darauf, die transformierte Spalte wieder dem ursprünglichen DataFrame zuzuweisen, wenn Sie sie an der Quelle ändern möchten:

```
In [7]: msft.loc[:, "Date"] = pd.to_datetime(msft["Date"])

In [8]: msft.dtypes

Out[8]: Date         datetime64[ns]
        Open                float64
        High                float64
        Low                 float64
        Close               float64
        Adj Close           float64
        Volume                int64
        dtype: object
```

Die andere Möglichkeit ist, `read_csv` mit dem Argument `parse_dates` die Spalten mitzuteilen, die Zeitstempel enthalten, und zwar als Liste von Spaltennamen oder Indizes. Außerdem ist es fast immer sinnvoll, Zeitstempel in den Index des DataFrame umzuwandeln, da sich dadurch die Daten leichter filtern lassen, wie Sie gleich sehen werden. Um einen zusätzlichen Aufruf von `set_index` einzusparen, geben Sie die Spalte, die Sie als Index verwenden möchten, über das Argument `index_col` an, und zwar wiederum als Spaltenname oder Index:

```
In [9]: msft = pd.read_csv("csv/MSFT.csv",
                           index_col="Date", parse_dates=["Date"])
```

```
In [10]: msft.info()

<class 'pandas.core.frame.DataFrame'>
DatetimeIndex: 8622 entries, 1986-03-13 to 2020-05-27
Data columns (total 6 columns):
 #   Column     Non-Null Count  Dtype
---  ------     --------------  -----
 0   Open       8622 non-null   float64
 1   High       8622 non-null   float64
 2   Low        8622 non-null   float64
 3   Close      8622 non-null   float64
 4   Adj Close  8622 non-null   float64
 5   Volume     8622 non-null   int64
dtypes: float64(5), int64(1)
memory usage: 471.5 KB
```

Wie info in der zweiten Zeile der Ausgabe zeigt, geht es jetzt um einen DataFrame, der einen DatetimeIndex mit Werten von 1986-03-13 bis 2020-05-27 enthält. Vergleichen Sie dies wieder mit der Ausgabe unter In [6], wo ich stattdessen einen RangeIndex mit Werten von 0 bis 8621 gezeigt habe. Wenn Sie einen anderen Datentyp ändern möchten (beispielsweise Volume als float statt als int), haben Sie wieder zwei Möglichkeiten: Entweder Sie geben dtype={"Volume": float} als Argument der Funktion read_csv an, oder Sie rufen die Methode astype auf:

```
In [11]: msft.loc[:, "Volume"] = msft["Volume"].astype("float")
         msft["Volume"].dtype

Out[11]: dtype('float64')
```

Bei Zeitreihen empfiehlt es sich immer, den Index vor der eigentlichen Analyse zweckmäßig zu sortieren:

```
In [12]: msft = msft.sort_index()
```

Und wenn Sie nur Teile eines DatetimeIndex benötigen, beispielsweise den Datumsteil ohne die Uhrzeit, greifen Sie folgendermaßen auf das Attribut date zu:

```
In [13]: msft.index.date

Out[13]: array([datetime.date(1986, 3, 13), datetime.date(1986, 3, 14),
                datetime.date(1986, 3, 17), ..., datetime.date(2020, 5, 22),
                datetime.date(2020, 5, 26), datetime.date(2020, 5, 27)],
               dtype=object)
```

Anstelle von date können Sie auch mit Teilen eines Datums arbeiten, zum Beispiel mit year, month, day usw. Um auf die gleiche Funktionalität in einer normalen Spalte mit dem Datentyp datetime zuzugreifen, müssen Sie das Attribut dt verwenden, zum Beispiel df["column_name"].dt.date.

Mit einem sortierten DatetimeIndex untersuchen wir nun, wie man den DataFrame auf bestimmte Zeiträume filtern kann.

Einen DatetimeIndex filtern

Wenn Ihr DataFrame über einen `DatetimeIndex` verfügt, gibt es eine einfache Möglichkeit, Zeilen aus einem bestimmten Zeitraum auszuwählen, indem Sie `loc` mit einem String im Format `YYYY-MM-DD HH:MM:SS` verwenden. Mit pandas lässt sich dieser String in einen Slice umwandeln, sodass er die gesamte Periode abdeckt. Um zum Beispiel alle Zeilen von 2019 auszuwählen, geben Sie das Jahr als *String* und nicht als Zahl an:

```
In [14]: msft.loc["2019", "Adj Close"]

Out[14]: Date
         2019-01-02     99.099190
         2019-01-03     95.453529
         2019-01-04     99.893005
         2019-01-07    100.020401
         2019-01-08    100.745613
                          ...
         2019-12-24    156.515396
         2019-12-26    157.798309
         2019-12-27    158.086731
         2019-12-30    156.724243
         2019-12-31    156.833633
         Name: Adj Close, Length: 252, dtype: float64
```

Gehen wir noch einen Schritt weiter und stellen wir die Daten zwischen Juni 2019 und Mai 2020 grafisch dar (siehe Abbildung 6-1):

```
In [15]: msft.loc["2019-06":"2020-05", "Adj Close"].plot()
```

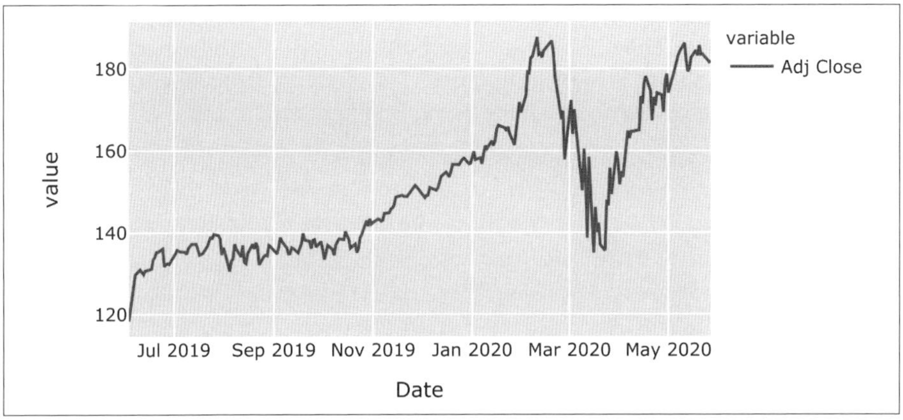

Abbildung 6-1: Angepasster Schlusskurs für die Microsoft-Aktie MSFT

Führen Sie den Mauszeiger über das Plotly-Diagramm, um den Wert als QuickInfo zu lesen, und vergrößern Sie Ausschnitte, indem Sie mit der Maus ein Rechteck ziehen. Doppelklicken Sie auf das Diagramm, um zur Standardansicht zurückzukehren.

Im nächsten Abschnitt verwenden wir den angepassten Schlusskurs, um mehr über den Umgang mit Zeitzonen zu erfahren.

Mit Zeitzonen arbeiten

Microsoft ist an der elektronischen Börse Nasdaq notiert. Ihr Hauptsitz befindet sich in New York, der Handel endet um 16:00 Uhr. Um diese zusätzlichen Informationen in den Index des DataFrame zu übernehmen, fügen Sie zuerst mit `DateOffset` die Stunde, zu der der Handel schließt, dem Datum hinzu. Dann verknüpfen Sie die Zeitstempel via `tz_localize` mit der richtigen Zeitzone. Da die Stunde des Handelsschlusses nur für den Schlusskurs gilt, erstellen wir damit einen neuen DataFrame:

```
In [16]: # Die Zeitinformationen zum Datum hinzufügen.
         msft_close = msft.loc[:, ["Adj Close"]].copy()
         msft_close.index = msft_close.index + pd.DateOffset(hours=16)
         msft_close.head(2)

Out[16]:                      Adj Close
         Date
         1986-03-13 16:00:00   0.062205
         1986-03-14 16:00:00   0.064427

In [17]: # Die Zeitstempel um Zeitzonen ergänzen.
         msft_close = msft_close.tz_localize("America/New_York")
         msft_close.head(2)

Out[17]:                            Adj Close
         Date
         1986-03-13 16:00:00-05:00   0.062205
         1986-03-14 16:00:00-05:00   0.064427
```

Wenn Sie die Zeitstempel in die Zeitzone UTC umwandeln möchten, nutzen Sie die Methode `tz_convert`. UTC steht für *Coordinated Universal Time*, die seit 1972 die *Greenwich Mean Time* (GMT) in ihrer Funktion als Weltzeit abgelöst hat. Beachten Sie, wie sich die Schlussstunden in UTC ändern, je nachdem, ob in New York die Sommerzeit (*Daylight Saving Time*, DST) gilt oder nicht:

```
In [18]: msft_close = msft_close.tz_convert("UTC")
         msft_close.loc["2020-01-02", "Adj Close"]  # 21:00 ohne DST

Out[18]: Date
         2020-01-02 21:00:00+00:00    159.737595
         Name: Adj Close, dtype: float64

In [19]: msft_close.loc["2020-05-01", "Adj Close"]  # 20:00 mit DST

Out[19]: Date
         2020-05-01 20:00:00+00:00    174.085175
         Name: Adj Close, dtype: float64
```

Wenn Sie Zeitreihen auf diese Weise vorbereiten, können Sie die Schlusskurse von Börsen in verschiedenen Zeitzonen vergleichen, selbst wenn die Zeitangaben fehlen oder in der lokalen Zeitzone angegeben sind.

Nachdem Sie nun wissen, was ein `DatetimeIndex` ist, probieren wir im nächsten Abschnitt einige gängige Zeitreihenmanipulationen aus, indem wir die Aktienperformance berechnen und vergleichen.

Allgemeine Zeitreihenmanipulationen

In diesem Abschnitt zeige ich Ihnen, wie Sie gängige Aufgaben der Zeitreihenanalyse durchführen können, zum Beispiel Aktienrenditen berechnen, die Performance verschiedener Aktien plotten und die Korrelation ihrer Renditen in einer Heatmap visualisieren. Außerdem erfahren Sie, wie Sie die Frequenz von Zeitreihen ändern und wie sich rollierende Statistiken berechnen lassen.

Verschiebungen und prozentuale Änderungen

Im Finanzwesen wird die *logarithmische Rendite* von Aktien oftmals als normalverteilt angenommen. Mit logarithmischer Rendite ist der natürliche Logarithmus des Verhältnisses zwischen aktuellem und vorherigem Kurs gemeint. Um ein Gefühl für die Verteilung der täglichen logarithmischen Renditen zu bekommen, werden wir ein Histogramm erstellen. Zuerst aber müssen wir die logarithmischen Renditen berechnen. In Excel geschieht dies normalerweise mit einer Formel, die Zellen aus zwei Zeilen enthält, wie Abbildung 6-2 zeigt.

	A	B	C
1	Date	Adj Close	
2	3/13/1986	0.062205	
3	3/14/1986	0.064427	=LN(B3/B2)
4	3/17/1986	0.065537	0.017082

Abbildung 6-2: Logarithmische Renditen in Excel berechnen

Logarithmen in Excel und Python

Excel bezeichnet den natürlichen Logarithmus mit `LN` und den dekadischen Logarithmus mit `LOG`. Dagegen werden im mathematischen Modul von Python und in NumPy `log` für den natürlichen und `log10` für den dekadischen Logarithmus verwendet.

Mit pandas greifen Sie nicht mit einer Formel auf zwei verschiedene Zeilen zu, sondern verwenden die Methode `shift`, um die Werte um eine Zeile nach unten zu verschieben. Dadurch bleiben Sie bei Berechnungen in einer einzigen Zeile und können so von der Vektorisierung profitieren. Die Methode `shift` übernimmt eine positive oder negative Ganzzahl, die die Zeitreihe um die entsprechende Anzahl von Zeilen nach oben bzw. unten verschiebt. Sehen Sie sich an, wie `shift` arbeitet:

```
In [20]: msft_close.head()

Out[20]:                            Adj Close
         Date
         1986-03-13 21:00:00+00:00   0.062205
         1986-03-14 21:00:00+00:00   0.064427
         1986-03-17 21:00:00+00:00   0.065537
```

```
        1986-03-18 21:00:00+00:00   0.063871
        1986-03-19 21:00:00+00:00   0.062760

In [21]: msft_close.shift(1).head()

Out[21]:                             Adj Close
        Date
        1986-03-13 21:00:00+00:00         NaN
        1986-03-14 21:00:00+00:00    0.062205
        1986-03-17 21:00:00+00:00    0.064427
        1986-03-18 21:00:00+00:00    0.065537
        1986-03-19 21:00:00+00:00    0.063871
```

Nun können Sie eine einzige vektorbasierte Formel schreiben, die einfach zu lesen und zu verstehen ist. Um den natürlichen Logarithmus zu erhalten, verwenden Sie die ufunc `log` von NumPy, die auf jedes Element angewendet wird. Dann können Sie ein Histogramm erzeugen (siehe Abbildung 6-3):

```
In [22]: returns = np.log(msft_close / msft_close.shift(1))
         returns = returns.rename(columns={"Adj Close": "returns"})
         returns.head()

Out[22]:                             returns
        Date
        1986-03-13 21:00:00+00:00        NaN
        1986-03-14 21:00:00+00:00   0.035097
        1986-03-17 21:00:00+00:00   0.017082
        1986-03-18 21:00:00+00:00  -0.025749
        1986-03-19 21:00:00+00:00  -0.017547

In [23]: # Ein Histogramm mit den täglichen logarithmischen Renditen erstellen.
         returns.plot.hist()
```

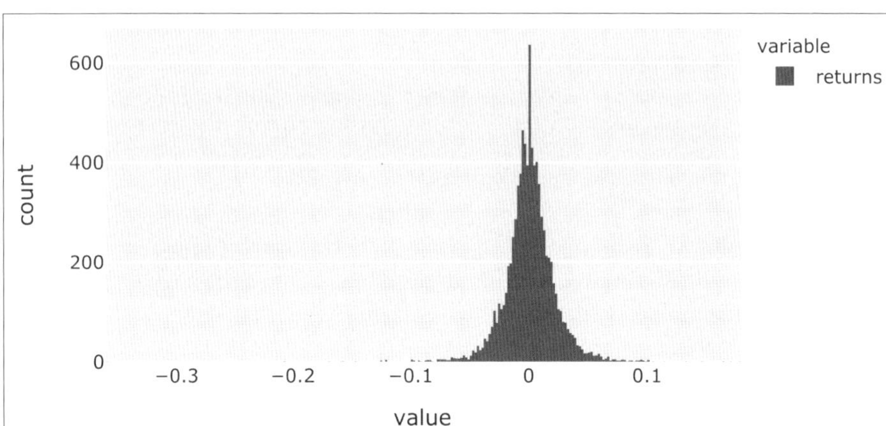

Abbildung 6-3: Histogramm der täglichen logarithmischen Renditen

Um stattdessen *einfache Renditen* zu erhalten, nutzen Sie die in pandas integrierte Methode `pct_change`. Standardmäßig berechnet sie die prozentuale Änderung gegenüber der vorherigen Zeile, was auch der Definition der einfachen Renditen entspricht:

```
In [24]: simple_rets = msft_close.pct_change()
         simple_rets = simple_rets.rename(columns={"Adj Close": "simple rets"})
         simple_rets.head()
```

```
Out[24]:                            simple rets
         Date
         1986-03-13 21:00:00+00:00          NaN
         1986-03-14 21:00:00+00:00     0.035721
         1986-03-17 21:00:00+00:00     0.017229
         1986-03-18 21:00:00+00:00    -0.025421
         1986-03-19 21:00:00+00:00    -0.017394
```

Bisher haben wir uns nur mit der Microsoft-Aktie beschäftigt. Im nächsten Abschnitt werden wir weitere Zeitreihen laden, um einen Blick auf andere DataFrame-Methoden werfen zu können, die mehrere Zeitreihen erfordern.

Umbasierung und Korrelation

Wenn wir mit mehr als einer Zeitreihe arbeiten, werden unsere Analysen anspruchsvoller. Laden wir also einige zusätzliche angepasste Schlusskurse für Amazon (AMZN), Google (GOOGL) und Apple (AAPL), die auch von Yahoo! Finance heruntergeladen wurden:

```
In [25]: parts = []  # Liste, um einzelne DataFrames zu sammeln.
         for ticker in ["AAPL", "AMZN", "GOOGL", "MSFT"]:
             # "usecols" erlaubt es, nur Date und Adj Close einzulesen.
             # Für eine Auffrischung zu f-strings siehe Kapitel 3.
             adj_close = pd.read_csv(f"csv/{ticker}.csv",
                                     index_col="Date", parse_dates=["Date"],
                                     usecols=["Date", "Adj Close"])
             # Die Spalte in das Tickersymbol umbenennen.
             # (Wenn Sie dieses Beispiel selbst eintippen, achten Sie auf die
             # richtige Einrückung der folgenden Zeilen!)
             adj_close = adj_close.rename(columns={"Adj Close": ticker})
             # Den DataFrame der Aktie an die Liste anfügen
             parts.append(adj_close)
```

```
In [26]: # Die 4 DataFrames zu einem einzigen DataFrame zusammenfassen.
         adj_close = pd.concat(parts, axis=1)
         adj_close
```

```
Out[26]:                   AAPL         AMZN         GOOGL        MSFT
         Date
         1980-12-12    0.405683          NaN          NaN         NaN
         1980-12-15    0.384517          NaN          NaN         NaN
         1980-12-16    0.356296          NaN          NaN         NaN
         1980-12-17    0.365115          NaN          NaN         NaN
         1980-12-18    0.375698          NaN          NaN         NaN
         ...                ...          ...          ...         ...
         2020-05-22  318.890015  2436.879883  1413.239990  183.509995
         2020-05-26  316.730011  2421.860107  1421.369995  181.570007
         2020-05-27  318.109985  2410.389893  1420.280029  181.809998
```

```
2020-05-28  318.250000  2401.100098  1418.239990         NaN
2020-05-29  317.940002  2442.370117  1433.520020         NaN
[9950 rows x 4 columns]
```

Haben Sie gesehen, wie leistungsfähig `concat` ist? Die einzelnen Zeitreihen hat pandas automatisch entlang der Datumswerte ausgerichtet. Deshalb erhalten Sie `NaN`-Werte für diejenigen Aktien, die nicht so weit zurückreichen wie Apple. Und da `MSFT` bei den jüngsten Daten `NaN`-Werte aufweist, haben Sie vielleicht schon erraten, dass ich *MSFT.csv* zwei Tage vor den anderen heruntergeladen habe. Die Ausrichtung von Zeitreihen nach dem Datum ist ein typischer Vorgang, der mit Excel sehr mühsam und daher auch sehr fehleranfällig ist. Wenn Sie alle Zeilen streichen, die fehlende Werte enthalten, stellen Sie sicher, dass die Anzahl der Datenpunkte bei allen Aktien gleich ist:

```
In [27]: adj_close = adj_close.dropna()
         adj_close.info()

<class 'pandas.core.frame.DataFrame'>
DatetimeIndex: 3970 entries, 2004-08-19 to 2020-05-27
Data columns (total 4 columns):
 #   Column  Non-Null Count  Dtype
---  ------  --------------  -----
 0   AAPL    3970 non-null   float64
 1   AMZN    3970 non-null   float64
 2   GOOGL   3970 non-null   float64
 3   MSFT    3970 non-null   float64
dtypes: float64(4)
memory usage: 155.1 KB
```

Die Kurse wollen wir nun so neu basieren, dass alle Zeitreihen bei 100 beginnen. Dadurch können wir ihre relative Performance in einem Diagramm vergleichen (siehe Abbildung 6-4). Um eine Zeitreihe umzubasieren, teilen Sie jeden Wert durch seinen Startwert und multiplizieren mit 100, der neuen Basis. In Excel würden Sie normalerweise eine Formel mit einer Kombination aus absoluten und relativen Zellverweisen schreiben und dann die Formel für jede Zeile und jede Zeitreihe kopieren. In pandas haben Sie es dank Vektorisierung und Broadcasting mit einer einzigen Formel zu tun:

```
In [28]: # Ein Beispiel von Juni 2019 bis Mai 2020 verwenden.
         adj_close_sample = adj_close.loc["2019-06":"2020-05", :]
         rebased_prices = adj_close_sample / adj_close_sample.iloc[0, :] * 100
         rebased_prices.head(2)

Out[28]:                   AAPL        AMZN       GOOGL        MSFT
         Date
         2019-06-03  100.000000  100.000000  100.00000  100.000000
         2019-06-04  103.658406  102.178197  101.51626  102.770372

In [29]: rebased_prices.plot()
```

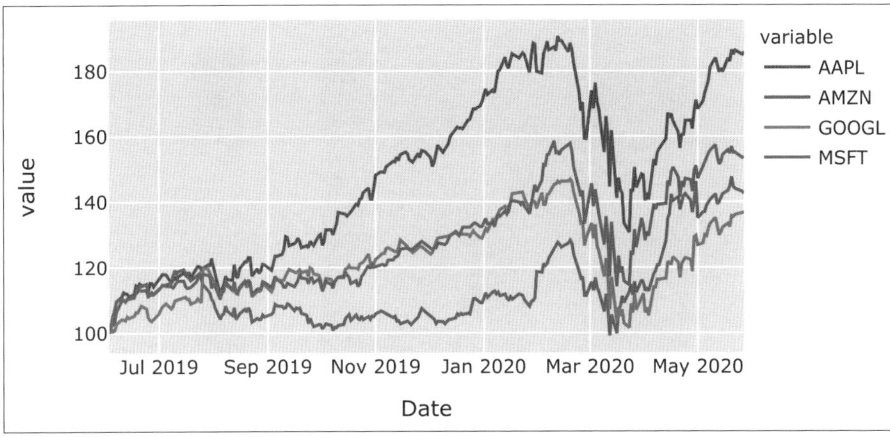

Abbildung 6-4: Umbasierte Zeitreihen

Um zu sehen, wie unabhängig die Renditen der verschiedenen Aktien sind, schauen Sie sich mithilfe der Methode `corr` ihre Korrelationen an. Leider stellt pandas keinen integrierten Diagrammtyp bereit, um die Korrelationsmatrix als Heatmap zu visualisieren, sodass wir Plotly direkt über dessen Schnittstelle `plotly.express` verwenden müssen (siehe Abbildung 6-5):

```
In [30]: # Korrelation der täglichen logarithmischen Renditen
         returns = np.log(adj_close / adj_close.shift(1))
         returns.corr()

Out[30]:            AAPL      AMZN     GOOGL      MSFT
         AAPL   1.000000  0.424910  0.503497  0.486065
         AMZN   0.424910  1.000000  0.486690  0.485725
         GOOGL  0.503497  0.486690  1.000000  0.525645
         MSFT   0.486065  0.485725  0.525645  1.000000

In [31]: import plotly.express as px

In [32]: fig = px.imshow(returns.corr(),
                         x=adj_close.columns,
                         y=adj_close.columns,
                         color_continuous_scale=list(
                             reversed(px.colors.sequential.RdBu)),
                         zmin=-1, zmax=1)
         fig.show()
```

Wenn Sie verstehen wollen, wie `imshow` im Detail funktioniert, sollten Sie sich die Dokumentation zur Plotly Express API (*https://oreil.ly/O86li*) ansehen.

An dieser Stelle haben wir bereits einiges über Zeitreihen gelernt – unter anderem wie man sie kombiniert und bereinigt und wie man Renditen und Korrelationen berechnet. Wie sieht es aber aus, wenn Sie die täglichen Renditen nicht als gute Basis für Ihre Analyse erachten und lieber monatliche Renditen nehmen wollen? Wie Sie die Frequenz der Zeitreihendaten ändern, ist Thema des nächsten Abschnitts.

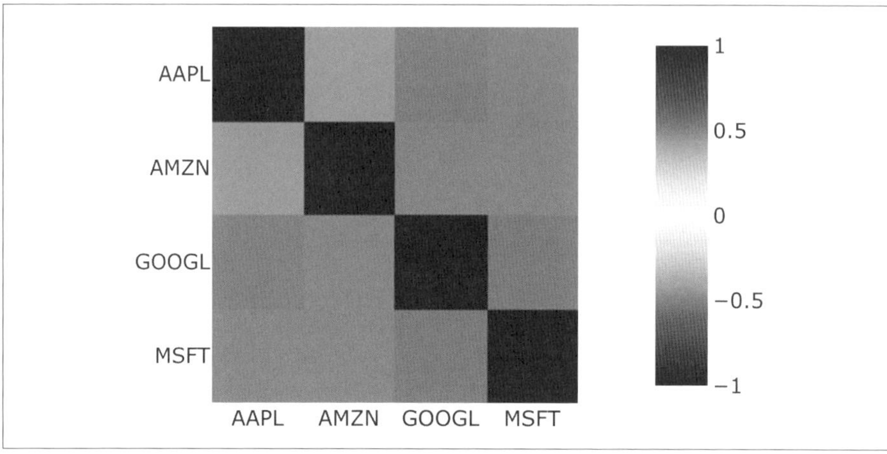

Abbildung 6-5: Korrelations-Heatmap

Resampling

Eine immer wiederkehrende Aufgabe bei Zeitreihen ist das *Up-* und *Downsampling*. Mit Upsampling ist gemeint, dass die Zeitreihe in eine Zeitreihe mit höherer Frequenz konvertiert wird, und *Downsampling* bedeutet, dass sie in eine Zeitreihe mit niedrigerer Frequenz umgewandelt wird. Auf Finanzberichten erscheint beispielsweise oftmals eine monatliche oder vierteljährliche Performance. Um die tägliche Zeitreihe in eine monatliche Zeitreihe zu überführen, verwenden Sie die Methode `resample`, die einen Frequenzstring wie `M` für *Ende des Kalendermonats* oder `BM` für *Ende des Geschäftsmonats* (*Business Month*) akzeptiert. Eine Liste aller Frequenzstrings finden Sie in der pandas-Dokumentation (*https://oreil.ly/zStpt*). Ähnlich wie bei `groupby` verketten Sie dann eine Methode, die definiert, *wie* das Resampling erfolgen soll. Ich verwende `last`, um immer die letzte Beobachtung dieses Monats zu nehmen:

```
In [33]: end_of_month = adj_close.resample("M").last()
         end_of_month.head()

Out[33]:                  AAPL       AMZN      GOOGL       MSFT
         Date
         2004-08-31  2.132708  38.139999  51.236237  17.673630
         2004-09-30  2.396127  40.860001  64.864868  17.900215
         2004-10-31  3.240182  34.130001  95.415413  18.107374
         2004-11-30  4.146072  39.680000  91.081078  19.344421
         2004-12-31  3.982207  44.290001  96.491493  19.279480
```

Anstelle von `last` können Sie eine beliebige andere Methode wählen, die mit `groupby` funktioniert, beispielsweise `sum` oder `mean`. Es gibt auch `ohlc` (für *open*, *high*, *low*, *close*), die komfortabel die Werte für Eröffnungs-, Höchst-, Tiefst- und Schlusskurs über diese Periode zurückgibt. Das kann als Quelle für die typischen Kerzencharts dienen, die oftmals bei Aktienkursen verwendet werden.

Wenn Sie lediglich diese Zeitreihe für die Monatsenden haben und daraus eine wöchentliche Zeitreihe erstellen möchten, müssen Sie Ihre Zeitreihe upsampeln. Mit `asfreq` weisen Sie pandas an, keine Transformation vorzunehmen. Daher werden die meisten Werte als `NaN` angezeigt. Wollen Sie stattdessen den letzten bekannten Wert *vorwärts weitergeben*, verwenden Sie die Methode `ffill` (*forward-fill*):

```
In [34]: end_of_month.resample("D").asfreq().head()  # keine Transformation

Out[34]:                 AAPL       AMZN      GOOGL      MSFT
         Date
         2004-08-31  2.132708  38.139999  51.236237  17.67363
         2004-09-01       NaN        NaN        NaN       NaN
         2004-09-02       NaN        NaN        NaN       NaN
         2004-09-03       NaN        NaN        NaN       NaN
         2004-09-04       NaN        NaN        NaN       NaN

In [35]: end_of_month.resample("W-FRI").ffill().head()  # vorwärts füllen

Out[35]:                 AAPL       AMZN      GOOGL       MSFT
         Date
         2004-09-03  2.132708  38.139999  51.236237  17.673630
         2004-09-10  2.132708  38.139999  51.236237  17.673630
         2004-09-17  2.132708  38.139999  51.236237  17.673630
         2004-09-24  2.132708  38.139999  51.236237  17.673630
         2004-10-01  2.396127  40.860001  64.864868  17.900215
```

Das Downsampling von Daten ist eine Möglichkeit, eine Zeitreihe zu glätten. Die Berechnung von Statistiken über einem rollierenden Fenster ist eine weitere Möglichkeit, wie der nächste Abschnitt zeigt.

Rollierende Fenster

Wenn Sie Zeitreihenstatistiken berechnen, werden Sie oftmals eine rollierende Statistik verwenden, wie zum Beispiel den *gleitenden Durchschnitt*. Der gleitende Durchschnitt betrachtet eine Teilmenge der Zeitreihe (z. B. 25 Tage) und nimmt dann den Mittelwert dieser Teilmenge, bevor er das Fenster um einen Tag nach vorn verschiebt. Daraus entsteht eine neue Zeitreihe, die glatter und weniger anfällig für Ausreißer ist. Wenn Sie sich für den algorithmischen Handel interessieren, schauen Sie sich möglicherweise den Schnittpunkt des gleitenden Durchschnitts mit dem Aktienkurs an und nehmen diesen (oder eine Variation davon) als Handelssignal. DataFrames verfügen über eine Methode `rolling`, die die Anzahl der Beobachtungen als Argument übernimmt. Dann verknüpfen Sie sie mit der statistischen Methode, die Sie verwenden möchten – im Fall des gleitenden Durchschnitts ist das die Methode `mean`. In Abbildung 6-6 können Sie leicht die ursprüngliche Zeitreihe mit dem geglätteten gleitenden Durchschnitt vergleichen:

```
In [36]: # Den gleitenden Durchschnitt für MSFT mit den Daten von 2019 plotten.
         msft19 = msft.loc["2019", ["Adj Close"]].copy()
         # Den gleitenden 25-Tage-Durchschnitt
         # als neue Spalte in den DataFrame einfügen.
         msft19.loc[:, "25day average"] = msft19["Adj Close"].rolling(25).mean()
         msft19.plot()
```

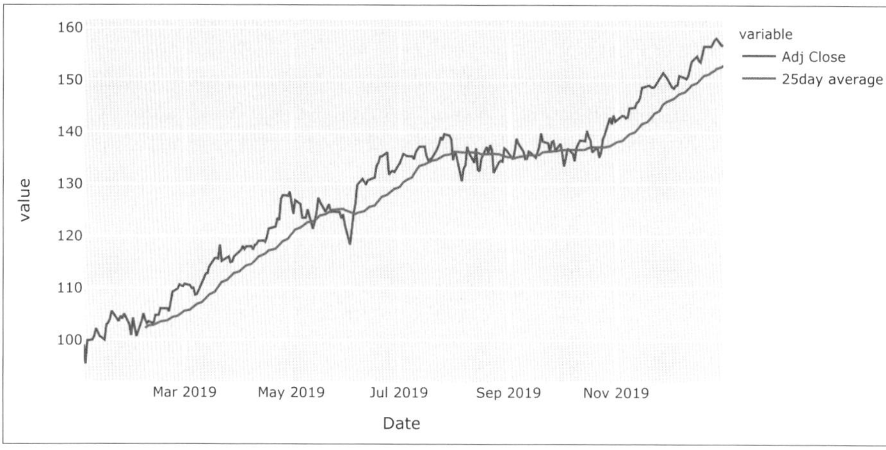

Abbildung 6-6: Diagramm mit gleitenden Durchschnitten

Anstelle von `mean` können Sie viele andere statistische Maße nutzen, darunter `count`, `sum`, `median`, `min`, `max`, `std` (Standardabweichung) oder `var` (Varianz).

Damit haben Sie die wichtigsten Funktionen von pandas kennengelernt. Genauso wichtig ist es aber, dass Sie die Grenzen von pandas verstehen, selbst wenn diese im Moment noch weit entfernt sein mögen.

Grenzen bei pandas

Wenn Ihre DataFrames größer werden, sollten Sie wissen, wie viele Elemente ein DataFrame überhaupt aufnehmen kann. Im Unterschied zu Excel, wo es eine feste Grenze von ungefähr einer Million Zeilen und 12.000 Spalten pro Tabellenblatt gibt, hat pandas lediglich eine weiche Grenze: Alle Daten müssen in den verfügbaren Arbeitsspeicher des Computers passen. Sollte das nicht der Fall sein, gibt es einige einfache Lösungen: Laden Sie nur die Spalten aus Ihrem Datensatz, die Sie benötigen, oder löschen Sie Zwischenergebnisse, um etwas Arbeitsspeicher freizugeben. Wenn das nicht hilft, gibt es eine Reihe von Projekten, die pandas-Benutzern bekannt vorkommen dürften, die aber mit Big Data arbeiten. Eines dieser Projekte ist Dask (*https://dask.org/*). Es setzt auf NumPy und pandas auf und ermöglicht Ihnen, große Datensätze zu verarbeiten, indem Sie sie auf mehrere pandas-DataFrames aufteilen und die Arbeitslast auf mehrere CPU-Kerne oder Computer verteilen. Andere Big-Data-Projekte, die mit einer Art DataFrame arbeiten, sind Modin (*https://oreil.ly/Wd8gi*), Koalas (*https://oreil.ly/V13Be*), Vaex (*https://vaex.io/*), PySpark (*https://oreil.ly/E7kmX*), cuDF (*https://oreil.ly/zaeWz*), Ibis (*https://oreil.ly/Gw4wn*) und PyArrow (*https://oreil.ly/DQQGD*). Im nächsten Kapitel gehe ich noch kurz auf Modin ein, aber ansonsten werde ich mich in diesem Buch nicht weiter damit befassen.

Zum Schluss

Zeitreihenanalyse ist das Gebiet, auf dem meiner Meinung nach Excel am meisten ins Hintertreffen geraten ist. Nachdem Sie dieses Kapitel gelesen haben, werden Sie wahrscheinlich verstehen, warum pandas in der Finanzbranche, die sich ausgiebig auf Zeitreihen stützt, so große Erfolge zu verzeichnen hat. Wir haben gesehen, wie einfach es ist, mit Zeitzonen zu arbeiten, Zeitreihen neu zu sampeln oder Korrelationsmatrizen zu erzeugen – Funktionen, die Excel entweder gar nicht unterstützt oder die darin umständliche Workarounds erfordern.

Wenn Sie wissen, wie man pandas einsetzt, heißt das aber nicht, dass Sie sich von Excel trennen müssen. Denn beide Welten können sehr gut zusammenspielen: DataFrames von pandas sind ein großartiges Instrument, um Daten von der einen Welt in die andere zu übertragen, wie Sie auch im nächsten Teil sehen werden, der sich mit dem Lesen und Schreiben von Excel-Dateien beschäftigt, ohne die Excel-Anwendung komplett zu umgehen. Dies ist sehr hilfreich, denn es bedeutet, dass Sie Excel-Dateien mit Python auf jedem Betriebssystem, das Python unterstützt, bearbeiten können, Linux eingeschlossen. Auf dem Weg dahin zeigt Ihnen das nächste Kapitel, wie sich umständliche manuelle Abläufe wie das Zusammenfassen von Excel-Dateien zu Übersichtsberichten mit pandas automatisieren lassen.

TEIL III

Excel-Dateien ohne Excel lesen und schreiben

KAPITEL 7

Excel-Dateien mit pandas manipulieren

Nach sechs Kapiteln intensiver Einführungen in Tools, Python und pandas gönne ich Ihnen eine Pause und beginne dieses Kapitel mit einer praktischen Fallstudie, in der Sie Ihre neu erworbenen Kenntnisse in die Tat umsetzen können: Mit lediglich zehn Zeilen pandas-Code fassen Sie Dutzende von Excel-Dateien zu einem Excel-Bericht zusammen, den Sie an Ihre Vorgesetzten schicken könnten. Im Anschluss an diese Fallstudie gebe ich Ihnen eine ausführlichere Einführung in die Tools, die pandas für den Umgang mit Excel-Dateien bereitstellt: die Funktion `read_excel` und die Klasse `ExcelFile` zum Lesen sowie die Methode `to_excel` und die Klasse `ExcelWriter` zum Schreiben von Excel-Dateien. Da sich pandas nicht auf die Excel-Anwendung stützt, um Excel-Dateien zu lesen und zu schreiben, lassen sich sämtliche Codebeispiele in diesem Kapitel überall dort ausführen, wo Python läuft, einschließlich Linux.

Fallstudie: Excel-Berichte

Diese Fallstudie ist von einigen realen Berichtsprojekten inspiriert, an denen ich in den letzten Jahren beteiligt war. Auch wenn die Projekte aus völlig unterschiedlichen Branchen – einschließlich Telekommunikation, digitales Marketing und Finanzwesen – stammen, sind sie sich doch bemerkenswert ähnlich: Der Ausgangspunkt ist üblicherweise ein Verzeichnis mit Excel-Dateien, die zu einem Excel-Bericht verarbeitet werden müssen – oftmals auf monatlicher, wöchentlicher oder täglicher Basis. Im Begleit-Repository finden Sie im Verzeichnis *sales_data* Excel-Dateien mit fiktiven Verkaufstransaktionen für einen Telekommunikationsanbieter, der verschiedene Tarife (Bronze, Silber, Gold) in einigen Geschäften in den Vereinigten Staaten verkauft. Für jeden Monat gibt es zwei Dateien, eine im Unterordner *new* für neue Verträge und eine im Unterordner *existing* für Bestandskunden. Da die Berichte aus verschiedenen Systemen kommen, sind ihre Formate unterschiedlich: Die Neukunden sind in *.xlsx*-Dateien erfasst, während für die Bestandskunden das ältere *.xls*-Format verwendet wird. Die einzelnen Dateien umfassen jeweils bis zu 10.000 Transaktionen, und unser Ziel ist es, einen Excel-Bericht zu erstellen, der den Gesamtumsatz pro Geschäft und Monat zeigt. Werfen

Sie zunächst einen Blick auf die Datei *January.xlsx* im Unterordner *new* (siehe Abbildung 7-1).

	A	B	C	D	E	F	G
1	transaction_id	store	status	transaction_date	plan	contract_type	amount
2	abfbdd6d	Chicago	ACTIVE	1/1/2019	Silver	NEW	14.25
3	136a9997	San Francisco	ACTIVE	1/1/2019	Gold	NEW	19.35
4	c6688f32	San Francisco	ACTIVE	1/1/2019	Bronze	NEW	12.2
5	6ef349c1	Chicago	ACTIVE	1/1/2019	Gold	NEW	19.35
6	22066f29	San Francisco	ACTIVE	1/1/2019	Silver	NEW	14.25

Abbildung 7-1: Die ersten Zeilen der Datei January.xlsx

Die Excel-Dateien im Unterordner *existing* sehen praktisch genauso aus, außer dass ihnen die Statusspalte fehlt und sie im alten *xls*-Format gespeichert sind. In einem ersten Schritt lesen wir die neuen Transaktionen von Januar mit der Funktion read_excel von pandas:

```
In [1]: import pandas as pd

In [2]: df = pd.read_excel("sales_data/new/January.xlsx")
        df.info()

<class 'pandas.core.frame.DataFrame'>
RangeIndex: 9493 entries, 0 to 9492
Data columns (total 7 columns):
 #   Column            Non-Null Count  Dtype
---  ------            --------------  -----
 0   transaction_id    9493 non-null   object
 1   store             9493 non-null   object
 2   status            9493 non-null   object
 3   transaction_date  9493 non-null   datetime64[ns]
 4   plan              9493 non-null   object
 5   contract_type     9493 non-null   object
 6   amount            9493 non-null   float64
dtypes: datetime64[ns](1), float64(1), object(5)
memory usage: 519.3+ KB
```

Die Funktion read_excel mit Python 3.9

Dies ist die gleiche Warnung wie in Kapitel 5: Wenn Sie `pd.read_excel` mit Python 3.9 oder höher ausführen, müssen Sie mindestens pandas 1.2 verwenden, da Sie andernfalls beim Lesen von *xlsx*-Dateien eine Fehlermeldung erhalten.

Wie Sie sehen können, hat pandas die Datentypen aller Spalten richtig erkannt, einschließlich des Datumsformats von `transaction_date`. Damit können Sie ohne weitere Vorbereitungen mit den Daten arbeiten. Da dieses Beispiel bewusst einfach gehalten ist, können wir gleich ein kurzes Skript namens *sales_report_pandas.py* erstellen, das Beispiel 7-1 zeigt. Dieses Skript liest alle Excel-Dateien aus beiden Verzeichnissen ein, aggregiert die Daten und schreibt die Zusammenfassungstabelle in eine neue Excel-Datei. Schreiben Sie das Skript mit VS Code selbst oder öffnen Sie das aus dem Begleit-Repository. Zur Erinnerung: Wie Sie Dateien in VS Code erstellen oder öffnen, hat Kapitel 2 erläutert. Wenn Sie es selbst erstellen, sollten Sie es neben dem Ordner *sales_data* speichern – so können Sie das Skript ausführen, ohne die Dateipfade anpassen zu müssen.

Beispiel 7-1: Das Skript sales_report_pandas.py

```
from pathlib import Path

import pandas as pd

# Verzeichnis dieser Datei
this_dir = Path(__file__).resolve().parent  ❶

# Alle Excel-Dateien aus allen Unterordnern von sales_data einlesen.
parts = []
for path in (this_dir / "sales_data").rglob("*.xls*"):  ❷
    print(f'Reading {path.name}')
    part = pd.read_excel(path, index_col="transaction_id")
    parts.append(part)

# Den DataFrame von jeder Datei zu einem einzigen DataFrame kombinieren.
# pandas übernimmt es, die Spalten ordnungsgemäß auszurichten.
df = pd.concat(parts)

# Jeden store in eine Spalte pivotieren und alle Transaktionen pro Datum summieren.
pivot = pd.pivot_table(df,
                       index="transaction_date", columns="store",
                       values="amount", aggfunc="sum")

# Resampling zum Ende des Monats und einen Indexnamen zuweisen.
summary = pivot.resample("M").sum()
summary.index.name = "Month"

# Zusammenfassungsbericht in Excel-Datei schreiben.
summary.to_excel(this_dir / "sales_report_pandas.xlsx")
```

❶ Bis zu diesem Kapitel habe ich Dateipfade in Strings angegeben. Wenn Sie stattdessen die Klasse `Path` aus dem Modul `pathlib` der Standardbibliothek verwenden, stehen Ihnen leistungsfähige Tools zur Verfügung: Mit Pfadobjekten können Sie die Pfade leicht konstruieren, indem Sie einzelne Bestandteile über Schrägstriche miteinander verketten, wie es vier Zeilen darunter bei `this_dir / "sales_data"` geschieht. Diese Pfade funktionieren plattformübergreifend und erlauben Ihnen, Filter wie `rglob` anzuwenden, wie unter dem nächsten Punkt erläutert. Der Ausdruck `__file__` wird zum Pfad der Quellcodedatei aufgelöst, wenn Sie das Skript ausführen – mit der Methode `parent` erhalten Sie demnach den Verzeichnisnamen dieser Datei. Die vor dem Aufruf von `parent` eingeschobene Methode `resolve` wandelt den Pfad in einen *absoluten Pfad* um. Möchten Sie dieses Skript stattdessen von einem Jupyter Notebook aus ausführen, müssen Sie diese Zeile durch `this_dir = Path(".")`.

`resolve()` ersetzen, wobei der Punkt das aktuelle Verzeichnis darstellt. In den meisten Fällen akzeptieren Funktionen und Klassen, die einen Pfad in Form eines Strings entgegennehmen, auch ein Pfadobjekt.

❷ Mit der Methode `rglob` des Pfadobjekts ist es am einfachsten, alle Excel-Dateien aus einem bestimmten Verzeichnis rekursiv einzulesen. Der Name `glob` stammt aus der Unix-Welt und bezeichnet eine (»globale«) Erweiterung von Pfadnamen, die Platzhalterzeichen enthalten. Das Fragezeichen (?) vertritt als Platzhalterzeichen genau ein Zeichen, während das Sternchen (*) für beliebig viele (auch null) Zeichen steht. Das `r` in `rglob` bezieht sich auf die *rekursive* Ausführung, d. h., `rglob` sucht nach übereinstimmenden Dateien in allen Unterverzeichnissen – dementsprechend ignoriert `glob` Unterverzeichnisse. Wenn man `*.xls*` als Suchmuster für `rglob` angibt, werden Excel-Dateien sowohl im alten als auch im neuen Format gefunden, da das Suchmuster sowohl `.xls` als auch `.xlsx` einschließt. In der Regel empfiehlt es sich, mit dem leicht erweiterten Suchausdruck `[!~$]*.xls*` temporäre Excel-Dateien (deren Namen mit `~$` beginnt) zu ignorieren. Mehr Hintergrundinformationen zum Globbing in Python finden Sie in der Python-Dokumentation (*https://oreil.ly/fY0qG*).

Führen Sie das Skript aus, indem Sie zum Beispiel in VS Code rechts oben auf die Schaltfläche *Datei ausführen* klicken. Es dauert einen Moment, bis das Skript fertig abgearbeitet ist. Anschließend ist die Excel-Arbeitsmappe *sales_report_pandas.xlsx* im selben Verzeichnis wie das Skript zu sehen. Abbildung 7-2 zeigt den Inhalt des Tabellenblatts *Sheet1*. Für lediglich zehn Zeilen Code ist das ein beeindruckendes Ergebnis – selbst wenn Sie noch die Breite der ersten Spalte anpassen müssen, um die Datumswerte zu sehen!

	A	B	C	D	E	F	G
1	**Month**	**Boston**	**Chicago**	**Las Vegas**	**New York**	**an Francisc**	**ashington DC**
2	#########	21784.1	51187.7	23012.75	49872.85	58629.85	14057.6
3	#########	21454.9	52330.85	25493.1	46669.85	55218.65	15235.4
4	#########	20043	48897.25	23451.1	41572.25	52712.95	14177.05
5	#########	18791.05	47396.35	22710.15	41714.3	49324.65	13339.15
6	#########	18036.75	45117.05	21526.55	40610.4	47759.6	13147.1
7	#########	21556.25	49460.45	21985.05	47265.65	53462.4	14284.3
8	#########	19853	47993.8	23444.3	40408.3	50181.6	14161.5
9	#########	22332.9	50838.9	24927.65	45396.85	55336.35	16127.05
10	#########	19924.5	49096.25	24410.7	42830.6	49931.45	14994.4
11	#########	16550.95	42543.8	22827.5	34090.05	44311.65	12846.7
12	#########	21312.9	52011.6	24860.25	46959.85	55056.45	14057.6
13	#########	19722.6	49355.1	24535.75	42364.35	50933.45	14702.15

Abbildung 7-2: Die Excel-Datei sales_report_pandas.xlsx (in der erzeugten Form, ohne die Spaltenbreiten anzupassen)

Für simple Fälle wie diesen bietet pandas eine wirklich einfache Lösung, um mit Excel-Dateien zu arbeiten. Aber es geht noch besser – immerhin würden ein Titel, ein paar Formatierungen (einschließlich der Spaltenbreiten und einer einheitlichen Anzahl von Dezimalstellen) sowie ein Diagramm nicht schaden. Genau darum kümmern wir uns im nächsten Kapitel. Dann greifen wir direkt auf die Writer-Bibliotheken zu, die pandas hinter den Kulissen verwendet. Vorher aber sehen wir uns genauer an, wie man Excel-Dateien mit pandas lesen und schreiben kann.

Excel-Dateien mit pandas lesen und schreiben

Der Code der Fallstudie verwendet die Funktionen `read_excel` und `to_excel` mit ihren Standardargumenten, um die Dinge einfach zu halten. In diesem Abschnitt stelle ich Ihnen die gängigsten Argumente und Optionen für das Lesen und Schreiben von Excel-Dateien mit pandas vor. Los geht es mit der Funktion `read_excel` und der Klasse `ExcelFile`, bevor wir uns die Methode `to_excel` und die Klasse `ExcelWriter` ansehen. Nebenbei führe ich auch die `with`-Anweisung von Python ein.

Die Funktion read_excel und die Klasse ExcelFile

Die Fallstudie verwendet Excel-Arbeitsmappen, bei denen die Daten komfortabel in Zelle A1 des ersten Tabellenblatts lagen. In der Praxis sind Ihre Excel-Dateien wahrscheinlich nicht so gut organisiert. Hierfür bietet pandas Parameter, um den Lesevorgang zu optimieren. Für die nächsten Beispiele verwenden wir die Datei *stores.xlsx*, die Sie im Ordner *xl* des Begleit-Repositorys finden. Abbildung 7-3 zeigt das erste Tabellenblatt.

	A	B	C	D	E	F
1						
2		Store	Employees	Manager	Since	Flagship
3		New York	10	Sarah	7/20/2018	FALSE
4		San Francisco	12	Neriah	11/2/2019	MISSING
5		Chicago	4	Katelin	1/31/2020	
6		Boston	5	Georgiana	4/1/2017	TRUE
7		Washington DC	3	Evan		FALSE
8		Las Vegas	11	Paul	1/6/2020	FALSE
9						

Abbildung 7-3: Das erste Tabellenblatt der Arbeitsmappe stores.xlsx

Mit den Parametern `sheet_name`, `skiprows` und `usecols` können Sie pandas den Bereich der Zellen mitteilen, den Sie einlesen wollen. Wie üblich empfiehlt es sich, mit der Methode `info` die Datentypen des zurückgegebenen DataFrame zu inspizieren.

```
In [3]: df = pd.read_excel("xl/stores.xlsx",
                           sheet_name="2019", skiprows=1, usecols="B:F")
        df
```

```
Out[3]:            Store  Employees    Manager      Since Flagship
        0       New York         10      Sarah 2018-07-20    False
        1  San Francisco         12     Neriah 2019-11-02  MISSING
        2        Chicago          4    Katelin 2020-01-31      NaN
        3         Boston          5  Georgiana 2017-04-01     True
        4  Washington DC          3       Evan        NaT    False
        5      Las Vegas         11       Paul 2020-01-06    False
```

```
In [4]: df.info()
```

```
<class 'pandas.core.frame.DataFrame'>
RangeIndex: 6 entries, 0 to 5
Data columns (total 5 columns):
 #   Column     Non-Null Count  Dtype
---  ------     --------------  -----
 0   Store      6 non-null      object
 1   Employees  6 non-null      int64
 2   Manager    6 non-null      object
 3   Since      5 non-null      datetime64[ns]
 4   Flagship   5 non-null      object
dtypes: datetime64[ns](1), int64(1), object(3)
memory usage: 368.0+ bytes
```

Alles sieht gut aus – bis auf die Spalte `Flagship`, denn ihr Datentyp sollte `bool` und nicht `object` sein. Dies lässt sich mit einer Konverterfunktion korrigieren, die die verantwortlichen Zellen in dieser Spalte umwandelt (anstatt die Funktion `fix_missing` zu schreiben, hätten wir auch einen Lambda-Ausdruck bereitstellen können):

```
In [5]: def fix_missing(x):
            return False if x in ["", "MISSING"] else x
```

```
In [6]: df = pd.read_excel("xl/stores.xlsx",
                           sheet_name="2019", skiprows=1, usecols="B:F",
                           converters={"Flagship": fix_missing})
        df
```

```
Out[6]:            Store  Employees    Manager      Since  Flagship
        0       New York         10      Sarah 2018-07-20     False
        1  San Francisco         12     Neriah 2019-11-02     False
        2        Chicago          4    Katelin 2020-01-31     False
        3         Boston          5  Georgiana 2017-04-01      True
        4  Washington DC          3       Evan        NaT     False
        5      Las Vegas         11       Paul 2020-01-06     False
```

```
In [7]: # Die Spalte Flagship hat jetzt den Datentyp "bool".
        df.info()
```

```
<class 'pandas.core.frame.DataFrame'>
RangeIndex: 6 entries, 0 to 5
Data columns (total 5 columns):
 #   Column     Non-Null Count  Dtype
---  ------     --------------  -----
 0   Store      6 non-null      object
 1   Employees  6 non-null      int64
 2   Manager    6 non-null      object
 3   Since      5 non-null      datetime64[ns]
```

```
  4  Flagship   6 non-null      bool
dtypes: bool(1), datetime64[ns](1), int64(1), object(2)
memory usage: 326.0+ bytes
```

Die Funktion read_excel akzeptiert auch eine Liste von Tabellenblattnamen. In diesem Fall gibt sie ein Wörterbuch mit dem DataFrame als Wert und dem Namen des Tabellenblatts als Schlüssel zurück. Um alle Tabellenblätter einzulesen, müssen Sie sheet_name=None setzen. Beachten Sie auch, dass ich hier in usecols die Spaltennamen der Tabelle aufzähle:

```
In [8]: sheets = pd.read_excel("xl/stores.xlsx", sheet_name=["2019", "2020"],
                               skiprows=1, usecols=["Store", "Employees"])
        sheets["2019"].head(2)

Out[8]:            Store  Employees
        0       New York         10
        1  San Francisco         12
```

Wenn die Quelldatei keine Spaltenüberschriften enthält, setzen Sie header=None und geben die Überschriften in names an. Denken Sie daran, dass sheet_name auch Blattindizes akzeptiert:

```
In [9]: df = pd.read_excel("xl/stores.xlsx", sheet_name=0,
                           skiprows=2, skipfooter=3,
                           usecols="B:C,F", header=None,
                           names=["Branch", "Employee_Count", "Is_Flagship"])
        df

Out[9]:           Branch  Employee_Count Is_Flagship
        0       New York              10       False
        1  San Francisco              12     MISSING
        2        Chicago               4         NaN
```

Um mit NaN-Werten umzugehen, verwenden Sie eine Kombination aus na_values und keep_default_na. Das nächste Beispiel weist pandas an, nur Zellen mit dem Wort MISSING als NaN zu interpretieren und sonst nichts:

```
In [10]: df = pd.read_excel("xl/stores.xlsx", sheet_name="2019",
                            skiprows=1, usecols="B,C,F", skipfooter=2,
                            na_values="MISSING", keep_default_na=False)
         df

Out[10]:            Store  Employees Flagship
         0       New York         10    False
         1  San Francisco         12      NaN
         2        Chicago          4
         3         Boston          5     True
```

Mit der Klasse ExcelFile bietet pandas eine alternative Möglichkeit, Excel-Dateien zu lesen. Dies macht vor allem dann einen Unterschied, wenn Sie mehrere Tabellenblätter aus einer Datei im veralteten *xls*-Format einlesen möchten: In diesem Fall ist die Verwendung von ExcelFile schneller, da sie pandas daran hindert, die gesamte Datei mehrmals einzulesen. Die Klasse ExcelFile lässt sich auch als Kontextmanager (siehe Kasten) verwenden, sodass die Datei wieder richtig geschlossen wird.

Kontextmanager und die with-Anweisung

Zunächst einmal hat die `with`-Anweisung in Python nichts mit der `With`-Anweisung in VBA zu tun: In VBA dient sie dazu, eine Reihe von Anweisungen auf demselben Objekt auszuführen, während sie in Python verwendet wird, um Ressourcen wie Dateien oder Datenbankverbindungen zu verwalten. Wenn Sie die neuesten Verkaufsdaten laden möchten, um sie analysieren zu können, müssen Sie möglicherweise eine Datei öffnen oder eine Verbindung zu einer Datenbank herstellen. Nachdem Sie die Daten gelesen haben, empfiehlt es sich, die Datei oder die Verbindung sobald wie möglich wieder zu schließen. Andernfalls kann es passieren, dass Sie keine weitere Datei öffnen oder keine weitere Verbindung zur Datenbank einrichten können – Dateihandler und Datenbankverbindungen sind begrenzte Ressourcen. Eine Textdatei öffnen und schließen Sie manuell wie folgt (wobei `w` für das Öffnen der Datei im Modus Schreiben – `write` – steht und die Datei ersetzt wird, falls sie bereits existiert):

```
In [11]: f = open("output.txt", "w")
         f.write("etwas Text")
         f.close()
```

Dieser Code erzeugt eine Datei *output.txt* im selben Verzeichnis wie das Notebook, aus dem Sie den Code ausführen, und schreibt »etwas Text« in die Datei. Um eine Datei zu *lesen*, geben Sie den Modus `r` (für `read`) anstelle von `w` an, und um etwas an das Ende der Datei *anzufügen*, verwenden Sie `a` (für `append`). Da sich Dateien auch von außerhalb Ihres Programms manipulieren lassen, könnte eine derartige Operation fehlschlagen. Für solche Fälle ist der `try/except`-Mechanismus vorgesehen, den ich in Kapitel 11 vorstellen werde. Da diese Operation jedoch so häufig vorkommt, können Sie mit der `with`-Anweisung in Python die Dinge vereinfachen:

```
In [12]: with open("output.txt", "w") as f:
             f.write("Some text")
```

Wenn die Codeausführung den Rumpf der `with`-Anweisung verlässt, wird die Datei automatisch geschlossen, egal ob eine Ausnahmesituation aufgetreten ist oder nicht. Damit ist garantiert, dass die Ressourcen ordnungsgemäß aufgeräumt werden. Objekte, die die `with`-Anweisung unterstützen, bezeichnet man als *Kontextmanager*; hierzu gehören die `ExcelFile`- und `ExcelWriter`-Objekte dieses Kapitels sowie die Datenbankverbindungsobjekte, die Sie in Kapitel 11 kennenlernen werden.

Sehen Sie sich jetzt die Klasse `ExcelFile` in Aktion an:

```
In [13]: with pd.ExcelFile("xl/stores.xls") as f:
             df1 = pd.read_excel(f, "2019", skiprows=1, usecols="B:F", nrows=2)
             df2 = pd.read_excel(f, "2020", skiprows=1, usecols="B:F", nrows=2)

         df1

Out[13]:           Store  Employees Manager      Since Flagship
```

```
0       New York         10  Sarah 2018-07-20    False
1  San Francisco         12 Neriah 2019-11-02 MISSING
```

Über `ExcelFile` können Sie auch auf die Namen aller Tabellenblätter zugreifen:

```
In [14]: stores = pd.ExcelFile("xl/stores.xlsx")
         stores.sheet_names

Out[14]: ['2019', '2020', '2019-2020']
```

Schließlich ist es mit pandas möglich, Excel-Dateien von einer URL einzulesen, ähnlich wie wir es mit CSV-Dateien in Kapitel 5 getan haben. So liest der folgende Code eine Datei direkt aus dem Begleit-Repository ein:

```
In [15]: url = ("https://raw.githubusercontent.com/fzumstein/"
                "python-for-excel/1st-edition/xl/stores.xlsx")
         pd.read_excel(url, skiprows=1, usecols="B:E", nrows=2)

Out[15]:            Store  Employees Manager      Since
         0       New York         10   Sarah 2018-07-20
         1  San Francisco         12  Neriah 2019-11-02
```

xlsb-Dateien über pandas lesen

Wenn Sie pandas in einer Version unterhalb von 1.3 verwenden, müssen Sie beim Lesen von *xlsb*-Dateien in der Funktion `read_excel` oder der Klasse `ExcelFile` die Engine explizit angeben:

```
pd.read_excel("xl/stores.xlsb", engine="pyxlsb")
```

Dazu ist es erforderlich, das Paket `pyxlsb` zu installieren, da es nicht Teil von Anaconda ist – darauf und auf die anderen Engines geht das nächste Kapitel ein.

Als Zusammenfassung zeigt Tabelle 7-1 die gebräuchlichsten Parameter der Funktion `read_excel`. Die vollständige Liste finden Sie in der offiziellen Dokumentation (*https://oreil.ly/v8Yes*).

Tabelle 7-1: Ausgewählte Parameter für read_excel

Parameter	Beschreibung
`sheet_name`	Anstelle eines Blattnamens können Sie auch den Index des Blatts (nullbasiert) angeben, z. B. `sheet_name=0`. Wenn Sie `sheet_name=None` setzen, liest pandas die gesamte Arbeitsmappe ein und gibt ein Wörterbuch in Form von `{"sheetname": df}` zurück. Um eine Auswahl von Tabellenblättern zu lesen, übergeben Sie eine Liste mit Tabellenblattnamen oder -indizes.
`skiprows`	Damit können Sie die angegebene Anzahl von Zeilen überspringen.
`usecols`	Wenn die Excel-Datei die Namen der Spaltenüberschriften enthält, geben Sie diese in einer Liste an, um die Spalten auszuwählen, z. B. `["Store", "Employees"]`. Alternativ können Sie auch eine Liste von Spaltenindizes übergeben, z. B. `[1, 2]`, oder einen String (keine Liste!) von Excel-Spaltennamen, einschließlich Bereichen, z. B. `"B:D,G"`. Es lässt sich ebenfalls eine Funktion übergeben: Um zum Beispiel nur die Spalten einzuschließen, die mit `Manager` beginnen, verwenden Sie `usecols=lambda x: x.startswith("Manager")`.
`nrows`	Anzahl der Zeilen, die Sie lesen möchten.

Tabelle 7-1: Ausgewählte Parameter für read_excel (Fortsetzung)

Parameter	Beschreibung
index_col	Gibt als Spaltenname oder Index an, welche Spalte der Index sein soll, z. B. `index_col=0`. Wenn Sie eine Liste mit mehreren Spalten übergeben, wird ein hierarchischer Index erzeugt.
header	Wenn Sie `header=None` setzen, werden die standardmäßigen Ganzzahlen als Überschriften zugewiesen, es sei denn, Sie geben die gewünschten Namen über den Parameter `names` an. Wenn Sie eine Liste von Indizes übergeben, werden hierarchische Spaltenüberschriften erstellt.
names	Die gewünschten Namen Ihrer Spalten als Liste bereitstellen.
na_values	pandas interpretiert die folgenden Zellenwerte standardmäßig als `NaN` (in Kapitel 5 eingeführt): leere Zellen, #NA, NA, `null`, #N/A, N/A, NaN, n/a, -NaN, `1.#IND`, nan, `#N/A N/A`, `-1.#QNAN`, `- nan`, NULL, `-1.#IND`, <NA>, `1.#QNAN`. Wenn Sie dieser Liste einen oder mehrere Werte hinzufügen möchten, geben Sie sie über `na_values` an.
keep_default_na	Möchten Sie die Standardwerte ignorieren, die pandas als `NaN` interpretiert, setzen Sie `keep_default_na=False`.
convert_float	Excel speichert alle Zahlen intern als Gleitkommazahlen, und standardmäßig wandelt pandas alle Zahlen ohne signifikante Dezimalstellen in Ganzzahlen um. Wenn Sie dieses Verhalten ändern möchten, setzen Sie `convert_float=False` (was Berechnungen etwas schneller machen kann).
converters	Ermöglicht Ihnen, für jede Spalte eine Funktion bereitzustellen, um die Werte der Spalte zu konvertieren. Zum Beispiel lässt sich mit `converters={"column_name": lambda x: x.upper()}` der Text in einer bestimmten Spalte in Großbuchstaben umwandeln.

So viel zum Lesen von Excel-Dateien mit pandas. Nun wechseln Sie die Seiten und lernen im nächsten Abschnitt, wie Sie Excel-Dateien schreiben.

Die Methode to_excel und die Klasse ExcelWriter

Um mit pandas eine Excel-Datei zu schreiben, geht dies am einfachsten mit der Methode `to_excel` eines DataFrame. Dabei lässt sich festlegen, in welche Zelle welches Tabellenblatts Sie den DataFrame schreiben möchten. Außerdem können Sie entscheiden, ob Sie die Spaltenüberschriften und den Index des DataFrame einschließen möchten und wie Sie mit Datentypen wie `np.nan` und `np.inf` umgehen wollen, die keine äquivalente Darstellung in Excel haben. Erstellen Sie zunächst einen DataFrame mit verschiedenen Datentypen und rufen Sie dann seine Methode `to_excel` auf:

```
In [16]: import numpy as np
         import datetime as dt

In [17]: data = [[dt.datetime(2020,1,1, 10, 13), 2.222, 1, True],
                 [dt.datetime(2020,1,2), np.nan, 2, False],
                 [dt.datetime(2020,1,2), np.inf, 3, True]]
         df = pd.DataFrame(data=data,
                           columns=["Dates", "Floats", "Integers", "Booleans"])
         df.index.name="index"
         df
```

```
Out[17]:                     Dates  Floats  Integers  Booleans
         index
         0     2020-01-01 10:13:00   2.222         1      True
         1     2020-01-02 00:00:00     NaN         2     False
         2     2020-01-02 00:00:00     inf         3      True
```

```
In [18]: df.to_excel("written_with_pandas.xlsx", sheet_name="Output",
                     startrow=1, startcol=1, index=True, header=True,
                     na_rep="<NA>", inf_rep="<INF>")
```

Der Befehl to_excel erzeugt eine Excel-Datei, wie sie Abbildung 7-4 zeigt (die Spalte C müssen Sie verbreitern, um die Datumswerte richtig zu sehen):

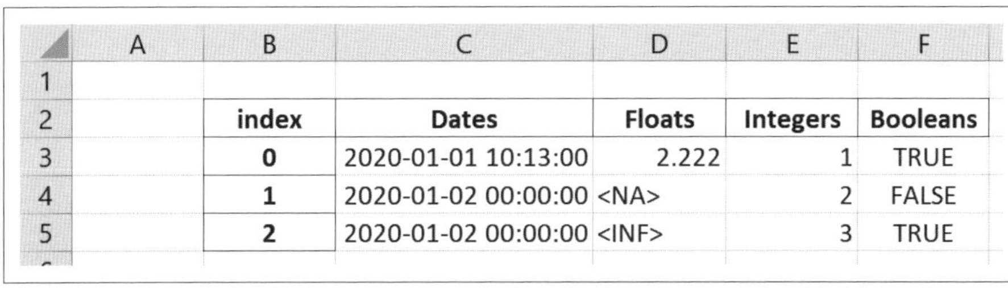

	A	B	C	D	E	F
1						
2		**index**	**Dates**	**Floats**	**Integers**	**Booleans**
3		**0**	2020-01-01 10:13:00	2.222	1	TRUE
4		**1**	2020-01-02 00:00:00	<NA>	2	FALSE
5		**2**	2020-01-02 00:00:00	<INF>	3	TRUE

Abbildung 7-4: Ausschnitt aus der Datei written_with_pandas.xlsx

Wenn Sie mehrere DataFrames in dasselbe Tabellenblatt oder in verschiedene Tabellenblätter schreiben möchten, müssen Sie die Klasse `ExcelWriter` bemühen. Der folgende Beispielcode schreibt denselben DataFrame an zwei verschiedene Stellen auf `Sheet1` und noch einmal auf `Sheet2`:

```
In [19]: with pd.ExcelWriter("written_with_pandas2.xlsx") as writer:
             df.to_excel(writer, sheet_name="Sheet1", startrow=1, startcol=1)
             df.to_excel(writer, sheet_name="Sheet1", startrow=10, startcol=1)
             df.to_excel(writer, sheet_name="Sheet2")
```

Da wir die Klasse `ExcelWriter` als Kontextmanager verwenden, wird die Datei automatisch auf den Datenträger geschrieben, wenn sie den Kontextmanager verlässt, d. h., wenn die Einrückung endet. Andernfalls müssten Sie `writer.save()` explizit aufrufen. Tabelle 7-2 gibt eine Zusammenfassung der gebräuchlichsten Parameter an, die to_excel übernimmt. Die vollständige Liste der Parameter finden Sie in der offiziellen Dokumentation (*https://oreil.ly/ESKAG*).

Tabelle 7-2: Ausgewählte Parameter für to_excel

Parameter	Beschreibung
`sheet_name`	Name des Blatts, in das geschrieben werden soll.
`startrow` und `startcol`	`startrow` ist die erste Zeile, in die der DataFrame geschrieben wird, und `startcol` die erste Spalte. Da die Indizierung bei null beginnt, verwenden Sie `startrow=2` und `startcol=1`, wenn Sie Ihren DataFrame in Zelle B3 schreiben wollen.
`index` und `header`	Möchten Sie den Index und/oder die Überschrift verbergen, setzen Sie `index=False` und `header=False`.

Tabelle 7-2: Ausgewählte Parameter für to_excel (Fortsetzung)

Parameter	Beschreibung
`na_rep` und `inf_rep`	Standardmäßig wird `np.nan` in eine leere Zelle konvertiert, während `np.inf`, die NumPy-Darstellung für unendlich, in den String `inf` umgewandelt wird. Dieses Verhalten können Sie ändern, wenn Sie Werte bereitstellen.
`freeze_panes`	Friert die ersten Zeilen und Spalten ein, indem ein Tupel bereitgestellt wird: Zum Beispiel friert `(2, 1)` die beiden ersten Zeilen der ersten Spalte ein.

Wie Sie sehen, funktioniert das Lesen und Schreiben einfacher Excel-Dateien mit pandas sehr gut. Es gibt allerdings auch Grenzen – sehen Sie sich an, welche das sind.

Beschränkungen beim Einsatz von pandas mit Excel-Dateien

Excel-Dateien mithilfe der pandas-Schnittstelle zu lesen und zu schreiben, funktioniert gut in einfachen Fällen, doch es gibt auch Grenzen:

- Wenn Sie DataFrames in Dateien schreiben, können Sie weder eine Titelleiste noch ein Diagramm einbinden.
- Es gibt keine Möglichkeit, das Standardformat von Header und Index in Excel zu ändern.
- Beim Lesen von Dateien transformiert pandas automatisch Zellen mit Fehlern wie `#REF!` oder `#NUM!` in `NaN`, sodass es nicht mehr möglich ist, in Ihren Tabellenblättern nach bestimmten Fehlern zu suchen.
- Um mit großen Excel-Dateien zu arbeiten, können zusätzliche Einstellungen erforderlich sein, die leichter zu kontrollieren sind, indem Sie die Reader- und Writer-Pakete direkt einsetzen, wie das nächste Kapitel zeigt.

Zum Schluss

Das Schöne an pandas ist, dass es eine konsistente Schnittstelle bietet, um mit allen unterstützten Excel-Formaten zu arbeiten – ob nun *xls*, *xlsx*, *xlsm* oder *xlsb*. Dadurch ist es für Sie ein Leichtes, ein Verzeichnis mit Excel-Dateien zu lesen, die Daten zu aggregieren und die Zusammenfassung in einen Excel-Bericht auszugeben – mit lediglich zehn Codezeilen.

Allerdings erledigt pandas die eigentliche Arbeit nicht selbst: Hinter den Kulissen wählt es ein Reader- oder Writer-Paket, das den Job übernimmt. Im nächsten Kapitel zeige ich, welche Reader- und Writer-Pakete pandas verwendet und wie Sie sie direkt oder in Kombination mit pandas nutzen können. So können wir die Einschränkungen umgehen, die der vorherige Abschnitt beschrieben hat.

KAPITEL 8

Excel-Dateien mit Reader- und Writer-Paketen manipulieren

Dieses Kapitel führt Sie in OpenPyXL, XlsxWriter, pyxlsb, xlrd und xlwt ein: Auf diese Pakete, die Excel-Dateien lesen und schreiben können, stützt sich pandas hinter den Kulissen, wenn Sie die Funktionen `read_excel` oder `to_excel` aufrufen. Indem Sie die Reader- und Writer-Pakete direkt verwenden, können Sie komplexere Excel-Berichte erstellen und den Leseprozess feiner abstimmen. Und sollten Sie jemals an einem Projekt arbeiten, bei dem Sie lediglich Excel-Dateien lesen und schreiben müssen, ohne die übrige pandas-Funktionalität zu benötigen, wäre die Installation eines vollständigen NumPy/pandas-Stacks wahrscheinlich ein Overkill. Als Erstes lernen Sie in diesem Kapitel, wann welches Paket zu verwenden ist und wie deren Syntax funktioniert, bevor es um anspruchsvollere Themen geht – beispielsweise wie Sie mit großen Excel-Dateien arbeiten und wie Sie pandas mit den Reader- und Writer-Paketen kombinieren, um die Formatierung von DataFrames zu verbessern. Zum Abschluss greifen wir die Fallstudie vom Anfang des letzten Kapitels wieder auf und erweitern den Excel-Bericht, indem wir die Tabelle formatieren und ein Diagramm hinzufügen. Dieses Kapitel kommt wie das letzte Kapitel ohne eine Installation von Excel aus, sodass sämtliche Codebeispiele unter Windows, macOS und Linux lauffähig sind.

Die Reader- und Writer-Pakete

Die Reader- und Writer-Landschaft ist vielleicht etwas unübersichtlich: Wir sehen uns in diesem Abschnitt nicht weniger als sechs Pakete an, da fast jeder Excel-Dateityp ein anderes Paket erfordert. Die Tatsache, dass jedes Paket eine andere Syntax verwendet, die oftmals erheblich vom ursprünglichen Excel-Modell abweicht, macht es nicht einfacher – mehr zum Excel-Objektmodell werde ich im nächsten Kapitel sagen. Das heißt, dass Sie wahrscheinlich selbst als erfahrener VBA-Entwickler eine Menge Befehle nachschlagen müssen. Dieser Abschnitt beginnt mit einem Überblick darüber, wann Sie welches Paket benötigen, und führt dann ein Hilfsmodul ein, das die Arbeit mit diesen Paketen ein wenig erleichtert. Danach werden die einzelnen Pakete in Form eines Kochbuchs vorgestellt, in dem Sie nachschlagen können, wie die gebräuchlichsten Befehle funktionieren.

Wann man welches Paket verwendet

Dieser Abschnitt stellt die folgenden sechs Pakete vor, mit denen sich Excel-Dateien lesen, schreiben und bearbeiten lassen:

- OpenPyXL (*https://oreil.ly/3jHQM*)
- XlsxWriter (*https://oreil.ly/7jI3T*)
- pyxlsb (*https://oreil.ly/sEHXS*)
- xlrd (*https://oreil.ly/tSam7*)
- xlwt (*https://oreil.ly/wPSLe*)
- xlutils (*https://oreil.ly/MTFOL*)

Tabelle 8-1 können Sie entnehmen, wofür welches Paket geeignet ist. Um zum Beispiel das *xlsx*-Dateiformat zu lesen, benötigen Sie das Paket OpenPyXL.

Tabelle 8-1: Wann man welches Paket verwendet

Excel-Dateiformat	Lesen	Schreiben	Bearbeiten
`xlsx`	OpenPyXL	OpenPyXL, XlsxWriter	OpenPyXL
`xlsm`	OpenPyXL	OpenPyXL, XlsxWriter	OpenPyXL
`xltx, xltm`	OpenPyXL	OpenPyXL	OpenPyXL
`xlsb`	pyxlsb	–	–
`xls, xlt`	xlrd	xlwt	xlutils

Wenn Sie *xlsx*- oder *xlsm*-Dateien schreiben wollen, haben Sie die Wahl zwischen OpenPyXL und XlsxWriter. Beide Pakete decken ähnliche Funktionen ab, aber das eine Paket kann sich durch ein paar einzigartige Features auszeichnen, die das andere nicht hat. Da beide Bibliotheken aktiv weiterentwickelt werden, mag sich das im Laufe der Zeit ändern. Hier die wichtigsten Unterschiede im Überblick:

- Mit OpenPyXL lassen sich Excel-Dateien lesen, schreiben und bearbeiten, mit XlsxWriter nur schreiben.
- OpenPyXL erleichtert es, Excel-Dateien mit VBA-Makros zu erzeugen.
- XlsxWriter ist besser dokumentiert.
- XlsxWriter ist tendenziell schneller als OpenPyXL, aber je nach Größe der Arbeitsmappe, die Sie schreiben, können die Unterschiede nur marginal sein.

Wo ist xlwings?

Wenn Sie sich fragen, wo xlwings in Tabelle 8-1 zu finden ist, dann lautet die Antwort je nach Anwendungsfall *nirgendwo* oder *überall*: Im Gegensatz zu allen anderen Paketen in diesem Kapitel hängt xlwings von der Excel-Anwendung ab, die oftmals nicht zur Verfügung steht, zum Beispiel wenn Sie Ihre Skripte unter Linux ausführen müssen. Können Sie hingegen Ihre Skripte unter Windows oder macOS ausführen, wo Sie Zugang zu einer Excel-Installation haben,

> eignet sich xlwings tatsächlich als Alternative zu allen Paketen in diesem Kapitel. Da die Excel-Abhängigkeit ein so grundlegender Unterschied zwischen xlwings und allen anderen Excel-Paketen ist, führe ich xlwings im nächsten Kapitel ein, das Teil IV dieses Buchs einleitet.

Als Writer-Paket verwendet pandas das Paket, das es finden kann. Und wenn Sie sowohl OpenPyXL als auch XlsxWriter installiert haben, ist das standardmäßig XlsxWriter. Möchten Sie das von pandas verwendete Paket selbst auswählen, legen Sie es mit dem Parameter `engine` in den Funktionen `read_excel` oder `to_excel` bzw. den Klassen `ExcelFile` und `ExcelWriter` fest. Die Engine ist der Paketname in Kleinbuchstaben. Führen Sie also den folgenden Code aus, um eine Datei mit OpenPyXL anstelle von XlsxWriter zu schreiben:

```
df.to_excel("filename.xlsx", engine="openpyxl")
```

Sobald Sie wissen, welches Paket Sie benötigen, wartet eine zweite Herausforderung auf Sie: Bei den meisten dieser Pakete müssen Sie eine ganze Menge Code schreiben, um einen Bereich von Zellen zu lesen oder zu schreiben, und jedes Paket verwendet eine andere Syntax. Um Ihnen das Leben zu erleichtern, habe ich ein Hilfsmodul geschrieben, das ich als Nächstes vorstellen werde.

Das Modul excel.py

Das Modul `excel.py` habe ich erstellt, um Ihnen das Leben zu leichter zu machen, wenn Sie die Reader- und Writer-Pakete einsetzen. Es kümmert sich um folgende Probleme:

Paketwechsel
: Es kommt relativ häufig vor, dass Sie das Reader- oder Writer-Paket wechseln müssen. Zum Beispiel werden Excel-Dateien im Laufe der Zeit immer größer. Um dies zu kompensieren, stellen viele Benutzer das Dateiformat von *xlsx* auf *xlsb* um, da das die Dateigröße erheblich reduzieren kann. In diesem Fall müssen Sie von OpenPyXL auf pyxlsb umsteigen. Dadurch sind Sie gezwungen, Ihren OpenPyXL-Code zu überarbeiten, um der Syntax von pyxlsb zu entsprechen.

Datentypumwandlung
: Dieses Problem hängt mit dem vorherigen zusammen: Beim Wechsel von Paketen müssen Sie nicht nur die Syntax Ihres Codes anpassen, sondern auch auf abweichende Datentypen achten, die diese Pakete für den gleichen Zellinhalt zurückgeben. Zum Beispiel liefert OpenPyXL für leere Zellen `None`, während xlrd einen leeren String zurückgibt.

Schleifen über Zellen
: Die Reader- und Writer-Pakete sind *systemnahe* Pakete: Es fehlen ihnen also die Komfortfunktionen, über die sich häufig vorkommende Aufgaben leicht abwickeln lassen würden. Zum Beispiel verlangen die meisten Pakete, dass Sie

eine Schleife konstruieren, um jede einzelne Zelle, die Sie lesen oder schreiben möchten, anzusprechen.

Das Modul `excel.py` finden Sie im Begleit-Repository, und in den folgenden Abschnitten werden wir es einsetzen. Doch hier schon vorab die Syntax, um Werte zu lesen und zu schreiben:

```
import excel
values = excel.read(sheet_object, first_cell="A1", last_cell=None)
excel.write(sheet_object, values, first_cell="A1")
```

Die Funktion `read` übernimmt ein `sheet`-Objekt aus einem der folgenden Pakete: xlrd, OpenPyXL oder pyxlsb. Außerdem akzeptiert sie die optionalen Argumente `first_cell` für die erste Zelle und `last_cell` für die letzte Zelle. Diese können Sie entweder in der `A1`-Notation oder als Zeile-Spalte-Tupel mit den 1-basierten Indizes von Excel `(1, 1)` angeben. Der Standardwert für `first_cell` ist `A1`, während der Standardwert für `last_cell` die rechte untere Ecke des verwendeten Bereichs ist. Wenn Sie also nur das `sheet`-Objekt übergeben, liest die Funktion das gesamte Tabellenblatt. Die Funktion `write` arbeitet ähnlich: Sie erwartet ein `sheet`-Objekt von xlwt, OpenPyXL oder XlsxWriter zusammen mit den Werten als verschachtelte Liste und einem optionalen Argument `first_cell`, das die linke obere Ecke markiert, wohin die verschachtelte Liste geschrieben wird. Das Modul `excel.py` gleicht auch die Datentypkonvertierung gemäß Tabelle 8-2 an.

Tabelle 8-2: Datentypkonvertierung

Excel-Darstellung	Python-Datentyp
Leere Zelle	`None`
Zelle mit einem Datumsformat	`datetime.datetime` (außer für pyxlsb)
Zelle mit einem booleschen Wert	`Bool`
Zelle mit einem Fehler	`str` (die Fehlermeldung)
String	`Str`
Gleitkommazahl	`float` oder `int`

Ausgerüstet mit dem Modul `excel.py`, sind wir nun bereit, in die Pakete einzutauchen: In den nächsten vier Abschnitten geht es um OpenPyXL, XlsxWriter, pyxlsb und xlrd/xlwt/xlutils. Da sie in einem Kochbuchstil gehalten sind, dürfte Ihnen der Einstieg in die einzelnen Pakete schnell gelingen. Anstatt alles der Reihe nach durchzulesen, empfehle ich Ihnen, dass Sie anhand von Tabelle 8-2 das Paket, das Sie benötigen, auswählen und direkt zum entsprechenden Abschnitt springen.

Die with-Anweisung

In diesem Kapitel verwenden wir die `with`-Anweisung bei verschiedenen Gelegenheiten. Falls Sie eine Auffrischung benötigen, sehen Sie sich den Kasten »Kontextmanager und die with-Anweisung« auf Seite 176 in Kapitel 7 an.

OpenPyXL

OpenPyXL ist das einzige Paket in diesem Abschnitt, das Excel-Dateien sowohl lesen als auch schreiben kann. Es ist sogar möglich, Excel-Dateien zu bearbeiten – allerdings nur ziemlich einfache. Sehen Sie sich zunächst an, wie das Lesen funktioniert.

Lesen mit OpenPyXL

Der folgende Beispielcode zeigt, wie Sie häufig vorkommende Aufgaben erledigen, wenn Sie OpenPyXL für das Lesen von Excel-Dateien verwenden. Um die Zellwerte abzurufen, müssen Sie die Arbeitsmappe mit `data_only=True` öffnen. Beim Standardwert `False` werden stattdessen die Formeln der Zellen zurückgegeben:

```
In [1]: import pandas as pd
        import openpyxl
        import excel
        import datetime as dt

In [2]: # Die Arbeitsmappe öffnen, um Zellwerte zu lesen.
        # Nach dem Lesen der Daten wird die Datei automatisch geschlossen.
        book = openpyxl.load_workbook("xl/stores.xlsx", data_only=True)

In [3]: # Ein Tabellenblattobjekt nach dem Namen
        # oder dem (0-basierten) Index abrufen.
        sheet = book["2019"]
        sheet = book.worksheets[0]

In [4]: # Eine Liste mit allen Blattnamen abrufen.
        book.sheetnames

Out[4]: ['2019', '2020', '2019-2020']

In [5]: # Die Blattobjekte in einer Schleife durchlaufen.
        # Statt "name" verwendet openpyxl "title".
        for i in book.worksheets:
            print(i.title)

2019
2020
2019-2020

In [6]: # Die Dimensionen abrufen, d. h. den auf dem
        # Blatt verwendeten Bereich.
        sheet.max_row, sheet.max_column

Out[6]: (8, 6)

In [7]: # Den Wert einer einzelnen Zelle lesen. Dabei die
        # "A1"-Notation und (1-basierte) Zellindizes verwenden.
        sheet["B6"].value
        sheet.cell(row=6, column=2).value

Out[7]: 'Boston'
```

```
In [8]: # Einen Bereich von Zellwerten mit unserem excel-Modul einlesen.
        data = excel.read(book["2019"], (2, 2), (8, 6))
        data[:2]  # Print the first two rows

Out[8]: [['Store', 'Employees', 'Manager', 'Since', 'Flagship'],
         ['New York', 10, 'Sarah', datetime.datetime(2018, 7, 20, 0, 0), False]]
```

Schreiben mit OpenPyXL

OpenPyXL erstellt die Excel-Datei im Arbeitsspeicher und schreibt die Datei auf den Datenträger, sobald Sie die Methode save aufrufen. Der folgende Code erzeugt die Datei, wie sie in Abbildung 8-1 zu sehen ist:

```
In [9]: import openpyxl
        from openpyxl.drawing.image import Image
        from openpyxl.chart import BarChart, Reference
        from openpyxl.styles import Font, colors
        from openpyxl.styles.borders import Border, Side
        from openpyxl.styles.alignment import Alignment
        from openpyxl.styles.fills import PatternFill
        import excel

In [10]: # Eine Arbeitsmappe instanziieren.
         book = openpyxl.Workbook()

         # Das erste Blatt abrufen und benennen.
         sheet = book.active sheet.title = "Sheet1"

         # Einzelne Zellen mit A1-Notation und (1-basierten)
         # Zellindizes schreiben.
         sheet["A1"].value = "Hello 1"
         sheet.cell(row=2, column=1, value="Hello 2")

         # Formatieren: Füllfarbe, Ausrichtung, Rahmen und Schrift
         font_format = Font(color="FF0000", bold=True)
         thin = Side(border_style="thin", color="FF0000")
         sheet["A3"].value = "Hello 3"
         sheet["A3"].font = font_format
         sheet["A3"].border = Border(top=thin, left=thin,
                                     right=thin, bottom=thin)
         sheet["A3"].alignment = Alignment(horizontal="center")
         sheet["A3"].fill = PatternFill(fgColor="FFFF00", fill_type="solid")

         # Zahlenformatierung (mithilfe der Formatzeichenfolgen von Excel)
         sheet["A4"].value = 3.3333
         sheet["A4"].number_format = "0.00"

         # Datumsformatierung (mithilfe der Formatzeichenfolgen von Excel)
         sheet["A5"].value = dt.date(2016, 10, 13)
         sheet["A5"].number_format = "mm/dd/yy"

         # Formeln: Sie müssen den englischen Namen der Formel und Kommata
         # als Trennzeichen verwenden.
         sheet["A6"].value = "=SUM(A4, 2)"
```

```
# Bild
sheet.add_image(Image("images/python.png"), "C1")

# zweidimensionale Liste (wir verwenden unser excel-Modul)
data = [[None, "North", "South"],
        ["Last Year", 2, 5],
        ["This Year", 3, 6]]
excel.write(sheet, data, "A10")

# Diagramm
chart = BarChart()
chart.type = "col"
chart.title = "Sales Per Region"
chart.x_axis.title = "Regions"
chart.y_axis.title = "Sales"
chart_data = Reference(sheet, min_row=11, min_col=1,
                       max_row=12, max_col=3)
chart_categories = Reference(sheet, min_row=10, min_col=2,
                             max_row=10, max_col=3)
# from_rows interpretiert die Daten in der gleichen Weise, als
# würden Sie in Excel ein Diagramm manuell hinzufügen.
chart.add_data(chart_data, titles_from_data=True, from_rows=True)
chart.set_categories(chart_categories)
sheet.add_chart(chart, "A15")

# Beim Speichern der Arbeitsmappe wird die Datei
# auf dem Datenträger angelegt.
book.save("openpyxl.xlsx")
```

Wenn Sie eine Excel-Vorlagendatei schreiben möchten, müssen Sie das Attribut `template` auf `True` setzen, bevor Sie die Datei speichern:

```
In [11]: book = openpyxl.Workbook()
         sheet = book.active
         sheet["A1"].value = "This is a template"
         book.template = True
         book.save("template.xltx")
```

Wie aus dem Code hervorgeht, legt OpenPyXL die Farben mit einem String wie `FF0000` fest. Dieser Wert besteht aus drei Hexadezimalzahlen (`FF`, `00` und `00`), die den roten, grünen und blauen Anteilen der gewünschten Farbe entsprechen. *Hexadezimalzahlen* sind Zahlen in einem Stellenwertsystem zur Basis 16, während die gewohnten Dezimalzahlen die Basis 10 verwenden.

Den Hexadezimalwert einer Farbe ermitteln

Um in Excel den Hexadezimalwert einer gewünschten Farbe zu ermitteln, öffnen Sie das Drop-down-Menü *Farben*, in dem Sie die Füllfarbe einer Zelle festlegen würden, und wählen dann *Weitere Farben*. Klicken Sie auf Ihre Farbe und lesen Sie dann den Wert unter *Hex* ab.

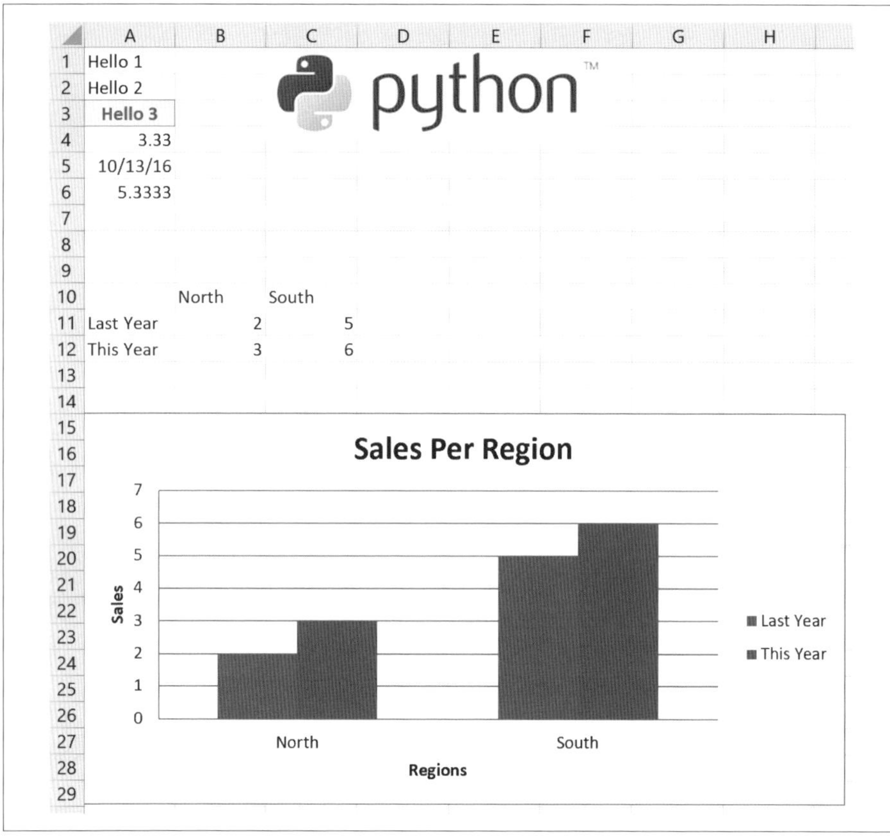

Abbildung 8-1: Die von OpenPyXL geschriebene Datei (openpyxl.xlsx)

Bearbeiten mit OpenPyXL

Es gibt kein Reader-Writer-Paket, das Excel-Dateien wirklich bearbeiten kann: In Wirklichkeit liest OpenPyXL die Datei mit allem, was es versteht, und schreibt dann die Datei von Grund auf neu – einschließlich aller Änderungen, die Sie in der Zwischenzeit vorgenommen haben. Dies kann für einfache Excel-Dateien, die hauptsächlich formatierte Zellen mit Daten und Formeln enthalten, sehr vorteilhaft sein. Doch Sie stoßen schnell an Grenzen, wenn Sie Diagramme und andere komplexere Inhalte in Ihren Tabellenblättern haben, da OpenPyXL sie entweder ändert oder gänzlich weglässt. Zum Beispiel wird OpenPyXL ab Version 3.0.5 Diagramme umbenennen und ihren Titel streichen. Hier ein einfaches Bearbeitungsbeispiel:

```
In [12]: # Die Datei stores.xlsx file lesen, eine Zelle ändern
         # und unter einem neuen Namen an einem neuen Ort speichern.
         book = openpyxl.load_workbook("xl/stores.xlsx")
         book["2019"]["A1"].value = "modified"
         book.save("stores_edited.xlsx")
```

Wenn Sie eine *xlsm*-Datei schreiben möchten, muss OpenPyXL mit einer bestehenden Datei arbeiten, die Sie mit dem auf `True` gesetzten Parameter `keep_vba` laden müssen:

```
In [13]: book = openpyxl.load_workbook("xl/macro.xlsm", keep_vba=True)
         book["Sheet1"]["A1"].value = "Click the button!"
         book.save("macro_openpyxl.xlsm")
```

Über die Schaltfläche in der Beispieldatei rufen Sie ein Makro auf, das ein Meldungsfeld anzeigt. OpenPyXL umfasst wesentlich mehr Funktionalität, als ich in diesem Abschnitt abdecken kann. Es empfiehlt sich also, einen Blick in die offizielle Dokumentation (*https://oreil.ly/7qfYL*) zu werfen. Außerdem lernen Sie am Ende dieses Kapitels weitere Funktionen kennen, wenn wir erneut auf die Fallstudie aus dem vorherigen Kapitel zurückkommen.

XlsxWriter

Wie der Name nahelegt, kann XlsxWriter Excel-Dateien nur schreiben. Der folgende Code erzeugt die gleiche Arbeitsmappe wie zuvor mit OpenPyXL, die in Abbildung 8-1 zu sehen ist. XlsxWriter verwendet 0-basierte Zellindizes, während es bei OpenPyXL 1-basierte Zellindizes sind – achten Sie darauf, wenn Sie zwischen den Paketen wechseln.

```
In [14]: import datetime as dt
         import xlsxwriter
         import excel

In [15]: # Eine Arbeitsmappe instanziieren.
         book = xlsxwriter.Workbook("xlsxwriter.xlsx")

         # Ein Tabellenblatt hinzufügen und benennen.
         sheet = book.add_worksheet("Sheet1")

         # Einzelne Zellen mit der A1-Notation und (0-basierten)
         # Zellindizes schreiben.
         sheet.write("A1", "Hello 1")
         sheet.write(1, 0, "Hello 2")

         # Formatieren: fill color, alignment, border and font
         formatting = book.add_format({"font_color": "#FF0000",
                                       "bg_color": "#FFFF00",
                                       "bold": True, "align": "center",
                                       "border": 1, "border_color": "#FF0000"})
         sheet.write("A3", "Hello 3", formatting)

         # Zahlenformatierung (mithilfe der Formatzeichenfolgen von Excel)
         number_format = book.add_format({"num_format": "0.00"})
         sheet.write("A4", 3.3333, number_format)

         # Datumsformatierung (mithilfe der Formatzeichenfolgen von Excel)
         date_format = book.add_format({"num_format": "mm/dd/yy"})
         sheet.write("A5", dt.date(2016, 10, 13), date_format)
```

```
# Formeln: Sie müssen den englischen Namen der Formel und
# Kommata als Trennzeichen verwenden.
sheet.write("A6", "=SUM(A4, 2)")

# Bild
sheet.insert_image(0, 2, "images/python.png")

# zweidimensionale Liste (wir verwenden unser excel-Modul)
data = [[None, "North", "South"],
        ["Last Year", 2, 5],
        ["This Year", 3, 6]]
excel.write(sheet, data, "A10")

# Diagramm: siehe die Datei "sales_report_xlsxwriter.py" im
# Begleit-Repository, um zu sehen, wie man mit Indizes anstelle
# von Zelladressen arbeiten kann.
chart = book.add_chart({"type": "column"})
chart.set_title({"name": "Sales per Region"})
chart.add_series({"name": "=Sheet1!A11",
                  "categories": "=Sheet1!B10:C10",
                  "values": "=Sheet1!B11:C11"})
chart.add_series({"name": "=Sheet1!A12",
                  "categories": "=Sheet1!B10:C10",
                  "values": "=Sheet1!B12:C12"})
chart.set_x_axis({"name": "Regions"})
chart.set_y_axis({"name": "Sales"})
sheet.insert_chart("A15", chart)

# Beim Schließen der Arbeitsmappe wird die Datei auf
# dem Datenträger angelegt.
book.close()
```

Im Vergleich zu OpenPyXL muss XlsxWriter einen komplexeren Ansatz verwenden, da es sich um ein reines Writer-Paket handelt. Zuerst müssen Sie am Anaconda Prompt den Makrocode aus einer bestehenden Excel-Datei herausziehen (im Beispiel ist das die Datei *macro.xlsm*, die Sie im Ordner *xl* des Begleit-Repositorys finden):

Windows

Wechseln Sie zunächst in das Verzeichnis *xl* und suchen Sie dann den Pfad zu *vba_extract.py*, einem Skript, das bei XlsxWriter dabei ist:

```
(base)> cd C:\Users\username\python-for-excel\xl
(base)> where vba_extract.py
C:\Users\username\Anaconda3\Scripts\vba_extract.py
```

Diesen Pfad verwenden Sie dann im folgenden Befehl:

```
(base)> python C:\...\Anaconda3\Scripts\vba_extract.py macro.xlsm
```

macOS

Unter macOS steht der Befehl als ausführbares Skript zur Verfügung und kann wie folgt ausgeführt werden:

```
(base)> cd /Users/username/python-for-excel/xl
(base)> vba_extract.py macro.xlsm
```

Dieser Code speichert die Datei *vbaProject.bin* in dem Verzeichnis, aus dem Sie den Befehl ausgeführt haben. Außerdem habe ich die extrahierte Datei in den Ordner *xl* des Begleit-Repositorys gestellt. Wir verwenden sie im folgenden Beispiel, um eine Arbeitsmappe mit einer Makroschaltfläche zu schreiben:

```
In [16]: book = xlsxwriter.Workbook("macro_xlsxwriter.xlsm")
         sheet = book.add_worksheet("Sheet1")
         sheet.write("A1", "Click the button!")
         book.add_vba_project("xl/vbaProject.bin")
         sheet.insert_button("A3", {"macro": "Hello", "caption": "Button 1",
                                    "width": 130, "height": 35})
         book.close()
```

pyxlsb

Verglichen mit den anderen Reader-Bibliotheken bietet pyxlsb zwar weniger Funktionalität, ist aber Ihre einzige Option, wenn es darum geht, Excel-Dateien im binären *xlsb*-Format zu lesen. Da pyxlsb nicht in Anaconda enthalten ist, müssen Sie die Bibliothek installieren, sofern Sie das nicht bereits getan haben. Und weil sie derzeit auch nicht über Conda verfügbar ist, installieren Sie sie per pip:

```
(base)> pip install pyxlsb
```

Tabellenblätter und Zellwerte lesen Sie folgendermaßen:

```
In [17]: import pyxlsb
         import excel

In [18]: # Tabellenblätter in einer Schleife durchlaufen. Mit pyxlsb können
         # die Arbeitsmappen- und Blattobjekte als
         # Kontextmanager verwendet werden.
         # book.sheets gibt eine Liste von Blattnamen zurück, keine Objekte!
         # Um ein Blattobjekt abzurufen, verwenden Sie stattdessen get_sheet().
         with pyxlsb.open_workbook("xl/stores.xlsb") as book:
             for sheet_name in book.sheets:
                 with book.get_sheet(sheet_name) as sheet:
                     dim = sheet.dimension
                     print(f"Sheet '{sheet_name}' has "
                           f"{dim.h} rows and {dim.w} cols")

Sheet '2019' has 7 rows and 5 cols
Sheet '2020' has 7 rows and 5 cols
Sheet '2019-2020' has 20 rows and 5 cols

In [19]: # Die Werte eines Bereichs von Zellen mithilfe
         # unseres excel-Moduls einlesen.
         # Anstelle von "2019" könnten Sie auch ihren (1-basierten)
         # Index verwenden.
         with pyxlsb.open_workbook("xl/stores.xlsb") as book:
             with book.get_sheet("2019") as sheet:
                 data = excel.read(sheet, "B2")
         data[:2]  # Die beiden ersten Zeilen ausgeben.
```

```
Out[19]: [['Store', 'Employees', 'Manager', 'Since', 'Flagship'],
          ['New York', 10.0, 'Sarah', 43301.0, False]]
```

Derzeit bietet pyxlsb keine Möglichkeit, Zellen mit Datumswerten zu erkennen, sodass Sie die Werte manuell von Zellen mit Datumswerten in `datetime`-Objekte konvertieren müssen:

```
In [20]: from pyxlsb import convert_date
         convert_date(data[1][3])

Out[20]: datetime.datetime(2018, 7, 20, 0, 0)
```

Denken Sie daran, dass Sie die Engine explizit angeben müssen, wenn Sie das *xlsb*-Dateiformat mit einer pandas-Version kleiner als 1.3 lesen:

```
In [21]: df = pd.read_excel("xl/stores.xlsb", engine="pyxlsb")
```

xlrd, xlwt und xlutils

Die Kombination aus xlrd, xlwt und xlutils beinhaltet ungefähr die gleiche Funktionalität für das alte *xls*-Format, die OpenPyXL für das *xlsx*-Format bietet: Dateien im *xls*-Format lassen sich mit xlrd lesen, mit xlwt schreiben und mit xlutils bearbeiten. Diese Pakete werden nicht mehr aktiv entwickelt, aber sie dürften weiterhin eine Rolle spielen, solange es noch *xls*-Dateien gibt. Und da xlutils kein Teil von Anaconda ist, müssen Sie es installieren, sofern nicht bereits geschehen:

```
(base)> conda install xlutils
```

Beginnen wir mit dem Lesen!

Lesen mit xlrd

Der folgende Beispielcode zeigt, wie Sie mit xlrd die Werte aus einer Excel-Arbeitsmappe lesen:

```
In [22]: import xlrd
         import xlwt
         from xlwt.Utils import cell_to_rowcol2
         import xlutils
         import excel

In [23]: # Die Arbeitsmappe öffnen, um Zellwerte zu lesen. Die Datei wird
         # automatisch geschlossen, nachdem die Daten geladen wurden.
         book = xlrd.open_workbook("xl/stores.xls")

In [24]: # Eine Liste mit allen Tabellenblattnamen abrufen.
         book.sheet_names()

Out[24]: ['2019', '2020', '2019-2020']

In [25]: # Die Tabellenblattobjekte in einer Schleife durchlaufen.
         for sheet in book.sheets():
             print(sheet.name)
```

```
2019
2020
2019-2020

In [26]: # Ein Tabellenblattobjekt nach dem Namen oder
         # dem (0-basierten) Index abrufen.
         sheet = book.sheet_by_index(0)
         sheet = book.sheet_by_name("2019")

In [27]: # Dimensionen
         sheet.nrows, sheet.ncols

Out[27]: (8, 6)

In [28]: # Den Wert einer einzelnen Zelle mithilfe der "A1"-Notation
         # und mithilfe der (0-basierten) Zellindizes lesen.
         # Mit "*" wird das Tupel entpackt, das cell_to_rowcol2 in
         # einzelnen Argumenten zurückgibt.
         sheet.cell(*cell_to_rowcol2("B3")).value
         sheet.cell(2, 1).value

Out[28]: 'New York'

In [29]: # Einen Bereich von Zellwerten mithilfe unseres excel-Moduls einlesen.
         data = excel.read(sheet, "B2")
         data[:2]  # Die beiden ersten Zeilen ausgeben.

Out[29]: [['Store', 'Employees', 'Manager', 'Since', 'Flagship'],
          ['New York', 10.0, 'Sarah', datetime.datetime(2018, 7, 20, 0, 0),
           False]]
```

Verwendeter Bereich

Im Unterschied zu OpenPyXL und pyxlsb gibt xlrd die Dimensionen von Zellen mit einem Wert zurück und nicht den *verwendeten Bereich* eines Blatts bei Aufruf von `sheet.nrows` und `sheet.ncols`. Was Excel als verwendeten Bereich zurückgibt, enthält oftmals leere Zeilen und Spalten am unteren und rechten Rand des Bereichs. Dies kann zum Beispiel passieren, wenn Sie den Inhalt von Zeilen (durch Drücken von `Entf`) löschen, anstatt die Zeilen selbst zu löschen (indem Sie mit der rechten Maustaste klicken und *Löschen* wählen).

Schreiben mit xlwt

Der folgende Code reproduziert, was wir zuvor mit OpenPyXL und XlsxWriter gemacht haben und was in Abbildung 8-1 zu sehen ist. Allerdings kann xlwt keine Diagramme erzeugen und unterstützt nur das bmp-Format für Bilder:

```
In [30]: import xlwt
         from xlwt.Utils import cell_to_rowcol2
         import datetime as dt
         import excel

In [31]: # Eine Arbeitsmappe instanziieren.
         book = xlwt.Workbook()
```

```
# Ein Tabellenblatt hinzufügen und benennen.
sheet = book.add_sheet("Sheet1")

# Einzelne Zellen mit A1-Notation und (0-basierten)
# Zellindizes schreiben.
sheet.write(*cell_to_rowcol2("A1"), "Hello 1")
sheet.write(r=1, c=0, label="Hello 2")

# Formatieren: Füllfarbe, Ausrichtung, Rahmen und Schrift
formatting = xlwt.easyxf("font: bold on, color red;"
                         "align: horiz center;"
                         "borders: top_color red, bottom_color red,"
                                  "right_color red, left_color red,"
                                  "left thin, right thin,"
                                  "top thin, bottom thin;"
                         "pattern: pattern solid, fore_color yellow;")
sheet.write(r=2, c=0, label="Hello 3", style=formatting)

# Zahlenformatierung (mithilfe der Formatzeichenfolgen von Excel)
number_format = xlwt.easyxf(num_format_str="0.00")
sheet.write(3, 0, 3.3333, number_format)

# Datumsformatierung (mithilfe der Formatzeichenfolgen von Excel)
date_format = xlwt.easyxf(num_format_str="mm/dd/yyyy")
sheet.write(4, 0, dt.datetime(2012, 2, 3), date_format)

# Formeln: Sie müssen den englischen Namen der Formel und Kommata
# als Trennzeichen verwenden.
sheet.write(5, 0, xlwt.Formula("SUM(A4, 2)"))

# zweidimensionale Liste (wir verwenden unser excel-Modul)
data = [[None, "North", "South"],
        ["Last Year", 2, 5],
        ["This Year", 3, 6]]
excel.write(sheet, data, "A10")

# Bild (erlaubt nur, ein bmp-Format hinzuzufügen)
sheet.insert_bitmap("images/python.bmp", 0, 2)

# Schreibt die Datei auf den Datenträger.
book.save("xlwt.xls")
```

Bearbeiten mit xlutils

Das Paket xlutils fungiert als Brücke zwischen xlrd und xlwt. Dadurch wird klar, dass es sich nicht um einen echten Bearbeitungsvorgang handelt: Das Tabellenblatt wird einschließlich der Formatierung über xlrd gelesen (mit `formatting_info=True`) und dann von xlwt wieder geschrieben, und zwar einschließlich aller zwischenzeitlich vorgenommenen Änderungen:

```
In [32]: import xlutils.copy

In [33]: book = xlrd.open_workbook("xl/stores.xls", formatting_info=True)
         book = xlutils.copy.copy(book)
```

```
book.get_sheet(0).write(0, 0, "changed!")
book.save("stores_edited.xls")
```

Damit wissen Sie, wie sich eine Excel-Arbeitsmappe in einem bestimmten Format lesen und schreiben lässt. Der nächste Abschnitt geht auf einige komplexere Themen ein und zeigt unter anderem, wie Sie mit großen Excel-Dateien arbeiten und dabei pandas sowie die Reader- und Writer-Pakete gemeinsam einsetzen.

Komplexere Reader- und Writer-Themen

Wenn Ihre Dateien größer und komplexer sind als die einfachen Excel-Dateien, die wir bisher in den Beispielen verwendet haben, sind die Standardoptionen möglicherweise nicht mehr ausreichend. Deshalb sehen wir uns in diesem Abschnitt zunächst an, wie man mit größeren Dateien umgehen kann. Anschließend lernen Sie, wie Sie pandas zusammen mit den Reader- und Writer-Paketen einsetzen: Dadurch sind Sie in der Lage, Ihren pandas-DataFrame in jeder gewünschten Weise zu gestalten. Zum Abschluss dieses Abschnitts verwenden Sie alles, was Sie in diesem Kapitel gelernt haben, um den Excel-Bericht aus der Fallstudie des letzten Kapitels viel professioneller aussehen zu lassen.

Mit großen Excel-Dateien arbeiten

Wenn Sie mit großen Dateien arbeiten, können zwei Probleme auftreten: Dateien werden nur langsam gelesen bzw. geschrieben, oder der Arbeitsspeicher des Computers geht zur Neige. In der Regel ist das Speicherproblem gewichtiger, da es möglicherweise Ihr Programm abstürzen lässt. Wann genau eine Datei als groß gilt, hängt von den verfügbaren Ressourcen Ihres Systems und der Definition von langsam ab. Dieser Abschnitt stellt Optimierungstechniken vor, die in den einzelnen Paketen realisiert sind und die es Ihnen erlauben, mit Excel-Dateien zu arbeiten, die an ihre Grenzen stoßen. Ich beginne mit den Optionen für die Writer-Bibliotheken und gehe dann auf die Optionen für die Reader-Bibliotheken ein. Am Ende dieses Abschnitts zeige ich Ihnen, wie Sie die Tabellenblätter einer Arbeitsmappe parallel lesen können, um die Verarbeitungszeit zu verringern.

Schreiben mit OpenPyXL

Wenn Sie große Dateien mit OpenPyXL schreiben, sollten Sie das Paket lxml installiert haben, da es den Schreibvorgang beschleunigt. Es ist in Anaconda enthalten, sodass Sie in dieser Hinsicht nichts tun müssen. Entscheidend ist aber, das Flag `write_only` auf `True` zu setzen. Es sorgt dafür, dass der Speicherbedarf niedrig bleibt. Allerdings zwingt es Sie, mit der append-Methode Zeile für Zeile zu schreiben, erlaubt Ihnen aber nicht mehr, einzelne Zellen zu schreiben:

```
In [34]: book = openpyxl.Workbook(write_only=True)
         # Mit write_only=True funktioniert book.active nicht.
         sheet = book.create_sheet()
```

```
# Erzeugt ein Tabellenblatt mit 1.000 x 200 Zellen.
for row in range(1000):
    sheet.append(list(range(200)))
book.save("openpyxl_optimized.xlsx")
```

Schreiben mit XlsxWriter

XlsxWriter hat mit `constant_memory` eine ähnliche Option wie OpenPyXL. Diese zwingt Sie ebenfalls, Zeilen nacheinander zu schreiben. Die Option aktivieren Sie, indem Sie ein `options`-Wörterbuch wie folgt bereitstellen:

```
In [35]: book = xlsxwriter.Workbook("xlsxwriter_optimized.xlsx",
                                    options={"constant_memory": True})
         sheet = book.add_worksheet()
         # Erzeugt ein Tabellenblatt mit 1.000 x 200 Zellen.
         for row in range(1000):
             sheet.write_row(row , 0, list(range(200)))
         book.close()
```

Lesen mit xlrd

Wenn Sie große Dateien im alten *xls*-Format lesen, können Sie mit xlrd wie folgt Tabellenblätter auf Anforderung laden:

```
In [36]: with xlrd.open_workbook("xl/stores.xls", on_demand=True) as book:
             sheet = book.sheet_by_index(0)  # Lädt nur das erste Tabellenblatt.
```

Würden Sie die Arbeitsmappe nicht als Kontextmanager verwenden, wie es hier geschieht, müssten Sie `book.release_resources()` manuell aufrufen, um die Arbeitsmappe wieder ordnungsgemäß zu schließen. Um das Paket xlrd in diesem Modus mit pandas zu nutzen, verwenden Sie es folgendermaßen:

```
In [37]: with xlrd.open_workbook("xl/stores.xls", on_demand=True) as book:
             with pd.ExcelFile(book, engine="xlrd") as f:
                 df = pd.read_excel(f, sheet_name=0)
```

Lesen mit OpenPyXL

Um den Arbeitsspeicher beim Lesen großer Excel-Dateien mit OpenPyXL unter Kontrolle zu halten, sollten Sie die Arbeitsmappe mit `read_only=True` laden. Allerdings schließt bei dieser Einstellung OpenPyXL die Datei nicht mehr automatisch, sodass Sie selbst die `close`-Methode aufrufen müssen, wenn Sie die Datei nicht mehr benötigen (OpenPyXL unterstützt keine `with`-Anweisung). Enthält Ihre Datei Links zu externen Arbeitsmappen, sollten Sie zusätzlich `keep_links` auf `False` setzen, um den Vorgang zu beschleunigen. Die Option `keep_links` legt fest, dass Verweise auf externe Arbeitsmappen beibehalten werden, was den Prozess unnötig verlangsamt, wenn Sie nur daran interessiert sind, die Werte einer Arbeitsmappe zu lesen:

```
In [38]: book = openpyxl.load_workbook("xl/big.xlsx",
                                       data_only=True, read_only=True,
                                       keep_links=False)
```

```
    # Hier die gewünschten Leseoperationen ausführen.
    book.close()  # Erforderlich bei read_only=True.
```

Tabellenblätter parallel lesen

Wenn Sie mit der Funktion `read_excel` von pandas mehrere Tabellenblätter einer großen Arbeitsmappe einlesen, werden Sie feststellen, dass dies sehr lange dauert (wir kommen gleich zu einem konkreten Beispiel). Der Grund dafür ist, dass pandas die Tabellenblätter sequenziell liest – das heißt nacheinander. Der Lesevorgang lässt sich beschleunigen, wenn Sie die Blätter parallel lesen. Es gibt zwar keine einfache Möglichkeit, das Schreiben von Arbeitsmappen zu parallelisieren, was mit der internen Struktur der Dateien zusammenhängt, doch ist wenigstens das parallele Lesen mehrerer Blätter recht einfach. Da aber das Thema Parallelisierung den Rahmen dieses Buchs sprengen würde, habe ich es in der Python-Einführung weggelassen und gehe hier auch nicht im Detail darauf ein.

Wenn Sie in Python von mehreren CPU-Kernen, über die jeder moderne Computer verfügt, profitieren möchten, verwenden Sie das Multiprocessing-Paket, das Teil der Standardbibliothek ist. Es startet mehrere Python-Interpreter (normalerweise einen pro CPU-Kern), die an einem Task parallel arbeiten. Anstatt ein Blatt nach dem anderen zu verarbeiten, verarbeitet ein Python-Interpreter das erste Blatt, während gleichzeitig ein zweiter Python-Interpreter das zweite Blatt bearbeitet usw. Allerdings benötigt jeder zusätzliche Interpreter eine gewisse Startzeit und belegt zusätzlichen Arbeitsspeicher. Deshalb wird es bei kleinen Dateien möglicherweise sogar länger dauern, wenn Sie den Lesevorgang parallelisieren. Bei einer großen Datei mit mehreren großen Tabellenblättern kann aber das Multiprocessing den Lesevorgang erheblich beschleunigen – immer vorausgesetzt, dass Ihr System über genügend Arbeitsspeicher verfügt, um die Arbeitslast zu bewältigen. Wenn Sie das Jupyter Notebook auf Binder ausführen, wie Kapitel 2 gezeigt hat, steht Ihnen nicht genügend Arbeitsspeicher zur Verfügung, und die parallelisierte Version wird folglich langsamer laufen. Die Datei *parallel_pandas.py* im Begleit-Repository ist eine einfache Implementierung für paralleles Lesen von Tabellenblättern mit OpenPyXL als Engine. Sie ist leicht zu nutzen, sodass Sie nichts über Multiprocessing wissen müssen:

```
import parallel_pandas
parallel_pandas.read_excel(filename, sheet_name=None)
```

Standardmäßig werden alle Blätter eingelesen, aber Sie können eine Liste mit Blattnamen angeben, die Sie verarbeiten möchten. Wie pandas gibt die Funktion ein Wörterbuch in der Form `{"sheetname": df}` zurück, d. h., Schlüssel sind die Blattnamen und die Werte sind die DataFrames.

Der magische Befehl %%time

In den folgenden Beispielen verwende ich die Zellmagie `%%time`. Magische Befehle habe ich in Kapitel 5 im Zusammenhang mit Matplotlib eingeführt. Bei `%%time` handelt es sich um eine Zellmagie, die für einfache Optimierungen sehr nützlich sein kann, da sich damit die Ausführungszeiten zweier Zellen mit verschiedenen Codefragmenten ganz einfach vergleichen lassen. Die auch als *Wall Time* bezeichnete Zeit ist die *verstrichene Zeit* vom Start bis zum Ende eines Computerprogramms, d. h. der Zelle. Wenn Sie unter macOS oder Linux arbeiten, erhalten Sie nicht einfach die Wall Time, sondern eine zusätzliche Zeile für CPU-Zeiten, zum Beispiel:

```
CPU times: user 49.4 s, sys: 108 ms, total: 49.5 s
```

Für die CPU-Zeiten wird die Zeit gemessen, die ein Programm in der CPU zubringt. Diese kann niedriger sein als die verstrichene Zeit (wenn das Programm darauf warten muss, dass die CPU verfügbar wird) oder höher (wenn das Programm auf mehreren CPU-Kernen parallel läuft). Um die Zeit genauer zu messen, verwenden Sie `%%timeit` anstelle von `%%time`, wodurch die Zelle mehrfach ausgeführt und der Durchschnitt aller Läufe gebildet wird. Die Befehle `%%time` und `%%timeit` sind Zellmagien, d. h., sie müssen in der ersten Zeile der Zelle stehen und messen die Ausführungszeit der gesamten Zelle. Wenn Sie stattdessen nur eine einzige Zeile messen wollen, beginnen Sie diese Zeile mit `%time` oder `%timeit`.

Sehen Sie sich nun an, wie viel schneller die parallelisierte Version die Datei *big.xlsx* liest, die Sie im Ordner *xl* des Begleit-Repositorys finden:

```
In [39]: %%time
         data = pd.read_excel("xl/big.xlsx",
                              sheet_name=None, engine="openpyxl")

Wall time: 49.5 s

In [40]: %%time
         import parallel_pandas
         data = parallel_pandas.read_excel("xl/big.xlsx", sheet_name=None)

Wall time: 12.1 s
```

Um den DataFrame abzurufen, der *Sheet1* darstellt, schreiben Sie in beiden Fällen `data["Sheet1"]`. Ein Blick auf die verstrichenen Zeiten der beiden Beispiele zeigt, dass die parallelisierte Version bei dieser konkreten Arbeitsmappe und auf meinem Laptop mit sechs CPU-Kernen mehrfach schneller gelesen hat als `pd.read_excel`. Wenn Sie es noch schneller haben wollen, parallelisieren Sie OpenPyXL direkt: Eine Implementierung dafür finden Sie im Begleit-Repository (*parallel_openpyxl.py*), zusammen mit einer Implementierung für xlrd (*parallel_xlrd.py*), um das alte *xls*-Format parallel zu lesen. Wenn Sie die zugrunde liegenden Pakete anstelle von pandas verwenden, können Sie die Umwandlung in einen DataFrame überspringen oder nur die benötigten Bereinigungsschritte durchführen, was den gesamten Vorgang höchstwahrscheinlich weiter beschleunigt – sollte das Ihr größtes Anliegen sein.

> **Ein Blatt mit Modin parallel lesen**
>
> Wenn Sie nur ein einziges großes Tabellenblatt einlesen, lohnt sich ein Blick in Modin (*https://oreil.ly/wQszH*), ein Projekt, das als Ersatz für pandas dient. Es parallelisiert den Lesevorgang eines einzelnen Blatts und liefert beeindruckende Geschwindigkeitsverbesserungen. Da Modin eine bestimmte Version von pandas voraussetzt, könnte es die mit Anaconda gelieferte Version herunterstufen, wenn Sie das Projekt installieren. Für einen Test sollten Sie eine separate Conda-Umgebung einrichten, damit Sie Ihre Basisumgebung nicht durcheinanderbringen. In Anhang A finden Sie eine detaillierte Anleitung dazu, wie Sie eine Conda-Umgebung erstellen:
>
> ```
> (base)> conda create --name modin python=3.8 -y
> (base)> conda activate modin
> (modin)> conda install -c conda-forge modin -y
> ```
>
> Auf meinem Computer dauerte die Ausführung des folgenden Codes für die Datei *big.xlsx* ungefähr fünf Sekunden, während pandas etwa zwölf Sekunden benötigt hat:
>
> ```
> import modin.pandas
> data = modin.pandas.read_excel("xl/big.xlsx",
>                                sheet_name=0, engine="openpyxl")
> ```

Nachdem Sie nun wissen, wie man mit großen Dateien umgeht, sehen wir uns jetzt an, wie man mit pandas und den systemnahen Paketen die Standardformatierung beim Schreiben von DataFrames in Excel-Dateien verbessern kann.

DataFrames in Excel formatieren

Um DataFrames in Excel in der gewünschten Weise zu formatieren, können wir Code schreiben, der pandas zusammen mit OpenPyXL oder XlsxWriter verwendet. Diese Kombination setzen wir als Erstes ein, um dem exportierten DataFrame einen Titel hinzuzufügen. Dann formatieren wir die Überschrift und den Index eines DataFrame, bevor wir am Ende des Abschnitts den Datenteil eines DataFrame formatieren. Da es gelegentlich auch zweckmäßig ist, pandas mit OpenPyXL zu kombinieren, um DataFrames zu lesen, beginnen wir damit:

```
In [41]: with pd.ExcelFile("xl/stores.xlsx", engine="openpyxl") as xlfile:
             # Einen DataFrame lesen.
             df = pd.read_excel(xlfile, sheet_name="2020")

             # Das OpenPyXL-Arbeitsmappenobjekt abrufen.
```

```
book = xlfile.book

# Ab hier ist es OpenPyXL-Code.
sheet = book["2019"]
value = sheet["B3"].value  # Einen einzelnen Wert lesen.
```

Beim Schreiben von Arbeitsmappen funktioniert dies analog, sodass wir unserem DataFrame-Bericht ganz einfach einen Titel hinzufügen können:

```
In [42]: with pd.ExcelWriter("pandas_and_openpyxl.xlsx",
                             engine="openpyxl") as writer:
             df = pd.DataFrame({"col1": [1, 2, 3, 4], "col2": [5, 6, 7, 8]})
             # Einen DataFrame schreiben.
             df.to_excel(writer, "Sheet1", startrow=4, startcol=2)

             # Die Arbeitsmappe und Blattobjekte von OpenPyXL abrufen.
             book = writer.book
             sheet = writer.sheets["Sheet1"]

             # Ab hier ist es OpenPyXL-Code.
             sheet["A1"].value = "This is a Title"  # Einen einzelnen Zellwert
                                                    # schreiben.
```

Diese Beispiele verwenden OpenPyXL, doch konzeptionell funktioniert es genauso mit den anderen Paketen. Wir wollen nun herausfinden, wie wir den Index und die Überschrift eines DataFrame formatieren können.

Den Index und die Überschriften eines DataFrame formatieren

Die vollständige Kontrolle über die Formatierung von Index und Spaltenüberschriften bekommt man am einfachsten, wenn man sie selbst schreibt. Das folgende Beispiel zeigt Ihnen, wie Sie das mit OpenPyXL bzw. XlsxWriter bewerkstelligen. In Abbildung 8-2 ist die Ausgabe zu sehen. Zunächst erstellen wir einen DataFrame:

```
In [43]: df = pd.DataFrame({"col1": [1, -2], "col2": [-3, 4]},
                           index=["row1", "row2"])
         df.index.name = "ix"
         df

Out[43]:       col1  col2
         ix
         row1     1    -3
         row2    -2     4
```

Den Index und die Überschriften formatieren Sie mit OpenPyXL folgendermaßen:

```
In [44]: from openpyxl.styles import PatternFill

In [45]: with pd.ExcelWriter("formatting_openpyxl.xlsx",
                             engine="openpyxl") as writer:
             # Den DataFrame mit der Standardformatierung nach A1 ausgeben.
             df.to_excel(writer, startrow=0, startcol=0)

             # Den DataFrame mit benutzerdefinierter Formatierung von
```

```
# Index/Überschriften nach A6 ausgeben.
startrow, startcol = 0, 5
# 1. Den Datenteil des DataFrame ausgeben.
df.to_excel(writer, header=False, index=False,
            startrow=startrow + 1, startcol=startcol + 1)
# Das Blattobjekt abrufen und ein Stilobjekt erzeugen.
sheet = writer.sheets["Sheet1"]
style = PatternFill(fgColor="D9D9D9", fill_type="solid")

# 2. Die Überschriften der formatierten Spalte ausgeben.
for i, col in enumerate(df.columns):
    sheet.cell(row=startrow + 1, column=i + startcol + 2,
               value=col).fill = style

# 3. Den formatierten Index ausgeben.
index = [df.index.name if df.index.name else None] + list(df.index)
for i, row in enumerate(index):
    sheet.cell(row=i + startrow + 1, column=startcol + 1,
               value=row).fill = style
```

Um den Index und die Überschriften stattdessen mit XlsxWriter zu formatieren, müssen Sie den Code etwas anpassen:

```
In [46]: # Index/Überschriften mit XlsxWriter formatieren.
         with pd.ExcelWriter("formatting_xlsxwriter.xlsx",
                             engine="xlsxwriter") as writer:
         # Den DataFrame mit der Standardformatierung an A1 ausgeben.
         df.to_excel(writer, startrow=0, startcol=0)

         # Den DataFrame mit benutzerdefinierter Formatierung von
         # Index/Überschriften an A6 ausgeben.
         startrow, startcol = 0, 5
         # 1. Den Datenteil des DataFrame ausgeben.
         df.to_excel(writer, header=False, index=False,
                     startrow=startrow + 1, startcol=startcol + 1)
         # Die Arbeitsmappen- und Blattobjekte abrufen und ein
         # Stilobjekt erstellen.
         book = writer.book
         sheet = writer.sheets["Sheet1"]
         style = book.add_format({"bg_color": "#D9D9D9"})

         # 2. Die formatierten Spaltenüberschriften ausgeben.
         for i, col in enumerate(df.columns):
             sheet.write(startrow, startcol + i + 1, col, style)

         # 3. Den formatierten Index ausgeben.
         index = [df.index.name if df.index.name else None] + list(df.index)
         for i, row in enumerate(index):
             sheet.write(startrow + i, startcol, row, style)
```

Nachdem Index und Überschriften formatiert sind, wollen wir sehen, wie wir den Datenteil formatieren können.

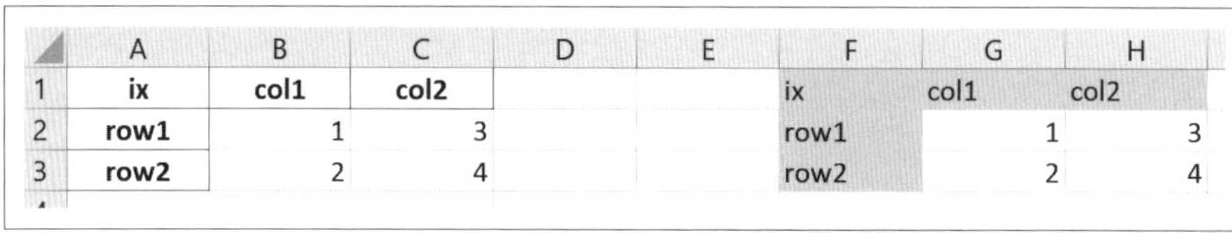

	A	B	C	D	E	F	G	H
1	ix	col1	col2			ix	col1	col2
2	row1	1	3			row1	1	3
3	row2	2	4			row2	2	4

Abbildung 8-2: Ein DataFrame mit dem Standardformat (links) und mit einem benutzerdefinierten Format (rechts)

Den Datenteil eines DataFrame formatieren

Welche Möglichkeiten Sie haben, um den Datenteil eines DataFrame zu formatieren, hängt vom verwendeten Paket ab: Wenn Sie die Methode `to_excel` von pandas nehmen, kann OpenPyXL ein Format auf jede Zelle anwenden, während sich die Formate mit XlsxWriter nur zeilen- oder spaltenweise anwenden lassen. Um zum Beispiel das Zahlenformat der Zellen auf drei Dezimalstellen zu setzen und den Inhalt zentriert auszurichten, wie in Abbildung 8-3 gezeigt, können Sie das mit OpenPyXL wie folgt bewerkstelligen:

```
In [47]: from openpyxl.styles import Alignment

In [48]: with pd.ExcelWriter("data_format_openpyxl.xlsx",
                             engine="openpyxl") as writer:
             # Den DataFrame ausgeben.
             df.to_excel(writer)

             # Die Arbeitsmappen- und Blattobjekte abrufen.
             book = writer.book
             sheet = writer.sheets["Sheet1"]

             # Zellen einzeln formatieren.
             nrows, ncols = df.shape
             for row in range(nrows):
                 for col in range(ncols):
                     # +1, um Überschrift/Index zu berücksichtigen.
                     # +1, da OpenPyXL 1-basiert ist.
                     cell = sheet.cell(row=row + 2,
                                       column=col + 2)
                     cell.number_format = "0.000"
                     cell.alignment = Alignment(horizontal="center")
```

Für XlsxWriter passen Sie den Code wie folgt an:

```
In [49]: with pd.ExcelWriter("data_format_xlsxwriter.xlsx",
                             engine="xlsxwriter") as writer:
             # Den DataFrame ausgeben.
             df.to_excel(writer)

             # Die Arbeitsmappen- und Blattobjekte abrufen.
             book = writer.book
             sheet = writer.sheets["Sheet1"]
```

```
# Die Spalten formatieren (Zellen lassen sich nicht
# einzeln formatieren).
number_format = book.add_format({"num_format": "0.000",
                                 "align": "center"})
sheet.set_column(first_col=1, last_col=2,
                 cell_format=number_format)
```

	A	B	C
1		**col1**	**col2**
2	**row1**	1.000	-3.000
3	**row2**	-2.000	4.000

Abbildung 8-3: Ein DataFrame mit einem formatierten Datenteil

Als Alternative bietet pandas *experimentelle* Unterstützung für die `style`-Eigenschaft von DataFrames. Experimentell bedeutet, dass sich die Syntax jederzeit ändern kann. Da Stile eingeführt wurden, um die DataFrames im HTML-Format zu formatieren, verwenden sie die CSS-Syntax. CSS steht für *Cascading Style Sheets* und wird eingesetzt, um das Format von HTML-Elementen zu definieren. Möchten Sie das gleiche Format wie im vorherigen Beispiel (drei Dezimalstellen und zentrierte Ausrichtung) nutzen, müssen Sie auf jedes Element eines `Styler`-Objekts eine Funktion via `applymap` anwenden. Ein `Styler`-Objekt erhalten Sie über das Attribut `df.style`:

```
In [50]: df.style.applymap(lambda x: "number-format: 0.000;"
                                     "text-align: center")\
                 .to_excel("styled.xlsx")
```

Dieser Code liefert das gleiche Ergebnis wie das in Abbildung 8-3 gezeigte. Weitere Details zum DataFrame-Formatierungskonzept finden Sie direkt in der Formatdokumentation (*https://oreil.ly/_JzfP*).

Ohne sich auf die Formatattribute verlassen zu müssen, bietet pandas Unterstützung, um die `date`- und `datetime`-Objekte wie in Abbildung 8-4 gezeigt zu formatieren:

```
In [51]: df = pd.DataFrame({"Date": [dt.date(2020, 1, 1)],
                            "Datetime": [dt.datetime(2020, 1, 1, 10)]})
         with pd.ExcelWriter("date.xlsx",
                             date_format="yyyy-mm-dd",
                             datetime_format="yyyy-mm-dd hh:mm:ss") as writer:
             df.to_excel(writer)
```

	A	B	C
1		**Date**	**Datetime**
2	**0**	2020-01-01	2020-01-01 10:00:00

Abbildung 8-4: Ein DataFrame mit formatierten Datumswerten

> ### Andere Reader- und Writer-Pakete
>
> Neben den Paketen, die wir in diesem Kapitel vorgestellt haben, gibt es einige andere, die für spezielle Anwendungsfälle interessant sein könnten:
>
> *pyexcel*
> : Das Paket pyexcel (*http://pyexcel.org/*) bietet eine harmonisierte Syntax über verschiedene Excel-Pakete und andere Dateiformate, einschließlich CSV-Dateien und OpenOffice-Dateien.
>
> *PyExcelerate*
> : Das Paket PyExcelerate (*https://oreil.ly/yJax7*) zielt darauf ab, Excel-Dateien auf die schnellstmögliche Weise zu schreiben.
>
> *pylightxl*
> : Das Paket pylightxl (*https://oreil.ly/efjt4*) kann *xlsx*- und *xlsm*-Dateien lesen und *xlsx*-Dateien schreiben.
>
> *styleframe*
> : Das Paket styleframe (*https://oreil.ly/nQUg9*) setzt auf pandas und OpenPyXL auf, um Excel-Dateien mit ansprechend formatierten DataFrames zu produzieren.
>
> *oletools*
> : Bei oletools (*https://oreil.ly/SG-Jy*) handelt es sich nicht um ein klassisches Reader- oder Writer-Paket, sondern um ein Tool, mit dem sich Microsoft-Office-Dokumente analysieren lassen, z. B. zur Malwareanalyse. Es bietet eine komfortable Möglichkeit, VBA-Code aus Excel-Arbeitsmappen zu extrahieren.

Da Sie nun wissen, wie man DataFrames in Excel formatiert, ist es an der Zeit, die Fallstudie aus dem vorherigen Kapitel noch einmal aufzurollen und zu untersuchen, ob wir den Excel-Bericht mit dem Wissen aus diesem Kapitel verbessern können.

Noch einmal: Fallstudie – Excel-Berichte

Wenn Sie es bis zum Ende dieses Kapitels geschafft haben, wissen Sie genug, um zum Excel-Bericht der Fallstudie aus dem letzten Kapitel zurückzukehren und ihn optisch ansprechender zu gestalten. Wenn Sie möchten, gehen Sie zurück zu *sales_report_pandas.py* im Begleit-Repository und versuchen, den Bericht in das Format zu bringen, wie es in Abbildung 8-5 zu sehen ist.

Die roten Zahlen (hellgrau im gedruckten Buch) sind Verkaufszahlen, die unter 20.000 liegen. Da ich in diesem Kapitel nicht auf alle Aspekte der Formatierung (zum Beispiel die bedingte Formatierung) eingegangen bin, müssen Sie sich die Dokumentation des Pakets ansehen, mit dem Sie arbeiten möchten. Damit Sie Ihre Lösung vergleichen können, habe ich im Begleit-Repository zwei Versionen des

Skripts bereitgestellt, das diesen Bericht erzeugt. Die erste Version basiert auf OpenPyXL (*sales_report_openpyxl.py*) und die andere auf XlsxWriter (*sales_report_xlsxwriter.py*). Wenn Sie sich die Skripte nebeneinander ansehen, werden Sie auch besser entscheiden können, welches Paket für Ihre nächste Writer-Aufgabe infrage kommt. Im nächsten Kapitel kommen wir noch einmal auf diese Fallstudie zurück: Dann stützen wir uns auf eine Installation von Microsoft Excel, um mit Berichtsvorlagen zu arbeiten.

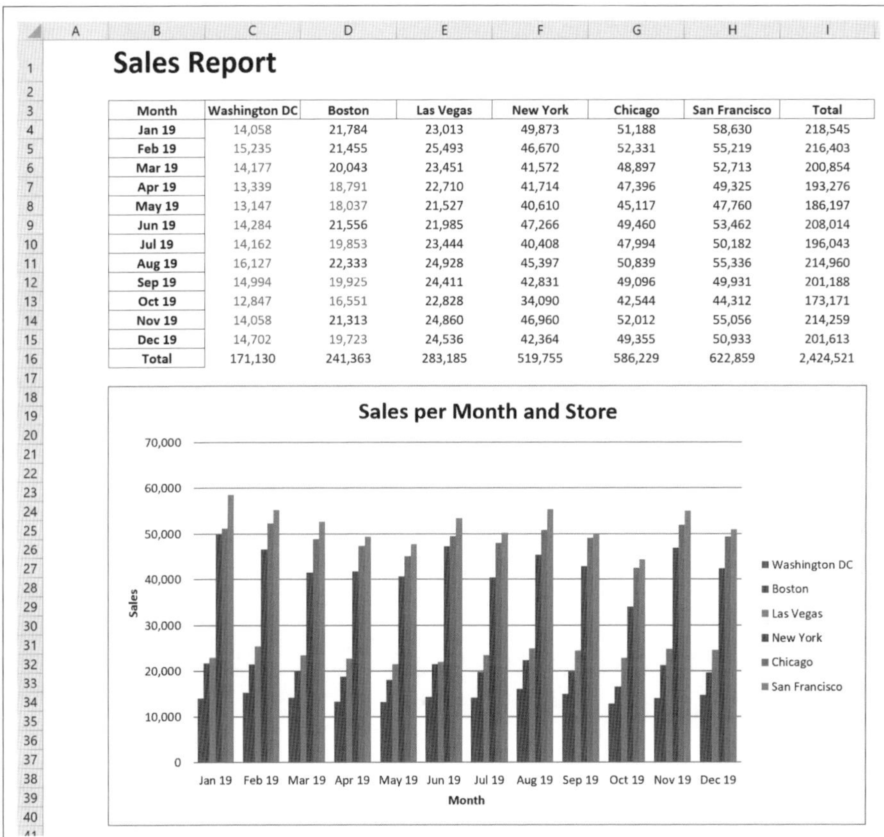

Sales Report

Month	Washington DC	Boston	Las Vegas	New York	Chicago	San Francisco	Total
Jan 19	14,058	21,784	23,013	49,873	51,188	58,630	218,545
Feb 19	15,235	21,455	25,493	46,670	52,331	55,219	216,403
Mar 19	14,177	20,043	23,451	41,572	48,897	52,713	200,854
Apr 19	13,339	18,791	22,710	41,714	47,396	49,325	193,276
May 19	13,147	18,037	21,527	40,610	45,117	47,760	186,197
Jun 19	14,284	21,556	21,985	47,266	49,460	53,462	208,014
Jul 19	14,162	19,853	23,444	40,408	47,994	50,182	196,043
Aug 19	16,127	22,333	24,928	45,397	50,839	55,336	214,960
Sep 19	14,994	19,925	24,411	42,831	49,096	49,931	201,188
Oct 19	12,847	16,551	22,828	34,090	42,544	44,312	173,171
Nov 19	14,058	21,313	24,860	46,960	52,012	55,056	214,259
Dec 19	14,702	19,723	24,536	42,364	49,355	50,933	201,613
Total	171,130	241,363	283,185	519,755	586,229	622,859	2,424,521

Abbildung 8-5: Der überarbeitete Verkaufsbericht, wie er von sales_report_openpyxl.py erzeugt wird

Zum Schluss

In diesem Kapitel habe ich Ihnen die Reader- und Writer-Pakete vorgestellt, die pandas hinter den Kulissen verwendet. Indem Sie direkt auf diese Pakete zugreifen, können Sie Excel-Arbeitsmappen lesen und schreiben, ohne pandas installieren zu müssen. Wenn Sie aber diese Pakete zusammen mit pandas einsetzen, sind Sie in der Lage, die DataFrame-Excel-Berichte mithilfe hinzugefügter Titel, Diagramme und Formatierungen aufzuwerten. Obwohl die aktuellen Reader- und Writer-Pakete unglaublich leistungsfähig sind, hoffe ich immer noch, dass wir eines Tages einen »NumPy-Moment« erleben werden, der die Bemühungen aller Entwickler in einem einzigen Projekt vereint. Es wäre großartig, wenn man sich für ein Paket entscheiden könnte, ohne erst eine Tabelle inspizieren zu müssen und ohne gezwungen zu sein, für jeden Typ von Excel-Datei eine andere Syntax zu verwenden. In diesem Sinne ist es zweckmäßig, mit pandas zu beginnen und nur dann auf die Reader- und Writer-Pakete zurückzugreifen, wenn Sie zusätzliche Funktionalität benötigen, die pandas nicht abdeckt.

Allerdings ist Excel wesentlich mehr als nur eine Datendatei oder ein Bericht: Die Excel-Anwendung gehört zu den intuitivsten Benutzeroberflächen. Der Benutzer muss nur ein paar Zahlen eintippen, um der Anwendung die gesuchten Informationen zu entlocken. Wenn Sie die Excel-Anwendung automatisieren, anstatt Excel-Dateien zu lesen und zu schreiben, eröffnet sich Ihnen eine ganz neue Palette an Funktionalität, die wir in Teil IV erkunden werden. Das nächste Kapitel zeigt zu Beginn dieser Erkundungstour, wie Sie Excel von Python aus fernsteuern können.

TEIL IV

Die Excel-Anwendung mit xlwings programmieren

KAPITEL 9

Excel-Automatisierung

Bisher haben Sie gelernt, wie sich typische Excel-Aufgaben durch pandas ersetzen lassen (Teil II) und wie man Excel-Dateien sowohl als Datenquelle als auch als Dateiformat für Berichte verwendet (Teil III). Dieses Kapitel leitet Teil IV ein, in dem wir davon abkommen, Excel-Dateien mit den Reader- und Writer-Paketen zu manipulieren, und damit beginnen, die *Excel-Anwendung* mit *xlwings* zu automatisieren.

Die wichtigste Aufgabe von xlwings ist es, interaktive Anwendungen zu erstellen, wobei Excel-Tabellenblätter als Benutzeroberfläche fungieren, über die Sie Python ausführen können, indem Sie auf eine Schaltfläche klicken oder eine benutzerdefinierte Funktion aufrufen – das ist die Art von Funktionalität, die die Reader- und Writer-Pakete nicht abdecken. Doch das bedeutet nicht, dass Sie mit xlwings keine Dateien lesen und schreiben können, solange Sie entweder unter macOS oder Windows arbeiten und Excel installiert haben. In diesem Bereich hat xlwings insbesondere den Vorteil, dass Sie Excel-Dateien in allen Formaten bearbeiten können, wobei weder der vorhandene Inhalt noch die Formatierung verändert wird oder verloren geht. Ein weiterer Vorteil ist, die Zellwerte aus einer Excel-Arbeitsmappe lesen zu können, ohne sie vorher speichern zu müssen. Allerdings kann es auch durchaus sinnvoll sein, ein Excel-Reader/Writer-Paket zusammen mit xlwings zu nutzen, wie Sie sehen werden, wenn wir die Fallstudie zu Berichten aus Kapitel 7 noch einmal aufgreifen.

Zu Beginn dieses Kapitels führe ich Sie in das Excel-Objektmodell und in xlwings ein: Zunächst lernen Sie die Grundlagen, wie das Verbinden mit einer Arbeitsmappe oder das Lesen und Schreiben von Zellwerten, bevor wir ein wenig tiefer in die Materie einsteigen, um zu verstehen, wie Konverter und Optionen es ermöglichen, mit DataFrames von pandas und NumPy-Arrays zu arbeiten. Zudem geht es darum, wie Sie mit Diagrammen, Bildern und definierten Namen interagieren, bevor der letzte Abschnitt erläutert, wie xlwings hinter den Kulissen funktioniert: Am Ende verfügen Sie über die erforderlichen Kenntnisse, um Ihre Skripte performant zu machen und fehlende Funktionalität zu umgehen.

Ab diesem Kapitel müssen Sie die Codebeispiele entweder unter Windows oder unter macOS ausführen, da sie von einer lokalen Installation von Microsoft Excel abhängen.[1]

Erste Schritte mit xlwings

Das Paket xlwings soll VBA direkt ersetzen (was als »Drop-in Replacement« bezeichnet wird), sodass Sie unter Windows und macOS mit Excel von Python aus interagieren können. Da das Raster von Excel als perfektes Layout gilt, um Datenstrukturen von Python wie verschachtelte Listen, NumPy-Arrays und DataFrames von pandas darzustellen, ist es eines der Kernfeatures von xlwings, das Lesen und Schreiben von und nach Excel so einfach wie möglich zu gestalten. Zu Beginn dieses Abschnitts führe ich Excel als Daten-Viewer ein – dies ist nützlich, wenn Sie mit DataFrames in einem Jupyter Notebook interagieren. Dann erläutere ich das Excel-Objektmodell, bevor ich es interaktiv mit xlwings erkunde. Am Ende dieses Abschnitts zeige ich, wie Sie VBA-Code aufrufen, den Sie vielleicht noch in älteren Arbeitsmappen haben. Da xlwings Teil von Anaconda ist, müssen Sie es nicht manuell installieren.

Excel als Daten-Viewer verwenden

Wahrscheinlich haben Sie in den vorherigen Kapiteln bemerkt, dass Jupyter Notebooks standardmäßig den Großteil der Daten für größere DataFrames verbergen und nur die obersten und untersten Zeilen sowie die ersten und letzten Spalten anzeigen. Ein besseres Gespür für Ihre Daten können Sie bekommen, wenn Sie sie grafisch darstellen – dabei lassen sich Ausreißer und andere Unregelmäßigkeiten erkennen. Manchmal ist es aber auch einfach nur hilfreicher, durch die Daten einer Datentabelle zu scrollen. In Kapitel 7 haben Sie gelernt, wie Sie die Methode `to_excel` auf Ihren DataFrame anwenden. Auch wenn das funktioniert, ist es mitunter recht umständlich: Sie müssen der Excel-Datei einen Namen geben, diese Datei im Dateisystem aufspüren, öffnen und – nachdem Sie Ihren DataFrame bearbeitet haben – die Excel-Datei schließen. Dann beginnt dieser Ablauf von Neuem. Besser wäre es, die Funktion `df.to_clipboard()` auszuführen, die den DataFrame `df` in die Zwischenablage kopiert und es Ihnen damit ermöglicht, sie in Excel einzufügen. Es gibt aber einen noch einfacheren Weg – die `view`-Funktion, die in xlwings enthalten ist:

```
In [1]: # Zuerst die Pakete importieren, die wir in diesem Kapitel verwenden.
        import datetime as dt
        import xlwings as xw
        import pandas as pd
        import numpy as np
```

1 Unter Windows benötigen Sie mindestens Excel 2007 und unter macOS mindestens Excel 2016. Alternativ können Sie die Desktopversion von Excel installieren, die Teil Ihres Microsoft 365-Abonnements ist. Überprüfen Sie Ihr Abonnement in Bezug auf Details dazu, wie dabei vorzugehen ist.

```
In [2]: # Einen DataFrame mit Pseudozufallszahlen und mit genügend Zeilen
        # erzeugen, sodass nur die ersten und letzten angezeigt werden.
        df = pd.DataFrame(data=np.random.randn(100, 5),
                          columns=[f"Trial {i}" for i in range(1, 6)])
        df

Out[2]:     Trial 1   Trial 2   Trial 3   Trial 4   Trial 5
        0  -1.313877  1.164258 -1.306419 -0.529533 -0.524978
        1  -0.854415  0.022859 -0.246443 -0.229146 -0.005493
        2  -0.327510 -0.492201 -1.353566 -1.229236  0.024385
        3  -0.728083 -0.080525  0.628288 -0.382586 -0.590157
        4  -1.227684  0.498541 -0.266466  0.297261 -1.297985
        ..       ...       ...       ...       ...       ...
        95 -0.903446  1.103650  0.033915  0.336871  0.345999
        96 -1.354898 -1.290954 -0.738396 -1.102659  0.115076
        97 -0.070092 -0.416991 -0.203445 -0.686915 -1.163205
        98 -1.201963  0.471854 -0.458501 -0.357171  1.954585
        99  1.863610  0.214047 -1.426806  0.751906 -2.338352

        [100 rows x 5 columns]

In [3]: # Den DataFrame in Excel anzeigen.
        xw.view(df)
```

Die Funktion `view` akzeptiert alle gängigen Python-Objekte einschließlich Zahlen, Strings, Listen, Wörterbüchern, NumPy-Arrays und pandas-DataFrames. Standardmäßig öffnet sie eine neue Arbeitsmappe und fügt das Objekt in Zelle A1 des ersten Tabellenblatts ein – sie passt sogar die Spaltenbreiten mithilfe der AutoFit-Funktionalität von Excel an. Anstatt jedes Mal eine neue Arbeitsmappe zu öffnen, können Sie auch dieselbe Arbeitsmappe wiederverwenden, indem Sie der Funktion `view` ein `sheet`-Objekt von xlwings als zweites Argument übergeben: `xw.view(df, mysheet)`. Wie Sie auf ein derartiges `sheet`-Objekt zugreifen und wie es sich in das Excel-Objektmodell einfügt, werde ich als Nächstes erklären.[2]

macOS: Berechtigungen und Standardeinstellungen

Unter macOS müssen Sie Jupyter Notebooks und VS Code von einem Anaconda Prompt (d. h. über das Terminal) ausführen, wie Kapitel 2 gezeigt hat. Damit stellen Sie sicher, dass Sie von zwei Pop-ups begrüßt werden, wenn Sie xlwings zum ersten Mal verwenden: Das erste ist »Terminal erlauben, Systemereignisse zu kontrollieren«, und das zweite sagt aus: »Terminal erlauben, Microsoft Excel zu kontrollieren«. Beide Pop-ups müssen Sie bestätigen, um Python zu ermöglichen, Excel zu automatisieren. Theoretisch sollten diese Pop-ups von jeder Anwendung ausgelöst werden, von der aus Sie xlwings-Code ausführen. Doch in der Praxis ist das oft nicht der Fall, sodass Sie Probleme vermeiden können, wenn Sie sie über das Terminal ausführen. Außerdem müssen Sie die *Einstellungen* von Excel öffnen und unter der Kategorie *Allgemein* das Kontrollkästchen *Ar-*

2 Beachten Sie, dass xlwings 0.22.0 die Funktion `xw.load` eingeführt hat, die `xw.view` ähnelt, aber in entgegengesetzter Richtung arbeitet: Damit können Sie ganz einfach einen Excel-Bereich in ein Jupyter Notebook als pandas-DataFrame laden. Siehe hierzu die Dokumentation (*https://oreil.ly/x7sTR*).

beitsmappenkatalog beim Öffnen von Excel anzeigen deaktivieren. Daraufhin startet Excel direkt mit einer leeren Arbeitsmappe, anstatt zuerst den Katalog zu öffnen, was beim Öffnen einer neuen Excel-Instanz via xlwings stören würde.

Das Excel-Objektmodell

Wenn Sie Excel per Programm steuern, interagieren Sie mit seinen Komponenten wie etwa einer Arbeitsmappe oder einem Blatt. Diese Komponenten sind im Excel-Objektmodell organisiert, einer hierarchischen Struktur, die die grafische Benutzeroberfläche von Excel repräsentiert (siehe Abbildung 9-1). Microsoft verwendet weitgehend das gleiche Objektmodell in allen offiziell unterstützten Programmiersprachen, sei es VBA, Office Scripts (die JavaScript-Schnittstelle für Excel im Web) oder C#. Im Gegensatz zu den Reader- und Writer-Paketen, wie sie Kapitel 8 vorgestellt hat, hält sich xlwings sehr eng an das Excel-Objektmodell, jedoch mit einem etwas anderen Touch: Zum Beispiel verwendet xlwings die Namen `app` anstelle von `application` und `book` anstelle von `workbook`:

- Eine `app` enthält die Auflistung `books`.
- Ein `book` enthält die Auflistung `sheets`.
- Ein `sheet` bietet Zugriff auf `range`-Objekte und Auflistungen wie zum Beispiel `charts`.
- Eine `range` enthält eine oder mehrere zusammenhängende Zellen als ihre Elemente.

Die gestrichelten Kästchen sind *Auflistungen* und enthalten eines oder mehrere Objekte desselben Typs. Eine `app` entspricht einer Excel-Instanz, d. h. einer Excel-Anwendung, die als eigener Prozess läuft. Zum Beispiel verwenden Power User manchmal mehrere Excel-Instanzen parallel, um dieselbe Arbeitsmappe zweimal zu öffnen und parallel mit verschiedenen Eingaben zu berechnen. Mit den neueren Versionen von Excel hat Microsoft es komplizierter gemacht, mehrere Instanzen von Excel manuell zu öffnen: Starten Sie Excel und klicken Sie dann mit der rechten Maustaste auf das Symbol in der Windows-Taskleiste. Im daraufhin geöffneten Menü klicken Sie mit der linken Maustaste auf den Excel-Eintrag und halten gleichzeitig die `Alt`-Taste gedrückt. Lassen Sie die `Alt`-Taste erst los, nachdem Sie die Maustaste losgelassen haben. Es erscheint ein Pop-up-Menü mit der Frage, ob Sie eine neue Instanz von Excel starten möchten. Unter macOS gibt es keine Möglichkeit, mehr als eine Instanz desselben Programms manuell zu öffnen, doch Sie können mehrere Excel-Instanzen programmgesteuert via xlwings starten, wie Sie später sehen werden. Unterm Strich ist eine Excel-Instanz eine *Sandbox*-Umgebung, was bedeutet, dass eine Instanz nicht mit einer anderen kommunizieren kann.[3] Über das `sheet`-Objekt greifen Sie auf Auflistungen wie Diagramme, Bilder

3 Zu weiteren Informationen über separate Excel-Instanzen siehe »What are Excel instances, and why is this important?« (*https://oreil.ly/L2FDT*, in Englisch).

und definierte Namen zu – Themen, mit denen wir uns im zweiten Abschnitt dieses Kapitels beschäftigen werden.

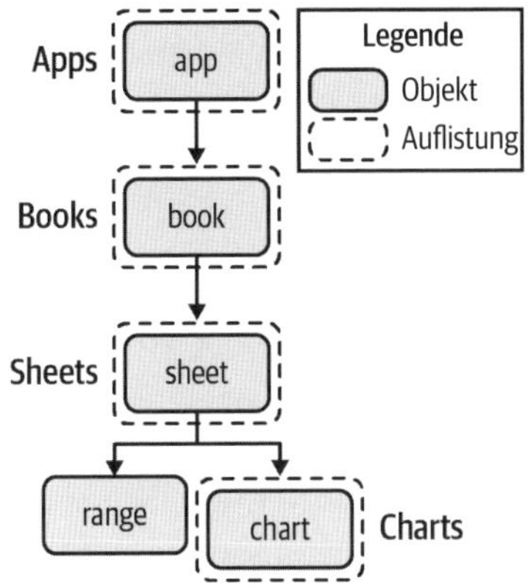

Abbildung 9-1: Auszug aus dem Excel-Objektmodell, wie es von xlwings implementiert wird

Sprach- und Ländereinstellungen

Dieses Buch basiert auf der US-Englisch-Version von Excel. Gelegentlich verweise ich auf Standardnamen wie *Book1*oder*Sheet1*, die in anderen Sprachversionen von Excel anders lauten. Zum Beispiel wird *Sheet1* in der französischen Version als *Feuil1* und in der spanischen Version als *Hoja1* bezeichnet. Außerdem hängt das Listentrennzeichen, das Excel als Trennzeichen in Zellformeln verwendet, von Ihren Einstellungen ab: Ich verwende das Komma, doch in Ihrer Version kann ein Semikolon oder ein anderes Zeichen erforderlich sein. Anstatt zum Beispiel `=SUM(A1, A2)` zu schreiben, müssen Sie auf einem Computer mit deutschen Ländereinstellungen die Formel `=SUMME(A1; A2)` verwenden. Weitere Fallen, auf die Sie achten müssen, sind `TRUE` und `FALSE` sowie das Dezimaltrennzeichen: Zum Beispiel ist `TRUE` bei deutschen Ländereinstellungen `WAHR`, während der Punkt als Dezimaltrennzeichen zu einem Komma wird.

Wenn Sie unter Windows das Listentrennzeichen von einem Semikolon in ein Komma ändern möchten, funktioniert das nur außerhalb von Excel über Ihre Windows-Einstellungen: Dazu klicken Sie auf die *Start*-Schaltfläche von Windows, suchen nach *Einstellungen* (oder klicken auf das Zahnradsymbol) und klicken dann auf *Zeit & Sprache/Region/Weitere Datums-, Uhrzeit- und Ländereinstellungen*. Im Fenster *Systemsteuerung/Zeit und Region* klicken Sie schließlich auf *Region/Datums-, Uhrzeit- oder Zahlenformat ändern*. Im Dialogfeld *Region* klicken Sie auf *Weitere Einstellungen*. Jetzt können Sie im Dialogfeld *Format anpassen* auf der Registerkarte *Zahlen* im Feld *Listentrennzeichen* das Semikolon in ein Komma ändern. Das funktioniert allerdings nur, wenn die Einstellung *Dezimaltrennzeichen* (im selben Dialogfeld) nicht schon ein Komma ist. Um die systemweiten Dezimal- und

Tausendertrennzeichen (jedoch nicht das Listentrennzeichen) zu überschreiben, gehen Sie in Excel auf *Optionen/Erweitert*, wo Sie die Einstellungen unter *Bearbeitungsoptionen* finden.

Unter macOS funktioniert es ähnlich, nur dass Sie das Listentrennzeichen nicht direkt ändern können: Wählen Sie in den Systemeinstellungen von macOS (nicht in Excel) *Sprache & Region*. Legen Sie dort eine bestimmte Region entweder global (unter der Registerkarte *Allgemein*) oder speziell für Excel (unter der Registerkarte *Apps*) fest.

Um ein Gefühl für das Excel-Objektmodell zu bekommen, ist es wie immer am besten, interaktiv damit herumzuspielen. Beginnen wir mit der Klasse `Book`: Damit können Sie neue Arbeitsmappen erstellen und eine Verbindung zu bestehenden Arbeitsmappen einrichten (siehe Tabelle 9-1 für einen Überblick).

Tabelle 9-1: Mit Excel-Arbeitsmappen arbeiten

Befehl	**Beschreibung**
`xw.Book()`	Gibt ein `book`-Objekt zurück, das eine neue Excel-Arbeitsmappe in der aktiven Excel-Instanz darstellt. Wenn es keine aktive Instanz gibt, wird Excel gestartet.
`xw.Book("Book1")`	Gibt ein `book`-Objekt zurück, das eine nicht gespeicherte Arbeitsmappe mit dem Namen `Book1` (Name ohne Dateierweiterung) darstellt.
`xw.Book("Book1.xlsx")`	Gibt ein `book`-Objekt zurück, das eine vorher gespeicherte Arbeitsmappe mit dem Namen *Book1.xlsx* (Name mit Dateierweiterung) darstellt. Die Datei muss entweder geöffnet sein oder sich im aktuellen Arbeitsverzeichnis befinden.
`xw.Book (r"C:\path\Book1.xlsx")`	Gibt ein `book`-Objekt einer zuvor gespeicherten Arbeitsmappe (vollständiger Dateipfad) zurück. Die Datei kann geöffnet oder geschlossen sein. Das vorangestellte `r` wandelt den String in einen Rohstring um, sodass die Backslashs (`\`) des Pfads unter Windows literal interpretiert werden (Rohstrings hat Kapitel 5 beschrieben). Unter macOS ist das `r` nicht erforderlich, da Dateipfade normale Schrägstriche anstelle von Backslashs verwenden.
`xw.books.active`	Gibt ein `book`-Objekt zurück, das die aktive Arbeitsmappe in der aktiven Excel-Instanz darstellt.

Sehen Sie sich nun an, wie man die Objektmodellhierarchie vom `book`-Objekt bis hinab zum `range`-Objekt durchqueren kann:

```
In [4]: # Eine neue leere Arbeitsmappe erstellen und ihren Namen ausgeben.
        # Das ist die Arbeitsmappe, über die wir die meisten Codebeispiele
        # in diesem Kapitel ausführen.
        book = xw.Book()
        book.name

Out[4]: 'Book2'

In [5]: # Auf die sheets-Auflistung zugreifen.
        book.sheets
```

```
Out[5]: Sheets([<Sheet [Book2]Sheet1>])

In [6]: # Ein sheet-Objekt nach dem Index oder dem Namen abrufen. Passen Sie
        # "Sheet1" an, wenn das Tabellenblatt bei Ihnen anders benannt ist.
        sheet1 = book.sheets[0]
        sheet1 = book.sheets["Sheet1"]

In [7]: sheet1.range("A1")

Out[7]: <Range [Book2]Sheet1!$A$1>
```

Mit dem range-Objekt sind wir am unteren Ende der Hierarchie angekommen. Der String, der zwischen den spitzen Klammern ausgegeben wird, liefert Ihnen nützliche Informationen über dieses Objekt. Um aber etwas Sinnvolles zu tun, verwenden Sie das Objekt normalerweise mit einem Attribut, wie das nächste Beispiel zeigt:

```
In [8]: # Häufigste Aufgaben: Werte schreiben ...
        sheet1.range("A1").value = [[1, 2],
                                    [3, 4]]
        sheet1.range("A4").value = "Hello!"

In [9]: # ... und Werte lesen.
        sheet1.range("A1:B2").value

Out[9]: [[1.0, 2.0], [3.0, 4.0]]

In [10]: sheet1.range("A4").value

Out[10]: 'Hello!'
```

Wie aus dem Code hervorgeht, akzeptiert und liefert das value-Attribut eines range-Objekts von xlwings eine verschachtelte Liste für zweidimensionale Bereiche und einen Skalar für eine einzelne Zelle. Alles, was wir bisher verwendet haben, ist fast identisch mit VBA: Unter der Annahme, dass book ein VBA- bzw. xlwings-Arbeitsmappenobjekt ist, greifen Sie wie folgt auf das value-Attribut der Zellen A1 bis B2 in VBA und mit xlwings zu:

```
book.Sheets(1).Range("A1:B2").Value  # VBA
book.sheets[0].range("A1:B2").value  # xlwings
```

Es bestehen folgende Unterschiede:

Attribute
: Python verwendet Kleinbuchstaben, gegebenenfalls mit Unterstrichen, wie es der Style Guide von Python (PEP 8) vorschlägt (siehe Kapitel 3).

Indizierung
: Python verwendet eckige Klammern und nullbasierte Indizes, um auf ein Element in der sheets-Auflistung zuzugreifen.

Tabelle 9-2 gibt Ihnen einen Überblick über die Strings, die ein xlwings-range-Objekt akzeptiert.

Tabelle 9-2: Strings, um einen Bereich in A1-Notation zu definieren

Verweis	Beschreibung
`"A1"`	eine einzelne Zelle
`"A1:B2"`	Zellen von A1 bis B2
`"A:A"`	Spalte A
`"A:B"`	Spalten A bis B
`"1:1"`	Zeile 1
`"1:2"`	Zeilen 1 bis 2

Indizieren und Slicen funktioniert mit xlwings-range-Objekten. Achten Sie auf die Adresse in den spitzen Klammern (der ausgegebenen Objektdarstellung), um sich über den jeweiligen Zellbereich zu informieren:

```
In [11]: # Indizierung
         sheet1.range("A1:B2")[0, 0]

Out[11]: <Range [Book2]Sheet1!$A$1>

In [12]: # Slicing
         sheet1.range("A1:B2")[:, 1]

Out[12]: <Range [Book2]Sheet1!$B$1:$B$2>
```

Indizieren entspricht der Verwendung der Eigenschaft `Cells` in VBA:

```
book.Sheets(1).Range("A1:B2").Cells(1, 1)  # VBA
book.sheets[0].range("A1:B2")[0, 0]  # xlwings
```

Anstatt range explizit als Attribut des sheet-Objekts zu übergeben, können Sie ein range-Objekt auch abrufen, indem Sie das sheet-Objekt indizieren und slicen. Wenn Sie dies mit der A1-Notation kombinieren, müssen Sie weniger eintippen, und wenn Sie es mit ganzzahligen Indizes tun, fühlt sich das Excel-Tabellenblatt wie ein NumPy-Array an:

```
In [13]: # einzelne Zelle: A1-Notation
         sheet1["A1"]

Out[13]: <Range [Book2]Sheet1!$A$1>

In [14]: # mehrere Zellen: A1-Notation
         sheet1["A1:B2"]

Out[14]: <Range [Book2]Sheet1!$A$1:$B$2>

In [15]: # einzelne Zelle: Indizierung
         sheet1[0, 0]

Out[15]: <Range [Book2]Sheet1!$A$1>
```

```
In [16]: # mehrere Zellen: Slicing
         sheet1[:2, :2]

Out[16]: <Range [Book2]Sheet1!$A$1:$B$2>
```

Allerdings kann es manchmal intuitiver sein, einen Bereich zu definieren, indem man die linke obere und rechte untere Zelle des Bereichs angibt. Das folgende Beispiel verweist auf die Zellbereiche D10 bzw. D10:F11, sodass Sie den Unterschied zwischen dem Indizieren/Slicen eines `sheet`-Objekts und dem Arbeiten mit einem `range`-Objekt verstehen können:

```
In [17]: # D10 über Blattindizierung
         sheet1[9, 3]

Out[17]: <Range [Book2]Sheet1!$D$10>

In [18]: # D10 über Bereichsobjekt
         sheet1.range((10, 4))

Out[18]: <Range [Book2]Sheet1!$D$10>

In [19]: # D10:F11 über Blatt-Slicing
         sheet1[9:11, 3:6]

Out[19]: <Range [Book2]Sheet1!$D$10:$F$11>

In [20]: # D10:F11 über ein Bereichsobjekt
         sheet1.range((10, 4), (11, 6))

Out[20]: <Range [Book2]Sheet1!$D$10:$F$11>
```

Das Definieren von `range`-Objekten mit Tupeln ähnelt sehr der Funktionsweise der `Cells`-Eigenschaft in VBA, wie der folgende Vergleich zeigt – hier wird wieder angenommen, dass `book` entweder ein VBA-Arbeitsmappenobjekt oder ein xlwings-`book`-Objekt ist. Sehen wir uns zuerst die VBA-Version an:

```
With book.Sheets(1)
    myrange = .Range(.Cells(10, 4), .Cells(11, 6))
End With
```

Sie ist äquivalent zu dem folgenden xlwings-Ausdruck:

```
myrange = book.sheets[0].range((10, 4), (11, 6))
```

Null- und einsbasierte Indizes

Als Python-Paket verwendet xlwings einheitlich die nullbasierte Indizierung, wenn Sie auf Elemente über die Index- oder Slice-Syntax von Python zugreifen, d. h. über eckige Klammern. Die `range`-Objekte von xlwings nutzen dagegen die einsbasierten Zeilen- und Spaltenindizes von Excel. Manchmal ist es vorteilhaft, die gleichen Zeilen- und Spaltenindizes wie die Excel-Benutzeroberfläche zu verwenden. Wenn Sie ohnehin die nullbasierte Indizierung von Excel vorziehen, verwenden Sie einfach die Syntax `sheet[row_selection, column_selection]`.

Das folgende Beispiel zeigt, wie Sie von einem range-Objekt (sheet1["A1"]) wieder ganz nach oben bis zum app-Objekt kommen. Denken Sie daran, dass das app-Objekt eine Excel-Instanz repräsentiert (die Ausgabe zwischen spitzen Klammern gibt die Prozess-ID von Excel an und wird demzufolge auf Ihrem Computer abweichen):

```
In [21]: sheet1["A1"].sheet.book.app

Out[21]: <Excel App 9092>
```

Nachdem wir nun an der Spitze des Excel-Objektmodells angekommen sind, bietet es sich an, zu schauen, wie man mit mehreren Excel-Instanzen arbeiten kann. Dabei müssen Sie das app-Objekt explizit verwenden, wenn Sie dieselbe Arbeitsmappe in mehreren Excel-Instanzen öffnen oder wenn Sie Ihre Arbeitsmappen aus Performancegründen auf verschiedene Instanzen verteilen möchten. Mit einem app-Objekt arbeitet man häufig auch, um eine Arbeitsmappe in einer versteckten Excel-Instanz zu öffnen: Damit können Sie ein xlwings-Skript im Hintergrund ausführen, ohne dass Sie in der Zwischenzeit von anderen Arbeiten in Excel abgehalten werden:

```
In [22]: # Ein app-Objekt von der geöffneten Arbeitsmappe abrufen
         # und eine zusätzliche unsichtbare app-Instanz erstellen.
         visible_app = sheet1.book.app
         invisible_app = xw.App(visible=False)

In [23]: # Die Namen der in jeder Instanz geöffneten Arbeitsmappen
         # mithilfe einer Listen-Abstraktion auflisten.
         [book.name for book in visible_app.books]

Out[23]: ['Book1', 'Book2']

In [24]: [book.name for book in invisible_app.books]

Out[24]: ['Book3']

In [25]: # Ein app-Schlüssel repräsentiert die Prozess-ID (PID).
         xw.apps.keys() Out[25]: [5996, 9092]

In [26]: # Der Zugriff kann auch über das pid-Attribut erfolgen.
         xw.apps.active.pid

Out[26]: 5996

In [27]: # Mit der Arbeitsmappe in der unsichtbaren Excel-Instanz arbeiten.
         invisible_book = invisible_app.books[0]
         invisible_book.sheets[0]["A1"].value = "Created by an invisible app."

In [28]: # Die Excel-Arbeitsmappe im xl-Verzeichnis speichern.
         invisible_book.save("xl/invisible.xlsx")

In [29]: # Die unsichtbare Excel-Instanz beenden.
         invisible_app.quit()
```

macOS: Auf das Dateisystem programmgesteuert zugreifen

Wenn Sie den Befehl save unter macOS ausführen, erscheint ein Pop-up-Fenster mit der Aufforderung, Dateizugriff zu gewähren. Dies müssen Sie bestätigen, indem Sie auf die Schaltfläche *Auswählen* klicken, bevor Sie auf *Zugriff gewähren* klicken. Unter macOS läuft Excel in einer *Sandbox*, sodass Ihr Programm nur auf Dateien und Ordner außerhalb der Excel-Anwendung zugreifen kann, wenn Sie diese Aufforderung bestätigen. Ist das einmal getan, merkt sich Excel die Speicherorte und stört Sie nicht mehr, wenn Sie das Skript das nächste Mal ausführen.

Wenn Sie dieselbe Arbeitsmappe in zwei Instanzen von Excel geöffnet haben oder wenn Sie festlegen möchten, in welcher Excel-Instanz Sie eine Arbeitsmappe öffnen wollen, können Sie `xw.Book` nicht mehr verwenden. Stattdessen müssen Sie mit der `books`-Auflistung arbeiten, wie sie Tabelle 9-3 beschreibt. Beachten Sie, dass `myapp` für ein xlwings-`app`-Objekt steht. Würden Sie `myapp.books` stattdessen durch `xw.books` ersetzen, würde xlwings die aktive `app` verwenden.

Tabelle 9-3: Mit der books-Auflistung arbeiten

Befehl	Beschreibung
`myapp.books.add()`	Erstellt eine neue Excel-Arbeitsmappe in der Excel-Instanz, auf die `myapp` verweist, und gibt das entsprechende `book`-Objekt zurück.
`myapp.books.open (r"C:\path\Book.xlsx")`	Gibt das `book`-Objekt zurück, wenn die Arbeitsmappe bereits geöffnet ist, und öffnet sie andernfalls zuerst in der Excel-Instanz, auf die `myapp` verweist. Denken Sie daran, dass das vorangestellte `r` den Dateipfad in einen Rohstring verwandelt, um die Backslashs literal zu interpretieren.
`myapp.books["Book1.xlsx"]`	Gibt das `book`-Objekt zurück, wenn die Arbeitsmappe geöffnet ist. Andernfalls wird ein `KeyError` ausgelöst. Achten Sie darauf, den Namen und nicht den vollständigen Pfad anzugeben. Mit diesem Befehl können Sie feststellen, ob eine Arbeitsmappe bereits in Excel geöffnet ist.

Bevor wir uns näher damit befassen, wie sich Ihre VBA-Makros durch xlwings *ersetzen* lassen, sehen wir uns an, wie xlwings mit Ihrem vorhandenen VBA-Code *interagieren* kann: Dies ist mitunter nützlich, wenn Sie viel Legacy-Code unter anderem aus Zeitmangel nicht gänzlich nach Python migrieren können.

VBA-Code ausführen

Bei Legacy-Excel-Projekten mit sehr viel VBA-Code ist gegebenenfalls ein hoher Aufwand erforderlich, um alles nach Python zu migrieren. In diesem Fall können Sie Ihre VBA-Makros mithilfe von Python ausführen lassen. Das folgende Beispiel verwendet die Datei *vba.xlsm*, die Sie im Ordner *xl* des Begleit-Repositorys finden und die den folgenden Code in *Modul1* enthält:

```
Function MySum(x As Double, y As Double) As Double
    MySum = x + y
End Function
```

```
Sub ShowMsgBox(msg As String) MsgBox msg
End Sub
```

Um diese Funktionen über Python aufzurufen, müssen Sie zuerst ein xlwings-macro-Objekt instanziieren, das Sie anschließend aufrufen, sodass es sich wie eine native Python-Funktion anfühlt:

```
In [30]: vba_book = xw.Book("xl/vba.xlsm")

In [31]: # Ein macro-Objekt mit der VBA-Funktion instanziieren.
         mysum = vba_book.macro("Module1.MySum")
         # Eine VBA-Funktion aufrufen.
         mysum(5, 4)

Out[31]: 9.0

In [32]: # Mit einer VBA-Sub-Prozedur funktioniert es genauso.
         show_msgbox = vba_book.macro("Module1.ShowMsgBox")
         show_msgbox("Hello xlwings!")

In [33]: # Die Arbeitsmappe wieder schließen. Achten Sie darauf,
         # zuvor die MessageBox zu schließen.
         vba_book.close()
```

VBA-Funktionen nicht in Tabellenblatt- und DieseArbeitsmappe-Modulen speichern

Wenn Sie die VBA-Funktion `MySum` im Arbeitsmappenmodul `ThisWorkbook` oder einem Tabellenblattmodul (z. B. `Sheet1`) speichern, müssen Sie darauf mit `ThisWorkbook.MySum` bzw. `Sheet1.MySum` verweisen. Da Sie jedoch von Python aus nicht auf den Rückgabewert der Funktion zugreifen können, sollten Sie VBA-Funktionen in einem standardmäßigen VBA-Codemodul speichern. Ein solches Modul fügen Sie ein, indem Sie im VBA-Editor mit der rechten Maustaste auf den Ordner *Module* klicken und dann *Einfügen/Modul* wählen.

Nachdem Sie nun wissen, wie Sie mit bestehendem VBA-Code interagieren, setzen wir unsere Erkundung von xlwings fort und sehen uns an, wie man das Paket mit DataFrames, NumPy-Arrays und Auflistungen wie Diagrammen, Bildern und definierten Namen einsetzen kann.

Konverter, Optionen und Auflistungen

In den einführenden Codebeispielen dieses Kapitels haben wir bereits einen String und eine verschachtelte Liste von Excel gelesen und nach Excel geschrieben, und zwar über das Attribut `value` eines `range`-Objekts von xlwings. In diesem Abschnitt zeige ich zunächst, wie dies mit pandas-DataFrames funktioniert, bevor wir uns die Methode `options` genauer ansehen, mit der wir beeinflussen können, wie xlwings Werte liest und schreibt. Weiter geht es mit Diagrammen, Bildern und definierten Namen – den Auflistungen, auf die Sie normalerweise von einem `sheet`-Objekt aus zugreifen. Gerüstet mit diesen xlwings-Grundlagen, kommen wir noch einmal auf die Fallstudie mit dem Excel-Bericht aus Kapitel 7 zurück.

Mit DataFrames arbeiten

Einen DataFrame schreiben Sie in der gleichen Art und Weise nach Excel wie einen Skalar oder eine verschachtelte Liste: Weisen Sie einfach den DataFrame der linken oberen Zelle eines Excel-Bereichs zu:

```
In [34]: data = [["Mark", 55, "Italy", 4.5, "Europe"],
                 ["John", 33, "USA", 6.7, "America"]]
         df = pd.DataFrame(data=data,
                           columns=["name", "age", "country",
                                    "score", "continent"],
                           index=[1001, 1000])
         df.index.name = "user_id"
         df

Out[34]:         name  age country  score continent
         user_id
         1001    Mark   55   Italy    4.5    Europe
         1000    John   33     USA    6.7   America

In [35]: sheet1["A6"].value = df
```

Wenn Sie jedoch die Spaltenüberschriften und/oder den Index unterdrücken möchten, verwenden Sie die Methode `options` wie folgt:

```
In [36]: sheet1["B10"].options(header=False, index=False).value = df
```

Um Excel-Bereiche als DataFrames zu lesen, müssen Sie die Klasse `DataFrame` als `convert`-Parameter in der Methode `options` übergeben. Standardmäßig wird erwartet, dass Ihre Daten sowohl eine Überschrift als auch einen Index enthalten, doch können Sie dies wieder über die Parameter `header` und `index` ändern. Anstatt den Konverter zu verwenden, könnten Sie auch die Werte zuerst als verschachtelte Liste einlesen und dann manuell Ihren DataFrame konstruieren, allerdings ist es mit dem Konverter ein ganzes Stück einfacher, den Index und die Überschriften zu verarbeiten.

Die Methode expand

Im folgenden Codebeispiel stelle ich Ihnen die Methode `expand` vor, mit der sich ein zusammenhängender Block von Zellen auf einfache Weise einlesen lässt, wobei der gleiche Bereich gebildet wird, als würden Sie in Excel die Tastenkombination ⇧+Strg+↓+→ verwenden, jedoch mit dem Unterschied, dass `expand` eine leere Zelle in der linken oberen Ecke überspringt.

```
In [37]: df2 = sheet1["A6"].expand().options(pd.DataFrame).value
         df2

Out[37]:         name   age country  score continent
```

```
        user_id
        1001.0  Mark  55.0  Italy   4.5   Europe
        1000.0  John  33.0    USA   6.7  America

In [38]: # Wenn der Index ganzzahlig sein soll,
         # können Sie dessen Datentyp ändern.
         df2.index = df2.index.astype(int)
         df2

Out[38]:       name   age country  score continent
         1001  Mark  55.0   Italy    4.5    Europe
         1000  John  33.0     USA    6.7   America

In [39]: # Bei index=False stellt die Methode alle Werte von Excel in den
         # Datenteil des DataFrame und verwendet den Standardindex.
         sheet1["A6"].expand().options(pd.DataFrame, index=False).value

Out[39]:    user_id  name   age country  score continent
         0   1001.0  Mark  55.0   Italy    4.5    Europe
         1   1000.0  John  33.0     USA    6.7   America
```

Das Lesen und Schreiben von DataFrames war ein erstes Beispiel dafür, wie Konverter und Optionen funktionieren. Als Nächstes zeige ich, wie sie formal definiert werden und wie Sie sie mit anderen Datenstrukturen verwenden.

Konverter und Optionen

Wie Sie eben gesehen haben, können Sie mit der Methode `options` des `range`-Objekts von xlwings die Art und Weise beeinflussen, wie Werte von und nach Excel gelesen bzw. geschrieben werden. Das heißt, `options` wird nur ausgewertet, wenn Sie das `value`-Attribut auf einem `range`-Objekt aufrufen. Die Syntax lautet folgendermaßen (wobei `myrange` ein `range`-Objekt von xlwings ist):

```
myrange.options(convert=None, option1=value1, option2=value2, ...).value
```

Tabelle 9-4 zeigt die integrierten Konverter, d. h. die Werte, die das Argument `convert` akzeptiert. Es handelt sich um *integrierte* Konverter, da xlwings Ihnen auch erlaubt, eigene Konverter zu schreiben. Das kann zweckmäßig sein, wenn Sie wiederholt zusätzliche Transformationen anwenden müssen, bevor Sie Werte lesen oder schreiben. Wie das genau funktioniert, beschreibt die Dokumentation von xlwings (*https://oreil.ly/Ruw8v*).

Tabelle 9-4: Integrierte Konverter

Konverter	Beschreibung
`dict`	Einfache Wörterbücher ohne Verschachtelung, d. h. in der Form `{key1: value1, key2: value2, ...}`.
`np.array`	NumPy-Arrays, erfordert `import numpy as np`.
`pd.Series`	pandas-Serien, erfordert `import pandas as pd`.
`pd.DataFrame`	pandas-DataFrame, erfordert `import pandas as pd`.

Die Optionen index und header haben wir bereits im DataFrame-Beispiel verwendet. Daneben gibt es aber noch weitere Optionen, wie Tabelle 9-5 zeigt.

Tabelle 9-5: Integrierte Optionen

Option	Beschreibung
empty	Standardmäßig werden leere Zellen als None gelesen. Um dies zu ändern, geben Sie einen Wert für empty an.
date	Akzeptiert eine Funktion, die auf Werte von Zellen mit Datumsformaten angewendet wird.
numbers	Akzeptiert eine Funktion, die auf Zahlen angewendet wird.
ndim	*Anzahl der Dimensionen:* Beim Lesen erzwingen Sie mit ndim, dass die Werte eines Bereichs in einer bestimmten Dimensionalität vorliegen. Muss entweder None, 1 oder 2 sein. Kann verwendet werden, wenn Werte als Listen oder NumPy-Arrays gelesen werden.
transpose	Transponiert die Werte, d. h. überführt die Spalten in Zeilen oder umgekehrt.
index	Wird bei pandas-DataFrames und -Serien verwendet: Beim Lesen definieren Sie damit, ob der Excel-Bereich den Index enthält. Kann True/False oder eine Ganzzahl sein. Die Ganzzahl definiert, wie viele Spalten in einen MultiIndex umgewandelt werden sollen. Zum Beispiel verwendet 2 die beiden ganz linken Spalten als Index. Beim Schreiben können Sie entscheiden, ob Sie den Index ausgeben möchten, indem Sie index auf True oder False setzen.
header	Funktioniert genauso wie index, wird aber auf die Spaltenüberschriften angewendet.

Sehen wir uns ndim genauer an: Wenn Sie eine einzelne Zelle von Excel einlesen, bekommen Sie standardmäßig einen Skalar (z. B. eine Gleitkommazahl oder einen String), beim Lesen einer Spalte oder Zeile ist es eine einfache Liste, und schließlich entsteht beim Einlesen eines zweidimensionalen Bereichs eine verschachtelte (d. h. zweidimensionale) Liste. Dies ist nicht nur in sich konsistent, sondern gibt auch wieder, wie Slicing bei NumPy-Arrays funktioniert (gezeigt in Kapitel 4). Der eindimensionale Fall ist ein Sonderfall: Eine Spalte kann lediglich ein Grenzfall eines ansonsten zweidimensionalen Bereichs sein. In diesem Szenario ist es sinnvoll, mit ndim=2 einen Bereich zu zwingen, immer als zweidimensionale Liste anzukommen:

```
In [40]: # horizontaler Bereich (eindimensional)
         sheet1["A1:B1"].value

Out[40]: [1.0, 2.0]

In [41]: # vertikaler Bereich (eindimensional)
         sheet1["A1:A2"].value

Out[41]: [1.0, 3.0]

In [42]: # horizontaler Bereich (zweidimensional)
         sheet1["A1:B1"].options(ndim=2).value

Out[42]: [[1.0, 2.0]]

In [43]: # vertikaler Bereich (zweidimensional)
         sheet1["A1:A2"].options(ndim=2).value
```

```
Out[43]: [[1.0], [3.0]]

In [44]: # Mit dem NumPy-Array-Konverter verhält es sich genauso:
         # Ein vertikaler Bereich führt zu einem eindimensionalen Array.
         sheet1["A1:A2"].options(np.array).value

Out[44]: array([1., 3.])

In [45]: # Die Spaltenorientierung bewahren.
         sheet1["A1:A2"].options(np.array, ndim=2).value

Out[45]: array([[1.],
                [3.]])

In [46]: # Wenn Sie eine Liste vertikal ausgeben müssen,
         # bietet sich die Option "transpose" an.
         sheet1["D1"].options(transpose=True).value = [100, 200]
```

Mit `ndim=1` erzwingen Sie, dass der Wert einer einzelnen Zelle als Liste und nicht als Skalar eingelesen wird. Bei pandas brauchen Sie `ndim` nicht, da ein DataFrame immer zweidimensional und eine Serie immer eindimensional ist. Das folgende Beispiel zeigt, wie die Optionen `empty`, `date` und `number` funktionieren:

```
In [47]: # Einige Beispieldaten schreiben.
         sheet1["A13"].value = [dt.datetime(2020, 1, 1), None, 1.0]

In [48]: # Mit den Standardoptionen zurücklesen.
         sheet1["A13:C13"].value

Out[48]: [datetime.datetime(2020, 1, 1, 0, 0), None, 1.0]

In [49]: # Zurücklesen mit anderen Optionen als den Standardoptionen.
         sheet1["A13:C13"].options(empty="NA",
                                   dates=dt.date,
                                   numbers=int).value

Out[49]: [datetime.date(2020, 1, 1), 'NA', 1]
```

Bisher haben wir mit den `book`-, `sheet`- und `range`-Objekten gearbeitet. Nun kommen wir zu den Auflistungen wie zum Beispiel Diagrammen, auf die Sie vom `sheet`-Objekt aus zugreifen können.

Diagramme, Bilder und definierte Namen

In diesem Abschnitt zeige ich Ihnen, wie Sie mit drei Auflistungen arbeiten, die Sie über das `sheet`- oder `book`-Objekt erreichen: Diagramme, Bilder und definierte Namen.[4] Zwar unterstützt xlwings nur die einfachsten Diagrammfunktionen, doch da Sie mit Vorlagen arbeiten können, dürfte Ihnen vielleicht kaum etwas fehlen. Zum Ausgleich ermöglicht xlwings Ihnen, Matplotlib-Plots als Bilder einzubetten – wie Kapitel 5 erwähnt hat, ist Matplotlib das Standard-Plot-Backend von pandas. Erstellen wir fürs Erste ein Excel-Diagramm!

4 Eine weitere wichtige Auflistung sind Tabellen. Um sie zu verwenden, benötigen Sie mindestens xlwings in der Version 0.21.0; siehe die Dokumentation (*https://oreil.ly/H2Imd*).

Excel-Diagramme

Um ein neues Diagramm hinzuzufügen, rufen Sie die add-Methode der charts-Auflistung auf und legen dann den Diagrammtyp und die Quelldaten fest:

```
In [50]: sheet1["A15"].value = [[None, "North", "South"],
                                ["Last Year", 2, 5],
                                ["This Year", 3, 6]]

In [51]: chart = sheet1.charts.add(top=sheet1["A19"].top,
                                   left=sheet1["A19"].left)
         chart.chart_type = "column_clustered"
         chart.set_source_data(sheet1["A15"].expand())
```

Dieser Code erzeugt das Diagramm, das in Abbildung 9-2 auf der linken Seite zu sehen ist. Die verfügbaren Diagrammtypen finden Sie in der xlwings-Dokumentation (*https://oreil.ly/2B58q*). Wenn Sie lieber mit pandas-Plots als mit Excel-Diagrammen arbeiten oder wenn Sie einen Diagrammtyp brauchen, der in Excel nicht vorhanden ist, dann ist xlwings genau richtig für Sie. Sehen wir uns an, wie!

Bilder: Matplotlib-Plots

Nutzen Sie das Standard-Plotting-Backend von pandas, erstellen Sie einen Matplotlib-Plot. Um einen derartigen Plot auf Excel zu übertragen, müssen Sie zuerst sein figure-Objekt beschaffen, das Sie als Argument an pictures.add übergeben – damit wird der Plot in ein Bild konvertiert und an Excel gesendet:

```
In [52]: # Die Diagrammdaten als DataFrame einlesen.
         df = sheet1["A15"].expand().options(pd.DataFrame).value
         df

Out[52]:            North  South
         Last Year    2.0    5.0
         This Year    3.0    6.0

In [53]: # Mit dem magischen Notebook-Befehl Matplotlib aktivieren
         # und zum "Seaborn"-Format wechseln.
         %matplotlib inline
         import matplotlib.pyplot as plt
         plt.style.use("seaborn")

In [54]: # Die pandas-Methode plot gibt ein "axis"-Objekt
         # zurück, von dem Sie das figure-Objekt bekommen.
         # "T" transponiert den DataFrame, um den Plot in die
         # gewünschte Ausrichtung zu bringen.
         ax = df.T.plot.bar()
         fig = ax.get_figure()

In [55]: # Den Plot an Excel senden.
         plot = sheet1.pictures.add(fig, name="SalesPlot",
                                    top=sheet1["H19"].top,
                                    left=sheet1["H19"].left)
         # Den Plot auf 70 % skalieren.
         plot.width, plot.height = plot.width * 0.7, plot.height * 0.7
```

Um das Bild mit einem neuen Plot zu aktualisieren, rufen Sie einfach die `update`-Methode mit einem anderen `figure`-Objekt auf – technisch gesehen, wird das Bild in Excel ersetzt, aber alle Eigenschaften wie Position, Größe und Name bleiben erhalten:

```
In [56]: ax = (df + 1).T.plot.bar()
         plot = plot.update(ax.get_figure())
```

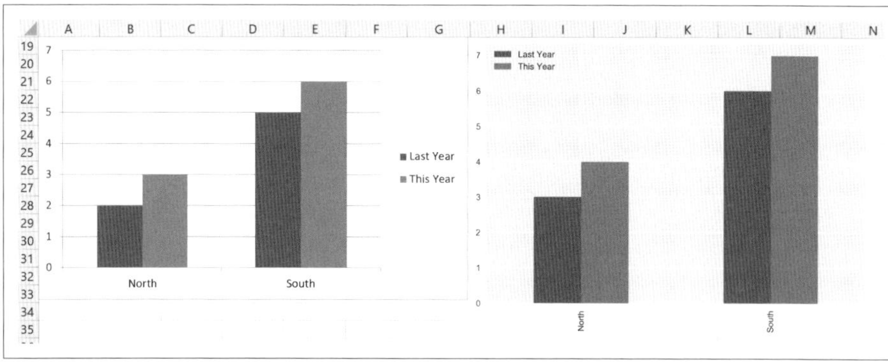

Abbildung 9-2: Ein Excel-Diagramm (links) und ein Matplotlib-Plot (rechts)

Abbildung 9-2 stellt das Excel-Diagramm und den Matplotlib-Plot nach dem `update`-Aufruf vergleichend gegenüber.

Sicherstellen, dass Pillow installiert ist

Wenn Sie mit Bildern arbeiten, müssen Sie gewährleisten, dass Pillow (*https://oreil.ly/3HYkf*) installiert ist, die Standardbibliothek von Python für Bilder: Damit ist sichergestellt, dass die Bilder in der richtigen Größe und Proportion in Excel ankommen. Pillow ist Teil von Anaconda. Wenn Sie also eine andere Distribution verwenden, müssen Sie es entweder mit `conda install pillow` oder `pip install pillow` installieren. Beachten Sie, dass `pictures.add` auch einen Pfad zu einem Bild auf einem Datenträger statt zu einem Matplotlib-Bild akzeptiert.

Diagramme und Bilder sind Auflistungen, auf die Sie über ein `sheet`-Objekt zugreifen. Definierte Namen, die Auflistung, die wir als Nächstes betrachten, ist vom `sheet`- oder vom `book`-Objekt aus zugänglich. Sehen wir uns an, was das für einen Unterschied macht.

Definierte Namen

In Excel erstellen Sie einen definierten Namen, indem Sie einem Bereich, einer Formel oder einer Konstanten einen Namen zuweisen.[5] Der wahrscheinlich häufigste

5 Definierte Namen mit Formeln werden auch für Lambda-Funktionen verwendet. Dies ist eine neue Art, benutzerdefinierte Funktionen ohne VBA oder JavaScript zu definieren. Microsoft hat dies im Dezember 2020 als neues Feature für Microsoft 365-Abonnenten angekündigt.

Fall ist die Zuweisung eines Namens an einen Bereich, wobei man dann von einem *benannten Bereich* spricht. Mit einem benannten Bereich können Sie auf den Excel-Bereich in Formeln und in Code über einen aussagekräftigen Namen statt einer abstrakten Adresse in der Form `A1:B2` verweisen. Indem Sie benannte Bereiche mit xlwings verwenden, wird Ihr Code flexibler und solider. Wenn Sie Werte aus benannten Bereichen lesen und in diese schreiben, können Sie Ihre Arbeitsmappe umstrukturieren, ohne Ihren Python-Code anpassen zu müssen. Ein Name haftet an der Zelle, selbst wenn Sie sie an eine andere Stelle verschieben, indem Sie beispielsweise eine neue Zeile einfügen. Definierte Namen können entweder global auf Arbeitsmappenebene oder im lokalen Gültigkeitsbereich eines Tabellenblatts festgelegt werden. Ein Name, der nur im Bereich eines Tabellenblatts gültig ist, hat den Vorteil, dass Sie das Blatt kopieren können, ohne in Konflikte mit doppelt benannten Bereichen zu geraten. Um in Excel definierte Namen manuell hinzuzufügen, gehen Sie auf die Registerkarte *Formeln* und klicken im *Definierte Namen* auf *Namen definieren* oder wählen einen Bereich und schreiben dann den gewünschten Namen in das Namenfeld – d. h. das Textfeld links neben der Formelleiste, in dem standardmäßig die Zelladresse erscheint. Mit xlwings verwalten Sie definierte Namen folgendermaßen:

```
In [57]: # Die Arbeitsmappe ist der standardmäßige Gültigkeitsbereich.
         sheet1["A1:B2"].name = "matrix1"

In [58]: # Für den Gültigkeitsbereich Tabellenblatt setzen Sie vor den
         # Blattnamen ein Ausrufezeichen.
         sheet1["B10:E11"].name = "Sheet1!matrix2"

In [59]: # Jetzt können Sie auf den Bereich nach dem Namen zugreifen.
         sheet1["matrix1"]

Out[59]: <Range [Book2]Sheet1!$A$1:$B$2>

In [60]: # Wenn Sie auf die names-Auflistung über das Objekt "sheet1"
         # zugreifen, enthält sie nur Namen im Gültigkeitsbereich dieses Blatts.
         sheet1.names

Out[60]: [<Name 'Sheet1!matrix2': =Sheet1!$B$10:$E$11>]

In [61]: # Wenn Sie auf die names-Auflistung über das Objekt "book"
         # zugreifen, enthält sie alle Namen, einschließlich der
         # Gültigkeitsbereiche Arbeitsmappe und Tabellenblatt.
         book.names

Out[61]: [<Name 'matrix1': =Sheet1!$A$1:$B$2>, <Name 'Sheet1!matrix2':
          =Sheet1!$B$10:$E$11>]

In [62]: # Die Auflistung names hat verschiedene Methoden und Attribute.
         # Zum Beispiel können Sie das jeweilige range-Objekt abrufen.
         book.names["matrix1"].refers_to_range

Out[62]: <Range [Book2]Sheet1!$A$1:$B$2>
```

```
In [63]: # Wenn Sie einer Konstanten oder Formel einen
         # Namen zuweisen möchten, verwenden Sie die Methode "add".
         # Gegebenenfalls müssen Sie das Dezimaltrennzeichen ersetzen,
         # wenn Sie mit einer internationalen Version von Excel arbeiten.
         book.names.add("EURUSD", "=1.1151")

Out[63]: <Name 'EURUSD': =1.1151>
```

Um sich die in Excel erzeugten definierten Namen anzusehen, gehen Sie auf die Registerkarte *Formeln* und klicken im *Definierte Namen* auf *Namens-Manager* (siehe Abbildung 9-3). In Excel unter macOS gibt es keinen Namens-Manager. Hier gehen Sie auf *Formeln/Namen definieren* und sehen dann die vorhandenen Namen.

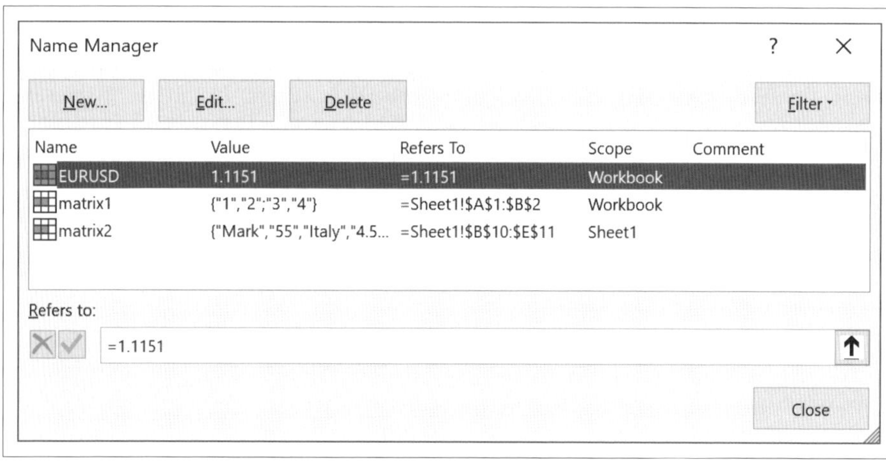

Abbildung 9-3: Der Namens-Manager von Excel, nachdem einige definierte Namen via xlwings hinzugefügt wurden

Inzwischen wissen Sie, wie Sie mit den gebräuchlichsten Komponenten einer Excel-Arbeitsmappe arbeiten können. Wir können also noch einmal auf die Fallstudie mit der Berichtserstellung aus Kapitel 7 zurückkommen: Sehen Sie sich an, was sich ändert, wenn wir xlwings ins Spiel bringen.

Fallstudie: Excel-Berichte (zum Dritten)

Da wir mit xlwings in der Lage sind, Excel-Dateien wirklich zu bearbeiten, können wir auch mit Vorlagendateien arbeiten, die zu 100 % erhalten bleiben, unabhängig davon, wie komplex sie sind oder in welchem Format sie gespeichert sind – zum Beispiel können Sie ganz leicht eine *xlsb*-Datei bearbeiten, eine Möglichkeit, die derzeit keines der Writer-Pakete unterstützt, die im letzten Kapitel vorgestellt wurden. Wie ein Blick auf die Datei *sales_report_openpxyl.py* im Begleit-Repository verrät, mussten wir fast 40 Codezeilen schreiben, um ein Diagramm zu erstellen und einen DataFrame mit OpenPyXL zu formatieren. Mit xlwings erreichen Sie das Gleiche in lediglich sechs Codezeilen, wie Beispiel 9-1 zeigt. Es erspart Ihnen eine Menge Arbeit, wenn Sie die Formatierung in der Excel-Vorlage bearbeiten können.

Allerdings ist diese Möglichkeit nicht umsonst zu haben: Um ausgeführt werden zu können, setzt xlwings eine Installation von Excel voraus – das ist normalerweise in Ordnung, wenn Sie diese Berichte nur gelegentlich auf Ihrem eigenen Rechner erstellen müssen. Doch es ist nicht so ideal, wenn Sie versuchen, Berichte auf einem Server als Teil einer Webanwendung zu erstellen.

Erstens müssen Sie sicherstellen, dass Ihre Microsoft-Office-Lizenz die Installation auf einem Server abdeckt, und zweitens müssen Sie bedenken, dass Excel nicht für die unbeaufsichtigte Automatisierung konzipiert wurde. Deshalb kann es Stabilitätsprobleme geben, insbesondere wenn Sie viele Berichte in kurzer Zeit erstellen müssen. Allerdings habe ich schon mehrere Kunden gesehen, die dies erfolgreich gemeistert haben. Wenn Sie also aus irgendwelchen Gründen kein Writer-Paket schreiben können, ist die Ausführung von xlwings auf einem Server durchaus eine Option, die Sie ins Auge fassen sollten. Achten Sie einfach darauf, jedes Skript in einer neuen Excel-Instanz über `app = xw.App()` auszuführen, um die typischen Stabilitätsprobleme zu umschiffen.

Das vollständige xlwings-Skript finden Sie unter *sales_report_xlwings.py* im Begleit-Repository (wobei die erste Hälfte des Codes die gleiche ist, die wir mit OpenPyXL und XlsxWriter verwendet haben). Es ist auch ein perfektes Beispiel für die Kombination eines Reader-Pakets mit xlwings: Während pandas (über OpenPyXL und xlrd) viele Dateien schneller vom Datenträger liest, ist es mit xlwings einfacher, eine vorformatierte Vorlage auszufüllen.

Beispiel 9-1: Die Datei sales_report_xlwings.py (nur der zweite Teil)

```
# Die Vorlage öffnen, die Daten einfügen, die Spaltengröße optimieren
# und die Diagrammquelle anpassen. Dann unter einem anderen Namen speichern.
template = xw.Book(this_dir / "xl" / "sales_report_template.xlsx")
sheet = template.sheets["Sheet1"]
sheet["B3"].value = summary
sheet["B3"].expand().columns.autofit()
sheet.charts["Chart 1"].set_source_data(sheet["B3"].expand()[:-1, :-1])
template.save(this_dir / "sales_report_xlwings.xlsx")
```

Wenn Sie dieses Skript das erste Mal unter macOS ausführen (indem Sie es zum Beispiel in VS Code öffnen und auf die Schaltfläche *Datei ausführen* klicken), müssen Sie erneut ein Pop-up bestätigen, um Zugriff auf das Dateisystem zu gewähren, wie Sie es bereits weiter oben in diesem Kapitel kennengelernt haben.

Mit formatierten Excel-Vorlagen können Sie sehr schnell ansprechende Excel-Berichte erstellen. Außerdem erhalten Sie Zugriff auf Methoden wie `autofit`, die in den Writer-Paketen nicht verfügbar sind, da sie sich auf Berechnungen stützen, die die Excel-Anwendung ausführt: Das versetzt Sie in die Lage, die Breite und Höhe Ihrer Zellen entsprechend ihrem Inhalt einzustellen. Abbildung 9-4 zeigt den oberen Teil des Verkaufsberichts, wie er durch xlwings generiert wurde, und zwar mit einer benutzerdefinierten Tabellenüberschrift sowie mit Spalten, auf die die Methode `autofit` angewendet wurde.

Wenn Sie xlwings nicht nur einsetzen, um eine Reihe von Zellen in einer Vorlage auszufüllen, sollten Sie etwas mehr über die Interna dieses Pakets wissen: Der nächste Abschnitt zeigt deshalb, wie xlwings hinter den Kulissen funktioniert.

Sales Report

Month	Washington DC	Boston	Las Vegas	New York	Chicago	San Francisco	Total
Jan 19	14,058	21,784	23,013	49,873	51,188	58,630	218,545
Feb 19	15,235	21,455	25,493	46,670	52,331	55,219	216,403
Mar 19	14,177	20,043	23,451	41,572	48,897	52,713	200,854
Apr 19	13,339	18,791	22,710	41,714	47,396	49,325	193,276
May 19	13,147	18,037	21,527	40,610	45,117	47,760	186,197
Jun 19	14,284	21,556	21,985	47,266	49,460	53,462	208,014
Jul 19	14,162	19,853	23,444	40,408	47,994	50,182	196,043
Aug 19	16,127	22,333	24,928	45,397	50,839	55,336	214,960
Sep 19	14,994	19,925	24,411	42,831	49,096	49,931	201,188
Oct 19	12,847	16,551	22,828	34,090	42,544	44,312	173,171
Nov 19	14,058	21,313	24,860	46,960	52,012	55,056	214,259
Dec 19	14,702	19,723	24,536	42,364	49,355	50,933	201,613
Total	171,130	241,363	283,185	519,755	586,229	622,859	2,424,521

Abbildung 9-4: Die Tabelle des Verkaufsberichts, die auf einer vorformatierten Vorlage basiert

Fortgeschrittenere xlwings-Themen

Dieser Abschnitt zeigt Ihnen, wie Sie Ihren xlwings-Code performanter machen und wie Sie fehlende Funktionalität umgehen können. Um diese Themen zu verstehen, müssen wir jedoch zunächst einige Worte darüber verlieren, wie xlwings mit Excel kommuniziert.

xlwings-Grundlagen

Um mit dem Automatisierungsmechanismus des jeweiligen Betriebssystems zu kommunizieren, ist xlwings von anderen Python-Paketen abhängig.

Windows
: Unter Windows stützt sich xlwings auf die COM-Technik. Mithilfe von COM (kurz für *Component Object Model*) können zwei Prozesse – in unserem Fall Excel und Python – miteinander kommunizieren. Um die COM-Aufrufe zu verarbeiten, verwendet xlwings das Python-Paket pywin32 (*https://oreil.ly/tm7sK*).

macOS
: Unter macOS stützt sich xlwings auf AppleScript. Das ist die Skriptsprache von Apple, mit der sich skriptfähige Anwendungen automatisieren lassen – und Excel ist erfreulicherweise eine skriptfähige Anwendung. Um AppleScript-Befehle auszuführen, verwendet xlwings das Python-Paket appscript (*https://oreil.ly/tIsDd*).

Windows: Wie sich Zombie-Prozesse verhindern lassen

Wenn Sie mit xlwings unter Windows herumspielen, werden Sie manchmal feststellen, dass Excel scheinbar komplett geschlossen ist. Doch im Task-Manager (den Sie öffnen, indem Sie mit der rechten Maustaste auf die Windows-Taskleiste klicken und dann *Task-Manager* auswählen) erscheint Microsoft Excel auf der Registerkarte *Prozesse* unter *Hintergrundprozesse*. Sollten keine Registerkarten zu sehen sein, klicken Sie zunächst auf *Mehr Details*. Alternativ gehen Sie auf die Registerkarte *Details*, wo Sie Excel als *EXCEL.EXE* aufgelistet sehen. Um einen Zombie-Prozess zu beenden, klicken Sie mit der rechten Maustaste auf die jeweilige Zeile und wählen *Task beenden*. Damit erzwingen Sie, dass Excel geschlossen wird.

Da diese Prozesse *untot* sind, anstatt ordnungsgemäß beendet zu werden, bezeichnet man sie oft als *Zombie-Prozesse*. Lässt man sie weiterlaufen, verschwenden sie Ressourcen, und es kann zu unerwünschtem Verhalten kommen: Zum Beispiel können Dateien blockiert oder Add-ins nicht ordnungsgemäß geladen werden, wenn Sie eine neue Instanz von Excel öffnen. Der Grund dafür, dass Excel manchmal nicht richtig herunterfährt, liegt darin, dass Prozesse erst beendet werden können, wenn es keine COM-Verweise mehr gibt, z. B. in Form eines xlwings-`app`-Objekts. Meistens bleiben Sie mit einem Zombie-Prozess zurück, nachdem der Python-Interpreter beendet wurde, da dieser dann die COM-Verweise nicht mehr ordnungsgemäß aufräumen kann. Sehen Sie sich dazu dieses Beispiel an einem Anaconda Prompt an:

```
(base)> python
>>> import xlwings as xw
>>> app = xw.App()
```

Sobald die neue Excel-Instanz läuft, beenden Sie sie wieder über die Excel-Benutzeroberfläche: Während Excel geschlossen wird, läuft der Excel-Prozess im Task-Manager weiter. Wenn Sie die Python-Sitzung mit dem Befehl `quit()` oder über die Tastenkombination Strg+Z ordnungsgemäß herunterfahren, wird der Excel-Prozess schließlich auch beendet. Aber wenn Sie den Anaconda Prompt durch Klicken auf die Schließen-Schaltfläche (das »X« im Fenster rechts oben) beenden, werden Sie feststellen, dass der Prozess als Zombie-Prozess weiterläuft. Das Gleiche passiert, wenn Sie den Anaconda Prompt beenden, bevor Sie Excel schließen, oder wenn Sie ihn beenden, während er einen Jupyter-Server ausführt und Sie ein xlwings-`app`-Objekt in einer der Jupyter-Notebook-Zellen halten. Um die Wahrscheinlichkeit zu minimieren, dass Sie am Ende mit einem Zombie-Prozess zurückbleiben, hier ein paar Vorschläge:

- Führen Sie `app.quit()` von Python aus, anstatt Excel manuell zu schließen. Damit stellen Sie sicher, dass die Verweise ordnungsgemäß bereinigt werden.
- Beenden Sie keine interaktiven Python-Sitzungen, wenn Sie mit xlwings arbeiten. Führen Sie zum Beispiel eine Python REPL an einem Anaconda Prompt aus, fahren Sie den Python-Interpreter ordnungsgemäß mit dem Befehl `quit()` oder über die Tastenkombination Strg+Z herunter. Wenn Sie mit Jupyter Notebooks arbeiten, fahren Sie den Server herunter, indem Sie in der Weboberfläche auf *Beenden* klicken.

- Bei interaktiven Python-Sitzungen sollten Sie das app-Objekt nicht direkt verwenden, beispielsweise mit `xw.Book()` anstelle von `myapp.books.add()`. Dies sollte Excel ordnungsgemäß beenden, selbst wenn der Python-Prozess beendet wurde.

Nachdem Sie nun eine Vorstellung von der Technologie haben, die xlwings zugrunde liegt, sehen wir uns an, wie sich langsame Skripte beschleunigen lassen.

Die Performance verbessern

Um Ihre xlwings-Skripte performant zu halten, gibt es einige Strategien: Die wichtigste ist, anwendungsübergreifende Aufrufe auf ein absolutes Minimum zu beschränken. Es empfiehlt sich auch, Rohwerte zu verwenden, und schließlich kann es hilfreich sein, app-Eigenschaften festzulegen. Diese Optionen werden wir nun nacheinander untersuchen.

Anwendungsübergreifende Aufrufe minimieren

Es ist wichtig, zu wissen, dass jeder anwendungsübergreifende Aufruf von Python zu Excel »teuer«, sprich langsam ist. Demzufolge sollten Sie solche Aufrufe möglichst vermeiden. Am einfachsten lässt sich das bewerkstelligen, wenn Sie komplette Excel-Bereiche lesen und schreiben, anstatt die einzelnen Zellen in einer Schleife zu durchlaufen. Der folgende Beispielcode liest und schreibt 150 Zellen. In der ersten Version durchläuft er jede Zelle einzeln, und in der zweiten Version verarbeitet er den gesamten Bereich in einem Aufruf:

```
In [64]: # Ein neues Tabellenblatt hinzufügen und 150 Werte in das
         # Blatt schreiben, um etwas zum Verarbeiten zu haben.
         sheet2 = book.sheets.add()
         sheet2["A1"].value = np.arange(150).reshape(30, 5)

In [65]: %%time
         # Hier werden 150 anwendungsübergreifende Aufrufe ausgeführt.
         for cell in sheet2["A1:E30"]:
             cell.value += 1

Wall time: 909 ms

In [66]: %%time
         # Hier finden nur zwei anwendungsübergreifende Aufrufe statt.
         values = sheet2["A1:E30"].options(np.array).value
         sheet2["A1:E30"].value = values + 1

Wall time: 97.2 ms
```

Unter macOS sind diese Zahlen noch extremer, wobei die zweite Option auf meinem Rechner etwa 50-mal schneller ist als die erste.

Rohwerte

Bei der Entwicklung von xlwings ging es in erster Linie um Komfort und nicht um Geschwindigkeit. Wenn Sie jedoch mit großen Zellbereichen arbeiten, geraten Sie mitunter in Situationen, in denen Sie Zeit sparen können, indem Sie den Schritt zur Datenbereinigung von xlwings überspringen: Denn xlwings durchläuft jeden Wert, wenn Sie Daten lesen und schreiben, um zum Beispiel Datentypen zwischen Windows und macOS anzupassen. Wenn Sie den String `raw` als Konverter in der Methode `options` angeben, überspringen Sie diesen Schritt. Zwar laufen dann alle Operationen schneller, doch ist der Unterschied möglicherweise nur dann signifikant, wenn Sie große Arrays unter Windows schreiben. Allerdings bedeutet die Verwendung von Rohwerten, dass Sie nicht mehr direkt mit DataFrames arbeiten können. Stattdessen müssen Sie Ihre Werte als verschachtelte Listen oder Tupel bereitstellen. Zudem ist es erforderlich, die vollständige Adresse des Bereichs, in den Sie schreiben, anzugeben – die Angabe der linken oberen Zelle genügt nicht mehr:

```
In [67]: # Mit den Rohwerten müssen Sie den vollständigen
         # Zielbereich angeben; sheet["A35"] funktioniert nicht mehr.
         sheet1["A35:B36"].options("raw").value = [[1, 2], [3, 4]]
```

App-Eigenschaften

Je nach Inhalt Ihrer Arbeitsmappe lässt sich der Code möglicherweise beschleunigen, wenn Sie die Eigenschaften Ihrer app-Objekte ändern. In der Regel geht es um die folgenden Eigenschaften (wobei `myapp` ein xlwings-app-Objekt ist):

- `myapp.screen_updating = False`
- `myapp.calculation = "manual"`
- `myapp.display_alerts = False`

Am Ende des Skripts sollten Sie die Attribute auf ihren ursprünglichen Zustand zurücksetzen. Unter Windows lässt sich auch eine leichte Performanceverbesserung erreichen, wenn Sie Ihr Skript in einer ausgeblendeten Excel-Instanz via `xw.App(visible=False)` ausführen.

Da Sie nun wissen, wie Sie die Performance beeinflussen können, sehen wir uns als Nächstes an, wie sich die Funktionalität von xlwings erweitern lässt.

Fehlende Funktionalität umgehen

Das Paket xlwings bietet eine Python-Oberfläche für die gebräuchlichsten Excel-Befehle und sorgt dafür, dass sie unter Windows und macOS funktionieren. Allerdings gibt es viele Methoden und Attribute des Excel-Objektmodells, die xlwings noch nicht nativ abdeckt – aber es ist nicht alles verloren! Mit xlwings haben Sie Zugriff auf das zugrunde liegende pywin32-Objekt unter Windows und das appscript-Objekt unter macOS, indem Sie das Attribut `api` auf jedem xlwings-Objekt verwenden. Zwar können Sie auf diese Weise auf das gesamte Excel-Modell zugreifen, doch im Gegenzug verlieren Sie die plattformübergreifende Kompatibilität. Wenn Sie zum Beispiel die Formatierung einer Zelle löschen möchten, würden Sie wie folgt vorgehen:

- Prüfen, ob die Methode auf dem `range`-Objekt von xlwings verfügbar ist, indem Sie etwa [Tab] drücken, nachdem Sie in einem Jupyter Notebook einen Punkt an das `range`-Objekt angefügt haben, durch Ausführen von `dir(sheet["A1"])` oder indem Sie in der API-Referenz von xlwings (*https://oreil.ly/EiXBc*) danach suchen. In VS Code sollten die verfügbaren Methoden automatisch in einer QuickInfo erscheinen.
- Wenn die gewünschte Funktionalität fehlt, verwenden Sie das Attribut `api`, um das zugrunde liegende Objekt abzurufen: Unter Windows liefert Ihnen `sheet["A1"].api` ein pywin32-Objekt, und unter macOS bekommen Sie ein appscript-Objekt.
- Inspizieren Sie das Excel-Objektmodell in der VBA-Referenz von Excel (*https://oreil.ly/UILPo*). Um das Format eines Bereichs zu löschen, werden Sie letztlich bei `Range.ClearFormats` (*https://oreil.ly/kcEsw*) landen.
- Unter Windows können Sie in den meisten Fällen die Methode oder Eigenschaft von VBA direkt mit Ihrem `api`-Objekt verwenden. Achten Sie darauf, bei einer Methode die runden Klammern in Python anzugeben: `sheet["A1"].api.ClearFormats()`. Unter macOS ist die Sache etwas komplizierter, da die Syntax von appscript schwer zu erraten sein kann. Am besten schauen Sie sich den Entwickler-Guide an, der Bestandteil des Quellcodes von xlwings ist (*https://oreil.ly/YSS0Y*). Die Formatierung der Zelle lässt sich ohnehin ganz leicht löschen: Wenden Sie einfach die Syntaxregeln von Python auf den Methodennamen an, indem Sie Kleinbuchstaben mit Unterstrichen verwenden: `sheet["A1"].api.clear_formats()`.

Wenn Sie gewährleisten müssen, dass `ClearFormats` auf beiden Plattformen funktioniert, erreichen Sie dies wie folgt (wobei `darwin` der Kern von macOS ist und von `sys.platform` als Name verwendet wird):

```
import sys
if sys.platform.startswith("darwin"):
    sheet["A10"].api.clear_formats()
elif sys.platform.startswith("win"):
    sheet["A10"].api.ClearFormats()
```

Auf jeden Fall lohnt es sich, eine Anfrage im GitHub-Repository von xlwings zu öffnen (*https://oreil.ly/kFkD0*), damit die Funktionalität in eine zukünftige Version aufgenommen wird.

Zum Schluss

Dieses Kapitel hat Sie mit dem Konzept der Excel-Automatisierung bekannt gemacht: Via xlwings können Sie Python für Aufgaben einsetzen, die Sie auf herkömmliche Weise in VBA erledigen würden. Dabei haben Sie das Excel-Objektmodell kennengelernt und erfahren, wie Sie mit dessen Komponenten – insbesondere den `sheet`- und `range`-Objekten– per xlwings interagieren können. Gerüstet mit diesem Wissen, sind wir noch einmal auf die Fallstudie der Berichtserstellung aus Kapitel 7 zurückgekommen und haben mit xlwings eine vorformatierte Berichtsvorlage ausgefüllt. Dies hat auch gezeigt, dass es sinnvoll ist, die Reader-Pakete und xlwings nebeneinander zu verwenden. Ein weiteres Thema waren die Bibliotheken, die xlwings hinter den Kulissen nutzt, damit Sie verstehen, wie Sie die Performance verbessern und sich bei fehlender Funktionalität behelfen können. Vor allem gefällt mir bei xlwings, dass es gleichermaßen gut unter macOS wie unter Windows funktioniert. Das ist umso attraktiver, als Power Query unter macOS noch nicht über alle Features der Windows-Version verfügt: Was auch immer fehlt, Sie sollten problemlos in der Lage sein, es durch eine Kombination aus pandas und xlwings zu ersetzen.

Nachdem Sie nun die Grundlagen von xlwings kennen, sind Sie bereit für das nächste Kapitel: Dort gehen wir einen Schritt weiter und rufen xlwings-Skripte von Excel selbst auf, sodass Sie Excel-Tools erstellen können, die von Python profitieren.

KAPITEL 10

Python-basierte Excel-Tools

Im letzten Kapitel haben Sie gelernt, wie sich Microsoft Excel mit Python-Skripten automatisieren lässt. Diese Lösung ist zwar sehr mächtig, aber der Benutzer muss entweder mit dem Anaconda Prompt oder einem Editor wie VS Code vertraut sein, um die Skripte ausführen zu können. Höchstwahrscheinlich ist das nicht der Fall, wenn Ihre Tools für Geschäftsanwender gedacht sind. Für sie müssen Sie den Python-Teil ausblenden, damit sich das Excel-Tool wieder wie eine normale Arbeitsmappe mit Makros anfühlt. Wie Sie das mit xlwings erreichen, ist Thema dieses Kapitels. Zunächst zeige ich Ihnen den kürzesten Weg, um Python-Code von Excel auszuführen, bevor ich auf die Herausforderungen eingehe, die das Bereitstellen von xlwings-Tools mit sich bringt – dabei können wir uns auch gleich die verfügbaren Einstellungen genauer ansehen, die xlwings bietet. Wie das letzte Kapitel setzt auch dieses Kapitel eine Installation von Microsoft Excel unter Windows bzw. unter macOS voraus.

Excel als Frontend mit xlwings verwenden

Das *Frontend* ist der Teil einer Anwendung, die ein Benutzer sieht und mit der er interagiert. Andere gebräuchliche Bezeichnungen für Frontend sind *grafische Benutzeroberfläche* (*Graphical User Interface*, GUI) oder einfach nur *Benutzeroberfläche* (*User Interface*, UI). Wenn ich xlwings-Benutzer frage, warum sie ihr Tool mit Excel und nicht mit einer modernen Webanwendung erstellen, höre ich meistens etwas wie: »Excel ist die Benutzeroberfläche, mit der unsere Anwender vertraut sind.« Für Benutzer sind die Zellen einer Tabellenkalkulation gut geeignet, um Eingaben schnell und intuitiv bereitzustellen, sodass sie oftmals produktiver arbeiten können, als wenn sie eine unvollkommene Weboberfläche einsetzen müssten. In diesem Abschnitt führe ich Sie zunächst in das Add-in und das CLI (*Command Line Interface*) von xlwings ein, bevor Sie das erste Projekt über den Befehl `quickstart` erstellen. Am Ende dieses Abschnitts zeige ich Ihnen zwei Möglichkeiten, Python-Code von Excel aus aufzurufen: indem Sie auf die Schaltfläche *Run main* im Add-in klicken und indem Sie die Funktion `RunPython` in VBA aufrufen. Los geht es damit, dass Sie das Excel-Add-in xlwings installieren.

Excel-Add-in

Da xlwings in der Anaconda-Distribution enthalten ist, konnten wir xlwings-Befehle wie im vorherigen Kapitel direkt in Python ausführen. Wenn Sie aber Python-Skripte von Excel aus aufrufen möchten, müssen Sie entweder das Excel-Add-in installieren oder die Arbeitsmappe im eigenständigen Modus (`standalone`) einrichten. Den eigenständigen Modus werde ich im Abschnitt »Bereitstellung« auf Seite Seite 246 vorstellen. Jetzt geht es erst einmal darum, wie man mit dem Add-in arbeitet. Um es zu installieren, führen Sie den folgenden Befehl an einem Anaconda Prompt aus:

```
(base)> xlwings addin install
```

Die Version des Python-Pakets und die Version des Add-ins müssen Sie synchron halten, wenn Sie xlwings aktualisieren. Daher sollten Sie immer zwei Befehle ausführen, wenn Sie xlwings aktualisieren – einen für das Python-Paket und einen für das Excel-Add-in. Je nachdem, ob Sie den Paketmanager von Conda oder pip verwenden, aktualisieren Sie Ihre xlwings-Installation wie folgt:

Conda (für die Anaconda-Python-Distribution)

```
(base)> conda update xlwings
(base)> xlwings addin install
```

pip (für jede andere Python-Distribution)

```
(base)> pip install --upgrade xlwings
(base)> xlwings addin install
```

Antivirensoftware

Leider wird das xlwings-Add-in manchmal von Antivirensoftware als bösartiges Add-in eingestuft, insbesondere wenn Sie eine brandneue Version verwenden. Falls dies auf Ihrem Computer passiert, sollten Sie in den Einstellungen Ihrer Antivirensoftware xlwings als sicher für die Ausführung markieren können. Normalerweise ist es auch möglich, derartig falsch positive Einstufungen auf der Homepage der Software zu melden.

Wenn Sie an einem Anaconda Prompt **`xlwings`** eingeben, verwenden Sie das CLI von xlwings. Abgesehen davon, dass es die Installation des xlwings-Add-ins vereinfacht, bietet es einige weitere Befehle: Ich stelle sie vor, wann sie benötigt werden, doch Sie können immer **`xlwings`** an einem Anaconda Prompt eintippen und [↵] drücken, um die verfügbaren Optionen auszugeben. Sehen Sie sich nun im Detail an, was der Befehl `xlwings addin install` bewirkt:

Installation

Die eigentliche Installation des Add-ins geschieht durch Kopieren von *xlwings.xlam* aus dem Verzeichnis des Python-Pakets in den Ordner *XLSTART* von Excel, der ein spezieller Ordner ist: Excel öffnet alle Dateien, die sich in diesem Ordner befinden, und zwar bei jedem Start von Excel. Wenn Sie `xlwings addin status` an einem Anaconda Prompt ausführen, verrät die Ausgabe des Befehls, wo sich das Verzeichnis *XLSTART* auf Ihrem System befindet und ob das Add-in installiert ist oder nicht.

Konfiguration

Wenn Sie das Add-in zum ersten Mal installieren, wird es zudem so konfiguriert, dass es den Python-Interpreter oder die Conda-Umgebung verwendet, von wo aus Sie den `install`-Befehl ausführen: Wie Abbildung 10-1 zeigt, füllt das xlwings-CLI die Werte für *Conda Path* und *Conda Env* automatisch aus.[1] Diese Werte werden in der Datei *xlwings.conf* im Ordner *.xlwings* Ihres Basisverzeichnisses gespeichert. Unter Windows ist dies normalerweise *C:\Users\<username>\.xlwings\xlwings.conf* und unter macOS */Users/<username>/.xlwings/xlwings.conf*. Ordner und Dateien mit einem führenden Punkt werden unter macOS standardmäßig ausgeblendet. Im Finder können Sie deren Sichtbarkeit mit der Tastenkombination cmd+⇧+. umschalten.

Nachdem Sie den Installationsbefehl ausgeführt haben, müssen Sie Excel neu starten, damit die Registerkarte *xlwings* im Menüband erscheint (siehe Abbildung 10-1).

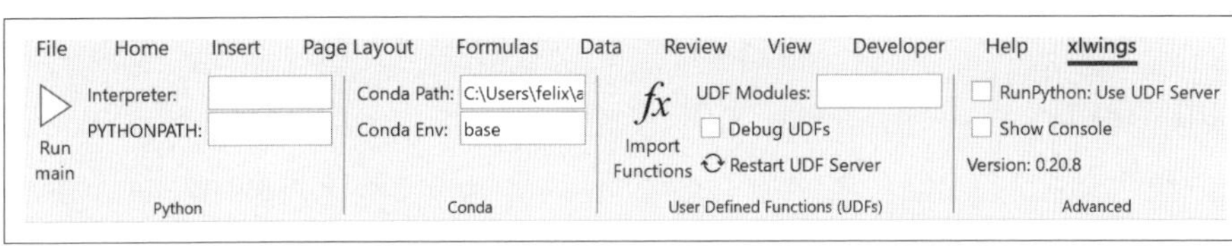

Abbildung 10-1: Die Registerkarte für das xlwings-Add-in im Menüband nach Ausführen des Installationsbefehls

Das Menüband-Add-in unter macOS

Unter macOS sieht das Menüband etwas anders aus, da die Abschnitte zu benutzerdefinierten Funktionen und Conda fehlen: Während macOS keine benutzerdefinierten Funktionen unterstützt, benötigen Conda-Umgebungen keine speziellen Maßnahmen, d. h., sie werden als Interpreter unter der Python-Gruppe konfiguriert.

Nachdem Sie nun das xlwings-Add-in installiert haben, brauchen wir eine Arbeitsmappe und etwas Python-Code, um es auszuprobieren. Am schnellsten geht das mit dem Befehl `quickstart`, den ich als Nächstes vorstelle.

1 Wenn Sie macOS oder eine andere Python-Distribution als Anaconda verwenden, wird der Interpreter und nicht die Conda-Einstellungen konfiguriert.

Der quickstart-Befehl

Damit Sie Ihr erstes xlwings-Tool so einfach wie möglich entwerfen können, bietet das xlwings-CLI den Befehl `quickstart`. An einem Anaconda Prompt wechseln Sie mit dem `cd`-Befehl in das Verzeichnis, in dem Sie Ihr erstes Projekt erstellen möchten (z. B. `cd Desktop`), und führen dann den folgenden Befehl aus, um ein Projekt mit dem Namen `first_project` zu erstellen:

```
(base)> xlwings quickstart first_project
```

Der Projektname muss ein gültiger Python-Modulname sein: Er darf Buchstaben, Ziffern und Unterstriche enthalten, aber weder Leerzeichen noch Bindestriche, und er darf nicht mit einer Ziffer beginnen. Im Abschnitt »Die Funktion RunPython« auf Seite 241 zeige ich, wie Sie den Namen der Excel-Datei in etwas ändern können, das diesen Regeln nicht folgen muss. Der Befehl `quickstart` erstellt in Ihrem aktuellen Verzeichnis einen Ordner `first_project`. Wenn Sie ihn im Datei-Explorer unter Windows oder im Finder unter macOS öffnen, sehen Sie zwei Dateien: *first_project.xlsm* und *first_project.py*. Öffnen Sie beide Dateien – die Excel-Datei in Excel und die Python-Datei in VS Code. Der Python-Code lässt sich am einfachsten von Excel aus ausführen, wenn Sie auf die Schaltfläche *Run main* im Add-in klicken – sehen Sie sich nun an, wie das funktioniert!

Run main

Bevor wir uns die Datei *first_project.py* genauer ansehen, klicken Sie auf die Schaltfläche *Run main* ganz links im xlwings-Add-in, während *first_project.xlsm* Ihre aktive Datei ist; es wird »Hello xlwings!« in Zelle A1 des ersten Tabellenblatts ausgegeben. Wenn Sie erneut auf die Schaltfläche klicken, ändert sich der Text in »Bye xlwings!«. Gratulation, Sie haben Ihre erste Python-Funktion von Excel aus gestartet! Am Ende war das auch nicht viel schwerer, als ein VBA-Makro zu schreiben, oder? Sehen Sie sich nun *first_project.py* in Beispiel 10-1 an.

Beispiel 10-1: Die Datei first_project.py

```
import xlwings as xw

def main():
    wb = xw.Book.caller()  ❶
    sheet = wb.sheets[0]
    if sheet["A1"].value == "Hello xlwings!":
        sheet["A1"].value = "Bye xlwings!"
    else:
        sheet["A1"].value = "Hello xlwings!"

@xw.func  ❷
def hello(name):
    return f"Hello {name}!"
    if __name__ == "__main__":  ❸
        xw.Book("first_project.xlsm").set_mock_caller()
        main()
```

❶ Das xlwings-book-Objekt `xw.Book.caller()` verweist auf die Excel-Arbeitsmappe, die beim Klicken auf die Schaltfläche *Run main* aktiv ist. In unserem Fall entspricht es `xw.Book("first_project.xlsm")`. Mit `xw.Book.caller()` können Sie Ihre Excel-Datei umbenennen und im Dateisystem verschieben, ohne den Verweis ungültig zu machen. Außerdem stellen Sie so sicher, dass Sie die richtige Arbeitsmappe bearbeiten, wenn Sie sie in mehreren Excel-Instanzen geöffnet haben.

❷ In diesem Kapitel ignorieren wir die Funktion `hello`, da sie Thema von Kapitel 12 ist. Wenn Sie den Befehl `quickstart` unter macOS ausführen, sehen Sie die Funktion `hello` ohnehin nicht, da nur Windows benutzerdefinierte Funktionen unterstützt.

❸ Die letzten drei Zeilen werde ich erklären, wenn wir uns im nächsten Kapitel mit der Fehlersuche beschäftigen. Für die Zwecke dieses Kapitels können Sie alles unterhalb der ersten Funktion ignorieren oder sogar löschen.

Die Schaltfläche *Run main* im Excel-Add-in ist ein komfortables Feature: Damit können Sie eine Funktion mit dem Namen `main` in einem Python-Modul aufrufen, das den gleichen Namen wie die Excel-Datei hat, ohne zuerst Ihrer Arbeitsmappe eine Schaltfläche hinzuzufügen. Das funktioniert sogar, wenn Sie Ihre Arbeitsmappe im makrofreien *xlsx*-Format speichern. Möchten Sie jedoch eine oder mehrere Python-Funktionen aufrufen, die weder `main` heißen noch Teil eines Moduls mit dem gleichen Namen wie die Arbeitsmappe sind, müssen Sie stattdessen die Funktion `RunPython` von VBA verwenden. Der nächste Abschnitt geht ausführlicher darauf ein.

Die Funktion RunPython

Wenn Sie mehr Kontrolle darüber haben möchten, wie Sie Ihren Python-Code aufrufen, nutzen Sie die VBA-Funktion `RunPython`. Folglich setzt `RunPython` voraus, dass Sie Ihre Arbeitsmappe mit Makros speichern.

Makros aktivieren

Um eine Arbeitsmappe mit Makros (Dateierweiterung *xlsm*) – zum Beispiel eine vom Befehl `quickstart` erzeugte Arbeitsmappe – zu öffnen, müssen Sie unter Windows auf *Inhalt aktivieren* oder unter macOS auf *Makros aktivieren* klicken. Bei *xlsm*-Dateien aus dem Begleit-Repository müssen Sie zusätzlich auf *Bearbeiten aktivieren* klicken, da Excel andernfalls Dateien, die aus dem Internet heruntergeladen wurden, nicht richtig öffnet.

Die Funktion `RunPython` übernimmt einen String mit Python-Code: In der Regel importieren Sie ein Python-Modul und führen eine seiner Funktionen aus. Wenn Sie den VBA-Editor über `Alt`+`F11` (Windows) oder `OPTION`+`F11` (macOS) öffnen, sehen Sie, dass der Befehl `quickstart` ein Makro namens `SampleCall` in ein VBA-Modul mit dem Namen *Module1* einfügt (siehe Abbildung 10-2). Sollte das Makro `SampleCall` nicht zu sehen sein, doppelklicken Sie in der VBA-Projektstruktur auf der linken Seite auf *Module1*.

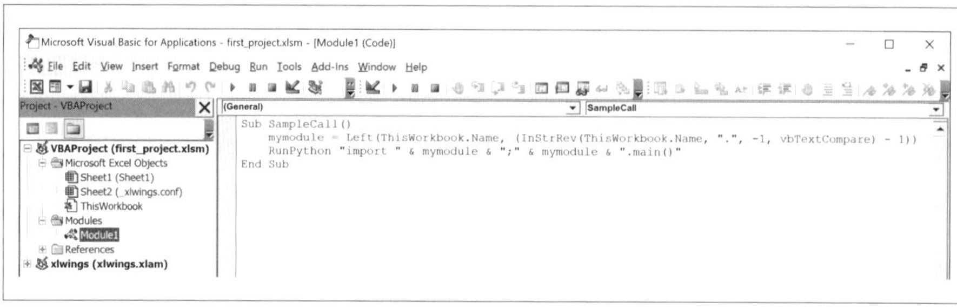

Abbildung 10-2: Der VBA-Editor mit Module1

Der Code sieht etwas kompliziert aus, aber das liegt nur daran, dass er dynamisch funktioniert – egal welchen Projektnamen Sie wählen, wenn Sie den Befehl `quickstart` ausführen. Da unser Python-Modul `first_project` heißt, können Sie den Code durch die folgende, verständlichere Entsprechung ersetzen:

```
Sub SampleCall()
    RunPython "import first_project; first_project.main()"
End Sub
```

Da es in VBA recht umständlich ist, mehrzeilige Strings zu schreiben, verwenden wir ein Semikolon, das Python anstelle des Zeilenumbruchs akzeptiert. Es gibt verschiedene Möglichkeiten, diesen Code auszuführen: Setzen Sie zum Beispiel im VBA-Editor den Cursor auf eine beliebige Zeile des Makros `SampleCall` und drücken Sie `F5`. Normalerweise aber führen Sie den Code über ein Excel-Tabellenblatt und nicht über den VBA-Editor aus. Schließen Sie also den VBA-Editor und wechseln Sie zurück zur Arbeitsmappe. Mit der Tastenkombination `Alt`+`F8` (Windows) oder `OPTION`+`F8` (macOS) öffnen Sie ein Makro-Dialogfeld: Wählen Sie `SampleCall` aus und klicken Sie auf die Schaltfläche *Ausführen*. Benutzerfreundlicher geht es mit einer Schaltfläche, die Sie Ihrer Excel-Arbeitsmappe hinzufügen und mit dem Makro `SampleCall` verbinden: Hierfür müssen Sie zunächst sicherstellen, dass die Registerkarte *Entwicklertools* im Menüband zu sehen ist. Ist sie nicht vorhanden, wählen Sie *Datei/Optionen/Menüband anpassen* und aktivieren das Kontrollkästchen neben *Entwicklertools*. Unter macOS finden Sie diese Einstellung stattdessen unter *Excel/Voreinstellungen/Menüband & Symbolleiste*. Um eine Schaltfläche einzufügen, klicken Sie auf der Registerkarte *Entwicklertools* in der Gruppe *Steuerelemente* auf *Einfügen/Schaltfläche* (unter *Formularsteuerelemente*). Unter macOS sehen Sie die Schaltfläche, ohne dass Sie zuerst auf *Einfügen* klicken müssen. Wenn Sie auf das Symbol für die Schaltfläche klicken, verwandelt sich der Cursor in ein kleines Fadenkreuz: Zeichnen Sie damit eine Schaltfläche auf Ihr Tabellenblatt, indem Sie die linke Maustaste gedrückt halten und ein Rechteck aufziehen. Sobald Sie die Maustaste loslassen, erscheint ein Dialogfeld *Makro zuweisen* – wählen Sie `SampleCall` aus und klicken Sie auf *OK*. Klicken Sie dann auf die Schaltfläche, die Sie eben erzeugt haben (in meinem Fall *Schaltfläche1* genannt). Daraufhin wird die Funktion `main` erneut ausgeführt (siehe Abbildung 10-3).

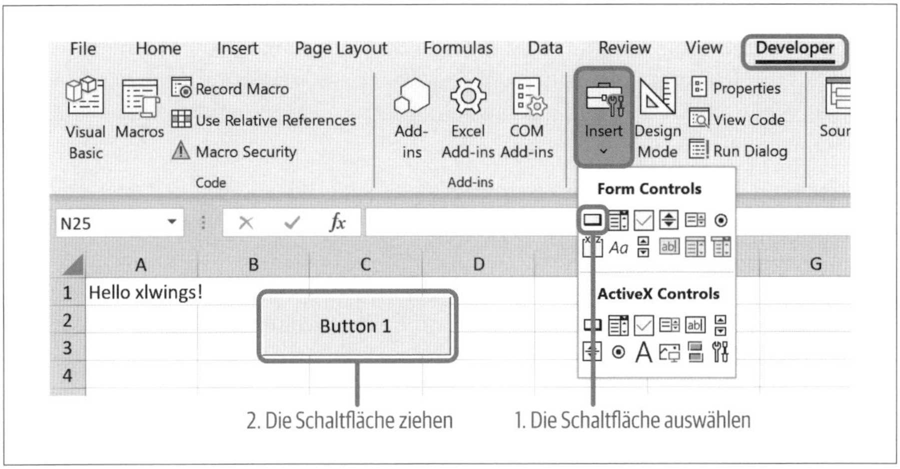

Abbildung 10-3: Eine Schaltfläche auf einem Tabellenblatt erstellen

Formularsteuerelemente und ActiveX-Steuerelemente

Unter Windows sind zwei Arten von Steuerelementen zu unterscheiden: Formularsteuerelemente und ActiveX-Steuerelemente. Zwar können Sie eine Schaltfläche aus beiden Gruppen verwenden, um eine Verbindung mit Ihrem Makro `SampleCall` herzustellen, doch unter macOS funktioniert nur die Schaltfläche aus der Gruppe der Formularsteuerelemente. Im nächsten Kapitel verwenden wir Rechtecke als Schaltflächen und lassen sie ein wenig moderner aussehen.

Sehen wir uns nun an, wie wir die vom Befehl `quickstart` zugewiesenen Standardnamen ändern können: Gehen Sie zurück zu Ihrer Python-Datei und ändern Sie deren Namen von *first_project.py* in *hello.py*. Benennen Sie auch Ihre Funktion `main` in `hello_world` um. Speichern Sie die Datei, öffnen Sie erneut den VBA-Editor über `Alt`+`F11` (Windows) oder `OPTION`+`F11` (macOS) und bearbeiten Sie `SampleCall` wie folgt, um die Änderungen widerzuspiegeln:

```
Sub SampleCall()
    RunPython "import hello; hello.hello_world()"
End Sub
```

Gehen Sie wieder zum Tabellenblatt und klicken Sie auf die Schaltfläche *Button1*, um sich zu vergewissern, dass immer noch alles funktioniert. Schließlich werden Sie das Python-Skript und die Excel-Datei in zwei verschiedenen Verzeichnissen speichern. Um zu verstehen, was das bedeutet, muss ich zunächst etwas zum *Suchpfad für Python-Module* sagen: Wenn Sie in Ihrem Code ein Modul importieren, sucht Python danach in verschiedenen Verzeichnissen. Zuerst prüft Python, ob es ein integriertes Modul mit diesem Namen gibt. Kann es kein solches Modul finden, sucht Python im aktuellen Arbeitsverzeichnis weiter und in den Verzeichnissen, die in der Umgebungsvariablen `PYTHONPATH` verzeichnet sind. Das Verzeichnis der Arbeitsmappe fügt xlwings `PYTHONPATH` automatisch hinzu und ermöglicht Ihnen auch, über das Add-in weitere Pfade einzutragen. Um dies auszuprobieren, nehmen Sie das Python-Skript, das jetzt *hello.py* heißt, und verschieben es in einen Ordner *pyscripts*, den Sie unter Ihrem Basisverzeichnis anlegen: In meinem Fall ist das *C:\Users\felix\pyscripts* unter Windows oder */Users/felix/pyscripts* unter macOS. Wenn Sie jetzt erneut auf die Schaltfläche klicken, erscheint der folgende Fehler in einem Pop-up:

```
Traceback (most recent call last):
  File "<string>", line 1, in <module>
ModuleNotFoundError: No module named 'first_project'
```

Um diesen Fehler zu beheben, fügen Sie einfach den Pfad des Verzeichnisses *pyscripts* der Einstellung `PYTHONPATH` in Ihrem xlwings-Menüband hinzu, wie Abbildung 10-4 zeigt. Wenn Sie jetzt noch einmal auf die Schaltfläche klicken, funktioniert sie wieder.

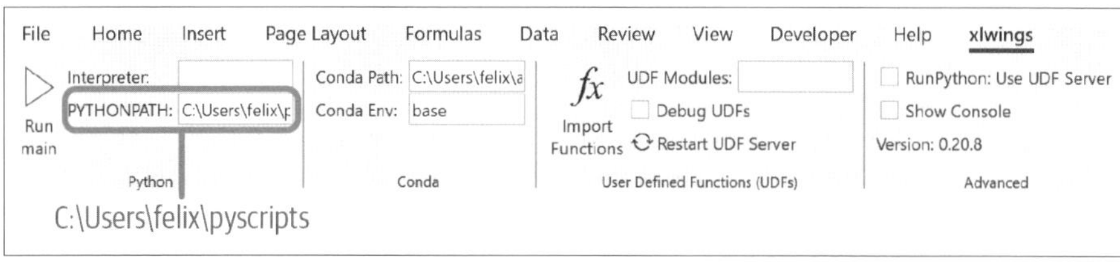

Abbildung 10-4: Die Einstellung PYTHONPATH

Was ich noch nicht erwähnt habe, ist der Name der Excel-Arbeitsmappe: Sobald Ihr `RunPython`-Funktionsaufruf einen expliziten Modulnamen wie `first_project` anstelle des von `quickstart` hinzugefügten Codes verwendet, können Sie Ihre Excel-Arbeitsmappe nach Belieben umbenennen.

Wenn Sie ein neues xlwings-Projekt beginnen, ist es am einfachsten, sich auf den `quickstart`-Befehl zu verlassen. Bei einer vorhandenen Arbeitsmappe ziehen Sie es aber vielleicht vor, sie manuell einzurichten. Sehen Sie sich an, wie das geht.

RunPython ohne quickstart-Befehl

Möchten Sie die Funktion `RunPython` mit einer vorhandenen Arbeitsmappe verwenden, die nicht vom Befehl `quickstart` erstellt wurde, müssen Sie manuell alles das erledigen, was sonst der `quickstart`-Befehl für Sie übernimmt. Die folgenden Schritte sind nur für den `RunPython`-Aufruf erforderlich, aber nicht, wenn Sie die Schaltfläche *Run main* verwenden wollen:

1. Stellen Sie als Erstes sicher, dass Sie Ihre Arbeitsmappe als Arbeitsmappe mit Makros speichern, und zwar mit der Dateierweiterung *xlsm* oder *xlsb*.
2. Fügen Sie ein VBA-Modul hinzu. Öffnen Sie dazu den VBA-Editor über `Alt`+`F11` (Windows) oder `OPTION`+`F11` (macOS) und wählen Sie das VBA-Projekt Ihrer Arbeitsmappe in der Baumansicht auf der linken Seite aus. Klicken Sie dann mit der rechten Maustaste darauf und wählen Sie *Einfügen/Modul*, wie Abbildung 10-5 zeigt. Daraufhin wird ein leeres VBA-Modul eingefügt, in das Sie Ihr VBA-Makro mit dem `RunPython`-Aufruf schreiben können.

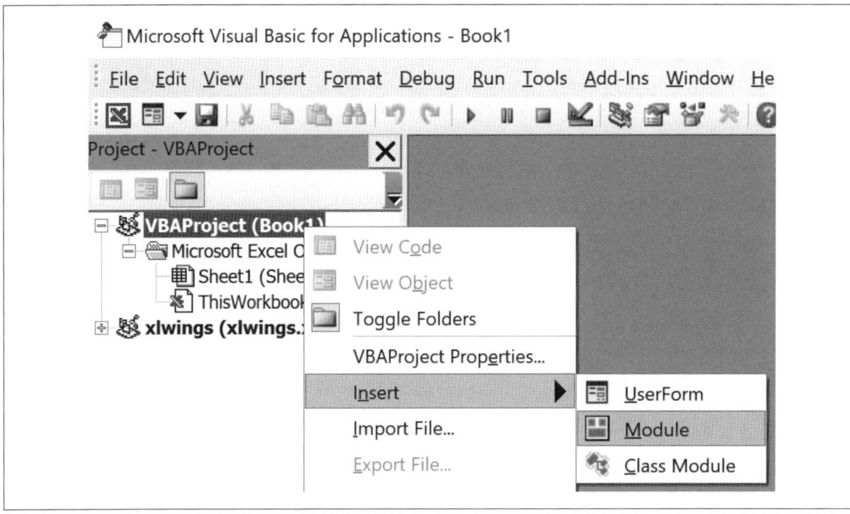

Abbildung 10-5: Ein VBA-Modul hinzufügen

3. Fügen Sie einen Verweis auf xlwings hinzu: Die Funktion `RunPython` ist Teil des xlwings-Add-ins. Um sie zu verwenden, muss ein Verweis auf xlwings in Ihrem VBA-Projekt eingerichtet sein. Markieren Sie wieder die richtige Arbeitsmappe in der Baumansicht auf der linken Seite des VBA-Editors, wählen Sie dann *Extras/Verweise* und aktivieren Sie das Kontrollkästchen für *xlwings*, wie Abbildung 10-6 zeigt.

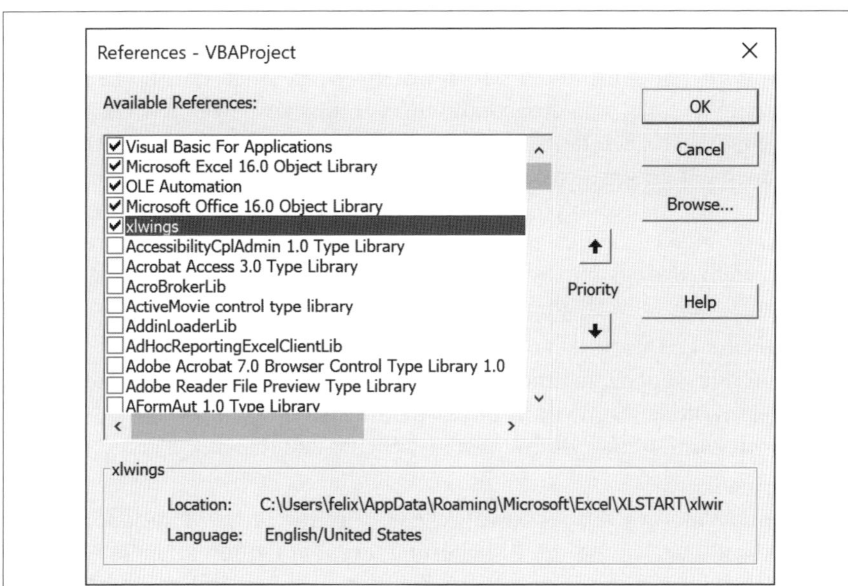

Abbildung 10-6: Die Funktion RunPython setzt einen Verweis auf xlwings voraus.

Damit ist Ihre Arbeitsmappe wieder einsatzfähig für Aufrufe der Funktion `Run Python`. Nachdem alles auf Ihrem Computer funktioniert, wird man im nächsten Schritt normalerweise dafür sorgen, dass es auf dem Computer eines Kollegen läuft. Gehen wir also einige Optionen durch, um diesen Teil zu vereinfachen.

Bereitstellung

In der Softwareentwicklung bezieht sich der Begriff *Bereitstellung* (engl. *Deployment*) auf die Verteilung und Installation von Software, sodass Endbenutzer in der Lage sind, sie zu nutzen. Im Fall der xlwings-Tools ist es hilfreich, zu wissen, welche Abhängigkeiten erforderlich sind und welche Einstellungen die Bereitstellung erleichtern können. Ich beginne mit der wichtigsten Abhängigkeit, nämlich die von Python, bevor ich Arbeitsmappen betrachte, die im eigenständigen Modus eingerichtet wurden, um ohne das Excel-Add-in auszukommen. Diesen Abschnitt schließe ich ab mit einem genaueren Blick darauf, wie die Konfiguration bei xlwings funktioniert.

Python-Abhängigkeit

Um xlwings-Tools ausführen zu können, müssen Endbenutzer Python installiert haben. Doch nur weil sie Python noch nicht haben, heißt das nicht, dass es keine Möglichkeiten gibt, den Installationsvorgang zu vereinfachen. Die folgenden Punkte nennen einige Optionen:

Anaconda oder WinPython
: Weisen Sie Ihre Benutzer an, die Anaconda-Distribution herunterzuladen und zu installieren. Um auf der sicheren Seite zu sein, müssten Sie sich auf eine bestimmte Version von Anaconda einigen, um zu gewährleisten, dass sie die gleichen Versionen der enthaltenen Pakete verwenden wie Sie. Diese Option ist auch gut geeignet, wenn Sie nur Pakete verwenden, die Teil von Anaconda sind. Eine interessante Alternative zu Anaconda ist WinPython (*https://oreil.ly/A66KN*), da es unter der MIT-Open-Source-Lizenz vertrieben wird und auch xlwings vorinstalliert ist. Wie der Name vermuten lässt, ist es nur unter Windows verfügbar.

Freigegebenes Laufwerk
: Wenn Sie Zugang zu einem einigermaßen schnellen freigegebenen Laufwerk haben, können Sie Python direkt darauf installieren, sodass jeder die Tools nutzen kann, ohne Python lokal installieren zu müssen.

Frozen Executable
: Unter Windows erlaubt xlwings, dass Sie mit *Frozen Executables* arbeiten. Das sind Dateien mit der Erweiterung *.exe*, die Python und alle Abhängigkeiten enthalten. Ein beliebtes Paket, mit dem sich Frozen Executables produzieren lassen, ist PyInstaller (*https://oreil.ly/AnYlV*). Frozen Executables haben den Vorteil, dass in ihnen nur das verpackt ist, was Ihre Programme benöti-

gen, und dass sich eine einzige Datei erzeugen lässt, was die Verteilung vereinfachen kann. Weitere Details über das Arbeiten mit Frozen Executables finden Sie in der Dokumentation von xlwings (*https://oreil.ly/QWz7i*). Beachten Sie, dass Frozen Executables nicht funktionieren, wenn Sie xlwings für benutzerdefinierte Funktionen einsetzen. Diese Funktionalität stelle ich in Kapitel 12 vor.

Während Python zwingend erforderlich ist, müssen Sie das xlwings-Add-in nicht unbedingt installieren, wie der nächste Abschnitt erläutert.

Eigenständige Arbeitsmappen: das xlwings-Add-in loswerden

In diesem Kapitel haben wir uns immer auf das xlwings-Add-in gestützt, um Python-Code auszuführen, indem wir entweder auf die Schaltfläche *Run main* geklickt oder die Funktion `RunPython` aufgerufen haben. Selbst wenn es mit dem xlwings-CLI einfach ist, das Add-in zu installieren, kann es für technisch weniger versierte Benutzer, denen der Anaconda Prompt nicht vertraut ist, immer noch ziemlich mühsam sein. Und da das xlwings-Add-in und das xlwings-Python-Paket die gleiche Version haben müssen, kommt es möglicherweise zu Konflikten, wenn Ihre Empfänger das xlwings-Add-in bereits installiert haben, allerdings in einer anderen Version als von Ihrem Tool verlangt. Es gibt jedoch eine einfache Lösung: xlwings benötigt das Excel-Add-in nicht und lässt sich stattdessen als eigenständige Arbeitsmappe einrichten. In diesem Fall wird der VBA-Code des Add-ins direkt in Ihrer Arbeitsmappe gespeichert. Wie immer ist es am einfachsten, alles mit dem `quickstart`-Befehl einzurichten, dieses Mal mit dem Flag `--standalone`:

```
(base)> xlwings quickstart second_project --standalone
```

Wenn Sie die generierte Arbeitsmappe *second_project.xlsm* in Excel öffnen und `Alt`+`F11` (Windows) oder `OPTION`+`F11` (macOS) drücken, sehen Sie das xlwings-Modul und das Klassenmodul `Dictionary`, die anstelle des Add-ins erforderlich sind. Vor allem aber darf ein eigenständiges Projekt keinen Verweis auf xlwings mehr haben. Zwar wird dies automatisch konfiguriert, wenn Sie das Flag `--standalone` angeben, es ist aber wichtig, dass Sie den Verweis entfernen, falls Sie eine vorhandene Arbeitsmappe konvertieren möchten: Gehen Sie in Ihrem VBA-Editor auf *Extras/Verweise* und deaktivieren Sie das Kontrollkästchen für *xlwings*.

> **Ein benutzerdefiniertes Add-in erstellen**
>
> Dieser Abschnitt zeigt zwar, wie Sie die Abhängigkeit vom xlwings-Add-in loswerden, doch manchmal werden Sie auch ein eigenes Add-in für den Einsatz erstellen wollen. Das ist insbesondere sinnvoll, wenn Sie für viele verschiedene Arbeitsmappen dieselben Makros nutzen können. Wie Sie ein benutzerdefiniertes Add-in erstellen, erfahren Sie in der Dokumentation von xlwings (*https://oreil.ly/hFvlj*).

Nachdem wir uns mit Python und dem Add-in beschäftigt haben, werfen wir nun einen genaueren Blick darauf, wie die xlwings-Konfiguration funktioniert.

Konfigurationshierarchie

Wie bereits zu Beginn dieses Kapitels erwähnt, speichert das Menüband seine Konfiguration im Basisverzeichnis des Benutzers unter *.xlwings\xlwings.conf*. Die *Konfiguration* besteht aus einzelnen *Einstellungen* wie der Umgebungsvariablen `PYTHONPATH`, die Sie bereits zu Beginn dieses Kapitels kennengelernt haben. Die Einstellungen, die Sie in Ihrem Add-in festlegen, können auf der Verzeichnis- und Arbeitsmappenebene überschrieben werden – xlwings sucht an folgenden Orten und in der angegebenen Reihenfolge nach Einstellungen:

Arbeitsmappenkonfiguration
: Zuerst sucht xlwings nach einem Blatt namens *xlwings.conf*. Dies ist das empfohlene Verfahren, um eine Arbeitsmappe für die Bereitstellung zu konfigurieren, da Sie keine zusätzliche Konfigurationsdatei verwalten müssen. Wenn Sie den Befehl `quickstart` ausführen, erstellt er eine Beispielkonfiguration auf einem Blatt namens *_xlwings.conf*. Um sie zu aktivieren, entfernen Sie den führenden Unterstrich. Möchten Sie diese Konfiguration nicht verwenden, können Sie das Blatt löschen.

Verzeichniskonfiguration
: Als Nächstes sucht xlwings nach einer Datei *xlwings.conf* im selben Verzeichnis wie Ihre Excel-Arbeitsmappe.

Benutzerkonfiguration
: Schließlich sucht xlwings im Basisverzeichnis des Benutzers im Ordner *.xlwings* nach einer Datei *xlwings.conf*. Normalerweise bearbeiten Sie diese Datei nicht direkt – stattdessen wird sie vom Add-in erstellt und bearbeitet, sobald Sie eine Einstellung ändern.

Findet xlwings keine Einstellungen an diesen drei Orten, schaltet es auf Standardwerte zurück.

Wenn Sie die Einstellungen über das Excel-Add-in bearbeiten, wird automatisch auch die Datei *xlwings.conf* bearbeitet. Möchten Sie die Datei direkt bearbeiten, finden Sie das genaue Format und die verfügbaren Einstellungen in der Dokumentation von xlwings (*https://oreil.ly/U9JTY*). Ich werde jedoch im Folgenden auf die hilfreichsten Einstellungen im Zusammenhang mit der Bereitstellung eingehen.

Einstellungen

Die wichtigste Einstellung betrifft sicherlich den Python-Interpreter – wenn Ihr Excel-Tool den richtigen Interpreter nicht finden kann, wird nichts funktionieren. Mit der Umgebungsvariablen `PYTHONPATH` können Sie steuern, wo Sie Ihre Python-Quelldateien ablegen, und die Einstellung *UDF-Server verwenden* sorgt dafür, dass der Python-Interpreter zwischen den Aufrufen unter Windows läuft, was die Performance erheblich verbessern kann.

Python-Interpreter

Das Paket xlwings stützt sich auf eine lokale Python-Installation. Das bedeutet jedoch nicht unbedingt, dass sich der Empfänger Ihres xlwings-Tools mit der Konfiguration herumschlagen muss, bevor er das Tool verwenden kann. Wie bereits erwähnt, könnten Sie ihn anweisen, die Anaconda-Distribution mit den Standardeinstellungen zu installieren, was den Interpreter im Basisverzeichnis des Benutzers installiert. Wenn Sie *Umgebungsvariablen* in Ihrer Konfiguration verwenden, findet xlwings den richtigen Pfad zum Python-Interpreter. Eine Umgebungsvariable ist eine Variable, die auf dem Computer des Benutzers gesetzt wird und Programmen ermöglicht, Informationen speziell zu dieser Umgebung abzurufen, beispielsweise den Namen des aktuellen Basisordners des Benutzers. Zum Beispiel setzen Sie unter Windows die Variable `Conda Path` auf `%USERPROFILE%\anaconda3` und unter macOS die Variable `Interpreter_Mac` auf `$HOME/opt/anaconda3/bin/python`. Diese Pfade werden dann dynamisch in den Standardinstallationspfad von Anaconda aufgelöst.

PYTHONPATH

Standardmäßig sucht xlwings nach der Python-Quelldatei im selben Verzeichnis wie die Excel-Datei. Möglicherweise ist das nicht ideal, wenn Sie Ihr Tool an Benutzer weitergeben, die mit Python nicht vertraut sind, denn sie könnten vergessen, die beiden Dateien zusammenzuhalten, wenn sie die Excel-Datei verschieben. Stattdessen können Sie Ihre Python-Quelldateien in einem speziellen Ordner ablegen (der auch auf einem freigegebenen Laufwerk liegen kann) und diesen Ordner in die `PYTHONPATH`-Einstellungen aufnehmen. Alternativ können Sie Ihre Quelldateien in einem Pfad ablegen, der bereits Teil des Python-Modulsuchpfads ist. Das erreichen Sie beispielsweise dadurch, dass Sie Ihren Quellcode als Python-Paket vertreiben. Dann erfolgt die Installation in das Verzeichnis *site-packages* von Python, wo Python Ihren Code findet. Wie Sie ein Python-Paket erstellen, erfahren Sie im Python Packaging User Guide (*https://oreil.ly/_kJoj*).

RunPython: UDF-Server verwenden (nur Windows)

Vielleicht haben Sie bemerkt, dass ein `RunPython`-Aufruf ziemlich langsam sein kann. Das hängt damit zusammen, dass xlwings einen Python-Interpreter startet, den Python-Code ausführt und schließlich den Interpreter wieder herunterfährt. In der Entwicklungsphase mag das nicht schlecht sein, da sichergestellt wird, dass alle Module jedes Mal von Grund auf neu geladen werden, wenn Sie den Befehl `RunPython` aufrufen. Sobald aber Ihr Code stabil läuft, sollten Sie das Kontrollkästchen *RunPython: Use UDF Server*aktivieren, das nur unter Windows verfügbar ist. Dadurch wird derselbe Python-Server verwendet, den auch die benutzerdefinierten Funktionen (Thema von Kapitel 12) nutzen, und hält die Python-Sitzung am Laufen, was wesentlich schneller ist. Beachten Sie jedoch, dass Sie auf die Schaltfläche *Restart UDF Server* im Menüband klicken müssen, nachdem Sie Code geändert haben.

> ### xlwings PRO
>
> Auch wenn dieses Buch nur die kostenlose und Open-Source-Version von xlwings verwendet, gibt es darüber hinaus ein kommerzielles PRO-Paket, mit dem die fortlaufende Wartung und Entwicklung des Open-Source-Pakets finanziert wird. Das Paket xlwings PRO bietet unter anderem folgende zusätzliche Funktionalität:
>
> - Python-Code lässt sich in Excel einbetten, was externe Quelldateien überflüssig macht.
> - Das Berichtspaket ermöglicht Ihnen, Ihre Arbeitsmappen in Vorlagen mit Platzhaltern umzuwandeln. Somit können auch technisch nicht versierte Benutzer die Vorlage bearbeiten, ohne den Python-Code ändern zu müssen.
> - Installationsprogramme können auf einfache Weise erstellt werden, um jeglichen Problemen bei der Bereitstellung vorzubeugen: Endbenutzer können Python einschließlich aller Abhängigkeiten mit einem einzigen Klick installieren und bekommen so das Gefühl, mit normalen Excel-Arbeitsmappen zu arbeiten, ohne etwas manuell konfigurieren zu müssen.
>
> Weitere Details zu xlwings PRO und zur Anforderung einer Testlizenz finden Sie auf der xlwings-Homepage (*https://oreil.ly/QEuoo*).

Zum Schluss

Dieses Kapitel hat zunächst gezeigt, wie einfach es ist, Python-Code in Excel auszuführen: Wenn Anaconda installiert ist, müssen Sie nur `xlwings addin install` gefolgt von `xlwings quickstart myproject` ausführen, und schon können Sie im xlwings-Add-in auf die Schaltfläche *Run main* klicken oder die VBA-Funktion `RunPython` aufrufen. Der zweite Teil hat einige Einstellungen vorgestellt, die es Ihnen erleichtern, Ihr xlwings-Tool für Endbenutzer bereitzustellen. Die Tatsache, dass xlwings in Anaconda vorinstalliert ist, dürfte die Einstiegshürden für neue Benutzer deutlich senken.

In diesem Kapitel haben wir lediglich das Hello-World-Beispiel verwendet, um zu lernen, wie alles funktioniert. Das nächste Kapitel baut auf diesen Grundlagen auf, um mit dem Python Package Tracker eine vollwertige Geschäftsanwendung aufzubauen.

KAPITEL 11

Der Python-Package-Tracker

In diesem Kapitel erstellen Sie eine typische Geschäftsanwendung, die Daten aus dem Internet herunterlädt und in einer Datenbank speichert, bevor sie in Excel visualisiert werden. Dies hilft Ihnen, zu verstehen, welche Rolle xlwings in einer derartigen Anwendung spielt, und Sie können sehen, wie einfach es ist, mit Python eine Verbindung zu externen Systemen herzustellen. Bei einem Versuch, ein Projekt zu erstellen, das einer realen Anwendung nahekommt und dennoch relativ einfach zu verfolgen ist, habe ich den *Python Package Tracker* entwickelt. Das ist ein Excel-Tool, das die Anzahl der Releases pro Jahr für ein bestimmtes Python-Paket zeigt. Obwohl es sich um eine Fallstudie handelt, könnte das Tool auch nützlich sein, um zu verstehen, ob ein bestimmtes Python-Paket aktiv entwickelt wird oder nicht.

Nachdem Sie sich mit der Anwendung vertraut gemacht haben, gehen wir einige Themen durch, die Sie verstehen müssen, um dem Code folgen zu können: Sie erfahren, wie Sie Daten aus dem Internet herunterladen und wie Sie mit Datenbanken interagieren können. Dann lernen Sie, wie Sie Ausnahmen in Python behandeln – ein wichtiges Konzept, wenn es um Anwendungsentwicklung geht. Nach diesen Vorbereitungsschritten gehen wir die Komponenten des Python Package Tracker durch, damit Sie sehen, wie alles zusammenpasst. Zum Abschluss dieses Kapitels erfahren Sie, wie das Debugging von xlwings-Code funktioniert. Wie die beiden letzten Kapitel setzt dieses Kapitel eine Installation von Microsoft Excel unter Windows oder macOS voraus. Machen wir den Python Package Tracker für einen Testlauf bereit!

Was wir bauen

Im Begleit-Repository finden Sie den Ordner *packagetracker*. In diesem Ordner gibt es eine Reihe von Dateien, wobei Sie zunächst nur die Excel-Datei *packagetracker.xlsm* öffnen. Gehen Sie auf das Tabellenblatt *Database*: Zunächst müssen wir ein paar Daten in die Datenbank bringen, um etwas zum Arbeiten zu haben. Geben Sie einen Paketnamen ein, zum Beispiel **`xlwings`**, und klicken Sie dann auf *Add*

Package (siehe Abbildung 11-1). Als Paketname können Sie jeden Namen aus dem *Python Package Index* (*https://pypi.org/*) (PyPI) wählen.

macOS: Zugriff auf Ordner bestätigen

Wenn Sie unter macOS das allererste Paket hinzufügen, müssen Sie in einem Pop-up bestätigen, dass die Anwendung auf den Ordner *packagetracker* zugreifen darf. Dies ist das gleiche Pop-up, das Sie schon in Kapitel 9 kennengelernt haben.

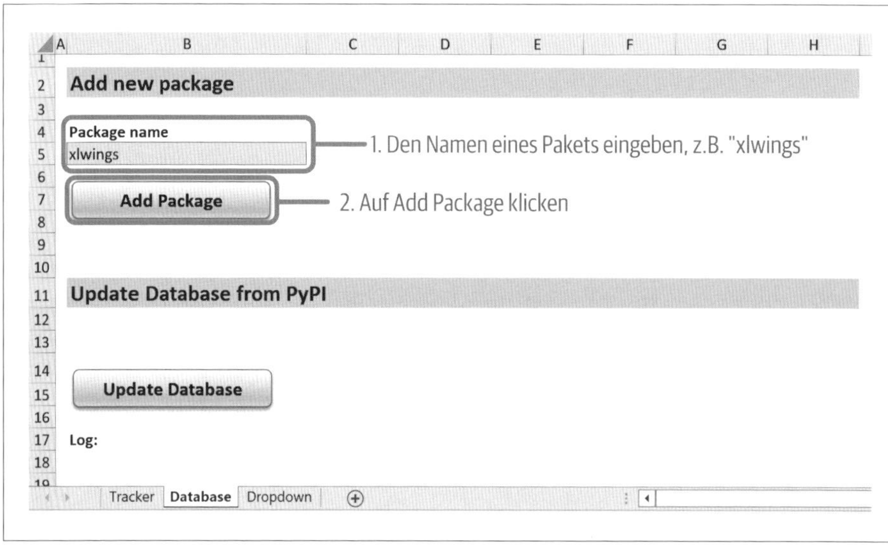

Abbildung 11-1: Der Python Package Tracker (Tabellenblatt Database)

Wenn alles nach Plan läuft, erscheint die Meldung *Added xlwings successfully* (xlwings erfolgreich hinzugefügt) rechts von der Stelle, an der Sie den Paketnamen eingegeben haben. Außerdem sehen Sie einen Zeitstempel *Zuletzt aktualisiert* unter dem *Update Database* sowie einen aktualisierten *Log*-Abschnitt, der besagt, dass xlwings erfolgreich heruntergeladen und in der Datenbank gespeichert wurde. Führen Sie das Gleiche noch einmal durch, um das Paket pandas hinzuzufügen, sodass wir noch mehr Daten haben, mit denen wir herumspielen können. Wechseln Sie nun zum Tabellenblatt *Tracker* und wählen Sie *xlwings* in der Drop-down-Liste in Zelle B5 aus, bevor Sie auf *Show History* (Verlauf anzeigen) klicken. Der Bildschirm sollte bei Ihnen nun wie in Abbildung 11-2 aussehen und das neueste Release des Pakets sowie ein Diagramm mit der Anzahl der Releases über die Jahre zeigen.

Sie könnten nun zum Tabellenblatt *Database* zurückkehren und weitere Pakete hinzufügen. Wenn Sie die Datenbank mit den neuesten Informationen von PyPI aktualisieren möchten, klicken Sie auf die Schaltfläche *Update Database* – daraufhin wird Ihre Datenbank mit den neuesten Daten aus PyPI synchronisiert.

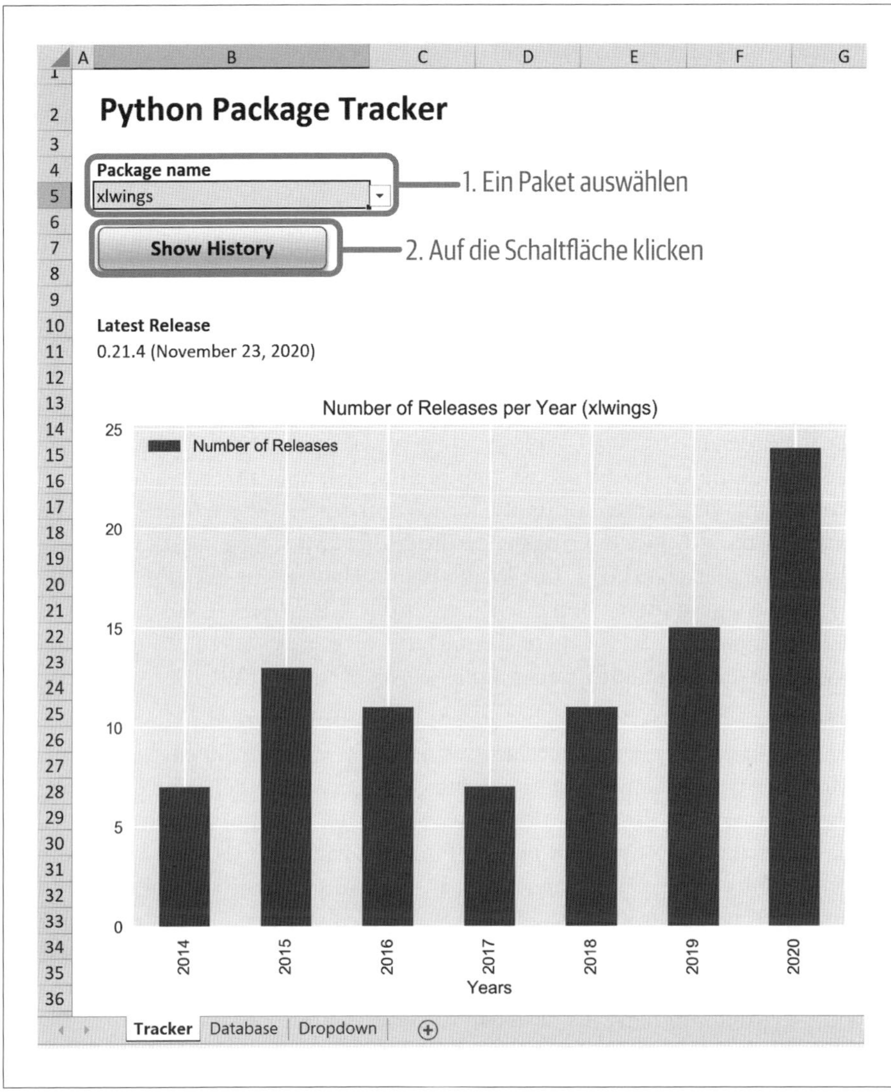

Abbildung 11-2: Der Python Package Tracker (Tabellenblatt Tracker)

Nachdem wir uns aus Sicht eines Benutzers die Arbeitsweise des Python Package Tracker angesehen haben, kommen wir nun zu seiner Kernfunktionalität.

Kernfunktionalität

In diesem Abschnitt stelle ich Ihnen die Kernfunktionalität des Python Package Tracker vor: Daten über Web-APIs abrufen und Datenbanken abfragen. Außerdem zeige ich Ihnen, wie Sie Ausnahmen behandeln. Dieses Thema wird unweigerlich auftauchen, wenn Sie Anwendungscode schreiben. Beginnen wir aber mit den Web-APIs!

Web-APIs

Web-APIs gehören für eine Anwendung zu den beliebtesten Instrumenten, um Daten aus dem Internet abzurufen: API steht für *Application Programming Interface* (Anwendungsprogrammierschnittstelle) und definiert, wie Sie mit einer Anwendung programmgesteuert interagieren. Eine Web-API ist demnach eine API, auf die über ein Netzwerk – in der Regel das Internet – zugegriffen wird. Um die Funktionsweise von Web-APIs zu verstehen, gehen wir einen Schritt zurück und sehen uns an, was passiert (vereinfacht ausgedrückt), wenn Sie eine Webseite in Ihrem Browser öffnen: Nachdem Sie eine URL in die Adresszeile eingegeben haben, sendet Ihr Browser eine *GET-Anfrage* an den Server und fordert die gewünschte Webseite an. Eine GET-Anfrage ist eine Methode des HTTP-Protokolls, über das Ihr Browser mit dem Server kommuniziert. Wenn der Server die Anfrage empfängt, antwortet er darauf, indem er das angeforderte HTML-Dokument zurücksendet, das Ihr Browser anzeigt: Voilà, Ihre Webseite ist geladen. Das HTTP-Protokoll umfasst verschiedene andere Methoden, neben der GET-Anfrage ist die *POST-Anfrage* die gebräuchlichste. Sie dient dazu, Daten an den Server zu senden (zum Beispiel wenn Sie ein Kontaktformular auf einer Webseite ausfüllen).

Es ist zwar sinnvoll, dass Server eine ansprechend formatierte HTML-Seite zurücksenden, um mit Menschen zu interagieren, doch Anwendungen sind nicht am Design, sondern nur an den Daten interessiert. Daher funktioniert eine GET-Anfrage an eine Web-API wie das Anfordern einer Webseite, aber normalerweise erhalten Sie die Daten im JSON- statt im HTML-Format zurück. JSON steht für *JavaScript Object Notation* und ist eine Datenstruktur, die von so gut wie jeder Programmiersprache verstanden wird und sich demzufolge ideal für den Datenaustausch zwischen verschiedenen Systemen eignet. Obwohl die Notation nach JavaScript-Syntax erfolgt, kommt sie der Verwendung von (verschachtelten) Wörterbüchern und Listen in Python sehr nahe. Es bestehen folgende Unterschiede:

- JSON akzeptiert nur doppelte Anführungszeichen für Strings.
- JSON nutzt `null`, wo Python `None` verwendet.
- In JSON werden `true` und `false` kleingeschrieben, in Python groß.
- JSON akzeptiert nur Strings als Schlüssel, während Python-Wörterbücher eine breite Palette an Objekten als Schlüssel zulassen.

Mit dem `json`-Modul aus der Standardbibliothek können Sie ein Python-Wörterbuch in einen JSON-String umwandeln und umgekehrt:

```
In [1]: import json

In [2]: # Ein Python-Wörterbuch ...
        user_dict = {"name": "Jane Doe",
                     "age": 23,
```

```
                    "married": False,
                    "children": None,
                    "hobbies": ["hiking", "reading"]}

In [3]: # ... von json.dumps in einen JSON-String ("dump string")
        # konvertiert. Der Parameter "indent" ist optional und
        # verschönert die Ausgabe.
        user_json = json.dumps(user_dict, indent=4)
        print(user_json)

{
    "name": "Jane Doe",
    "age": 23,
    "married": false,
    "children": null,
    "hobbies": [
        "hiking",
        "reading"
    ]
}

In [4]: # Den JSON-String zurück in eine native Python-Datenstruktur
        # konvertieren.
        json.loads(user_json)

Out[4]: {'name': 'Jane Doe',
         'age': 23,
         'married': False,
         'children': None,
         'hobbies': ['hiking', 'reading']}
```

REST-API

Anstelle von *Web*-API werden Sie oftmals den Begriff *REST*-API oder *RESTful* API sehen. REST steht für *Representational State Transfer* und definiert eine Web-API, die sich an bestimmte Bedingungen hält. Im Kern besteht die Idee von REST darin, dass Sie auf Informationen in Form von *zustandslosen Ressourcen* zugreifen. Zustandslos bedeutet, dass jede Anfrage an eine REST-API vollkommen unabhängig von jeder anderen Anfrage ist und immer alle angeforderten Informationen bereitstellen muss. Denken Sie daran, dass der Begriff *REST-API* oft fälschlicherweise für jede Art von Web-API verwendet wird, selbst wenn sie nicht den REST-Bedingungen entspricht.

Das Konsumieren von Web-APIs ist normalerweise wirklich einfach (wie es mit Python funktioniert, sehen Sie gleich), und fast jeder Dienst bietet eine API an. Möchten Sie Ihre Lieblings-Playlist von Spotify herunterladen, würden Sie diese GET-Anfrage absetzen (siehe die Web-API-Referenz von Spotify, *https://oreil.ly/zcyUh*):

```
GET https://api.spotify.com/v1/playlists/playlist_id
```

Oder wenn Sie Informationen über ihre letzten Uber-Fahrten abrufen wollen, können Sie das mit der folgenden GET-Anfrage bewerkstelligen (siehe die Uber REST-API, *https://oreil.ly/FTp-Y*):

```
GET https://api.uber.com/v1.2/history
```

Um diese APIs nutzen zu können, müssen Sie allerdings authentifiziert sein. In der Regel bedeutet das, Sie brauchen ein Konto und ein Token, das Sie zusammen mit Ihren Anfragen senden können. Für den Python Package Tracker müssen wir Daten von PyPI abrufen, um Informationen über die Releases eines bestimmten Pakets zu erhalten. Zum Glück verlangt die Web-API von PyPI keine Authentifizierung, sodass schon mal ein Problem wegfällt. Ein Blick in die Dokumentation der PyPI JSON API (*https://oreil.ly/yTVjL*) verrät, dass es nur zwei *Endpunkte* gibt, d. h. URL-Fragmente, die an die gemeinsame Basis-URL *https://pypi.org/pypi* angehängt werden:

```
GET /project_name/json
GET /project_name/version/json
```

Der zweite Endpunkt liefert die gleichen Informationen wie der erste, allerdings nur für eine bestimmte Version. Für den Python Package Tracker brauchen wir lediglich den ersten Endpunkt, um die Details über die letzten Releases eines Pakets zu erhalten. Sehen wir uns also an, wie dies funktioniert. Um in Python mit einer Web-API zu interagieren, verwendet man am besten das Paket Requests, das mit Anaconda vorinstalliert wird. Führen Sie die folgenden Befehle aus, um PyPI-Daten über pandas abzurufen:

```
In [5]: import requests

In [6]: response = requests.get("https://pypi.org/pypi/pandas/json")
        response.status_code

Out[6]: 200
```

Jede Antwort kommt mit einem HTTP-Statuscode: So ist `200` die Nachricht *OK* zugeordnet, und `404` heißt *Not Found*. Die vollständige Liste der HTTP-Statuscodes können Sie in der Webdokumentation von Mozilla (*https://oreil.ly/HySVq*) oder in der Wikipedia (*https://de.wikipedia.org/wiki/HTTP-Statuscode*) nachschlagen. Der Statuscode `404` dürfte Ihnen bekannt sein, da Ihr Browser ihn manchmal anzeigt, wenn Sie auf einen toten Link klicken oder eine nicht vorhandene Adresse eingeben. Diesen Statuscode bekommen Sie auch als Antwort bei einer GET-Anfrage mit einem Paketnamen, der in PyPI nicht existiert. Um sich den Inhalt der Antwort anzusehen, rufen Sie einfach die `json`-Methode des `response`-Objekts auf, die den JSON-String der Antwort in ein Python-Wörterbuch umwandelt:

```
In [7]: response.json()
```

Da die Antwort sehr lang ist, gebe ich hier nur einen kurzen Ausschnitt wieder. Er genügt immerhin, um die Struktur zu verstehen:

```
Out[7]: {
            'info': {
                'bugtrack_url': None,
                'license': 'BSD',
                'maintainer': 'The PyData Development Team',
                'maintainer_email': 'pydata@googlegroups.com',
                'name': 'pandas'
            },
            'releases': {
                '0.1': [
                    {
                        'filename': 'pandas-0.1.tar.gz',
                        'size': 238458,
                        'upload_time': '2009-12-25T23:58:31'
                    },
                    {
                        'filename': 'pandas-0.1.win32-py2.5.exe',
                        'size': 313639,
                        'upload_time': '2009-12-26T17:14:35'
                    }
                ]
            }
        }
```

Um eine Liste mit allen Releases und ihren Daten zu erhalten, die wir für den Python Package Tracker benötigen, können wir mit dem folgenden Code das Wörterbuch releases durchlaufen:

```
In [8]: releases = []
        for version, files in response.json()['releases'].items():
            releases.append(f"{version}: {files[0]['upload_time']}")
        releases[:3]  # die ersten 3 Elemente der Liste anzeigen

Out[8]: ['0.1: 2009-12-25T23:58:31',
         '0.10.0: 2012-12-17T16:52:06',
         '0.10.1: 2013-01-22T05:22:09']
```

Beachten Sie, dass wir den Zeitstempel des Releases willkürlich aus dem Paket wählen, das als erstes in der Liste erscheint. Ein bestimmtes Release hat oftmals mehrere Pakete, um verschiedene Versionen von Python und Betriebssystemen zu berücksichtigen. Wie Sie sicher noch aus Kapitel 5 wissen, hat pandas eine Methode read_json, um einen DataFrame direkt aus einem JSON-String zurückzugeben. Dies hilft uns hier aber nicht weiter, da die Antwort von PyPI keine Struktur ist, die sich direkt in einen DataFrame umwandeln lässt.

Dies war eine kurze Einführung in Web-APIs, damit Sie ihre Verwendung in der Codebasis des Python Package Tracker verstehen. Sehen Sie sich nun an, wie man mit Datenbanken kommuniziert, dem anderen externen System, das wir in unserer Anwendung nutzen.

Datenbanken

Damit Sie auch dann auf die Daten von PyPI zugreifen können, wenn Sie nicht mit dem Internet verbunden sind, müssen Sie sie nach dem Herunterladen speichern. Zwar könnten Sie Ihre JSON-Antworten als Textdateien auf der Festplatte speichern, doch ist eine Datenbank eine komfortablere Lösung: Damit haben Sie die Möglichkeit, Ihre Daten auf einfache Weise abzufragen. Der Python Package Tracker verwendet SQLite (*https://sqlite.org/*), eine *relationale Datenbank*. Die Bezeichnung solcher Datenbanksysteme geht auf die *Relation* zurück – die mathematische Beschreibung einer Tabelle (und nicht die Beziehung zwischen Tabellen, was ein weitverbreiteter Irrtum ist).

Höchstes Ziel ist Datenintegrität, die dadurch erreicht wird, dass man die Daten auf verschiedene Tabellen aufteilt (in einem Prozess, den man *Normalisierung* nennt) und Einschränkungen anwendet, um inkonsistente und redundante Daten zu vermeiden. Relationale Datenbanken verwenden SQL (*Structured Query Language*), um Datenbankabfragen durchzuführen. Zu den bekanntesten serverbasierten relationalen Datenbanksystemen gehören SQL Server (*https://oreil.ly/XZOI9*), Oracle (*https://oreil.ly/VKWE0*), PostgreSQL (*https://oreil.ly/VAEqY*) und MySQL (*https://mysql.com/*). Als Excel-Benutzer sind Sie vielleicht auch mit der dateibasierten Datenbank Microsoft Access vertraut.

NoSQL-Datenbanken

Heutzutage haben relationale Datenbanken starke Konkurrenz von NoSQL-Datenbanken bekommen, die redundante Daten speichern, um die folgenden Vorteile zu bieten:

Keine Tabellenverknüpfungen
: Da relationale Datenbanken ihre Daten auf mehrere Tabellen aufteilen, müssen sie oft die Informationen aus zwei oder mehreren Tabellen kombinieren, indem sie sie verknüpfen. Diese sogenannten *Joins* können manchmal recht langsam sein. Bei NoSQL-Datenbanken sind sie nicht erforderlich, was bei bestimmten Abfragetypen eine bessere Performance ergibt.

Keine Datenbankmigrationen
: Bei relationalen Datenbanksystemen müssen Sie bei jeder Änderung an der Tabellenstruktur – wenn Sie beispielsweise eine neue Spalte in eine Tabelle einfügen – eine Datenbankmigration durchführen. Eine *Migration* ist ein Skript, das die Datenbank in die gewünschte neue Struktur überführt. Die Bereitstellung neuer Versionen einer Anwendung ist dadurch komplexer und zieht möglicherweise Ausfallzeiten nach sich, was sich bei NoSQL-Datenbanken leichter vermeiden lässt.

Leichter zu skalieren
: NoSQL-Datenbanken lassen sich leichter auf mehrere Server verteilten, da es keine Tabellen gibt, die voneinander abhängig sind. Daher kann eine Anwendung, die auf eine NoSQL-Datenbank setzt, besser skaliert werden, wenn die Anzahl der Benutzer stark zunimmt.

NoSQL-Datenbanken gibt es in vielen Varianten: Einige Datenbanken sind einfache Schlüssel-Wert-Speicher, d. h., sie arbeiten ähnlich wie ein Wörterbuch in Python (z. B. Redis, *https://redis.io/*), andere erlauben das Speichern von Dokumenten, oftmals auch im JSON-Format (z. B. MongoDB, *https://mongodb.com/*). Manche Datenbanken bringen sogar die relationale und die NoSQL-Welt zusammen: PostgreSQL, zufällig eine der beliebtesten Datenbanken in der Python-Community, ist traditionell eine relationale Datenbank, erlaubt es aber auch, Daten im JSON-Format zu speichern – ohne die Fähigkeit zu verlieren, die Datenbank via SQL abzufragen.

Wir verwenden hier SQLite, eine dateibasierte Datenbank wie Microsoft Access. Allerdings funktioniert SQLite im Gegensatz zu Microsoft Access, die nur unter Windows läuft, auf allen Plattformen, die Python unterstützt. Zwar können Sie mit SQLite keine Benutzeroberfläche wie mit Microsoft Access erstellen, doch ist Excel für diesen Teil sehr gut geeignet.

Wir sehen uns zunächst die Struktur der Datenbank von Package Tracker an und erkunden dann, wie wir Python verwenden können, um eine Verbindung zur Datenbank herzustellen und SQL-Abfragen auszuführen. Um diese Einführung zu Datenbanken abzuschließen, werfen wir anschließend noch einen Blick auf SQL-Injections, eine bekannte Schwachstelle bei datenbankgestützten Anwendungen.

Die Package-Tracker-Datenbank

Die Datenbank des Python Package Tracker könnte nicht einfacher sein, da sie nur aus zwei Tabellen besteht: Die Tabelle packages nimmt die Paketnamen auf, und die Tabelle `package_versions` speichert die Versionszeichenfolgen und das Upload-Datum. Die beiden Tabellen lassen sich über die Spalte `package_id` verknüpfen: Anstatt die Spalte `package_name` mit jeder Zeile in der Tabelle `package_versions` zu speichern, wurde sie im Zuge der *Normalisierung* in die Tabelle packages ausgelagert. Dadurch lassen sich redundante Daten vermeiden – zum Beispiel müssen Namensänderungen für die gesamte Datenbank nur noch in einem einzigen Feld erfolgen. Sehen Sie sich Tabelle 11-1 und Tabelle 11-2 an, um eine bessere Vorstellung davon zu bekommen, wie die Datenbank mit den geladenen Paketen xlwings und pandas aussieht.

Tabelle 11-1: Die Tabelle packages

package_id	package_name
1	xlwings
2	pandas

Tabelle 11-2: Die Tabelle package_versions (die ersten drei Zeilen jeder package_id)

package_id	version_string	uploaded_at
1	0.1.0	2014-03-19 18:18:49.000000
1	0.1.1	2014-06-27 16:26:36.000000
1	0.2.0	2014-07-29 17:14:22.000000
...	...	...
2	0.1	2009-12-25 23:58:31.000000
2	0.2beta	2010-05-18 15:05:11.000000
2	0.2b1	2010-05-18 15:09:05.000000
...	...	...

Das Datenbankdiagramm in Abbildung 11-3 zeigt noch einmal das Schema der beiden Tabellen. Hier können Sie die Tabellen- und Spaltennamen ablesen und finden Angaben zu den Primär- und Fremdschlüsseln.

Primärschlüssel
: In relationalen Datenbanken ist es erforderlich, dass jede Tabelle über einen *Primärschlüssel* verfügt. Ein Primärschlüssel besteht aus einer oder mehreren Spalten und identifiziert eindeutig eine Zeile (auch *Datensatz* genannt). In der Tabelle packages `table` ist `package_id` der Primärschlüssel, und in der Tabelle `package_versions` ist der Primärschlüssel ein sogenannter *zusammengesetzter Schlüssel*, d. h. eine Kombination aus `package_id` und `version_string`.

Fremdschlüssel
: Die Spalte `package_id` in der Tabelle `package_versions` ist ein *Fremdschlüssel* zur gleichen Spalte in der Tabelle packages, symbolisiert durch die Linie, die die Tabellen verbindet. Ein Fremdschlüssel ist eine Einschränkung, die in unserem Fall sicherstellt, dass jede `package_id` in der Tabelle `package_versions` auch in der Tabelle packages existiert – dies garantiert Datenintegrität. Die Verzweigungen am rechten Ende der Verbindungslinie symbolisieren das Wesen der Beziehung: Ein package kann viele `package_versions` haben, also eine sogenannte *1-zu-n-Beziehung*.

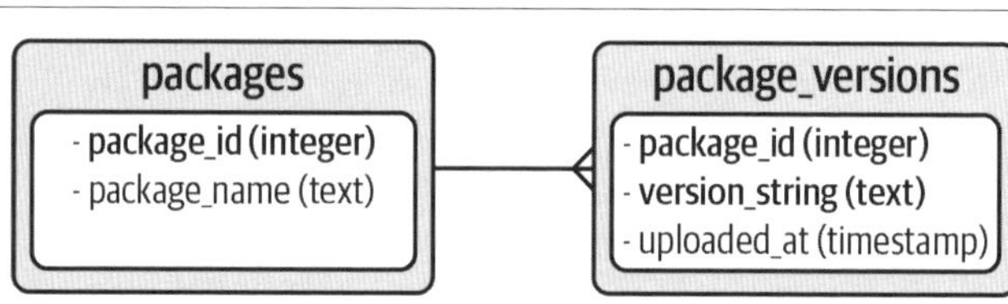

Abbildung 11-3: Datenbankdiagramm (Primärschlüssel in Fettschrift)

Um sich den Inhalt der Datenbanktabellen anzusehen und SQL-Abfragen auszuführen, könnten Sie eine VS Code-Erweiterung namens SQLite installieren (weitere Details siehe die Dokumentation zur SQLite-Erweiterung, *https://oreil.ly/*

nP4mC) oder eine spezielle SQLite-Verwaltungssoftware verwenden, von denen es viele gibt. Wir nutzen hier jedoch Python, um SQL-Abfragen auszuführen. Zuallererst aber zeige ich, wie Sie sich mit einer Datenbank verbinden können.

Datenbankverbindungen

Um von Python aus eine Verbindung zu einer Datenbank herzustellen, brauchen Sie einen *Treiber*, d. h. ein Python-Paket, das weiß, wie die Kommunikation mit der verwendeten Datenbank abläuft. Jede Datenbank benötigt einen anderen Treiber, und jeder Treiber verwendet eine andere Syntax. Erfreulicherweise gibt es aber ein leistungsfähiges Paket namens SQLAlchemy (*https://sqlalchemy.org/*), das die meisten Unterschiede zwischen den verschiedenen Datenbanken und Treibern abstrahiert. SQLAlchemy dient in erster Linie als *objektrelationaler Mapper* (ORM), der Ihre Datenbankdatensätze in Python-Objekte übersetzt. Dieses Konzept empfinden viele – wenn auch nicht alle – Entwickler als intuitiver als andere Verfahren. Der Einfachheit halber lassen wir die ORM-Funktionalität beiseite und verwenden SQLAlchemy nur, um reine SQL-Abfragen möglichst einfach ausführen zu können. SQLAlchemy läuft zudem hinter den Kulissen, wenn Sie mit pandas Datenbanktabellen in Form von DataFrames lesen und schreiben. Um von pandas aus eine Datenbankabfrage auszuführen, sind drei Paketebenen beteiligt – pandas, SQLAlchemy und der Datenbanktreiber (siehe Abbildung 11-4). Von jeder dieser drei Ebenen können Sie Datenbankabfragen ausführen.

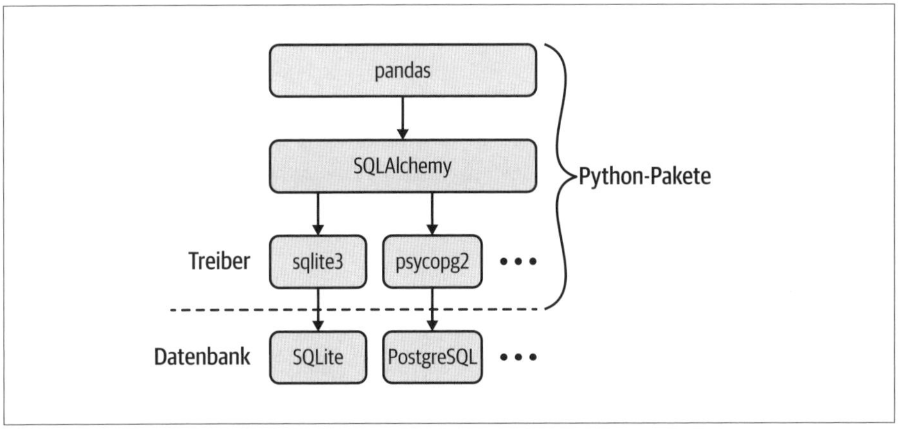

Abbildung 11-4: Von Python aus auf Datenbanken zugreifen

Tabelle 11-3 zeigt, welchen Treiber SQLAlchemy standardmäßig verwendet (für manche Datenbanken sind mehrere Treiber geeignet). Außerdem ist das Format der Verbindungszeichenfolge zur Datenbank angegeben – die Verbindungszeichenfolge verwenden wir gleich, wenn wir die eigentlichen SQL-Abfragen ausführen.

Tabelle 11-3: Standardtreiber und Verbindungszeichenfolgen für SQLAlchemy

Datenbank	Standardtreiber	Verbindungszeichenfolge
SQLite	sqlite3	sqlite:///filepath
PostgreSQL	psycopg2	postgresql://username:password@host:port/database
MySQL	mysql-python	mysql://username:password@host:port/database
Oracle	cx_oracle	oracle://username:password@host:port/database
SQL Server	pyodbc	mssql+pyodbc://username:password@host:port/database

Außer bei SQLite benötigen Sie normalerweise ein Kennwort, um die Verbindung zur Datenbank einzurichten. Da es sich bei Verbindungszeichenfolgen um URLs handelt, müssen Sie die URL-codierte Version Ihrer Kennwörter verwenden, wenn diese Sonderzeichen enthalten. Die URL-codierte Version eines Kennworts können Sie wie folgt ausgeben:

```
In [9]: import urllib.parse

In [10]: urllib.parse.quote_plus("pa$$word")

Out[10]: 'pa%24%24word'
```

Da Sie nun mit pandas, SQLAlchemy und den Datenbanktreibern die drei Ebenen kennen, von denen aus Sie sich mit Datenbanken verbinden können, wollen wir uns anhand einiger SQL-Abfragen ansehen, wie sie sich in der Praxis schlagen.

SQL-Abfragen

Selbst wenn SQL neu für Sie ist, sollten Sie keine Probleme haben, die wenigen SQL-Abfragen zu verstehen, die ich in den folgenden Beispielen und im Python Package Tracker verwende. SQL ist eine *deklarative Sprache*, d. h., Sie sagen der Datenbank, *was Sie wollen*, und nicht, *was sie tun soll*. Einige Abfragen lesen sich fast wie einfaches Englisch:

```
SELECT * FROM packages
```

Damit teilen Sie der Datenbank mit, dass Sie *alle Spalten aus der Tabelle packages auswählen* möchten. In Produktionscode sollten Sie nicht den Platzhalter * verwenden, der für *alle Spalten* steht, sondern jede Spalte explizit aufführen, da die Abfrage dadurch weniger fehleranfällig ist:

```
SELECT package_id, package_name FROM packages
```

Datenbankabfragen vs. pandas-DataFrames

SQL ist eine mengenorientierte Sprache, was bedeutet, dass Sie auf einer Menge von Zeilen operieren, anstatt einzelne Zeilen in einer Schleife zu durchlaufen. Dies ähnelt der Arbeitsweise bei pandas-DataFrames. So entspricht die SQL-Abfrage

```
SELECT package_id, package_name FROM packages
```

dem folgenden pandas-Ausdruck (unter der Annahme, dass packages ein DataFrame ist):

```
packages.loc[:, ["package_id", "package_name"]]
```

Die folgenden Codebeispiele verwenden die Datei *packagetracker.db*, die Sie im Ordner *packagetracker* des Begleit-Repositorys finden. Die Beispiele setzen voraus, dass Sie bereits xlwings und pandas über das Excel-Frontend des Python Package Tracker zur Datenbank hinzugefügt haben, wie wir es zu Beginn dieses Kapitels getan haben – andernfalls würden Sie nur leere Ergebnisse erhalten. Wir folgen Abbildung 11-4 von unten nach oben: Wir führen unsere SQL-Abfrage zuerst direkt vom Treiber aus, verwenden dann SQLAlchemy und schließlich pandas:

```
In [11]: # Beginnen wir mit den Importen!
         import sqlite3
         from sqlalchemy import create_engine
         import pandas as pd

In [12]: # Unsere SQL-Abfrage: "alle Spalten aus der Tabelle packages auswählen"
         sql = "SELECT * FROM packages"

In [13]: # Option 1: Datenbanktreiber (sqlite3 ist Teil der Standardbibliothek)
         # Wenn wir die Verbindung als Kontextmanager verwenden, wird automatisch
         # die Transaktion bestätigt oder bei einem Fehler rückgängig gemacht.
         with sqlite3.connect("packagetracker/packagetracker.db") as con:
             cursor = con.cursor()     # Wir brauchen einen Cursor,
                                       # um SQL-Abfragen auszuführen
             result = cursor.execute(sql).fetchall()  # Alle Datensätze
                                                      # zurückgeben
         result

Out[13]: [(1, 'xlwings'), (2, 'pandas')]

In [14]: # Option 2: SQLAlchemy
         # "create_engine" erwartet die Verbindungszeichenfolge Ihrer Datenbank.
         # Hier können wir eine Abfrage als Methode des Verbindungsobjekts
         # ausführen.
         engine = create_engine("sqlite:///packagetracker/packagetracker.db")
         with engine.connect() as con:
             result = con.execute(sql).fetchall()
         result

Out[14]: [(1, 'xlwings'), (2, 'pandas')]

In [15]: # Option 3: pandas
         # Übergibt man "read_sql" einen Tabellennamen,
         # wird die gesamte Tabelle gelesen.
         # Pandas erfordert eine SQLAlchemy-Engine, die wir aus dem vorherigen
         # Beispiel wiederverwenden können.
         df = pd.read_sql("packages", engine, index_col="package_id")
         df

Out[15]:            package_name
         package_id
         1               xlwings
```

```
           2                   pandas

In [16]: # "read_sql" akzeptiert auch eine SQL-Abfrage.
         pd.read_sql(sql, engine, index_col="package_id")

Out[16]:             package_name
         package_id
         1                xlwings
         2                 pandas

In [17]: # Die DataFrame-Methode "to_sql" schreibt DataFrames in Tabellen.
         # "if_exists" muss "fail", "append" oder "replace" sein und
         # definiert, was passiert, wenn die Tabelle bereits vorhanden ist.
         df.to_sql("packages2", con=engine, if_exists="append")

In [18]: # Der vorherige Befehl hat eine neue Tabelle "packages2" erzeugt
         # und die Datensätze aus dem DataFrame df eingefügt. Das können wir
         # überprüfen, indem wir ihn zurücklesen.
         pd.read_sql("packages2", engine, index_col="package_id")

Out[18]:             package_name
         package_id
         1                xlwings
         2                 pandas

In [19]: # Die Tabelle wieder loswerden, indem wir den Befehl
         # "drop table" über SQLAlchemy ausführen.
         with engine.connect() as con:
             con.execute("DROP TABLE packages2")
```

Ob Sie den Datenbanktreiber, SQLAlchemy oder pandas verwenden, um Ihre Abfragen auszuführen, hängt weitgehend von Ihren Vorlieben ab. Ich bevorzuge die feinstufige Kontrolle, die SQLAlchemy bietet, und genieße es, dass ich die gleiche Syntax mit verschiedenen Datenbanken verwenden kann. Andererseits ist `read_sql` so komfortabel, das Ergebnis einer Abfrage in Form eines DataFrames zu liefern.

> **Fremdschlüssel bei SQLite**
>
> Es überrascht etwas, dass SQLite standardmäßig keine Fremdschlüssel berücksichtigt, wenn Abfragen ausgeführt werden. Setzen Sie allerdings SQLAlchemy ein, können Sie Fremdschlüssel leicht erzwingen, wie es die Dokumentation von SQLAlchemy (*https://oreil.ly/6YPvC*) erläutert. Das funktioniert auch, wenn Sie die Abfragen von pandas aus ausführen. Den jeweiligen Code finden Sie am Anfang des Moduls *database.py* im Ordner *packagetracker* des Begleit-Repositorys.

Wie Sie einfache SQL-Abfragen ausführen, wissen Sie nun. Zum Abschluss dieses Abschnitts wollen wir noch einen Blick auf SQL-Injections werfen, die ein Sicherheitsrisiko für Ihre Anwendung darstellen können.

SQL-Injection

Wenn Sie Ihre SQL-Abfragen nicht ordnungsgemäß schützen, können böswillige Benutzer beliebigen SQL-Code ausführen, indem sie SQL-Anweisungen in Dateneingabefelder injizieren: Anstatt zum Beispiel einen Paketnamen wie xlwings in der Drop-down-Liste von Python Package Tracker auszuwählen, könnten sie eine SQL-Anweisung senden, die Ihre beabsichtigte Abfrage ändert. Dadurch können vertrauliche Informationen preisgegeben oder destruktive Aktionen wie das Löschen einer Tabelle durchgeführt werden. Wie lässt sich das verhindern? Sehen Sie sich zunächst die folgende Datenbankabfrage an, die der Package Tracker ausführt, wenn Sie xlwings auswählen und auf *Show History* klicken:[1]

```
SELECT v.uploaded_at, v.version_string
FROM packages p
INNER JOIN package_versions v ON p.package_id = v.package_id
WHERE p.package_id = 1
```

Diese Abfrage verknüpft die beiden Tabellen und gibt nur die Zeilen zurück, in denen `package_id` den Wert `1` hat. Damit Sie diese Abfrage aufbauend auf Ihren Kenntnissen aus Kapitel 5 besser verstehen, könnten Sie folgenden Code schreiben, wenn `packages` und `package_versions` pandas-DataFrames wären:

```
df = packages.merge(package_versions, how="inner", on="package_id")
df.loc[df["package_id"] == 1, ["uploaded_at", "version_string"]]
```

Es liegt auf der Hand, dass `package_id` eine Variable sein muss, wo wir zurzeit eine `1` hartcodiert haben, um die richtigen Zeilen abhängig vom ausgewählten Paket zurückzugeben. Mit f-Strings, die Kapitel 3 beschrieben hat, könnte man versucht sein, die letzte Zeile der SQL-Abfrage wie folgt zu ändern:

```
f"WHERE p.package_id = {package_id}"
```

Technisch würde das zwar funktionieren, doch sollten Sie dies niemals tun, weil es die Tür für SQL-Injection öffnet: Zum Beispiel könnte jemand `'1 OR TRUE'` anstelle einer ganzzahligen Darstellung der `package_id` senden. Die daraus resultierende Abfrage würde die Zeilen der gesamten Tabelle zurückgeben und nicht nur diejenigen, in denen `package_id` gleich `1` ist. Verwenden Sie daher immer die Syntax, die SQLAlchemy Ihnen für Platzhalter anbietet (die mit einem Doppelpunkt beginnen):

```
In [20]: # Zunächst die Funktion text von SQLAlchemy importieren.
         from sqlalchemy.sql import text

In [21]: # ":package_id" ist der Platzhalter.
         sql = """
         SELECT v.uploaded_at, v.version_string
         FROM packages p
         INNER JOIN package_versions v ON p.package_id = v.package_id
```

1 In Wirklichkeit verwendet das Tool `package_name` anstelle von `package_id`, um den Code zu vereinfachen.

```
        WHERE p.package_id = :package_id
        ORDER BY v.uploaded_at
        """

In [22]: # via SQLAlchemy
         with engine.connect() as con:
             result = con.execute(text(sql), package_id=1).fetchall()
         result[:3]  # Die ersten 3 Datensätze ausgeben.

Out[22]: [('2014-03-19 18:18:49.000000', '0.1.0'),
          ('2014-06-27 16:26:36.000000', '0.1.1'),
          ('2014-07-29 17:14:22.000000', '0.2.0')]

In [23]: # via pandas
         pd.read_sql(text(sql), engine, parse_dates=["uploaded_at"],
                     params={"package_id": 1},
                     index_col=["uploaded_at"]).head(3)

Out[23]:                     version_string
         uploaded_at
         2014-03-19 18:18:49          0.1.0
         2014-06-27 16:26:36          0.1.1
         2014-07-29 17:14:22          0.2.0
```

Wenn man die SQL-Abfrage in die Funktion `text` von SQLAlchemy einhüllt, hat das den Vorteil, dass Sie die gleiche Syntax für Platzhalter in verschiedenen Datenbanken verwenden können. Andernfalls müssten Sie den Platzhalter des Datenbanktreibers verwenden: Zum Beispiel ist es in `sqlite3` ein `?`, und `psycopg2` verwendet `%s`.

Vielleicht sind Sie der Meinung, dass SQL-Injection kein großes Problem darstellt, wenn Ihre Benutzer ohnehin direkt auf Python zugreifen und beliebigen Code auf der Datenbank ausführen könnten. Doch wenn Sie eines Tages Ihren xlwings-Prototyp nehmen und in eine Webanwendung umwandeln, wird das zu einem großen Problem. Daher ist es besser, es von Anfang an richtig zu machen.

Neben Web-APIs und Datenbanken gibt es ein weiteres Thema, das wir bisher übersprungen haben und das für eine solide Anwendungsentwicklung unerlässlich ist: die Ausnahmebehandlung. Sehen wir uns an, wie das funktioniert.

Ausnahmen

Die Behandlung von Ausnahmen habe ich in Kapitel 1 als Beispiel dafür angeführt, an welcher Stelle VBA mit seinem *GoTo*-Mechanismus zurückgeblieben ist. In diesem Abschnitt zeige ich, wie Python mithilfe des `try/except`-Mechanismus Fehler in Ihren Programmen behandelt. Wann immer sich etwas außerhalb Ihrer Kontrolle befindet, können und werden Fehler auftreten. Zum Beispiel kann der E-Mail-Server ausgefallen sein, wenn Sie versuchen, eine E-Mail zu senden, oder eine Datei, die Ihr Programm erwartet, ist nicht vorhanden – im Fall von Python Package Tracker könnte das die Datenbankdatei sein. Der Umgang mit Benutzereingaben ist ein weiterer Bereich, in dem Sie sich auf Eingaben vorbereiten müssen, die keinen

Sinn ergeben. Experimentieren wir etwas – wenn die folgende Funktion mit einer Null aufgerufen wird, erhalten Sie einen `ZeroDivisionError`:

```
In [24]: def print_reciprocal(number):
             result = 1 / number
             print(f"The reciprocal is: {result}")

In [25]: print_reciprocal(0)  # Löst einen Fehler aus.
---------------------------------------------------------------------------
ZeroDivisionError                         Traceback (most recent call last)
<ipython-input-25-095f19ebb9e9> in <module>
----> 1 print_reciprocal(0)  # Löst einen Fehler aus.

<ipython-input-24-88fdfd8a4711> in print_reciprocal(number)
      1 def print_reciprocal(number):
----> 2     result = 1 / number
      3     print(f"The reciprocal is: {result}")
ZeroDivisionError: division by zero
```

Damit Ihr Programm auf derartige Fehler kontrolliert reagieren kann, verwenden Sie die try/except-Anweisungen (äquivalent zu dem VBA-Beispiel in Kapitel 1):

```
In [26]: def print_reciprocal(number):
             try:
                 result = 1 / number
             except Exception as e:
                 # "as e" macht das Exception-Objekt als variable "e" verfügbar.
                 # "repr" steht für "printable representation" eines Objekts
                 # (svw. Klartextdarstellung eines Objekts) und gibt
                 # einen String mit der Fehlermeldung zurück.
                 print(f"There was an error: {repr(e)}")
                 result = "N/A"
             else:
                 print("There was no error!")
             finally:
                 print(f"The reciprocal is: {result}")
```

Wenn im try-Block ein Fehler auftritt, geht die Codeausführung zum except-Block über, wo Sie die Möglichkeit haben, den Fehler zu behandeln: Hier können Sie dem Benutzer hilfreiches Feedback geben oder den Fehler in eine Protokolldatei schreiben. Die `else`-Klausel kommt nur zum Zuge, wenn im try-Block kein Fehler aufgetreten ist, und der `finally`-Block wird immer ausgeführt, ob ein Fehler aufgetreten ist oder nicht. Oft brauchen Sie nur die try- und except-Blöcke. Sehen Sie sich nun die Ausgaben bei verschiedenen Eingaben an:

```
In [27]: print_reciprocal(10)

There was no error!
The reciprocal is: 0.1

In [28]: print_reciprocal("a")

There was an error: TypeError("unsupported operand type(s) for /: 'int'
 and 'str'")
The reciprocal is: N/A
```

```
In [29]: print_reciprocal(0)

There was an error: ZeroDivisionError('division by zero')
The reciprocal is: N/A
```

So wie ich die except-Anweisung hier verwendet habe, bewirkt jede Ausnahme, die im try-Block auftritt, dass die Codeausführung im except-Block fortgesetzt wird. Normalerweise ist das nicht gewünscht. Man möchte so spezifisch wie möglich nach einem Fehler suchen und nur die Fehler behandeln, die man erwartet. Andernfalls kann Ihr Programm aus einem völlig unerwarteten Grund fehlschlagen, was die Fehlersuche erschwert. Um dem zu entsprechen, schreiben Sie die Funktion wie folgt um, sodass sie explizit auf die beiden Fehler prüft, die wir erwarten (wobei ich die `else`- und `finally`-Anweisungen weglasse):

```
In [30]: def print_reciprocal(number):
             try:
                 result = 1 / number
                 print(f"The reciprocal is: {result}")
         except (TypeError, ZeroDivisionError):
             print("Please type in any number except 0.")
```

Führen Sie den Code noch einmal aus:

```
In [31]: print_reciprocal("a")

Please type in any number except 0.
```

Wenn Sie Fehler je nach Ausnahme unterschiedlich behandeln möchten, verarbeiten Sie sie getrennt:

```
In [32]: def print_reciprocal(number):
             try:
                 result = 1 / number
                 print(f"The reciprocal is: {result}")
             except TypeError:
                 print("Please type in a number.")
             except ZeroDivisionError:
                 print("The reciprocal of 0 is not defined.")

In [33]: print_reciprocal("a")

Please type in a number.

In [34]: print_reciprocal(0)

The reciprocal of 0 is not defined.
```

Da Sie nun über Fehlerbehandlung, Web-APIs und Datenbanken Bescheid wissen, können Sie zum nächsten Abschnitt übergehen, in dem wir die einzelnen Komponenten des Python Package Tracker durchgehen.

Anwendungsstruktur

In diesem Abschnitt werfen wir einen Blick hinter die Kulissen des Python Package Tracker, um zu verstehen, wie alles funktioniert. Zunächst gehen wir das Frontend der Anwendung durch, d. h. die Excel-Datei, bevor wir zu ihrem Backend kommen, d. h. dem Python-Code. Am Ende zeigt dieser Abschnitt, wie Sie ein xlwings-Projekt debuggen. Diese Fertigkeiten sind insbesondere bei Projekten nützlich, die in Größe und Komplexität dem Package Tracker entsprechen.

Im Begleit-Repository finden Sie im Verzeichnis *packagetracker* vier Dateien. Diese haben Sie bereits in Kapitel 1 im Abschnitt »Trennung der Belange« auf Seite 24 kennengelernt. Wir sind nun in der Lage, diese Dateien den verschiedenen Ebenen zuzuordnen, wie Tabelle 11-4 zeigt.

Tabelle 11-4: Trennung der Belange

Schicht	Datei	Beschreibung
Darstellungsschicht	`packagetracker.xlsm`	Dies ist der Frontend und als solches die einzige Datei, mit der der Endbenutzer interagiert.
Geschäftsschicht	`packagetracker.py`	Dieses Modul übernimmt das Herunterladen der Daten über die Web-API und realisiert numerische Berechnungen mit pandas.
Datenschicht	`database.py`	Dieses Modul verarbeitet alle Datenbankabfragen.
Datenbank	`packagetracker.db`	Dies ist eine SQLite-Datenbankdatei.

In diesem Zusammenhang ist es erwähnenswert, dass die Darstellungsschicht, d. h. die Excel-Datei, keine einzelne Zellformel enthält, wodurch sich das Tool wesentlich einfacher überwachen und steuern lässt.

Model-View-Controller (MVC)

Die Trennung der Belange hat viele Facetten, und die in Tabelle 11-4 gezeigte Aufteilung ist lediglich eine Möglichkeit. Ein weiteres bekanntes Entwurfsmuster, auf das Sie relativ schnell stoßen werden, heißt *Model-View-Controller* (MVC). In der MVC-Welt ist der Kern der Anwendung das *Modell*, das sämtliche Daten und den größten Teil der Geschäftslogik verarbeitet. Während die *Ansicht* (engl. View) der Darstellungsschicht entspricht, ist die *Steuerung* (engl. Controller) nur eine dünne Schicht zwischen dem Modell und der Ansicht, die dafür sorgt, dass beide immer synchron sind. Der Einfachheit halber verwende ich das MVC-Entwurfsmuster nicht in diesem Buch.

Nachdem Sie nun wissen, wofür die einzelnen Dateien zuständig sind, sehen wir uns im Detail an, wie das Excel-Frontend eingerichtet wurde.

Frontend

Wenn Sie eine Webanwendung erstellen, unterscheiden Sie zwischen dem *Frontend*, also dem Teil der Anwendung, die in Ihrem Browser läuft, und dem *Backend*, also dem Code, der auf dem Server läuft. Die gleiche Terminologie können wir bei den xlwings-Tools anwenden: Das Frontend ist die Excel-Datei und das Backend der Python-Code, den Sie über `RunPython` aufrufen. Wenn Sie das Frontend von Grund auf neu erstellen möchten, führen Sie zu Beginn den folgenden Befehl an einem Anaconda Prompt aus (wobei Sie zuerst in das Verzeichnis Ihrer Wahl wechseln müssen):

```
(base)> xlwings quickstart packagetracker
```

Gehen Sie zum Verzeichnis *packagetracker* und öffnen Sie die Datei *packagetracker.xlsm* in Excel. Fügen Sie als Erstes die drei Register *Tracker*, *Database* und *Dropdown* hinzu, wie Abbildung 11-5 zeigt.

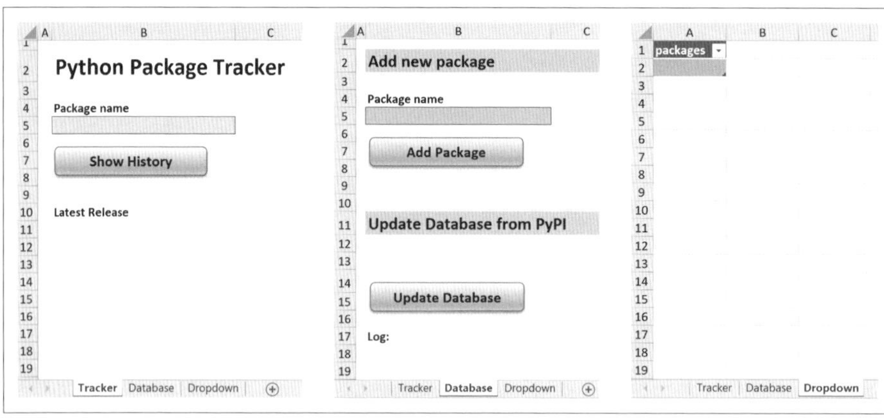

Abbildung 11-5: Die Benutzeroberfläche aufbauen

Anhand von Abbildung 11-5 sollten Sie in der Lage sein, den Text und die Formatierung zu übernehmen, doch muss ich Ihnen noch einige Details zu den nicht sichtbaren Elementen mitgeben:

Schaltflächen
: Damit das Tool nicht so sehr nach Windows 3.1 aussieht, habe ich auf die standardmäßigen Makroschaltflächen wie im vorherigen Kapitel verzichtet. Stattdessen habe ich über *Einfügen/Formen* ein *Abgerundetes Rechteck* eingefügt. Selbstverständlich können Sie auch bei der Standardschaltfläche bleiben, allerdings sollten Sie momentan noch kein Makro zuweisen.

Benannte Bereiche
: Um das Tool einfacher warten zu können, verwenden wir im Python-Code benannte Bereiche anstelle von Zelladressen. Fügen Sie deshalb die benannten Bereiche hinzu, wie sie in Tabelle 11-5 aufgeführt sind.

Tabelle 11-5: Benannte Bereiche

Blatt	Zelle	Name
Tracker	B5	`package_selection`
Tracker	B11	`latest_release`
Database	B5	`new_package`
Database	B13	`updated_at`
Database	B18	`log`

Um benannte Bereiche hinzuzufügen, können Sie die Zelle auswählen, dann den Namen in das *Namenfeld* schreiben und schließlich die Eingabe mit ↵ bestätigen (siehe Abbildung 11-6).

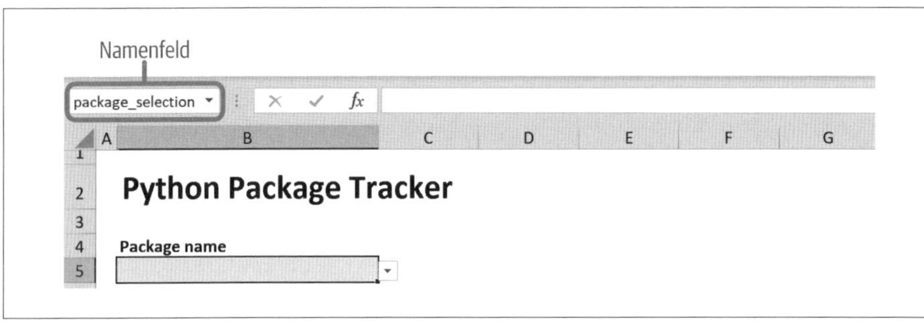

Abbildung 11-6: Das Namenfeld

Tabellen

Nachdem Sie auf dem Tabellenblatt *Dropdown* in Zelle A1 den Text **packages** eingetragen haben, wählen Sie A1 aus, gehen dann zu *Einfügen/Tabelle* und aktivieren das Kontrollkästchen neben dem Eintrag *Tabelle hat Überschriften*. Schließlich gehen Sie bei der ausgewählten Tabelle im Menüband auf das Register *Tabellendesign* (Windows) oder *Tabelle* (macOS) und benennen die Tabelle von `Tabelle1` in `dropdown_content` um, wie Abbildung 11-7 zeigt.

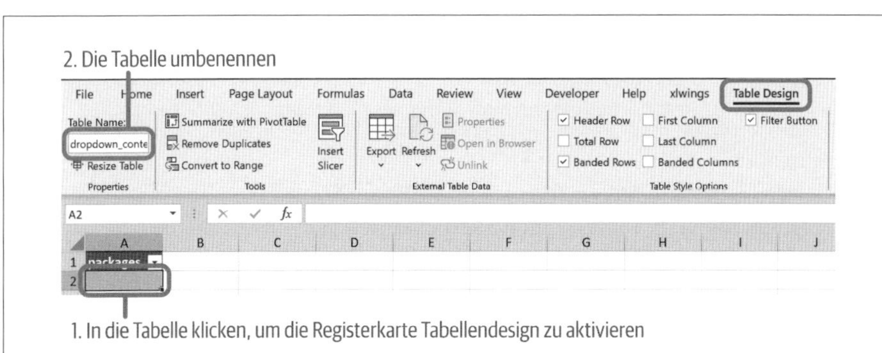

Abbildung 11-7: Eine Excel-Tabelle umbenennen

Datenüberprüfung

Um die Drop-down-Liste in Zelle B5 auf dem Tabellenblatt *Tracker* bereitzustellen, überprüfen wir die Daten. Wählen Sie dazu Zelle B5 aus, klicken Sie im Menü *Daten* auf *Datenüberprüfung* und wählen Sie im Dialogfeld *Datenüberprüfung* unter *Zulassen* den Eintrag *Liste* aus. Unter *Quelle* geben Sie die folgende Formel ein:

```
=INDIRECT("dropdown_content[packages]")
```

Bestätigen Sie das Dialogfeld mit *OK*. Dies ist lediglich ein Verweis auf den Körper der Tabelle, aber da Excel keinen direkten Tabellenverweis akzeptiert, müssen wir ihn in eine `INDIRECT`-Formel einhüllen, die die Tabelle in ihre Adresse auflöst. Trotzdem wird durch die Verwendung einer Tabelle der in der Drop-down-Liste angezeigte Bereich ordnungsgemäß in der Größe angepasst, wenn wir weitere Pakete hinzufügen.

Bedingte Formatierung

Wenn Sie ein Paket hinzufügen, können Fehler auftreten, die Sie dem Benutzer anzeigen möchten: Das Feld könnte leer sein, das Paket existiert vielleicht schon in der Datenbank, oder es fehlt in PyPI. Um den Fehler in Rot und andere Nachrichten in Schwarz anzuzeigen, nutzen wir einen einfachen Trick basierend auf bedingter Formatierung: Die Schrift soll rot erscheinen, wenn die Nachricht das Wort »error« enthält. Markieren Sie auf dem Tabellenblatt *Database* Zelle C5, in der wir die Nachricht ausgeben wollen. Wählen Sie dann *Start/Bedingte Formatierung/Regeln zum Hervorheben von Zellen/Textinhalt*. Geben Sie den Wert **`error`** ein und wählen Sie in der Drop-down-Liste *mit* den Eintrag *rotem Text*, wie Abbildung 11-8 zeigt. Klicken Sie dann auf *OK*. Wenden Sie die gleiche bedingte Formatierung auf Zelle C5 auf dem Blatt *Tracker* an.

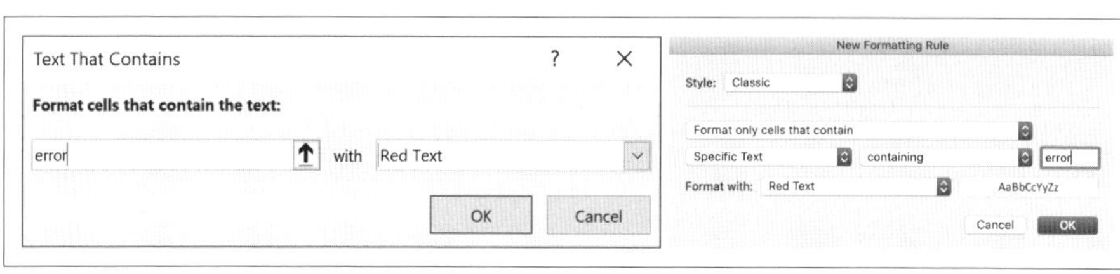

Abbildung 11-8: Bedingte Formatierung unter Windows (links) und macOS (rechts)

Gitternetzlinien

Auf den Tabellenblättern *Tracker* und *Database* sind die Gitternetzlinien ausgeblendet worden. Deaktivieren Sie dazu unter *Ansicht/Anzeigen* das Kontrollkästchen *Gitternetzlinien*.

Die Benutzeroberfläche ist jetzt vollständig und sollte wie in Abbildung 11-5 aussehen. Wir müssen nun im VBA-Editor die `RunPython`-Aufrufe hinzufügen und sie mit den Schaltflächen verbinden. Klicken Sie auf Alt+F11 (Windows) oder OPTION+F11 (macOS), um den VBA-Editor zu öffnen, und doppelklicken Sie dann unter dem *VBAProject* von *packagetracker.xlsm* auf der linken Seite unter *Module* auf *Modul1*, um es zu öffnen. Löschen Sie den vorhandenen Beispielcode und ersetzen Sie ihn durch die folgenden Makros:

```
Sub AddPackage()
    RunPython "import packagetracker; packagetracker.add_package()"
End Sub

Sub ShowHistory()
    RunPython "import packagetracker; packagetracker.show_history()"
End Sub

Sub UpdateDatabase()
    RunPython "import packagetracker; packagetracker.update_database()"
End Sub
```

Klicken Sie dann auf die einzelnen Schaltflächen, wählen Sie *Makro zuweisen* und wählen Sie das Makro aus, das der Schaltfläche entspricht. Abbildung 11-9 zeigt stellvertretend die Schaltfläche *Show History*. Für die Schaltflächen *Add Package* und *Update Database* ist der Ablauf entsprechend.

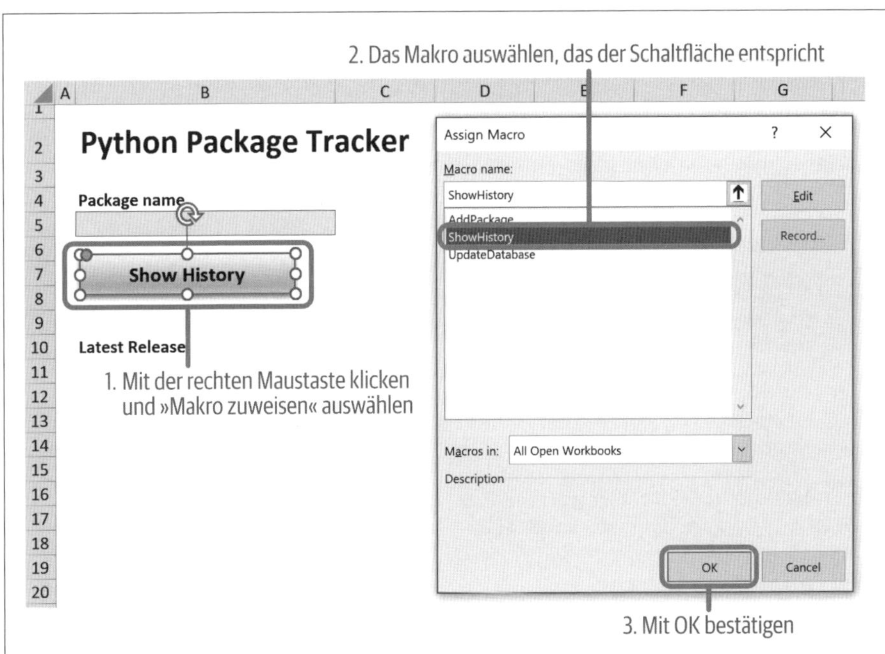

Abbildung 11-9: Das Makro ShowHistory zur Schaltfläche Show History zuweisen

Das Frontend ist nun fertig, und wir können zum Python-Backend übergehen.

Backend

Der Code der beiden Python-Dateien *packagetracker.py* und *database.py* ist zu lang, um ihn hier zu zeigen. Öffnen Sie ihn deshalb in VS Code aus dem Begleit-Repository. Ich werde allerdings in diesem Abschnitt einige Codefragmente zeigen, um einige Schlüsselkonzepte zu erläutern. Sehen Sie sich an, was passiert, wenn Sie auf dem Tabellenblatt *Database* auf die Schaltfläche *Add Package* klicken. Der Schaltfläche ist das folgende VBA-Makro zugewiesen:

```
Sub AddPackage()
    RunPython "import packagetracker; packagetracker.add_package()"
End Sub
```

Die Funktion `RunPython` ruft die Python-Funktion `add_package` im Modul `packagetracker` auf, wie Beispiel 11-1 zeigt.

> **Kein Produktionscode**
>
> Die Anwendung ist so einfach wie möglich gehalten, damit sie leicht nachvollziehbar ist. So prüft sie nicht auf alle möglichen Dinge, die schiefgehen können. Für eine Produktionsumgebung wären einige Änderungen erforderlich, um die Anwendung robuster zu machen: Unter anderem würden Sie auch eine benutzerfreundlichere Fehlermeldung anzeigen, wenn die Datenbankdatei nicht auffindbar ist.

Beispiel 11-1: Die Funktion add_package in packagetracker.py (ohne Kommentare)

```
def add_package():
    db_sheet = xw.Book.caller().sheets["Database"]
    package_name = db_sheet["new_package"].value
    feedback_cell = db_sheet["new_package"].offset(column_offset=1)

    feedback_cell.clear_contents()

    if not package_name:
        feedback_cell.value = "Error: Please provide a name!"  ❶
        return
    if requests.get(f"{BASE_URL}/{package_name}/json",
                    timeout=6).status_code != 200:  ❷
        feedback_cell.value = "Error: Package not found!"
        return

error = database.store_package(package_name)  ❸
db_sheet["new_package"].clear_contents()

if error:
    feedback_cell.value = f"Error: {error}"
else:
    feedback_cell.value = f"Added {package_name} successfully."

    update_database()  ❹
    refresh_dropdown()  ❺
```

❶ Der Fehler (`Error`) in der Feedback-Nachricht führt in Excel über bedingte Formatierung zur Ausgabe in roter Schrift.

❷ Standardmäßig warten Anfragen unbegrenzt lange auf eine Antwort, was dazu führen kann, dass die Anwendung »hängen bleibt«, wenn PyPI ein Problem hat und langsam reagiert. Deshalb sollten Sie in Produktionscode immer einen expliziten Time-out-Parameter festlegen.

❸ Die Funktion `store_package` gibt `None` zurück, wenn die Operation erfolgreich war, und anderenfalls einen String mit der Fehlermeldung.

❹ Um den Code einfach zu halten, wird die gesamte Datenbank aktualisiert. In einer Produktionsumgebung würden Sie nur die Datensätze des neuen Pakets hinzufügen.

❺ Diese Anweisung aktualisiert die Tabelle auf dem Tabellenblatt *Dropdown* mit dem Inhalt der Tabelle `packages`. Zusammen mit der Datenüberprüfung, die wir in Excel eingerichtet haben, stellt dies sicher, dass alle Pakete in der Drop-down-Liste auf dem Tabellenblatt *Tracker* erscheinen. Den Benutzern müssen Sie eine Möglichkeit bieten, diese Funktion direkt aufzurufen, wenn Sie zulassen, dass die Datenbank von außerhalb Ihrer Excel-Datei gefüllt wird. Dies ist der Fall, sobald Sie mehrere Benutzer haben, die dieselbe Datenbank von verschiedenen Excel-Dateien aus verwenden.

Die Arbeitsweise der anderen Funktionen in der Datei *packagetracker.py* sollten Sie mithilfe der Kommentare im Code nachvollziehen können. Kommen wir nun zur Datei *database.py*. Beispiel 11-2 zeigt die ersten Zeilen.

Beispiel 11-2: Die Datei database.py (Auszug mit den relevanten Importen)

```
from pathlib import Path

import sqlalchemy
import pandas as pd

...

# Die Datenbankdatei und diese Dateien sollen in einem Verzeichnis liegen.
# Hier wandeln wir den Pfad in einen absoluten Pfad um.
this_dir = Path(__file__).resolve().parent  ❶
db_path = this_dir / "packagetracker.db"

# Datenbank-Engine
engine = sqlalchemy.create_engine(f"sqlite:///{db_path}")
```

❶ Wenn Sie nicht mehr genau wissen, was diese Zeile bewirkt, finden Sie zu Beginn von Kapitel 7 eine Erklärung beim Code des Verkaufsberichts.

In diesem Codeabschnitt geht es zwar darum, wie Sie den Pfad zur Datenbankdatei zusammenstellen, er zeigt aber auch, wie Sie einen häufigen Fehler bei jeder Art von Datei umgehen können, egal ob es sich um eine Bild-, eine CSV- oder, wie in diesem Fall, um eine Datenbankdatei handelt. Wenn Sie auf die Schnelle ein Python-Skript verfassen, können Sie einfach einen relativen Pfad verwenden, wie ich es in den meisten Beispielen mit Jupyter Notebooks getan habe:

```
engine = sqlalchemy.create_engine("sqlite:///packagetracker.db")
```

Dies funktioniert, solange sich Ihre Datei in Ihrem Arbeitsverzeichnis befindet. Wenn Sie jedoch diesen Code von Excel aus über `RunPython` ausführen, kann das Arbeitsverzeichnis ein anderes sein, wodurch Python im falschen Ordner nach der Datei sucht – das Ergebnis ist ein Fehler `File not found` (Datei nicht gefunden). Dieses Problem lässt sich mit einem absoluten Pfad lösen oder indem Sie einen Pfad wie in Beispiel 11-2 erzeugen. Dadurch ist sichergestellt, dass Python die Datei im selben Verzeichnis wie die Quelldatei sucht, auch wenn Sie den Code von Excel über `RunPython` ausführen.

Möchten Sie den Python Package Tracker von Grund auf neu erstellen, müssen Sie die Datenbank manuell anlegen: Führen Sie die Datei *database.py* als Skript aus, indem Sie zum Beispiel in VS Code auf die Schaltfläche *Datei ausführen* klicken. Daraufhin wird die Datenbankdatei *packagetracker.db* mit den beiden Tabellen erzeugt. Der Code, der die Datenbank erzeugt, befindet sich ganz unten in *database.py*:

```
if __name__ == "__main__":
    create_db()
```

Die letzte Zeile ruft die Funktion `create_db` auf. Doch was hat es mit der vorherigen `if`-Anweisung auf sich? Der folgende Tipp bringt Licht ins Dunkel.

if __name__ == "__main__"

Diese `if`-Anweisung erscheint am Ende vieler Python-Dateien. Sie stellt sicher, dass dieser Code nur ausgeführt wird, wenn Sie die Datei als Skript aufrufen, beispielsweise von einem Anaconda Prompt aus, indem Sie `python database.py` starten und indem Sie in VS Code auf die Schaltfläche *Datei ausführen* klicken. Der Code wird jedoch nicht aktiviert, wenn Sie die *Datei als Modul importieren*, d. h. mit `import database` in Ihrem Code. Der Grund dafür ist, dass Python der Datei den Namen `__main__` zuweist, wenn Sie sie direkt als Skript ausführen, während sie unter ihrem Modulnamen (`database`) aufgerufen wird, wenn Sie sie über die `import`-Anweisung einbinden. Da Python den Dateinamen in einer Variablen `__name__` verfolgt, ergibt die `if`-Anweisung nur dann `True`, wenn Sie sie als Skript ausführen. Dagegen wird sie nicht aktiviert, wenn Sie sie aus der Datei *packagetracker.py* importieren.

Der Rest des Moduls `database` führt SQL-Anweisungen sowohl über SQLAlchemy als auch über die Methoden `to_sql` und `read_sql` von pandas aus, sodass Sie sich von beiden Ansätzen ein Bild machen können.

> **Auf PostgreSQL umstellen**
>
> Wenn Sie SQLite durch PostgreSQL, eine serverbasierte Datenbank, ersetzen möchten, brauchen Sie nur wenige Dinge zu ändern. Zunächst installieren Sie den PostgreSQL-Treiber mit `conda install psycopg2` (oder `pip install psycopg2-binary`, wenn Sie nicht die Anaconda-Distribution verwenden). Dann ändern Sie in *database.py* die Verbindungszeichenfolge in der Funktion `create_engine` in die PostgreSQL-Version, wie sie in Tabelle 11-3 angegeben ist. Um schließlich die Tabellen einzurichten, ändern Sie den `INTEGER`-Datentyp von `packages.package_id` in die spezielle PostgreSQL-Notation `SERIAL`. Ein Beispiel dafür, wo sich die SQL-Dialekte unterscheiden, ist das Erstellen eines automatisch inkrementierenden Primärschlüssels.

Wenn Sie Tools erstellen, die so komplex sind wie der Python Package Tracker, dürften Sie dabei wahrscheinlich auf einige Probleme stoßen: Vielleicht haben Sie einen benannten Bereich in Excel umbenannt und vergessen, den Python-Code entsprechend anzupassen. Das ist ein guter Moment, um sich mit dem Debugging zu beschäftigen!

Debugging

Damit Sie Ihre xlwings-Skripte auf einfache Weise debuggen können, führen Sie Ihre Funktionen direkt aus VS Code aus, anstatt sie durch Klicken auf eine Schaltfläche in Excel zu starten. Die folgenden Zeilen ganz unten in der Datei *packagetracker.py* helfen Ihnen bei der Fehlersuche in der Funktion `add_package` (das ist der gleiche Code, den Sie auch ganz unten in einem `quickstart`-Projekt finden):

```
if __name__ == "__main__":  ❶
    xw.Book("packagetracker.xlsm").set_mock_caller()  ❷
    add_package()
```

❶ Wie diese `if`-Anweisung funktioniert, haben Sie eben gesehen, als es um den Code von *database.py* ging; siehe den vorherigen Tipp.

❷ Da dieser Code nur ausgeführt wird, wenn Sie die Datei direkt von Python aus als Skript ausführen, ist der Befehl `set_mock_caller()` nur für Debugging-Zwecke gedacht; wenn Sie die Datei in VS Code oder von einem Anaconda Prompt aus starten, wird `xw.Book.caller()` auf `xw.Book("packagetracker.xlsm")` gesetzt. Dies geschieht nur, weil Sie Ihr Skript von beiden Seiten – sowohl von Python als auch von Excel – aus ausführen können, ohne das `Book`-Objekt innerhalb der Funktion `add_package` zwischen `xw.Book("packagetracker.xlsm")` (wenn Sie die Funktion von VS Code aus aufrufen) und `xw.Book.caller()` (wenn Sie die Funktion von Excel aus aufrufen) hin- und herzuschalten.

Öffnen Sie *packagetracker.py* in VS Code und setzen Sie einen Haltepunkt auf eine beliebige Zeile innerhalb der Funktion `add_package`, indem Sie links neben die Zeilennummer klicken. Drücken Sie dann F5 und wählen Sie im Dialogfeld den Eintrag *Python-Datei*, um den Debugger zu starten und den Code bis zum Haltepunkt ausführen zu lassen. Achten Sie darauf, F5 zu drücken und nicht auf die Schaltfläche *Datei ausführen* zu klicken, da *Datei ausführen* Haltepunkte ignoriert.

Debugging mit VS Code und Anaconda

Wenn Sie unter Windows den Debugger von VS Code zum ersten Mal mit Code starten, der pandas verwendet, werden Sie möglicherweise mit einer Fehlermeldung begrüßt: *Exception has occurred: ImportError, Unable to import required dependencies: numpy* (Ausnahme aufgetreten: ImportError, kann erforderliche Abhängigkeiten nicht importieren: numpy). Dies geschieht, weil der Debugger startet und bereits läuft, bevor die Conda-Umgebung ordnungsgemäß aktiviert wurde. Um das zu umgehen, halten Sie den Debugger an, indem Sie auf das Stoppsymbol klicken, und drücken F5 erneut – beim zweiten Mal funktioniert es.

Wenn Sie mit der Funktionsweise des Debuggers in VS Code nicht vertraut sind, können Sie Anhang B zurate ziehen, wo ich alle relevanten Funktionen und Schaltflächen erläutere. Außerdem kommt das Thema im entsprechenden Abschnitt des nächsten Kapitels wieder zur Sprache. Möchten Sie eine andere Funktion debuggen, halten Sie die aktuelle Debug-Sitzung an und passen dann den Funktionsnamen am unteren Ende Ihrer Datei an. Wenn Sie zum Beispiel die Funktion `show_history` debuggen wollen, ändern Sie die letzte Zeile in *packagetracker.py* wie folgt, bevor Sie erneut F5 drücken:

```
if __name__ == "__main__":
    xw.Book("packagetracker.xlsm").set_mock_caller()
    show_history()
```

Unter Windows können Sie auch im xlwings-Add-in das Kontrollkästchen *Show Console* aktivieren, sodass eine Eingabeaufforderung erscheint, während der Aufruf von `RunPython` läuft.[2] Dadurch können Sie zusätzliche Informationen erhalten, die Ihnen bei der Fehlersuche helfen. Zum Beispiel lässt sich der Wert einer Variablen ausgeben, um ihn an der Eingabeaufforderung zu inspizieren. Allerdings wird die Eingabeaufforderung geschlossen, nachdem der Code ausgeführt wurde. Wenn Sie sie ein wenig länger offen halten müssen, gibt es einen einfachen Trick: Fügen Sie `input()` als letzte Zeile in Ihre Funktion ein. Dies veranlasst Python, auf Benutzereingaben zu warten, anstatt die Eingabeaufforderung sofort zu schließen. Wenn Sie die Ausgabe überprüft haben, drücken Sie ↵ in der Eingabeaufforderung, um sie zu schließen. Vergessen Sie aber nicht, die Zeile `input()` wieder zu entfernen, bevor Sie die Option *Show Console* deaktivieren!

2 Derzeit ist diese Option unter macOS noch nicht verfügbar.

Zum Schluss

Dieses Kapitel hat Ihnen gezeigt, dass sich einigermaßen komplexe Anwendungen mit einem Minimum an Aufwand erstellen lassen. Die Möglichkeit, leistungsstarke Python-Pakete wie Requests oder SQLAlchemy zu nutzen, macht für mich den entscheidenden Unterschied zu VBA aus, wo es viel schwieriger ist, mit externen Systemen zu kommunizieren. Falls Sie es mit ähnlichen Anwendungsfällen zu tun haben, sollten Sie sich unbedingt mit Requests und SQLAlchemy befassen. Denn wenn Sie in der Lage sind, effizient mit externen Datenquellen umzugehen, gehören umständliche Abläufe wie beim Kopieren/Einfügen der Vergangenheit an.

Anstatt auf Schaltflächen zu klicken, ziehen es einige Benutzer vor, ihre Excel-Tools mithilfe von Zellformeln zu erstellen. Das nächste Kapitel zeigt, wie Sie mit xlwings benutzerdefinierte Funktionen in Python schreiben können, sodass Sie die meisten der bisher gelernten xlwings-Konzepte wiederverwenden können.

KAPITEL 12

Benutzerdefinierte Funktionen (UDFs)

Die letzten drei Kapitel haben gezeigt, wie Sie Excel mit einem Python-Skript automatisieren und wie Sie ein derartiges Skript von Excel beim Klicken auf eine Schaltfläche ausführen. Dieses Kapitel stellt *benutzerdefinierte Funktionen* (*User-Defined Functions*, UDFs) als weitere Option vor, um Python-Code von Excel mit xlwings aufzurufen. Benutzerdefinierte Funktionen sind Python-Funktionen, die Sie in Excel-Zellen in der gleichen Weise verwenden wie integrierte Funktionen à la `SUM` oder `AVERAGE`. Wie im vorherigen Kapitel beginnen wir mit dem `quickstart`-Befehl, mit dem wir eine erste UDF im Handumdrehen ausprobieren können. Dann kommen wir zu einer Fallstudie, in der wir Daten von Google Trends abrufen und verarbeiten, um mit komplexeren UDFs zu arbeiten: Dabei lernen Sie, wie Sie mit pandas-DataFrames und -Plots arbeiten und UDFs debuggen. Zum Abschluss dieses Kapitels steigen wir tiefer in einige anspruchsvollere Themen ein, wobei die Betonung auf Performance liegt. Leider unterstützt xlwings keine benutzerdefinierten Funktionen unter macOS, wodurch dieses Kapitel das einzige Kapitel ist, in dem Sie die Beispiele ausschließlich unter Windows ausführen müssen.[1]

> **Ein Hinweis für macOS- und Linux-Benutzer**
> Selbst wenn Sie nicht unter Windows arbeiten, sollten Sie sich die Fallstudie zu Google Trends ansehen, da Sie sie leicht adaptieren können, um mit einem `RunPython`-Aufruf unter macOS zu arbeiten. Zudem können Sie einen Bericht erstellen, indem Sie auf eine der Writer-Bibliotheken aus Kapitel 8 zurückgreifen, die sogar unter Linux funktioniert.

Erste Schritte mit UDFs

Dieser Abschnitt beginnt mit den Voraussetzungen für das Schreiben von benutzerdefinierten Funktionen, bevor wir mit dem Befehl `quickstart` unsere erste UDF

1 Die Windows-Implementierung verwendet einen COM-Server (die COM-Technik hatte in Kapitel 9 kurz gestreift). Da COM unter macOS nicht existiert, müssten Sie benutzerdefinierte Funktionen von Grund auf neu implementieren, was eine Menge Arbeit bedeutet und einfach noch nicht in Angriff genommen wurde.

ausführen. Damit Sie den Beispielen in diesem Kapitel folgen können, müssen Sie das xlwings-Add-in installiert und die Excel-Option *Zugriff auf das VBA-Projektobjektmodell vertrauen* aktiviert haben.

Add-in
: Ich gehe davon aus, dass bei Ihnen das xlwings-Add-in, wie in Kapitel 10 erläutert, installiert ist. Dies ist allerdings keine unabdingbare Forderung: Es erleichtert zwar die Entwicklung, insbesondere um auf die Schaltfläche *Import Functions* klicken zu können, für die Bereitstellung ist es aber nicht erforderlich und kann ersetzt werden, indem Sie die Arbeitsmappe in den eigenständigen (`standalone`) Modus versetzen – Details siehe Kapitel 10.

Zugriff auf das VBA-Projektobjektmodell vertrauen
: Damit Sie Ihre ersten UDFs schreiben können, müssen Sie eine Einstellung in Excel ändern: Gehen Sie im Menü *Datei* über *Optionen/Sicherheitscenter* zu *Einstellungen für Makros* und aktivieren Sie das Kontrollkästchen *Zugriff auf das VBA-Projektobjektmodell vertrauen*, wie Abbildung 12-1 zeigt. Damit wird xlwings in die Lage versetzt, automatisch ein VBA-Modul in Ihre Arbeitsmappe einzufügen, wenn Sie im Add-in auf die Schaltfläche *Import Functions* klicken. Mehr dazu in Kürze. Da Sie diese Einstellung nur während des Importvorgangs benötigen, sollten Sie sie als eine der Entwicklereinstellungen betrachten, mit denen Endbenutzer nichts zu tun haben sollten.

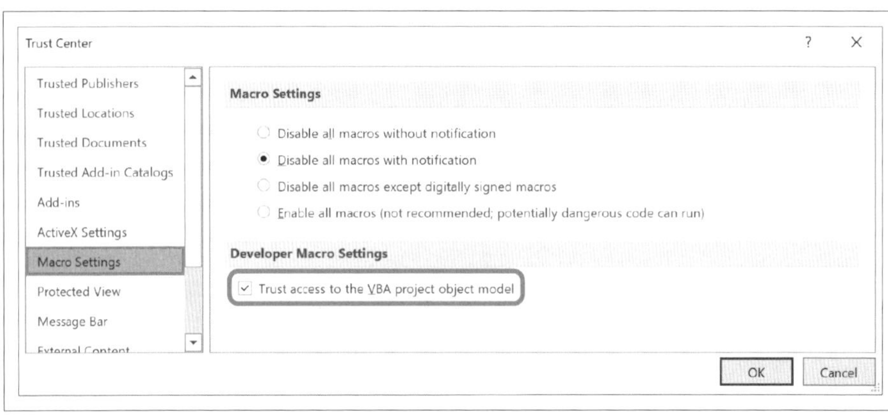

Abbildung 12-1: Die Option »Zugriff auf das VBA-Projektobjektmodell vertrauen«

Nachdem diese beiden Voraussetzungen erfüllt sind, können Sie Ihre erste UDF ausführen!

Eine UDF per quickstart ausführen

Wie immer ist es am einfachsten, den `quickstart`-Befehl zu nutzen. Bevor Sie den folgenden Code an einem Anaconda Prompt ausführen, sollten Sie über den `cd`-Befehl in das Verzeichnis Ihrer Wahl wechseln. Wenn Sie sich zum Beispiel im Basisverzeichnis befinden und zum Desktop wechseln wollen, führen Sie zuerst `cd Desktop` aus:

```
(base)> xlwings quickstart first_udf
```

Navigieren Sie im Datei-Explorer zum Ordner *first_udf*. Öffnen Sie *first_udf.xlsm* in Excel und *first_udf.py* in VS Code. Klicken Sie dann im xlwings-Menüband-Add-in auf die Schaltfläche *Import Functions*. Standardmäßig ist dies eine stille Aktion, d. h., Sie sehen nur etwas davon, sofern ein Fehler auftritt. Wenn Sie aber das Kontrollkästchen *Show Console* im Excel-Add-in aktivieren und noch einmal auf *Import Functions* klicken, erscheint eine Eingabeaufforderung mit der folgenden Ausgabe:

```
xlwings server running [...]
Imported functions from the following modules: first_udf
```

Die erste Zeile zeigt einige Details an, die wir jedoch ignorieren können – wichtig ist nur, dass Python läuft, wenn diese Zeile erscheint. Die zweite Zeile bestätigt, dass die Funktionen aus dem Modul `first_udf` korrekt importiert wurden. Geben Sie nun in der Datei *first_udf.xlsm* in Zelle A1 des aktiven Blatts **`=hello("xlwings")`** ein. Nachdem Sie ↵ gedrückt haben, erscheint die ausgewertete Formel, wie Abbildung 12-2 zeigt.

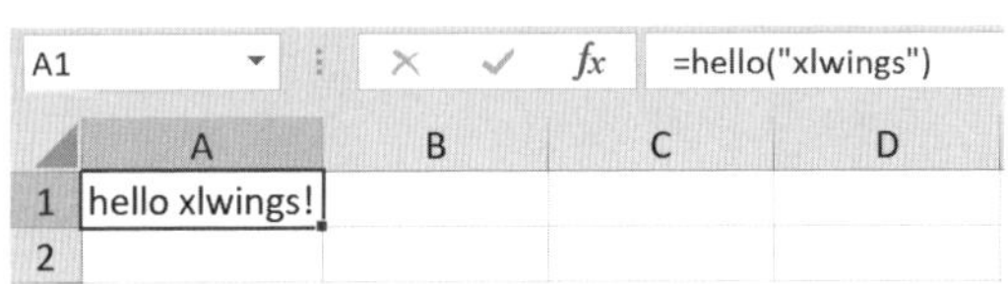

Abbildung 12-2: Die Datei first_udf.xlsm

Schlüsseln wir das Ganze auf, um die Funktionsweise zu verstehen: Zuerst sehen wir uns die Funktion `hello` in der Datei *first_udf.py* (Beispiel 12-1) an, die Teil des `quickstart`-Codes ist, den wir bisher übergangen haben.

Beispiel 12-1: Die Datei first_udf.py (Auszug)

```
import xlwings as xw


@xw.func
def hello(name):
    return f"Hello {name}!"
```

Jede Funktion, die Sie mit `@xw.func` markieren, wird in Excel importiert, wenn Sie im xlwings-Add-in auf *Import Functions* klicken. Das Importieren einer Funktion macht sie in Excel verfügbar, sodass Sie sie in Ihren Zellformeln verwenden können – auf die technischen Details kommen wir gleich zu sprechen. Bei `@xw.func` handelt es sich um einen *Dekorator*, was bedeutet, dass Sie ihn direkt über der Funktionsdefinition platzieren müssen. Im Kasten »Funktionsdekoratoren« auf der nächsten Seite finden Sie nähere Informationen zur Funktionsweise von Dekoratoren.

Funktionsdekoratoren

Ein *Dekorator* ist ein Funktionsname, der mit dem @-Zeichen beginnt und den Sie über eine Funktionsdefinition setzen. Damit lässt sich ganz einfach das Verhalten einer Funktion ändern, und xlwings erkennt daran, welche Funktionen Sie in Excel verfügbar machen möchten. Damit Sie besser verstehen, wie ein Dekorator arbeitet, zeigt das folgende Beispiel die Definition eines Dekorators namens `verbose`, der einen Text vor und nach Ausführung der Funktion `print_hello` ausgibt. Technisch gesehen, übernimmt der Dekorator die Funktion (`print_hello`) und übergibt sie als Argument `func` an die Funktion `verbose`. Die innere Funktion namens `wrapper` kann dann das tun, was auch immer getan werden muss; in diesem Fall gibt sie einen Wert vor und nach dem Aufruf der Funktion `print_hello` aus. Der Name der inneren Funktion spielt keine Rolle:

```
In [1]: # Dies ist die Definition des Funktionsdekorators.
        def verbose(func):
            def wrapper():
                print("Before calling the function.")
                func()
                print("After calling the function.")
            return wrapper

In [2]: # Einen Funktionsdekorator verwenden.
        @verbose
        def print_hello():
            print("hello!")

In [3]: # Wirkung bei Aufruf der dekorierten Funktion.
        print_hello()

Before calling the function.
hello!
After calling the function.
```

Am Ende dieses Kapitels gibt Tabelle 12-1 eine Zusammenfassung aller Dekoratoren, die xlwings zu bieten hat.

Handelt es sich bei den Funktionsargumenten um Zellbereiche, liefert xlwings Ihnen standardmäßig die Werte dieser Zellbereiche anstelle des xlwings-range-Objekts. In den allermeisten Fällen ist das sehr praktisch und ermöglicht Ihnen, die Funktion `hello` mit einer Zelle als Argument aufzurufen. Zum Beispiel können Sie **`xlwings`** in Zelle A2 schreiben und dann die Formel in A1 wie folgt ändern:

```
=hello(A2)
```

Das Ergebnis ist das gleiche wie das in Abbildung 12-2. Im letzten Abschnitt dieses Kapitels zeige ich Ihnen, wie Sie dieses Verhalten ändern können, sodass die Argumente stattdessen als xlwings-range-Objekte ankommen. Wie Sie dann sehen werden, gibt es Gelegenheiten, in denen Sie dies brauchen. In VBA würde die äquivalente hello-Funktion wie folgt aussehen:

```
Function hello(name As String) As String
    hello = "Hello " & name & "!"
End Function
```

Wenn Sie im Add-in auf die Schaltfläche *Import Functions* klicken, fügt xlwings ein VBA-Modul namens xlwings_udfs in Ihre Excel-Arbeitsmappe ein. Es enthält eine VBA-Funktion für jede Python-Funktion, die Sie importieren. Diese Wrapper-VBA-Funktionen sorgen dafür, dass die jeweilige Funktion in Python aufgerufen wird. Das VBA-Modul xlwings_udfs können Sie sich gern ansehen, indem Sie den VBA-Editor mit Alt+F11 öffnen, Sie können es allerdings auch ignorieren, denn der Code wird automatisch generiert, und alle Änderungen, die Sie daran vornehmen, gehen verloren, wenn Sie wieder auf die Schaltfläche *Import Functions* klicken. Spielen Sie nun etwas mit der Funktion hello in *first_udf.py* herum und ersetzen Sie Hello im Rückgabewert durch Bye:

```
@xw.func
def hello(name):
    return f"Bye {name}!"
```

Um die Funktion in Excel neu zu berechnen, können Sie auf Zelle A1 doppelklicken, um die Formel zu bearbeiten (oder die Zelle markieren und F2 drücken, um den Bearbeitungsmodus zu aktivieren), und dann ↵ drücken. Alternativ können Sie mit der Tastenkombination Strg+Alt+F9 die Neuberechnung aller Tabellenblätter in allen geöffneten Arbeitsmappen einschließlich der hello-Formel *erzwingen*. Beachten Sie, dass F9 (Neuberechnung aller Tabellenblätter in allen geöffneten Arbeitsmappen) oder ⇧+F9 (Neuberechnung des aktiven Tabellenblatts) nicht die benutzerdefinierten Funktionen neu berechnet, da Excel nur eine Neuberechnung von UDFs auslöst, wenn sich eine abhängige Zelle geändert hat. Um dieses Verhalten zu ändern, können Sie die Funktion *volatil* machen, indem Sie das jeweilige Argument zum func-Dekorator hinzufügen:

```
@xw.func(volatile=True)
def hello(name):
    return f"Bye {name}!"
```

Volatile Funktionen werden jedes Mal neu berechnet, wenn Excel eine Neuberechnung durchführt – ob sich die Abhängigkeiten der Funktion geändert haben oder nicht. Einige integrierte Excel-Funktionen wie =RAND() oder =NOW() sind volatil, und wenn Sie viele davon verwenden, wird Ihre Arbeitsmappe langsamer. Also übertreiben Sie es nicht! Wenn Sie einen Funktionsnamen oder den func-Dekorator, wie wir es eben getan haben, ändern, müssen Sie Ihre Funktion erneut importieren, indem Sie wieder auf die Schaltfläche *Import Functions* klicken. Damit starten Sie den Python-Interpreter neu, bevor die aktualisierte Funktion importiert wird. Wenn Sie jetzt die Funktion wieder von Bye zu Hello ändern, genügt es, die Tastenkombination ⇧+F9 oder F9 zu verwenden, um die Formel neu zu berechnen, da die Funktion jetzt volatil ist.

> **Die Python-Datei nach dem Ändern speichern**
> Häufig wird vergessen, die Python-Quelldatei zu speichern, nachdem man sie geändert hat. Vergewissern Sie sich daher immer, dass die Python-Datei gespeichert wurde, bevor Sie auf *Import Functions* klicken oder die UDFs in Excel neu berechnen lassen.

Standardmäßig importiert xlwings Funktionen aus einer Python-Datei, die sich im selben Verzeichnis mit demselben Namen wie die Excel-Datei befindet. Wenn Sie Ihre Python-Quelldatei umbenennen und verschieben, sind ähnliche Änderungen erforderlich wie in Kapitel 10, als wir das Gleiche mit `RunPython`-Aufrufen getan haben: Benennen Sie die Datei von *first_udf.py* in *hello.py* um. Damit xlwings diese Änderung mitbekommt, fügen Sie den Namen des Moduls, d. h. `hello` (ohne die Erweiterung *.py*) zu *UDF Modules* im xlwings-Add-in hinzu, wie Abbildung 12-3 zeigt.

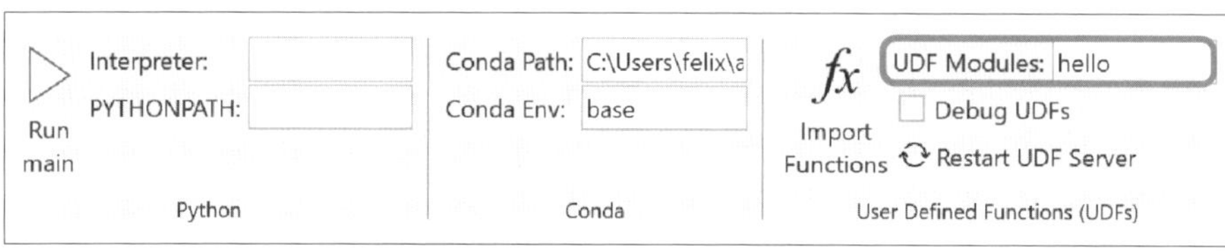

Abbildung 12-3: Die Einstellung UDF Modules

Klicken Sie auf die Schaltfläche *Import Functions*, um die Funktion erneut zu importieren. Berechnen Sie dann die Formel in Excel neu, um sich zu vergewissern, dass alles noch klappt.

> **Funktionen aus mehreren Python-Modulen importieren**
> Wenn Sie Funktionen aus mehreren Modulen importieren möchten, schreiben Sie zwischen ihre Namen in der Einstellung *UDF Modules* jeweils ein Semikolon, z. B. `hello;another_module`.

Verschieben Sie nun *hello.py* auf Ihren Desktop: Dazu ist es erforderlich, den Pfad Ihres Desktops zu `PYTHONPATH` im xlwings-Add-in hinzuzufügen. Wie Kapitel 10 gezeigt hat, lässt sich dies mit Umgebungsvariablen erreichen, d. h., Sie können die Einstellung `PYTHONPATH` im Add-in auf `%USERPROFILE%\Desktop` setzen. Wenn dort noch der Pfad zum Ordner *pyscripts* aus Kapitel 10 gespeichert ist, überschreiben Sie den Wert oder behalten alle Pfade bei, indem Sie sie jeweils durch ein Semikolon trennen.

Nach diesen Änderungen klicken Sie wieder auf *Import Functions* und berechnen dann die Funktion in Excel neu, um zu kontrollieren, ob weiterhin alles funktioniert.

Konfiguration und Bereitstellung

In diesem Kapitel verweise ich immer auf das Ändern einer Einstellung im Add-in. Allerdings gilt alles aus Kapitel 10 in Bezug auf Konfiguration und Bereitstellung auch für dieses Kapitel. Das bedeutet, dass eine Einstellung auch im Tabellenblatt *xlwings.conf* oder in einer Konfigurationsdatei, die sich im selben Verzeichnis wie die Excel-Datei befindet, geändert werden kann. Und anstatt das xlwings-Add-in zu bemühen, können Sie auch eine Arbeitsmappe nehmen, die im eigenständigen Modus eingerichtet ist. Bei UDFs ist es ebenfalls zweckmäßig, ein eigenes benutzerdefiniertes Add-in zu erstellen – damit können Sie Ihre UDFs in allen Arbeitsmappen gemeinsam nutzen, ohne sie in jede Arbeitsmappe importieren zu müssen. Weitere Informationen über das Erstellen eigener benutzerdefinierter Add-ins finden Sie in der xlwings-Dokumentation (*https://oreil.ly/uNo0g*).

Wenn Sie den Python-Code ihrer benutzerdefinierten Funktion ändern, übernimmt xlwings automatisch die Änderungen, sobald Sie die Python-Datei speichern. Wie bereits erwähnt, müssen Sie Ihre UDFs nur dann neu importieren, wenn Sie etwas am Funktionsnamen, den Argumenten oder den Dekoratoren ändern. Wenn jedoch Ihre Quelldatei Code aus anderen Modulen importiert und Sie etwas in diesen Modulen ändern, ist es am einfachsten, auf *Restart UDF Server* zu klicken, damit Excel alle Änderungen übernimmt.

Wie Sie eine einfache benutzerdefinierte Funktion in Python schreiben und wie Sie sie in Excel verwenden, wissen Sie jetzt. Die Fallstudie im nächsten Abschnitt stellt realistischere UDFs vor, die auch pandas-DataFrames verarbeiten.

Fallstudie: Google Trends

In dieser Fallstudie, die Daten von Google Trends verwendet, lernen Sie, wie Sie mit pandas-DataFrames und dynamischen Arrays arbeiten, einem der aufregendsten neuen Features in Excel, die Microsoft offiziell im Jahr 2020 eingeführt hat. Dann erstellen Sie eine benutzerdefinierte Funktion, die sich direkt mit Google Trends verbindet, sowie eine, die die `plot`-Methode eines DataFrame nutzt. Zum Abschluss dieses Abschnitts erfahren Sie, wie Sie benutzerdefinierte Funktionen debuggen können. Los geht es mit einer kurzen Einführung in Google Trends!

Einführung in Google Trends

Google Trends ist ein Google-Dienst, mit dem Sie die Popularität von Google-Suchbegriffen für Zeiträume und Regionen analysieren lassen. Abbildung 12-4 zeigt Google Trends, nachdem einige bekannte Programmiersprachen hinzugefügt wurden, wobei als Region *Weltweit* und als Zeitraum *1.1.2016 bis 26.12.2020* ausgewählt wurde. Jeder Suchbegriff wurde im Kontext der *Programmiersprache* ausgewählt, die in einer Drop-down-Liste erscheint, nachdem der Suchbegriff eingegeben wurde. Damit ist sichergestellt, dass wir zum Beispiel bei Python die Schlangen und bei Java die Insel ignorieren. Google indiziert die Daten innerhalb eines ausgewählten Zeitraums und für eine Region, wobei 100 das höchste Suchinteresse darstellt. In unserem Beispiel bedeutet dies, dass innerhalb des gegebenen Zeitraums und der Region das höchste Suchinteresse im Februar 2016 an Java bestand. Weitere Details über Google Trends finden Sie im offiziellen Blogpost (*https://oreil.ly/_aw8f*).

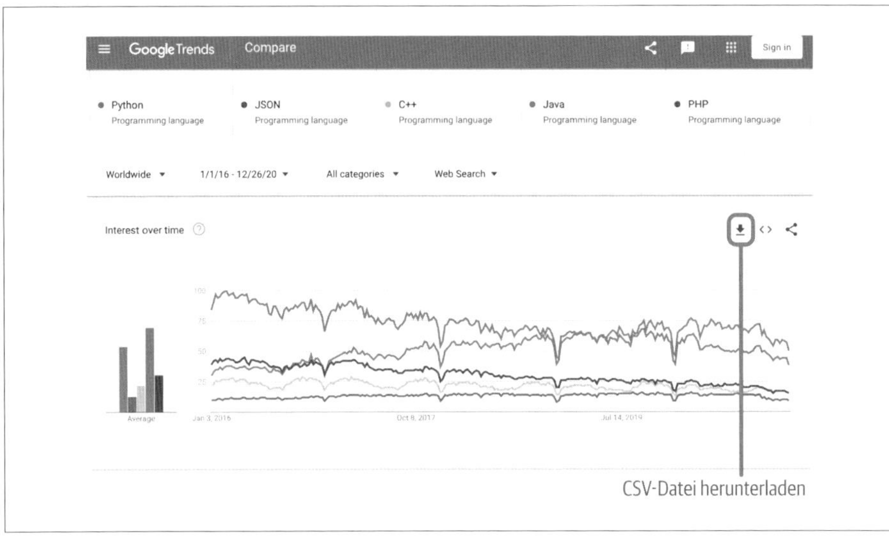

Abbildung 12-4: Interesse über einen Zeitraum hinweg; Datenquelle: Google Trends (https://oreil.ly/SR8zD)

> **Zufallsstichproben**
>
> Die Zahlen von Google Trends basieren auf Zufallsstichproben. Möglicherweise sehen Sie ein Bild, das sich leicht von Abbildung 12-4 unterscheidet, selbst wenn Sie denselben Ort, denselben Zeitraum und dieselben Suchbegriffe wie im Screenshot verwenden.

Ich habe auf die Schaltfläche zum Herunterladen geklickt, um eine CSV-Datei zu erhalten (siehe Abbildung 12-4), aus der ich dann die Daten in die Excel-Arbeitsmappe eines `quickstart`-Projekts kopiert habe. Im nächsten Abschnitt zeige ich, wie Sie aus dieser Arbeitsmappe die Daten mit einer benutzerdefinierten Funktion unmittelbar aus Excel heraus analysieren können.

Mit DataFrames und dynamischen Arrays arbeiten

Wenn Sie es in diesem Buch bis hierher geschafft haben, dürfte es Sie nicht überraschen, dass pandas-DataFrames auch die besten Freunde von UDFs sind. Um zu sehen, wie DataFrames und UDFs zusammenarbeiten, und um etwas über dynamische Arrays zu lernen, gehen Sie im Verzeichnis *udfs* des Begleit-Repositorys in den

Ordner *describe*. Öffnen Sie die Datei *describe.xlsm* in Excel und die Datei *describe.py* in VS Code. Die Excel-Datei enthält die Daten von Google Trends, und in der Python-Datei finden Sie eine einfache Funktion, die als Ausgangspunkt dient (siehe Beispiel 12-2).

Beispiel 12-2: Die Datei describe.py

```
import xlwings as xw
import pandas as pd


@xw.func
@xw.arg("df", pd.DataFrame, index=True, header=True)
def describe(df):
    return df.describe()
```

Wenn Sie diesen Code mit der Funktion `hello` aus dem `quickstart`-Projekt vergleichen, werden Sie hier einen zweiten Dekorator bemerken:

```
@xw.arg("df", pd.DataFrame, index=True, header=True)
```

Mit `arg` (als Abkürzung für *Argument*) können Sie die gleichen Konverter und Optionen zuweisen, wie ich sie in Kapitel 9 bei der Einführung der xlwings-Syntax verwendet habe. Mit anderen Worten, der Dekorator bietet die gleiche Funktionalität für UDFs wie die Methode `options` für xlwings-range-Objekte. Formal sieht die Syntax für den Dekorator `arg` so aus:

```
@xw.arg("argument_name", convert=None, option1=value1, option2=value2, ...)
```

Damit Sie sich weiter an Kapitel 9 orientieren können, sieht das Äquivalent der Funktion `describe` in Form eines Skripts wie folgt aus (wobei vorausgesetzt wird, dass *describe.xlsm* in Excel geöffnet ist und die Funktion auf den Bereich A3:F263 angewendet wird):

```
import xlwings as xw
import pandas as pd


data_range = xw.Book("describe.xlsm").sheets[0]["A3:F263"]
df = data_range.options(pd.DataFrame, index=True, header=True).value
df.describe()
```

Die Optionen `index` und `header` sind eigentlich nicht erforderlich, da es sich hier um die Standardargumente handelt. Ich habe sie aber angegeben, um zu zeigen, wie sie bei UDFs angewendet werden. Mit *describe.xlsm* als Ihrer aktiven Arbeitsmappe klicken Sie auf die Schaltfläche *Import Functions* und geben dann in eine leere Zelle (z. B. H3) die Formel **`=describe(A3:F263)`** ein. Was passiert, wenn Sie [↵] drücken, hängt von Ihrer Excel-Version ab – insbesondere davon, ob Ihre Excel-Version aktuell genug ist, um *dynamische Arrays* zu unterstützen. Ist das der Fall, sehen Sie die Situation, die Abbildung 12-5 zeigt, d. h., die Ausgabe der Funktion `describe` in den Zellen H3:M11 ist von einem dünnen blauen Rahmen umgeben. Der blaue Rahmen ist nur sichtbar, wenn sich der Cursor innerhalb des Arrays befindet, und er ist so unauffällig, dass Sie ihn in der gedruckten Ausgabe dieses Buchs möglicherweise gar nicht richtig ausmachen können. Wie sich dynamische Arrays verhalten, erfahren Sie in Kürze. Und im Kasten »Dynamische Arrays« auf Seite 293 finden Sie weitere nützliche Informationen dazu.

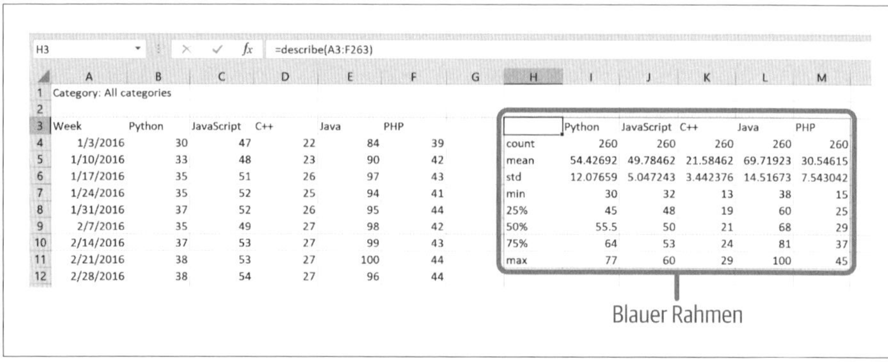

Abbildung 12-5: Die Funktion describe bei dynamischen Arrays

Wenn Sie jedoch eine Excel-Version verwenden, die keine dynamischen Arrays unterstützt, sieht es so aus, als würde nichts passieren. Standardmäßig gibt die Formel nur die Zelle links oben in H3 zurück, die leer ist. Dies können Sie aber beheben, indem Sie das verwenden, was Microsoft heutzutage als *CSE-Arrays* bezeichnet. CSE-Arrays müssen bestätigt werden, und zwar mit der Tastenkombination `Strg`+`⇧`+`↵` (im Englischen *Ctrl+Shift+Enter*, daher der Name), anstatt lediglich `↵` zu drücken. Im Einzelnen funktioniert das folgendermaßen:

- Stellen Sie sicher, dass H3 eine leere Zelle ist. Markieren Sie sie und drücken Sie `Entf`.
- Markieren Sie den Ausgabebereich. Beginnen Sie in Zelle H3 und wählen Sie dann alle Zellen bis M11 aus.
- Im markierten Bereich H3:M11 geben Sie die Formel **`=describe(A3:F263)`** ein und bestätigen dann die Eingabe mit der Tastenkombination `Strg`+`⇧`+`↵`.

Nun sollten Sie fast das gleiche Bild wie in Abbildung 12-5 sehen, jedoch mit folgenden Unterschieden:

- Es gibt keinen blauen Rahmen um den Bereich H3:M11.
- Die Formel ist in geschweifte Klammern eingeschlossen, um sie als CSE-Array zu markieren: `{=describe(A3:F263)}`.
- Während Sie dynamische Arrays löschen, indem Sie in der linken oberen Zelle `Entf` drücken, müssen Sie bei CSE-Arrays immer erst das gesamte Array markieren, um es löschen zu können.

Wir wollen nun unsere Funktion etwas nützlicher machen, indem wir mit `selection` einen optionalen Parameter einführen, über den sich festlegen lässt, welche Spalten in der Ausgabe erscheinen sollen. Wenn Sie viele Spalten haben und nur eine Teilmenge davon in die Funktion `describe` einschließen möchten, kann dies ein nützliches Feature sein. Ändern Sie die Funktion wie folgt:

```
@xw.func
@xw.arg("df", pd.DataFrame) ❶
def describe(df, selection=None): ❷
    if selection is not None:
        return df.loc[:, selection].describe() ❸
    else:
        return df.describe()
```

❶ Die Argumente `index` und `header` habe ich weggelassen, da sie die Standardwerte verwenden. Es schadet aber auch nichts, sie anzugeben.

❷ Fügen Sie den Parameter `selection` hinzu und machen Sie ihn optional, indem Sie ihm `None` als Standardwert zuweisen.

❸ Wenn `selection` angegeben ist, werden die Spalten des DataFrame daraufhin gefiltert.

Vergessen Sie nicht, die Funktion zu speichern, nachdem Sie sie geändert haben. Klicken Sie dann im xlwings-Add-in auf *Import Functions* – dies ist erforderlich, da wir einen neuen Parameter hinzugefügt haben. Schreiben Sie **`Selection`** in Zelle A2 und **`TRUE`** in die Zellen B2:F2 (wobei Sie die TRUE-Version in Ihrer Sprache verwenden müssen, wenn Sie eine internationale Version von Excel verwenden). Passen Sie schließlich Ihre Formel in Zelle H3 an, je nachdem, ob Sie dynamische Arrays haben oder nicht:

Mit dynamischen Arrays
: Markieren Sie H3, ändern Sie die Formel in **`=describe(A3:F263, B2:F2)`** und drücken Sie [↵].

Ohne dynamische Arrays
: Beginnen Sie bei Zelle H3 und markieren Sie den Bereich H3:M11. Drücken Sie dann [F2], um den Bearbeitungsmodus von Zelle H3 zu aktivieren, und ändern Sie die Formel in **`=describe(A3:F263, B2:F2)`**. Bestätigen Sie die Eingabe mit [Strg]+[⇧]+[↵].

Um die erweiterte Funktion auszuprobieren, ändern wir das `TRUE` von Java in Zelle E2 in `FALSE` und beobachten, was passiert: Bei dynamischen Arrays wird die Tabelle auf magische Weise um eine Spalte verkleinert. Bei Legacy-CSE-Arrays bleibt eine hässliche Spalte voller `#N/A`-Werte, wie Abbildung 12-6 zeigt.

Um dieses Problem zu umgehen, kann xlwings Legacy-CSE-Arrays in der Größe ändern. Hierfür ist der Dekorator `ret` vorgesehen. Ändern Sie Ihre Funktion wie folgt:

```
@xw.func
@xw.arg("df", pd.DataFrame)
@xw.ret(expand="table") ❶
def describe(df, selection=None):
```

```
    if selection is not None:
        return df.loc[:, selection].describe()
    else:
        return df.describe()
```

❶ Indem Sie den Rückgabedekorator mit der Option `expand="table"` hinzufügen, passt xlwings die Größe des CSE-Arrays an, um den Dimensionen des zurückgegebenen DataFrame zu entsprechen.

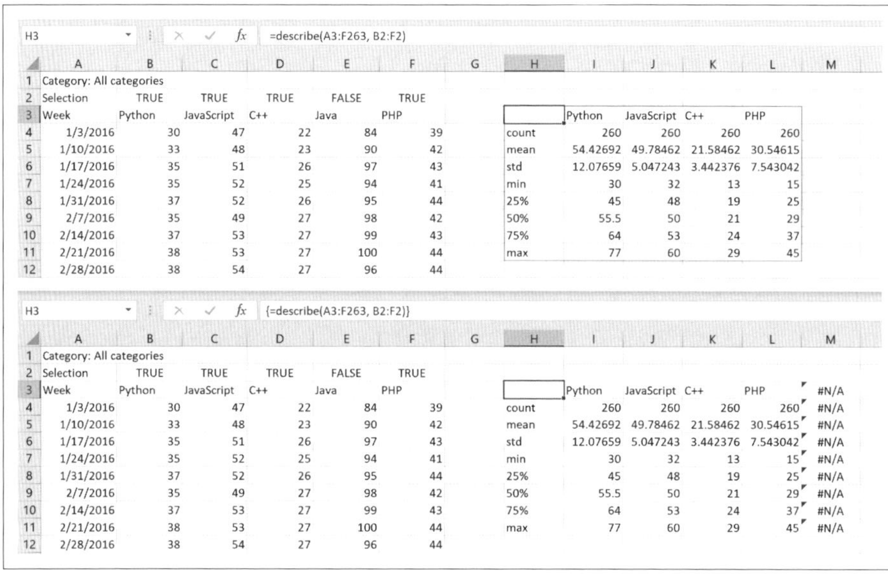

Abbildung 12-6: Dynamische Arrays (oben) vs. CSE-Arrays (unten) nach Ausschließen einer Spalte

Nachdem Sie den Rückgabedekorator hinzugefügt haben, speichern Sie die Python-Quelldatei, wechseln zu Excel und drücken `Strg`+`Alt`+`F9` zum Neuberechnen: Daraufhin wird das CSE-Array in der Größe geändert und die `#N/A`-Spalte entfernt. Da es sich um eine Hilfslösung handelt, sollten Sie besser auf eine Version von Excel umsteigen, die dynamische Arrays unterstützt.

> **Reihenfolge von Funktionsdekoratoren**
>
> Achten Sie darauf, den Dekorator `xw.func` über den Dekoratoren `xw.arg` und `xw.ret` zu platzieren. Die Reihenfolge von `xw.arg` und `xw.ret` spielt allerdings keine Rolle.

Der *Rückgabedekorator* arbeitet konzeptionell auf die gleiche Weise wie der Argumentdekorator, jedoch mit dem einzigen Unterschied, dass Sie keinen Argumentnamen angeben müssen. Formal sieht seine Syntax so aus:

```
@xw.ret(convert=None, option1=value1, option2=value2, ...)
```

Normalerweise brauchen Sie kein explizites `convert`-Argument anzugeben, da xlwings den Typ des Rückgabewerts automatisch erkennt – das ist das gleiche Verhalten, das wir in Kapitel 9 bei der Methode `options` beim Schreiben von Werten nach Excel gesehen haben.

Um zum Beispiel den Index des zurückzugebenden DataFrame zu unterdrücken, verwenden Sie diesen Dekorator:

```
@xw.ret(index=False)
```

Dynamische Arrays

Nachdem Sie im Zusammenhang mit der Funktion `describe` gesehen haben, wie dynamische Arrays funktionieren, stimmen Sie mir sicher zu, dass sie eine der grundlegendsten und aufregendsten Ergänzungen zu Excel sind, die Microsoft seit Langem entwickelt hat. Offiziell wurden sie im Jahr 2020 für Microsoft 365-Abonnenten eingeführt, die die neueste Version von Excel verwenden. Um festzustellen, ob Ihre Version aktuell genug ist, überprüfen Sie, ob die neue Funktion `UNIQUE` vorhanden ist: Beginnen Sie, **`=UNIQUE`** in eine Zelle einzugeben, und wenn Excel den Funktionsnamen vorschlägt, werden auch dynamische Arrays unterstützt. Nutzen Sie Excel mit einer Dauerlizenz und nicht im Rahmen des Microsoft 365-Abonnements, steht Ihnen die neue Funktion ab Office 2021 zur Verfügung. Hier noch ein paar technische Hinweise zum Verhalten von dynamischen Arrays:

- Wenn dynamische Arrays eine Zelle mit einem Wert überschreiben, erhalten Sie einen `#SPILL!`-Fehler. Nachdem Sie Platz für das dynamische Array geschaffen haben, indem Sie die Zelle, die im Weg war, gelöscht oder verschoben haben, wird das Array geschrieben. Beachten Sie, dass der xlwings-Rückgabedekorator mit `expand="table"` weniger intelligent ist und vorhandene Zellwerte ohne Warnung überschreibt!
- Auf den Bereich eines dynamischen Arrays können Sie verweisen, indem Sie die oberste linke Zelle gefolgt von einem #-Zeichen verwenden. Befindet sich Ihr dynamisches Array beispielsweise im Bereich A1:B2 und Sie möchten alle Zellwerte summieren, schreiben Sie **`=SUM(A1#)`**.
- Wenn Sie möchten, dass sich Ihre Arrays wieder wie die Legacy-CSE-Arrays verhalten, beginnen Sie Ihre Formel mit einem `@`-Zeichen. Soll zum Beispiel eine Matrixmultiplikation ein Legacy-CSE-Array zurückgeben, schreiben Sie **`=@MMULT()`**.

In diesem einführenden DataFrame-Beispiel war es durchaus in Ordnung, eine CSV-Datei herunterzuladen und die Werte per Copy-and-paste in eine Excel-Datei zu übertragen. Allerdings ist das Kopieren und Einfügen ein fehleranfälliger Vorgang, den Sie nach Möglichkeit vermeiden sollten. Mit Google Trends können Sie das tatsächlich tun, und der nächste Abschnitt zeigt Ihnen, wie!

Daten von Google Trends abrufen

Die vorangegangenen Beispiele waren alle sehr einfach gehalten und drehten sich jeweils um nicht viel mehr als eine einzelne pandas-Funktion. Um uns an einen realistischeren Fall heranzutasten, erstellen wir eine benutzerdefinierte Funktion, die die Daten direkt von Google Trends herunterlädt, sodass Sie nicht mehr online gehen und eine CSV-Datei manuell herunterladen müssen. Zwar hat Google Trends keine offizielle API (*Application Programming Interface*), aber es gibt ein Python-Paket namens pytrends (*https://oreil.ly/SvnLl*), das diese Lücke füllt. Da es sich nicht um eine offizielle API handelt, kann Google jederzeit diese Schnittstelle ändern. Es besteht also die Gefahr, dass die Beispiele in diesem Abschnitt irgendwann nicht mehr funktionieren. Da pytrends allerdings bereits mehr als fünf Jahre existierte, als dieses Buch entstanden ist, besteht eine reelle Chance, dass das Paket aktualisiert wird, um eventuelle Änderungen zu berücksichtigen und es wieder funktionsfähig zu machen. In jedem Fall dient es als gutes Beispiel, um Ihnen zu zeigen, dass es *für fast alles ein Python-Paket gibt* – eine Behauptung, die ich in Kapitel 1 aufgestellt habe. Wenn Sie auf Power Query beschränkt wären, müssten Sie wahrscheinlich viel mehr Zeit investieren, um etwas zum Laufen zu bringen – zumindest konnte ich keine Plug-and-play-Lösung finden, die kostenlos erhältlich ist. Da pytrends kein Bestandteil von Anaconda ist und auch kein offizielles Conda-Paket hat, installieren Sie es mit pip, falls Sie das noch nicht getan haben:

```
(base)> pip install pytrends
```

Um den Fall aus der Onlineversion von Google Trends genau wie in Abbildung 12-4 zu replizieren, müssen wir die richtigen Bezeichner für die Suchbegriffe mit dem Kontext »Programmiersprache« finden. Hierfür kann pytrends die verschiedenen Suchkontexte oder *Typen* ausgeben, die Google Trends in der Drop-down-Liste vorschlägt. Im folgenden Codebeispiel steht `mid` für *Machine ID*, also die gesuchte ID:

```
In [4]: from pytrends.request import TrendReq

In [5]: # Zuerst ein TrendRequest-Objekt instanziieren.
        trend = TrendReq()

In [6]: # Jetzt können wir die Vorschläge ausgeben, wie sie online in
        # der Drop-down-Liste von Google Trends erscheinen würden, nachdem
        # "Python" eingegeben wurde.
        trend.suggestions("Python")

Out[6]: [{'mid': '/m/05z1_', 'title': 'Python', 'type': 'Programming language'},
         {'mid': '/m/05tb5', 'title': 'Python family', 'type': 'Snake'},
         {'mid': '/m/0cv6_m', 'title': 'Pythons', 'type': 'Snake'},
         {'mid': '/m/06bxxb', 'title': 'CPython', 'type': 'Topic'},
         {'mid': '/g/1q6j3gsvm', 'title': 'python', 'type': 'Topic'}]
```

Wenn Sie dies auch für die anderen Programmiersprachen wiederholen, lässt sich die korrekte `mid` für alle diese Programmiersprachen abrufen, und Sie können die

UDF wie in Beispiel 12-3 schreiben. Den Quellcode finden Sie im Begleit-Repository im Ordner *udfs* im Verzeichnis *google_trends*.

Beispiel 12-3: Die Funktion get_interest_over_time in der Datei google_trends.py (Auszug mit den relevanten-import-Anweisungen)

```
import pandas as pd
from pytrends.request import TrendReq
import xlwings as xw


@xw.func(call_in_wizard=False) ❶
@xw.arg("mids", doc="Machine IDs: A range of max 5 cells") ❷
@xw.arg("start_date", doc="A date-formatted cell")
@xw.arg("end_date", doc="A date-formatted cell")
def get_interest_over_time(mids, start_date, end_date):
    """Google Trends abfragen - ersetzt die Machine ID (mid) der
      gängigen Programmiersprachen durch ihr Klartextäquivalent
      im Rückgabewert, z.B. wird statt "/m/05z1_" "Python" zurückgegeben.
      """ ❸
      # Parameter überprüfen und transformieren.
      assert len(mids) <= 5, "Too many mids (max: 5)" ❹
      start_date = start_date.date().isoformat() ❺
      end_date = end_date.date().isoformat()

      # Die Google-Trends-Anfrage ausführen und den DataFrame zurückgeben.
      trend = TrendReq(timeout=10) ❻
      trend.build_payload(kw_list=mids,
                          timeframe=f"{start_date} {end_date}") ❼
      df = trend.interest_over_time() ❽

      # Den mid-Code von Google durch eine Klartextdarstellung ersetzen.
      mids = {"/m/05z1_": "Python", "/m/02p97": "JavaScript",
              "/m/0jgqg": "C++", "/m/07sbkfb": "Java", "/m/060kv": "PHP"}
      df = df.rename(columns=mids) ❾

      # Die Spalte isPartial löschen.
      return df.drop(columns="isPartial") ❿
```

❶ Standardmäßig ruft Excel die Funktion auf, wenn Sie sie im Funktionsassistenten öffnen. Da dies den Ablauf insbesondere bei API-Anfragen bremsen kann, schalten wir es ab.

❷ Für das Funktionsargument können Sie einen Docstring hinzufügen, der im Funktionsassistenten erscheint, wenn Sie das jeweilige Argument bearbeiten (siehe Abbildung 12-8).

❸ Der Docstring der Funktion wird im Funktionsassistenten angezeigt (siehe Abbildung 12-8).

❹ Die assert-Anweisung ist eine einfache Möglichkeit, einen Fehler auszulösen, wenn der Benutzer zu viele `mids` angibt. Google Trends lässt pro Abfrage maximal fünf `mids` zu.

❺ Die Datumswerte für Beginn und Ende erwartet pytrends in einem einzigen String im Format `YYYY-MM-DD YYYY-MM-DD`. Da wir die Beginn- und Enddaten als Zellen mit einem Datumsformat bereitstellen, werden sie als `datetime`-Objekte geliefert. Indem wir die Methoden `date` und `isoformat` auf ihnen aufrufen, erhalten sie das richtige Format.

❻ Wir instanziieren ein pytrends-`request`-Objekt. Indem wir `timeout` auf zehn Sekunden setzen, verringern wir das Risiko eines `requests.exceptions.ReadTimeout`-Fehlers, der gelegentlich auftritt, wenn Google Trends etwas länger braucht, um zu antworten. Sollten Sie diesen Fehler trotzdem sehen, führen Sie die Funktion einfach erneut aus, oder Sie erhöhen den Time-out.

❼ Wir übergeben die Argumente `kw_list` und `timeframe` an das Anfrageobjekt.

❽ Wir rufen `interest_over_time` auf, um die eigentliche Anfrage auszuführen. Der Rückgabewert ist ein pandas-DataFrame.

❾ Wir benennen die `mids` in ihre verständlichen Klartextäquivalente um.

❿ Die letzte Spalte heißt `isPartial`. Der Wert `True` zeigt an, dass das aktuelle Intervall – z. B. eine Woche – noch nicht abgeschlossen ist und demzufolge noch nicht alle Daten vorliegen. Der Einfachheit halber und in Übereinstimmung mit der Onlineversion lassen wir diese Spalte fallen, wenn der DataFrame zurückgegeben wird.

Öffnen Sie nun die Datei *google_trends.xlsm* aus dem Begleit-Repository, klicken Sie im xlwings-Add-in auf *Import Functions* und rufen Sie dann die Funktion `get_interest_over_time` aus Zelle A4 auf, wie Abbildung 12-7 zeigt.

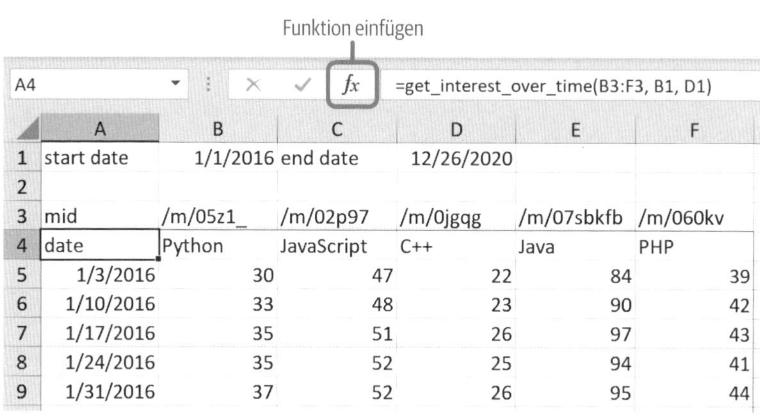

Abbildung 12-7: Die Datei google_trends.xlsm

Um Hilfe zu den Funktionsargumenten zu erhalten, klicken Sie auf die Schaltfläche *Funktion einfügen* links von der Formelleiste, während Zelle A4 markiert ist: Daraufhin wird der Funktionsassistent geöffnet, in dem Sie Ihre benutzerdefinierten Funktionen unter der Kategorie `xlwings` finden. Nachdem Sie `get_interest_over_` time ausgewählt haben, erscheinen der Name der Funktionsargumente sowie der Docstring als Funktionsbeschreibung (auf die ersten 256 Zeichen beschränkt), wie Abbildung 12-8 zeigt. Als Alternative beginnen Sie, **=get_interest_over_time(** in Zelle A4 zu schreiben (einschließlich der öffnenden Klammer), bevor Sie auf die Schaltfläche *Funktion einfügen* klicken – damit gelangen Sie direkt zu der Ansicht, die Sie in Abbildung 12-8 sehen. Beachten Sie, dass UDFs die Datumswerte unformatiert zurückgeben. Um dies zu beheben, klicken Sie mit der rechten Maustaste auf die Spalte mit den Datumswerten, wählen *Zellen formatieren* und legen dann das gewünschte Format in der Kategorie *Datum* fest.

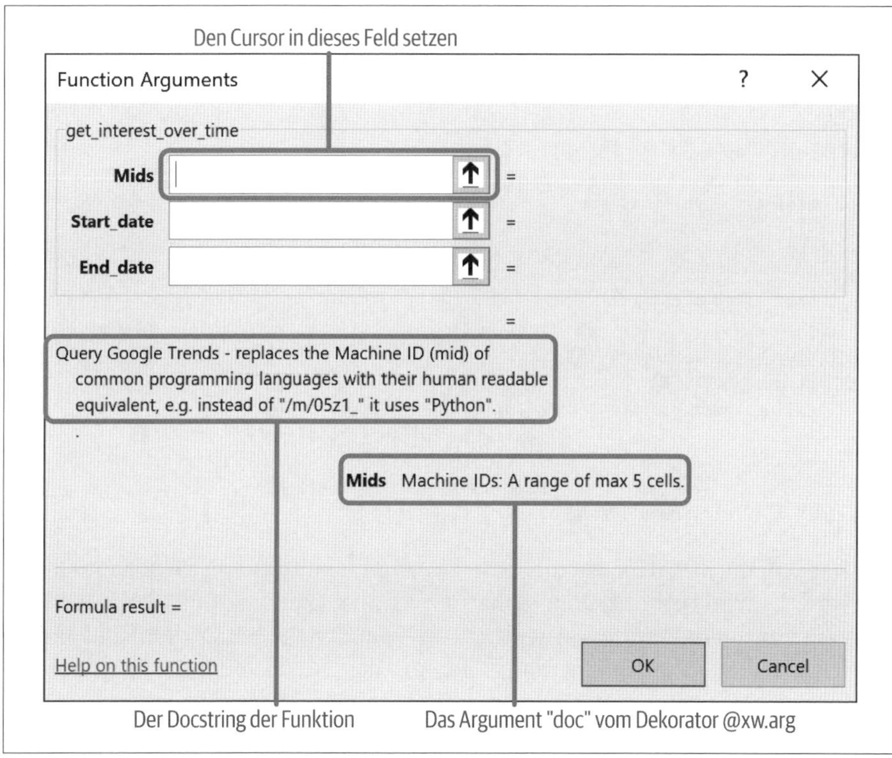

Abbildung 12-8: Der Funktionsassistent

Wenn Sie sich Abbildung 12-7 genau ansehen, erkennen Sie am blauen Rahmen um das Ergebnisfeld, dass ich wieder dynamische Arrays verwende. Da der Screenshot beschnitten ist und das Array ganz links beginnt, sehen Sie nur die oberen und linken Rahmenlinien beginnend bei Zelle A4. Und selbst diese dürften auf dem Screenshot schwer auszumachen sein. Wenn Ihre Version von Excel keine dynamischen Arrays unterstützt, verwenden Sie die Hilfslösung, indem Sie den folgenden Rückgabedekorator zur Funktion get_interest_over_time (unter den vorhandenen Dekoratoren) hinzufügen:

```
@xw.ret(expand="table")
```

Nachdem Sie nun wissen, wie Sie mit komplexeren UDFs arbeiten, sehen wir uns an, wie wir mit benutzerdefinierten Funktionen plotten können!

Mit UDFs plotten

Wie Sie sicherlich noch aus Kapitel 5 wissen, gibt der Aufruf der `plot`-Methode eines DataFrame standardmäßig einen Matplotlib-Plot zurück. In den Kapiteln 9 und 11 haben Sie bereits gesehen, wie Sie einen derartigen Plot als Bild zu Excel hinzufügen. Wenn Sie mit UDFs arbeiten, gibt es eine einfache Möglichkeit, Plots zu erzeugen: Sehen Sie sich dazu die zweite Funktion in der Datei *google_trends.py* an, die Beispiel 12-4 auszugsweise wiedergibt.

Beispiel 12-4: Die Funktion plot in google_trends.py (Auszug mit den relevanten import-Anweisungen)

```
import xlwings as xw
import pandas as pd
import matplotlib.pyplot as plt


@xw.func
@xw.arg("df", pd.DataFrame)
def plot(df, name, caller):  ❶
    plt.style.use("seaborn")  ❷
    if not df.empty:  ❸
        caller.sheet.pictures.add(df.plot().get_figure(),  ❹
                                  top=caller.offset(row_offset=1).top,  ❺
                                  left=caller.left,
                                  name=name, update=True)  ❻
    return f"<Plot: {name}>"  ❼
```

❶ Das Argument `caller` ist ein spezielles Argument, das von xlwings reserviert wird: Es wird nicht bekannt gemacht, wenn Sie die Funktion aus einer Excel-Zelle aufrufen. Stattdessen wird `caller` von xlwings hinter den Kulissen bereitgestellt und entspricht der Zelle, aus der Sie die Funktion aufrufen (in Form eines xlwings-`range`-Objekts). Wenn Sie das `range`-Objekt der aufrufenden Zelle haben, können Sie das Diagramm ganz einfach mithilfe der Argumente `top` und `left` von `pictures.add` platzieren. Das Argument `name` definiert den Namen des Bilds in Excel.

❷ Wir setzen das `seaborn`-Format, um das Diagramm optisch ansprechender zu gestalten.

❸ Rufen Sie die `plot`-Methode nur auf, wenn der DataFrame nicht leer ist. Andernfalls wird ein Fehler ausgelöst.

❹ Die Methode `get_figure()` gibt das Matplotlib-Bildobjekt aus einem DataFrame-Plot zurück, wie es `pictures.add` erwartet.

❺ Die Argumente `top` und `left` werden nur verwendet, wenn Sie das Diagramm zum ersten Mal einfügen. Die übergebenen Argumente platzieren das Diagramm an einer zweckmäßigen Position – eine Zelle unterhalb von der Stelle, an der Sie diese Funktion aufrufen.

❻ Das Argument `update=True` stellt sicher, dass wiederholte Funktionsaufrufe das vorhandene Bild mit dem bereitgestellten Namen in Excel aktualisieren, ohne dessen Position oder Größe zu ändern. Fehlt dieses Argument, könnte sich xlwings beschweren, dass bereits ein Bild mit diesem Namen in Excel existiert.

❼ Zwar müssen Sie nicht unbedingt etwas zurückgeben, doch es erleichtert Ihnen das Leben wesentlich, wenn Sie einen String zurückgeben: So können Sie erkennen, wo in Ihrem Blatt Ihre Plotting-Funktion sitzt.

Rufen Sie in der Datei *google_trends.xlsm* in Zelle H3 die Funktion `plot` wie folgt auf:

```
=plot(A4:F263, "History")
```

Wenn Ihre Excel-Version dynamische Arrays unterstützt, verwenden Sie `A4#` anstelle von `A4:F263`, um die Quelle dynamisch zu machen, wie Abbildung 12-9 zeigt.

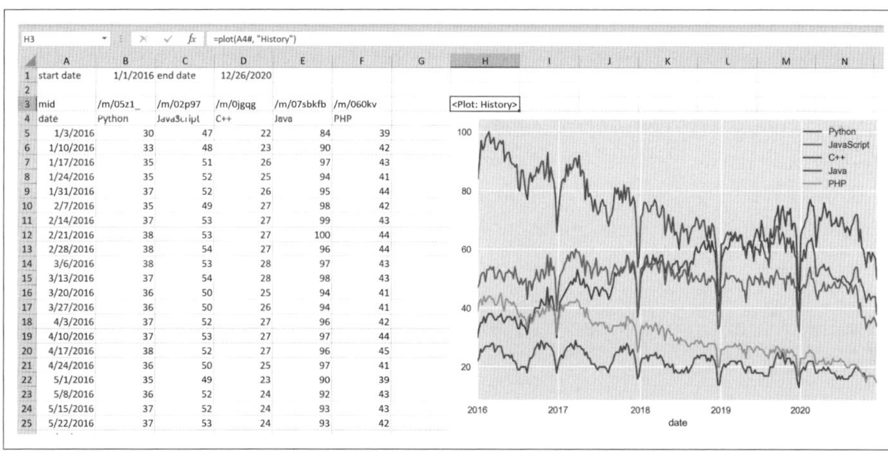

Abbildung 12-9: Die Funktion plot in Aktion

Angenommen, Sie sind sich nicht ganz im Klaren darüber, wie die Funktion `get_interest_over_time` funktioniert. Um die Arbeitsweise besser zu verstehen, können Sie den Code debuggen – der nächste Abschnitt zeigt, wie Sie das bei UDFs bewerkstelligen.

UDFs debuggen

Eine benutzerdefinierte Funktion lässt sich ganz einfach mit der Funktion `print` debuggen. Wenn Sie im xlwings-Add-in die Einstellung *Show Console* aktiviert haben, können Sie den Wert einer Variablen in der Eingabeaufforderung ausgeben, die beim Aufruf Ihrer UDF erscheint. Eine etwas komfortablere Option ist der Debugger von VS Code, mit dem Sie auch Haltepunkte setzen und den Code Zeile für Zeile abarbeiten können. Um den VS Code-Debugger (oder den Debugger irgendeiner anderen IDE) zu verwenden, sind zwei Dinge erforderlich:

1. Aktivieren Sie im Excel-Add-in das Kontrollkästchen *Debug UDFs*. Dadurch verhindern Sie, dass Excel automatisch Python startet, sodass Sie es manuell tun müssen, wie es im nächsten Punkt erläutert wird.
2. Der Python-UDF-Server lässt sich am einfachsten manuell starten, wenn Sie die folgenden Zeilen in der Datei, die Sie debuggen möchten, ganz unten hinzufügen. In der Datei *google_trends.py*, die Sie im Begleit-Repository finden, habe ich diese Zeilen bereits unten hinzugefügt:

   ```
   if __name__ == "__main__":
       xw.serve()
   ```

   Wie Kapitel 11 erläutert hat, stellt diese `if`-Anweisung sicher, dass der Code nur ausgeführt wird, wenn Sie die Datei als Skript starten – er kommt nicht zur Ausführung, wenn Sie den Code als Modul importieren. Mit dem hinzugefügten Befehl `serve` führen Sie *google_trends.py* im Debugmodus von VS Code aus, indem Sie F5 drücken und »Python File« auswählen – achten Sie darauf, dass Sie die Datei nicht durch Klicken auf die Schaltfläche *Datei ausführen* starten, da dieser Modus Haltepunkte ignoriert.

Setzen Sie einen Haltepunkt auf Zeile 29, indem Sie links neben die Zeilennummer klicken. Sollten Sie mit dem Debugger von VS Code nicht vertraut sein, finden Sie in Anhang B eine ausführliche Einführung. Wenn Sie jetzt Zelle A4 neu berechnen, hält Ihr Funktionsaufruf am Haltepunkt an, und Sie können die Variablen inspizieren. Während der Fehlersuche ist es immer hilfreich, `df.info()` auszuführen. Aktivieren Sie die Registerkarte *Debugging-Konsole*, schreiben Sie **`df.info()`** in die Eingabeaufforderung im unteren Teil und bestätigen Sie mit ↵, wie Abbildung 12-10 zeigt.

Debugging mit VS Code und Anaconda

Dies ist die gleiche Warnung wie die in Kapitel 11: Wenn Sie unter Windows den VS Code-Debugger zum ersten Mal mit Code ausführen, der pandas verwendet, werden Sie möglicherweise mit einer Fehlermeldung begrüßt: *Exception has occurred: ImportError, Unable to import required dependencies: numpy* (Ausnahme aufgetreten: ImportError, kann erforderliche Abhängigkeiten nicht importieren: numpy). Das passiert, weil der Debugger bereits läuft, bevor die Conda-Umgebung ordnungsgemäß aktiviert wird. Um das Problem zu umgehen, halten Sie den Debugger an, indem Sie auf das Stoppsymbol klicken, und drücken dann erneut F5 – beim zweiten Mal wird es funktionieren.

Wenn Sie Ihr Programm für mehr als 90 Sekunden an einem Haltepunkt stehen lassen, zeigt Excel ein Pop-up mit dem Hinweis: *Microsoft Excel wartet auf die Beendigung einer OLE-Aktion in einer anderen Anwendung.* Dies sollte sich nicht auf

Ihre Debugging-Erfahrung auswirken, außer dass Sie das Pop-up bestätigen müssen, damit es verschwindet, sobald Sie mit dem Debugging fertig sind. Um diese Debugging-Sitzung abzuschließen, klicken Sie in VS Code auf die Stoppschaltfläche (siehe Abbildung 12-10) und deaktivieren die Einstellung *Debug UDFs* im xlwings-Menüband-Add-in wieder. Wenn Sie vergessen, die Einstellung *Debug UDFs* zu deaktivieren, kehren Ihre Funktionen mit einem Fehler zurück, wenn Sie sie das nächste Mal neu berechnen.

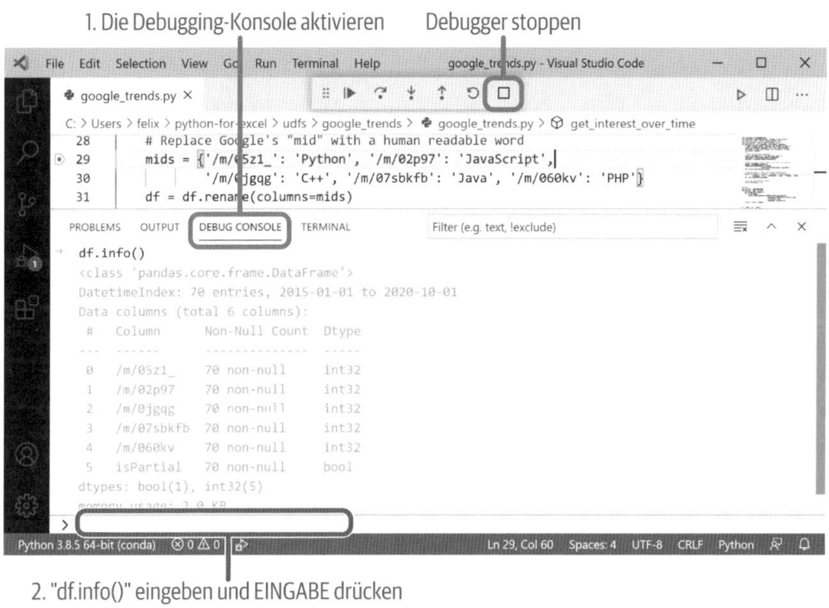

Abbildung 12-10: Die Debug Console verwenden, während der Code am Haltepunkt pausiert

Dieser Abschnitt hat anhand der Google-Trends-Fallstudie die am häufigsten verwendete UDF-Funktionalität gezeigt. Der nächste Abschnitt berührt einige fortgeschrittene Themen einschließlich der UDF-Performance und des Dekorators `xw.sub`.

Fortgeschrittene UDF-Themen

Wenn Sie in Ihrer Arbeitsmappe viele benutzerdefinierte Funktionen verwenden, kann die Performance zum Problem werden. Dieser Abschnitt zeigt Ihnen zunächst einige grundlegende Performanceoptimierungen, wie sie Kapitel 9 eingeführt hat, jetzt aber auf UDFs angewendet. Der zweite Teil befasst sich mit dem Caching, einer zusätzlichen Performanceoptimierungstechnik, die wir bei UDFs einsetzen können. Dabei lernen Sie auch, wie Sie Funktionsargumente als xlwings-range-Objekte statt als Werte erhalten können. Am Ende dieses Abschnitts stelle ich Ihnen den Dekorator `xw.sub` vor, den Sie als Alternative zum `RunPython`-Aufruf verwenden können, wenn Sie ausschließlich unter Windows arbeiten.

Grundlegende Performanceoptimierung

Dieser Abschnitt stellt zwei Techniken zur Performanceoptimierung vor: wie Sie anwendungsübergreifende Aufrufe minimieren und wie Sie den Rohwertkonverter verwenden.

Anwendungsübergreifende Aufrufe minimieren

Wie schon Kapitel 9 erläutert hat, sind anwendungsübergreifende Aufrufe – d. h. Aufrufe zwischen Excel und Python – relativ langsam. Daher gilt: Je weniger UDFs Sie haben, desto besser. Arbeiten Sie also mit Arrays, wo immer es möglich ist – mit einer Excel-Version, die dynamische Arrays unterstützt, ist dies zweifellos einfacher umzusetzen. Wenn Sie mit pandas-DataFrames arbeiten, kann nicht viel schiefgehen, doch es gibt bestimmte Formeln, bei denen Sie vielleicht nicht gleich an die Verwendung von Arrays denken. Sehen Sie sich dazu das Beispiel in Abbildung 12-11 an. Es berechnet die Gesamteinnahmen aus einer bestimmten Grundgebühr und einer variablen Gebühr, die sich aus der Anzahl der Benutzer multipliziert mit dem Preis ergibt.

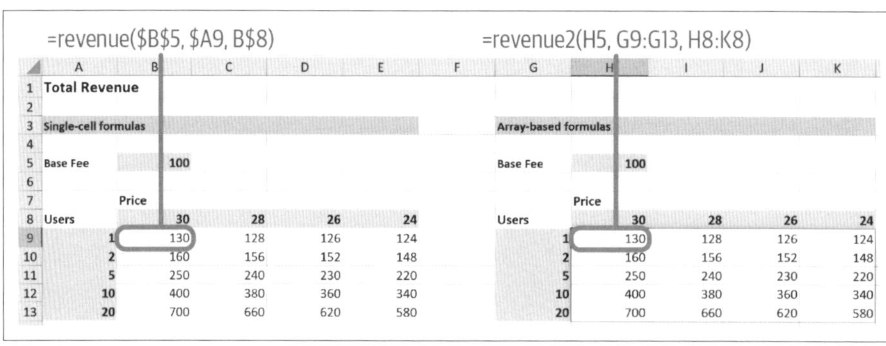

Abbildung 12-11: Formeln in einzelnen Zellen (links) vs. Array-basierte Formeln (rechts)

Formeln in einzelnen Zellen
: Die linke Tabelle in Abbildung 12-11 verwendet die Formel `=revenue($B$5, $A9, B$8)` in Zelle B9. Diese Formel wird dann auf den gesamten Bereich B9:E13 angewendet. Das bedeutet, dass die Formeln in jeder der insgesamt 20 Zellen die Funktion revenue aufrufen.

Array-basierte Formeln
: Die rechte Tabelle in Abbildung 12-11 verwendet die Formel `=revenue2(H5, G9:G13, H8:K8)`. Wenn Ihre Excel-Version keine dynamischen Arrays unterstützt, müssen Sie den Dekorator `xw.ret(expand="table")` zur Funktion `revenue2` hinzufügen oder das Array in ein Legacy-CSE-Array umwandeln,

indem Sie H9:K13 markieren, F2 drücken, um die Formel zu bearbeiten, und dann mit Strg+⇧+↵ bestätigen. Im Gegensatz zur Formel für einzelne Zellen wird bei dieser Version die Funktion `revenue2` nur einmal aufgerufen.

Beispiel 12-5 zeigt den Python-Code für die beiden benutzerdefinierten Funktionen. Die Quellcodedatei finden Sie im Ordner *revenues* im *udfs*-Verzeichnis des Begleit-Repositorys.

Beispiel 12-5: Die Datei revenues.py

```
import numpy as np
import xlwings as xw


@xw.func
def revenue(base_fee, users, price):
    return base_fee + users * price


@xw.func
@xw.arg("users", np.array, ndim=2)
@xw.arg("price", np.array)
def revenue2(base_fee, users, price):
    return base_fee + users * price
```

Wenn Sie die Grundgebühr in Zelle B5 bzw. H5 ändern, werden Sie feststellen, dass das rechte Beispiel wesentlich schneller ist als das linke. Die Python-Funktionen unterscheiden sich nur unwesentlich, und zwar nur in den Argumentdekoratoren: Die Array-basierte Version liest Benutzer und Preise als NumPy-Array ein – hier ist lediglich darauf zu achten, dass Benutzer als zweidimensionale Spalte einzulesen sind, indem `ndim=2` im Argumentdekorator gesetzt wird. Wie bereits erläutert, ähneln NumPy-Arrays den DataFrames, aber ohne Index und Überschriften sowie nur mit einem Datentyp. Mehr zu diesem Thema finden Sie in Kapitel 4.

Rohwerte verwenden

Rohwerte verwenden heißt: Sie lassen die Schritte zur Datenaufbereitung und -bereinigung weg, die xlwings, auf pywin32 – der Python-Erweiterung für Windows – aufsetzend, durchführt. Zum Beispiel bedeutet dies, dass Sie nicht mehr direkt mit DataFrames arbeiten können, da pywin32 diese nicht versteht. Doch dürfte das kein Problem darstellen, wenn Sie mit Listen oder NumPy-Arrays arbeiten. Um UDFs mit Rohwerten zu verwenden, geben Sie den String `raw` als Argument `convert` im Argument- oder Rückgabedekorator an. Dies entspricht der Verwendung des `raw`-Konverters über die `options`-Methode eines xlwings-`range`-Objekts, die Sie aus Kapitel 9 kennen. Wie Sie dort gesehen haben, lässt sich der größte Geschwindigkeitsgewinn bei Schreiboperationen erzielen. Zum Beispiel ist der Aufruf der folgenden Funktion ohne den Rückgabedekorator auf meinem Laptop ungefähr dreimal langsamer:

```
import numpy as np
import xlwings as xw


@xw.func
@xw.ret("raw")
def randn(i=1000, j=1000):
    """Returns an array with dimensions (i, j) with normally distributed
    pseudorandom numbers provided by NumPy's random.randn
    """
    return np.random.randn(i, j)
```

Das jeweilige Beispiel finden Sie im Begleit-Repository im Verzeichnis *udfs* im Ordner *raw_values*. Wenn Sie mit UDFs arbeiten, haben Sie eine weitere einfache Möglichkeit, die Performance zu verbessern: Vermeiden Sie wiederholte Berechnungen langsamer Funktionen, indem Sie deren Ergebnisse zwischenspeichern.

Zwischenspeichern

Wenn Sie eine *deterministische* Funktion aufrufen, d. h. eine Funktion, die bei gleichen Eingaben immer die gleiche Ausgabe liefert, können Sie das Ergebnis in einem *Cache* ablegen. Wiederholte Aufrufe der Funktion müssen dann nicht mehr auf die langsame Berechnung warten, sondern können das im Voraus berechnete Ergebnis aus dem Cache übernehmen. Dies lässt sich am besten anhand eines kurzen Beispiels erklären. Ein sehr einfacher Caching-Mechanismus lässt sich mit einem Wörterbuch programmieren:

```
In [7]: import time

In [8]: cache = {}

        def slow_sum(a, b):
            key = (a, b)
            if key in cache:
                return cache[key]
            else:
                time.sleep(2)  # zwei Sekunden schlafen
                result = a + b
                cache[key] = result
                return result
```

Wenn Sie diese Funktion zum ersten Mal aufrufen, ist der Cache leer. Demzufolge führt der Code die `else`-Klausel aus, die mit einer künstlichen Pause von zwei Sekunden eine langsame Berechnung imitiert. Nachdem die Berechnung erfolgt ist, kommt das Ergebnis in das Cache-Wörterbuch, bevor es zurückgegeben wird. Wenn Sie jetzt diese Funktion ein zweites Mal mit den gleichen Argumenten und während derselben Python-Sitzung aufrufen, findet sie das Ergebnis im Cache und gibt es unmittelbar zurück, ohne die langsame Berechnung erneut durchführen zu müssen. Das Zwischenspeichern von Ergebnissen basierend auf den Argumenten wird *Memoisierung* genannt. Dementsprechend sehen Sie den Zeitunterschied, wenn Sie die Funktion zum ersten und zum zweiten Mal aufrufen:

```
In [9]: %%time
        slow_sum(1, 2)

Wall time: 2.01 s

Out[9]: 3

In [10]: %%time
         slow_sum(1, 2)

Wall time: 0 ns

Out[10]: 3
```

Der in Python vordefinierte Dekorator `lru_cache` erleichtert Ihnen die Arbeit. Importieren können Sie ihn aus dem Modul `functools`, das Teil der Standardbibliothek ist. Die Bezeichnung `lru` steht für *Least Recently Used* (zu Deutsch: am längsten nicht verwendet) und bedeutet, dass der Cache eine maximale Anzahl von Ergebnissen (standardmäßig 128) aufnimmt, bevor er die ältesten löscht. Als Beispiel können wir das mit Google Trends aus dem letzten Abschnitt nehmen. Solange wir nur historische Werte abfragen, können wir die Ergebnisse getrost zwischenspeichern. Das beschleunigt nicht nur mehrere Aufrufe, sondern verringert auch die Anzahl der Anfragen, die wir an Google senden, und damit ebenfalls die Wahrscheinlichkeit, dass Google uns blockiert – was passieren könnte, wenn Sie zu viele Anfragen in kurzer Zeit senden.

Die ersten Zeilen der Funktion `get_interest_over_time` mit den Änderungen, die für das Caching erforderlich sind, sehen so aus:

```
from functools import lru_cache  ❶

import pandas as pd
from pytrends.request import TrendReq
import matplotlib.pyplot as plt
import xlwings as xw

@lru_cache  ❷
@xw.func(call_in_wizard=False)
@xw.arg("mids", xw.Range, doc="Machine IDs: A range of max 5 cells")  ❸
@xw.arg("start_date", doc="A date-formatted cell")
@xw.arg("end_date", doc="A date-formatted cell")
def get_interest_over_time(mids, start_date, end_date):
    """Query Google Trends - ersetzt die Machine ID (mid) der
    gängigen Programmiersprachen durch ihre Klartextäquivalente
    im Rückgabewert, z.B. wird anstelle von "/m/05z1_"
    der Text "Python" zurückgegeben.
    """
    mids = mids.value  ❹
```

❶ Den Dekorator `lru_cache` importieren.

❷ Den Dekorator verwenden. Der Dekorator muss über dem Dekorator `xw.func` stehen.

❸ Standardmäßig ist `mids` eine Liste. Das schafft in diesem Fall ein Problem, da Funktionen mit Listen als Argumente nicht zwischengespeichert werden können. Dem liegt wiederum das Problem zugrunde, dass Listen veränderliche Objekte sind, die sich nicht als Schlüssel in Wörterbüchern eignen (siehe Anhang C für weitere Informationen über veränderliche und unveränderliche Objekte). Mit dem Konverter `xw.Range` können wir aber `mids` als xlwings-`range`-Objekt statt als Liste abrufen, was unser Problem beseitigt.

❹ Damit auch der übrige Code wieder funktioniert, müssen wir nun die Werte über die Eigenschaft `value` des xlwings-`range`-Objekts abrufen.

Caching mit verschiedenen Versionen von Python

Wenn Sie eine Python-Version kleiner als 3.8 verwenden, müssen Sie den Dekorator mit Klammern verwenden: `@lru_cache()`. Bei Python 3.9 oder später ersetzen Sie `@lru_cache` durch `@cache`, was das Gleiche ist wie `@lru_cache(maxsize=None)`, d. h., der Cache verwirft niemals ältere Werte. Außerdem müssen Sie den Cache-Dekorator aus `functools` importieren.

Der `xw.Range`-Konverter kann auch unter anderen Umständen nützlich sein, beispielsweise wenn Sie auf die Zellformeln statt auf die Werte in Ihrer UDF zugreifen müssen. Im vorherigen Beispiel können Sie `mids.formula` schreiben, um auf die Formeln der Zellen zuzugreifen. Das vollständige Beispiel finden Sie im Ordner *google_trends_cache* im Verzeichnis *udfs* des Begleit-Repositorys.

Da Sie nun wissen, wie Sie die Performance von UDFs optimieren können, schließen wir diesen Abschnitt mit einer Einführung in den Dekorator `xw.sub` ab.

Der Dekorator xw.sub

In Kapitel 10 habe ich gezeigt, wie Sie den `RunPython`-Aufruf beschleunigen können, indem Sie die Einstellung *Use UDF Server* aktivieren. In einer reinen Windows-Welt gibt es eine Alternative zur Kombination `RunPython`/*Use UDF Server* in Form des Dekorators `xw.sub`. Damit können Sie Ihre Python-Funktionen als Sub-Prozeduren in Excel importieren, ohne irgendwelche `RunPython`-Aufrufe schreiben zu müssen. In Excel benötigen Sie eine Sub-Prozedur, um den Code einer Schaltfläche zuordnen zu können – eine Excel-Funktion, wie sie der `xw.func`-Dekorator liefert, ist nicht geeignet. Um dies auszuprobieren, erstellen Sie ein neues `quickstart`-Projekt namens `importsub`. Wie üblich müssen Sie zuerst in das Verzeichnis wechseln, in dem Sie das Projekt erstellen wollen:

```
(base)> xlwings quickstart importsub
```

Navigieren Sie im Datei-Explorer in den erzeugten Ordner *importsub*, öffnen Sie die Datei *importsub.xlsm* in Excel und *importsub.py* in VS Code und dekorieren Sie dann die Funktion `main` mit `@xw.sub`, wie Beispiel 12-6 zeigt.

Beispiel 12-6: Die Datei importsub.py (Auszug)

```
import xlwings as xw


@xw.sub
def main():
    wb = xw.Book.caller()
    sheet = wb.sheets[0]
    if sheet["A1"].value == "Hello xlwings!":
        sheet["A1"].value = "Bye xlwings!"
    else:
        sheet["A1"].value = "Hello xlwings!"
```

Klicken Sie im xlwings-Add-in auf *Import Functions*, bevor Sie `Alt`+`F8` drücken, um die verfügbaren Makros zu sehen: Neben dem Makro `SampleCall`, das `Run Python` verwendet, sehen Sie jetzt auch ein Makro namens `main`. Wählen Sie es aus und klicken Sie auf die Schaltfläche *Run* – in Zelle A1 erscheint die bekannte Begrüßung. Weisen Sie das Makro `main` einer Schaltfläche zu, wie Sie es in Kapitel 10 getan haben. Zwar können Sie sich das Leben mit dem Dekorator `xw.sub` unter Windows erleichtern, doch sollten Sie bedenken, dass Sie damit die plattformübergreifende Kompatibilität verlieren. Mit `xw.sub` haben Sie nun alle xlwings-Dekoratoren kennengelernt. In Tabelle 12-1 habe ich sie noch einmal zusammengefasst.

Tabelle 12-1: Die Dekoratoren von xlwings

Dekorator	Beschreibung
`xw.func`	Setzen Sie diesen Dekorator über alle Funktionen, die Sie in Excel als Excel-Funktion importieren möchten.
`xw.sub`	Setzen Sie diesen Dekorator über alle Funktionen, die Sie in Excel als Excel-Sub-Prozedur importieren möchten.
`xw.arg`	Wenden Sie Konverter und Optionen auf Argumente an. Fügen Sie zum Beispiel einen Docstring über das Argument doc hinzu oder empfangen Sie einen Bereich als DataFrame, indem Sie `pd.DataFrame` als erstes Argument angeben (dies setzt voraus, dass Sie pandas als pd importiert haben).
`xw.ret`	Wenden Sie Konverter und Optionen auf Rückgabewerte an. Unterdrücken Sie zum Beispiel den Index eines DataFrame, indem Sie `index=False` setzen.

Weitere Details zu diesen Dekoratoren finden Sie in der xlwings-Dokumentation (*https://oreil.ly/h-sT_*).

Zum Schluss

In diesem Kapitel haben Sie gelernt, wie Sie Python-Funktionen schreiben und sie als benutzerdefinierte Funktionen (UDFs) in Excel importieren, sodass Sie sie über Zellformeln aufrufen können. Die Fallstudio zu Google Trends hat gezeigt, wie sich das Verhalten der Funktionsargumente und Rückgabewerte mit den Dekoratoren arg bzw. ret beeinflussen lässt. Der letzte Teil hat einige Performancetricks verraten und den Dekorator `xw.sub` eingeführt, den Sie als `RunPython`-Ersatz verwenden können, wenn Sie ausschließlich unter Windows arbeiten. Das Schöne am Schreiben von benutzerdefinierten Funktionen in Python ist, dass Sie dadurch lange und komplexe Zellformeln durch Python-Code ersetzen können, der leichter zu verstehen und zu verwalten ist. Um mit benutzerdefinierten Funktionen zu arbeiten, ziehe ich es auf jeden Fall vor, pandas-DataFrames mit den neuen dynamischen Arrays von Excel zu verwenden. Diese Kombination erleichtert es, mit solchen Daten zu arbeiten, wie wir sie von Google Trends bekommen, d. h. DataFrames mit einer dynamischen Anzahl von Zeilen.

Und damit haben wir das Ende des Buchs erreicht! Vielen Dank für Ihr Interesse an meiner Interpretation einer modernen Automatisierungs- und Datenanalyseumgebung für Excel! Meine Idee war es, Sie in die Welt von Python und seinen leistungsfähigen Open-Source-Paketen einzuführen, damit Sie für Ihr nächstes Projekt Python-Code schreiben können, anstatt sich mit Excel-eigenen Lösungen wie VBA oder Power Query auseinandersetzen zu müssen. Dadurch halten Sie sich eine Tür offen, um bei Bedarf leicht von Excel wegzukommen. Ich hoffe, Ihnen mit einigen praktischen Beispielen den Einstieg erleichtert zu haben. Nachdem Sie dieses Buch gelesen haben, wissen Sie, wie Sie

- eine Excel-Arbeitsmappe durch ein Jupyter Notebook und pandas-Code ersetzen,
- Excel-Arbeitsmappen stapelweise verarbeiten, indem Sie sie mit OpenPyXL, xlrd, pyxlsb oder xlwings lesen und dann mit pandas konsolidieren,
- Excel-Berichte mit OpenPyXL, XlsxWriter, xlwt oder xlwings erstellen,
- Excel als Frontend verwenden und es über xlwings mit so ziemlich allem verbinden, was Sie wollen, indem Sie entweder auf eine Schaltfläche klicken oder indem Sie eine benutzerdefinierte Funktion schreiben.

Doch schon bald werden Sie über den Rahmen dieses Buchs hinausgehen wollen. Ich lade Sie ein, die Homepage des Buchs (*https://xlwings.org/book*) von Zeit zu Zeit auf Aktualisierungen und zusätzliches Material zu überprüfen. In diesem Sinne hier ein paar Ideen, die Sie selbst erforschen können:

- Planen Sie die regelmäßige Ausführung eines Python-Skripts mithilfe des Task-Planers unter Windows oder eines Cron-Jobs unter macOS oder Linux. Zum Beispiel könnten Sie jeden Freitag einen Excel-Bericht erstellen, der auf Daten beruht, die Sie von einer REST-API oder einer Datenbank abrufen.
- Schreiben Sie ein Python-Skript, das E-Mail-Warnungen verschickt, wenn die Werte in Ihren Excel-Dateien eine bestimmte Bedingung erfüllen. Dies kann der Fall sein, wenn Ihr Kontostand, den Sie aus mehreren Arbeitsmappen konsolidiert haben, unter einen bestimmten Wert fällt oder wenn er einen anderen Wert anzeigt als den, den Sie auf der Grundlage Ihrer internen Datenbank erwarten.

- Schreiben Sie Code, der Fehler in Excel-Arbeitsmappen findet: Suchen Sie nach Zellfehlern wie `#REF!` oder `#VALUE!` oder logischen Fehlern, um beispielsweise sicherzustellen, dass eine Formel alle Zellen enthält, die sie enthalten sollte. Wenn Sie Ihre geschäftskritischen Arbeitsmappen mit einem professionellen Versionskontrollsystem wie Git verfolgen, können Sie diese Tests sogar automatisch ausführen, sobald Sie eine neue Version bestätigen.

Wenn dieses Buch Sie dazu inspiriert, Ihre täglichen oder wöchentlichen Routinearbeiten wie das Herunterladen von Daten oder das Copy-and-paste der Daten in Excel zu automatisieren, würde ich mich sehr freuen. Durch die Automatisierung gewinnen Sie nicht nur Zeit, sondern verringern auch erheblich die Wahrscheinlichkeit, dass sich Fehler einschleichen. Für Feedback bin ich jederzeit dankbar! Sie können mich über O'Reilly kontaktieren, indem Sie ein Problem (*Issue*) im Begleit-Repository (*https://oreil.ly/vVHmR*) öffnen, oder auf Twitter unter *@felixzumstein* (*https://twitter.com/felixzumstein*).

ANHANG A

Conda-Umgebungen

In Kapitel 2 habe ich Conda-Umgebungen eingeführt, indem ich erklärt habe, dass (base) am Anfang eines Anaconda Prompt für die derzeit aktive Conda-Umgebung mit dem Namen base steht. Anaconda verlangt, dass Sie immer in einer aktivierten Umgebung arbeiten, wobei aber die Aktivierung für die base-Umgebung automatisch erfolgt, wenn Sie den Anaconda Prompt unter Windows oder das Terminal unter macOS starten. Mit Conda-Umgebungen zu arbeiten, erlaubt Ihnen, die Abhängigkeiten Ihrer Projekte sauber zu trennen: Wenn Sie eine neuere Version eines Pakets wie pandas ausprobieren möchten, ohne Ihre base-Umgebung zu ändern, können Sie das in einer separaten Conda-Umgebung tun. Im ersten Teil dieses Anhangs führe ich Sie durch das Erstellen einer Conda-Umgebung namens xl38, in der wir alle Pakete in der Version installieren, die ich für dieses Buch verwendet habe. Dadurch sind Sie in der Lage, die Beispiele in diesem Buch so auszuführen, wie sie sind, selbst wenn einige Pakete in der Zwischenzeit in neueren Versionen mit einschneidenden Änderungen veröffentlicht wurden. Im zweiten Teil zeige ich Ihnen, wie Sie die automatische Aktivierung der base-Umgebung deaktivieren, wenn Ihnen das Standardverhalten nicht gefällt.

Eine neue Conda-Umgebung erstellen

Führen Sie den folgenden Befehl an Ihrem Anaconda Prompt aus, um eine neue Umgebung mit dem Namen xl38 zu erstellen, die Python 3.8 verwendet:

```
(base)> conda create --name xl38 python=3.8
```

Wenn Sie ↵ drücken, gibt Conda aus, was es in der neuen Umgebung installiert, und fordert eine Bestätigung an:

```
Proceed ([y]/n)?
```

Drücken Sie ↵, um die Installation zu bestätigen, oder tippen Sie **n** ein, wenn Sie abbrechen möchten. Nachdem die Installation abgeschlossen ist, aktivieren Sie Ihre neue Umgebung wie folgt:

```
(base)> conda activate xl38
(xl38)>
```

Der Umgebungsname hat sich von `base` in `xl38` geändert, und Sie können jetzt Conda oder pip verwenden, um Pakete in dieser neuen Umgebung zu installieren, ohne eine der anderen Umgebungen zu beeinflussen. (Zur Erinnerung: Verwenden Sie pip nur, wenn das Paket nicht über Conda verfügbar ist.) Fahren Sie also fort und installieren Sie alle Pakete für dieses Buch in der von mir verwendeten Version. Kontrollieren Sie als Erstes, ob Sie sich tatsächlich in der `xl38`-Umgebung befinden, d. h., ob der Anaconda Prompt `(xl38)` anzeigt. Installieren Sie dann die Conda-Pakete so, wie im folgenden Befehl angegeben (diesen Befehl sollten Sie auf einer einzigen Zeile eingeben, die Zeilenschaltungen dienen hier nur der besseren Optik):

```
(xl38)> conda install lxml=4.6.1 matplotlib=3.3.2 notebook=6.1.4 openpyxl=3.0.5
                      pandas=1.1.3 pillow=8.0.1 plotly=4.14.1 flake8=3.8.4
                      python-dateutil=2.8.1 requests=2.24.0 sqlalchemy=1.3.20
                      xlrd=1.2.0 xlsxwriter=1.3.7 xlutils=2.0.0 xlwings=0.20.8
                      xlwt=1.3.0
```

Bestätigen Sie den Installationsplan und finalisieren Sie die Umgebung, indem Sie die beiden restlichen Abhängigkeiten mit pip installieren:

```
(xl38)> pip install pyxlsb==1.0.7 pytrends==4.7.3
(xl38)>
```

Wie Sie die Umgebung xl38 verwenden

Wenn Sie die Beispiele in diesem Buch lieber in der `xl38`-Umgebung statt in der `base`-Umgebung durcharbeiten möchten, stellen Sie mit dem folgenden Befehl sicher, dass immer Ihre `xl38`-Umgebung aktiviert ist:

```
(base)> conda activate xl38
```

Das heißt, dass dort, wo im Buch der Anaconda Prompt als `(base)>` erscheint, bei Ihnen stattdessen `(xl38)>` zu sehen sein muss.

Mit dem folgenden Befehl können Sie die Umgebung wieder deaktivieren und zur `base`-Umgebung zurückkehren:

```
(xl38)> conda deactivate
(base)>
```

Möchten Sie die Umgebung vollständig löschen, führen Sie diesen Befehl aus:

```
(base)> conda env remove --name xl38
```

Anstatt die Schritte manuell durchzugehen, um die `xl38`-Umgebung einzurichten, können Sie auch die Umgebungsdatei *xl38.yml* nutzen, die ich im Ordner *conda* des Begleit-Repositorys bereitgestellt habe. Mit den folgenden Befehlen wird alles für Sie erledigt:

```
(base)> cd C:\Users\username\python-for-excel\conda
(base)> conda env create -f xl38.yml
(base)> conda activate xl38
(xl38)>
```

Standardmäßig aktiviert Anaconda immer die base-Umgebung, wenn Sie ein Terminal unter macOS oder den Anaconda Prompt unter Windows öffnen. Möchten Sie das nicht, können Sie die automatische Aktivierung deaktivieren, wie der folgende Abschnitt zeigt.

Automatische Aktivierung deaktivieren

Wenn Sie nicht wollen, dass die base-Umgebung automatisch aktiviert wird, sobald Sie einen Anaconda Prompt starten, können Sie sie deaktivieren: Dann ist es aber erforderlich, an einer Eingabeaufforderung (Windows) oder im Terminal (macOS) den Befehl **conda activate base** manuell auszuführen, bevor Sie Python verwenden können.

Windows

Unter Windows müssen Sie die reguläre Eingabeaufforderung und nicht den Anaconda Prompt verwenden. Die folgenden Schritte aktivieren den conda-Befehl in einer regulären Eingabeaufforderung. Achten Sie darauf, den Pfad in der ersten Zeile durch den Pfad zu ersetzen, unter dem Anaconda auf Ihrem System installiert ist:

```
> cd C:\Users\username\Anaconda3\condabin
> conda init cmd.exe
```

Jetzt ist Ihre reguläre Eingabeaufforderung mit Conda eingerichtet, sodass Sie in Zukunft die base-Umgebung wie folgt aktivieren können:

```
> conda activate base
(base)>
```

macOS

Unter macOS führen Sie einfach den folgenden Befehl in Ihrem Terminal aus, um die automatische Aktivierung zu deaktivieren:

```
(base)> conda config --set auto_activate_base false
```

Wenn Sie jemals zurückkehren wollen, führen Sie den gleichen Befehl noch einmal aus, und zwar mit **true** anstelle von **false**. Damit die Änderungen wirksam werden, müssen Sie das Terminal neu starten. In Zukunft müssen Sie die base-Umgebung auf diese Weise aktivieren, bevor Sie den Python-Befehl wieder verwenden können:

```
> conda activate base
(base)>
```

ANHANG B

Erweiterte Funktionalität von VS Code

Dieser Anhang zeigt Ihnen, wie der Debugger in VS Code funktioniert und wie Sie Jupyter Notebooks direkt aus VS Code heraus ausführen können. Die Themen sind unabhängig voneinander, sodass Sie sie in jeder Reihenfolge lesen können.

Debugger

Wenn Sie schon einmal den VBA-Debugger in Excel verwendet haben, habe ich gute Nachrichten für Sie: Das Debuggen mit VS Code läuft sehr ähnlich ab. Öffnen Sie zunächst in VS Code die Datei *debugging.py* aus dem Begleit-Repository. Klicken Sie in den Rand links von Zeile 4, sodass ein roter Punkt erscheint – das ist Ihr Haltepunkt, an dem die Codeausführung stehen bleiben wird. Drücken Sie nun F5, um das Debugging zu starten: Es erscheint eine Befehlspalette mit einer Auswahl von Debug-Konfigurationen. Wählen Sie den Eintrag *Python-Datei*, um die aktive Datei zu debuggen und den Code bis zum Haltepunkt auszuführen. Die Zeile wird hervorgehoben, und die Codeausführung hält an, wie Abbildung B-1 zeigt. Während Sie debuggen, ist die Statusleiste orange gefärbt.

Wenn der *Variablen* auf der linken Seite nicht automatisch angezeigt wird, müssen Sie auf das Menü *Ausführen* klicken, um die Werte der Variablen zu sehen. Alternativ können Sie auch den Mauszeiger über eine Variable im Quellcode führen, um eine QuickInfo mit ihrem Wert einzublenden. Ganz oben sehen Sie die Debug-Symbolleiste mit den folgenden Schaltflächen von links nach rechts: *Weiter*, *Prozedurschritt*, *Einzelschritt*, *Ausführen bis Rücksprung*, *Neu starten* und *Stopp*. Wenn Sie den Mauszeiger über die Schaltflächen halten, sehen Sie auch die Tastenkombinationen.

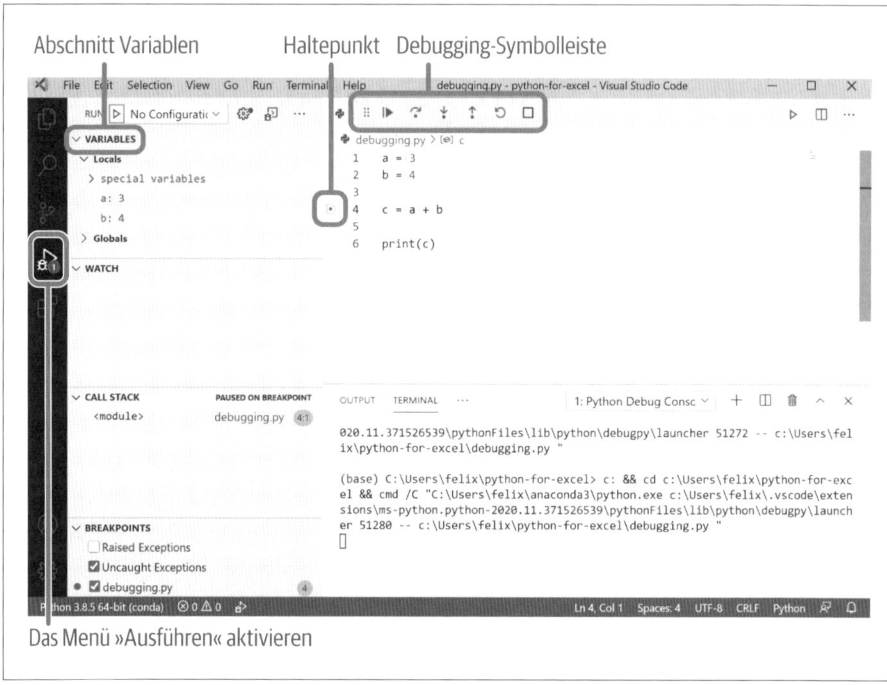

Abbildung B-1: VS Code beim Debugging, wobei die Codeausführung an einem Haltepunkt gestoppt hat

Die einzelnen Schaltflächen bewirken Folgendes:

Weiter
: Das Programm läuft so lange, bis es entweder den nächsten Haltepunkt oder das Ende des Programms erreicht. Wenn das Ende des Programms erreicht ist, wird das Debugging beendet.

Prozedurschritt
: Der Debugger geht eine Zeile weiter. *Prozedurschritt* bedeutet, dass der Debugger keine Codezeilen anzeigt, die nicht im aktuellen Gültigkeitsbereich liegen. Wenn Sie zum Beispiel eine Funktion aufrufen, zeigt der Debugger nicht an, wie er die einzelnen Codezeilen abarbeitet, führt aber die Funktion als Ganzes aus.

Einzelschritt
: In Code, der eine Funktion oder Klasse usw. aufruft, bewirkt *Einzelschritt*, dass der Debugger in diese Funktion oder Klasse geht und dort die nächste Anweisung ausführt. Befindet sich die Funktion oder Klasse in einer anderen Datei, öffnet der Debugger die Datei für Sie.

Ausführen bis Rücksprung
: Wenn Sie eine Funktion im Modus *Einzelschritt* abarbeiten, bewirkt *Ausführen bis Rücksprung*, dass der Debugger auf die jeweils nächsthöhere Ebene zu-

rückkehrt, bis er schließlich auf der höchsten Ebene angekommen ist, von der aus Sie den Befehl *Einzelschritt* ursprünglich aufgerufen haben.

Neu starten
: Damit stoppen Sie den aktuellen Debugging-Prozess und starten einen neuen Prozess von Anfang an.

Stopp
: Damit stoppen Sie den aktuellen Debugging-Prozess.

Da Sie nun wissen, was die einzelnen Schaltflächen bewirken, klicken Sie auf *Prozedurschritt*, um eine Zeile weiterzugehen und zu sehen, wie die Variable `c` im *Variablen* erscheint. Klicken Sie dann auf *Weiter*, um diese Debugging-Übung zu beenden.

Wenn Sie die Debugging-Konfiguration speichern, taucht die Befehlspalette nicht jedes Mal, wenn Sie [F5] drücken, auf und fragt Sie nach der Konfiguration: Klicken Sie in der Aktivitätsleiste auf das Symbol *Ausführen* und dann auf *... erstellen Sie eine launch.json-Datei*. Daraufhin erscheint wieder die Befehlspalette, und wenn Sie *Python-Datei* auswählen, wird die Datei *launch.json* unter einem Verzeichnis *.vscode* erstellt. Drücken Sie jetzt [F5], startet der Debugger sofort. Müssen Sie die Konfiguration ändern oder möchten Sie die Befehlspalette zurückhaben, bearbeiten oder löschen Sie die Datei *launch.json* im Verzeichnis *.vscode*.

Jupyter Notebooks in VS Code

Anstatt Ihre Jupyter Notebooks in einem Webbrowser auszuführen, können Sie sie auch direkt mit VS Code starten. Darüber hinaus bietet VS Code einen komfortablen Variablen-Explorer sowie Optionen, um das Notebook in standardmäßige Python-Dateien umzuwandeln, ohne die Zellfunktionalität zu verlieren. Führen wir also ein Notebook in VS Code aus!

Jupyter Notebooks ausführen

Klicken Sie in der Aktivitätsleiste auf das Explorer-Symbol und öffnen Sie die Datei *ch05.ipynb* aus dem Begleit-Repository. Um fortzufahren, müssen Sie das Notebook als vertrauenswürdig einstufen. Klicken Sie dazu in der geöffneten Benachrichtigung auf *Vertrauen*. Das Layout des Notebooks sieht etwas anders aus als im Browser, um dem übrigen VS Code zu entsprechen, aber sonst verhält es sich aus Benutzersicht gleich, einschließlich sämtlicher Tastenkombinationen. Führen Sie die ersten drei Zellen über [⇧]+[↵] aus. Daraufhin startet der Jupyter-Notebook-Server, sofern er nicht bereits läuft (den Status sehen Sie im Notebook oben rechts). Nachdem Sie die Zellen ausgeführt haben, klicken Sie im Menü über dem Notebook auf die Schaltfläche *Variablen*. Damit öffnen Sie den Variablen-Explorer, in dem Sie die Werte aller momentan vorhandenen Variablen sehen, wie Abbildung B-2 zeigt. Das heißt, Sie finden nur Variablen von Zellen, die bereits ausgeführt wurden.

Jupyter Notebooks in VS Code speichern

Um Notebooks in VS Code zu speichern, müssen Sie die Schaltfläche *Speichern* über dem Notebook verwenden oder `Strg`+`S` unter Windows bzw. `cmd`+`S` unter macOS drücken. Mit dem Befehl *Speichern* im Menü *Datei* funktioniert es nicht.

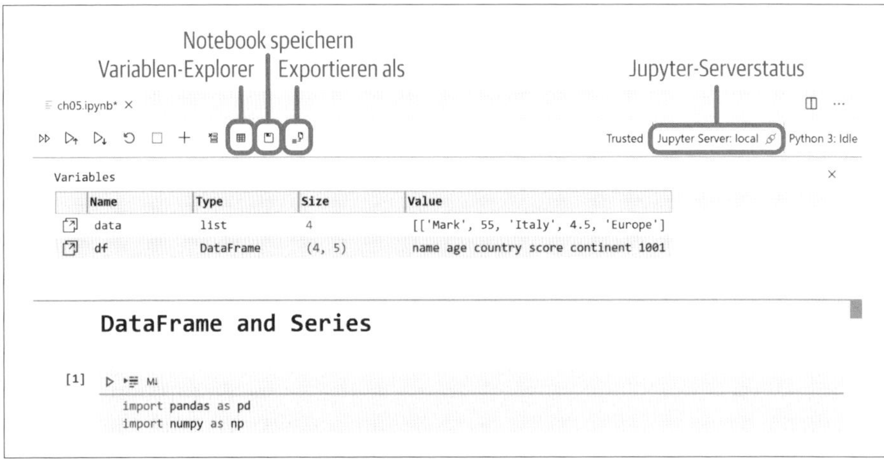

Abbildung B-2: Variablen-Explorer für Jupyter Notebooks

Wenn Sie Datenstrukturen wie verschachtelte Listen, NumPy-Arrays oder DataFrames verwenden, klicken Sie doppelt auf die Variable. Daraufhin öffnet sich der Data Viewer mit einer vertrauten Ansicht, die einer Tabellenkalkulation ähnelt. Abbildung B-3 zeigt den Data Viewer nach einem Doppelklick auf die Variable `df`.

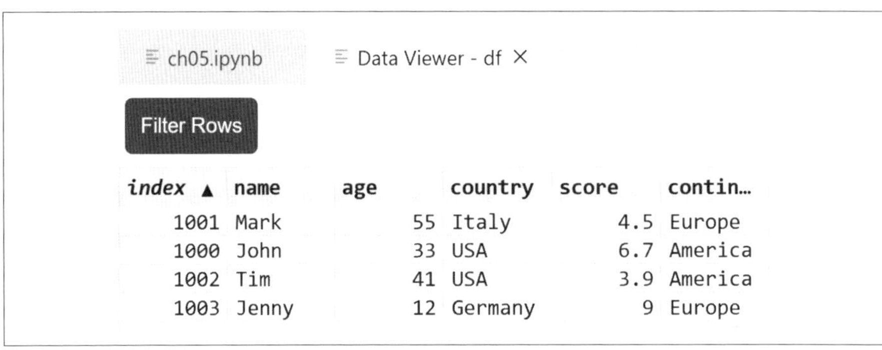

Abbildung B-3: Der Data Viewer für Jupyter Notebooks

Mit VS Code können Sie nicht nur standardmäßige Jupyter-Notebook-Dateien ausführen, sondern die Notebooks auch in normale Python-Dateien umwandeln – ohne dass Ihre Zellen verloren gehen. Sehen Sie sich an, wie das funktioniert!

Python-Skript mit Codezellen

Um Jupyter-Notebook-Zellen in standardmäßigen Python-Dateien zu verwenden, bietet VS Code mit `# %%` einen speziellen Kommentar, der Zellen kennzeichnet. Um ein bestehendes Jupyter Notebook zu konvertieren, öffnen Sie es und klicken auf die Schaltfläche *Export* im Menü über dem Notebook (siehe Abbildung B-2). Daraufhin können Sie *Python-Datei* in der Befehlspalette auswählen. Anstatt jedoch eine vorhandene Datei zu konvertieren, erstellen wir eine neue Datei *cells.py* mit dem folgenden Inhalt:

```
# %%
3 + 4
# %% [markdown]
# # This is a Title
#
# Some markdown content
```

Markdown-Zellen müssen mit `# %% [markdown]` beginnen, und die gesamte Zelle muss als Kommentar markiert sein. Möchten Sie eine derartige Datei als Notebook ausführen, klicken Sie auf den Link *Run Below*, der erscheint, wenn Sie den Mauszeiger über die erste Zelle bewegen. Dadurch wird das interaktive Python-Fenster rechts geöffnet, wie Abbildung B-4 zeigt.

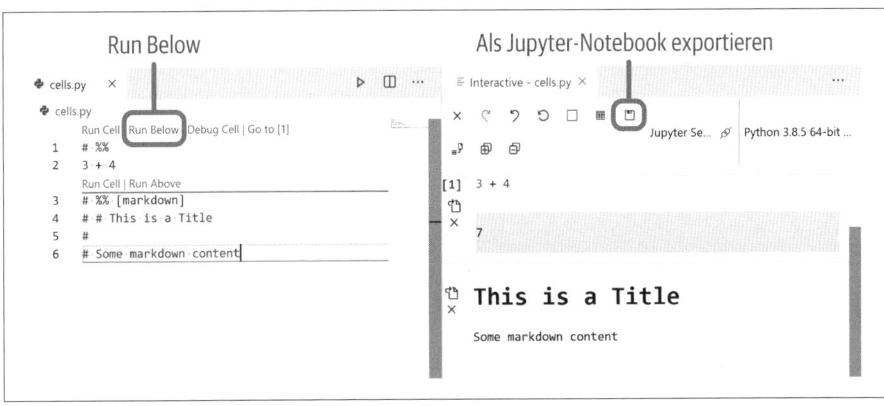

Abbildung B-4: Das interaktive Python-Fenster

Das interaktive Python-Fenster wird wieder als Notebook dargestellt. Um Ihre Datei im *ipynb*-Format zu exportieren, klicken Sie auf das Symbol *Save (Export to Jupyter Notebook)* über dem interaktiven Python-Fenster. Das interaktive Python-Fenster bietet Ihnen auch eine Zelle am unteren Rand, von der aus Sie Code interaktiv ausführen können. Wenn Sie reguläre Python-Dateien anstelle von Jupyter Notebooks verwenden, können Sie den VS Code-Debugger nutzen, was die Arbeit mit der Versionskontrolle erleichtert, da Ausgabezellen, die üblicherweise eine Menge Rauschen zwischen Versionen hinzufügen, ignoriert werden.

ANHANG C

Erweiterte Python-Konzepte

In diesem Anhang werfen wir einen genaueren Blick auf die folgenden drei Themen: Klassen und Objekte, zeitzonenkonforme `datetime`-Objekte und veränderliche vs. unveränderliche Objekte. Da die Themen unabhängig voneinander sind, können Sie die entsprechenden Abschnitte in beliebiger Reihenfolge lesen.

Klassen und Objekte

In diesem Abschnitt schreiben wir unsere eigene Klasse, um ein besseres Verständnis von den Beziehungen zwischen Klassen und Objekten zu bekommen. Klassen definieren neue Typen von Objekten: Eine Klasse verhält sich wie eine Springform zum Kuchenbacken. Je nach den verwendeten Zutaten erhält man einen anderen Kuchen, etwa einen Schokoladenkuchen oder einen Käsekuchen. Der Vorgang, bei dem ein Kuchen (das *Objekt*) aus der Springform (der *Klasse*) herausgeholt wird, heißt *Instanziierung*. Deshalb nennt man Objekte auch *Klasseninstanzen*. Ob Schoko- oder Käsekuchen, beide sind eine Art von Kuchen: Mit Klassen können Sie neue Datentypen definieren und verwandte Daten (*Attribute*) und Funktionen (*Methoden*) zusammenhalten. Das hilft Ihnen, Ihren Code zu strukturieren und zu organisieren. Kommen wir zum Beispiel mit dem Autorennen aus Kapitel 3 zurück, um eine eigene Klasse zu definieren:

```
In [1]: class Car:
            def __init__(self, color, speed=0):
                self.color = color
                self.speed = speed

            def accelerate(self, mph):
                self.speed += mph
```

Dies ist eine einfache Autoklasse (`Car`) mit zwei Methoden. Bei Methoden handelt es sich um Funktionen, die Teil einer Klassendefinition sind. Diese Klasse hat eine reguläre Methode namens `accelerate` (beschleunigen). Die Methode ändert die Daten (die Geschwindigkeit `speed`) einer Instanz dieser Klasse. Außerdem gibt es eine spezielle Methode, die mit doppelten Unterstrichen beginnt und endet: `__init__`. Python ruft sie automatisch auf, wenn ein Objekt *initialisiert* wird, um dem Objekt einige Anfangsdaten zuzuweisen. Das erste Argument jeder Methode repräsentiert die Instanz der Klasse und heißt per Konvention `self`. Dies wird deutlicher, wenn Sie sehen, wie Sie die Klasse `Car` verwenden. Zuerst instanziieren wir zwei Autos. Das geschieht in der gleichen Weise, wie Sie eine Funktion aufrufen: Rufen Sie die Klasse auf, indem Sie Klammern anfügen und die Argumente der Methode `__init__` bereitstellen. Für `self` brauchen Sie niemals etwas anzugeben, da sich Python darum kümmert. In diesem Beispiel nimmt `self` die Werte `car1` bzw. `car2` an:

```
In [2]: # Zwei Car-Objekte instanziieren
        car1 = Car("red")
        car2 = Car(color="blue")
```

Wenn Sie eine Klasse aufrufen, rufen Sie in Wirklichkeit die Funktion `__init__` auf, weshalb auch hier all das gilt, was Sie von Funktionsargumenten kennen: Für `car1` stellen wir das Argument als Positionsargument bereit, während wir für `car2` Schlüsselwortargumente verwenden. Nachdem wir die beiden car-Objekte von der Klasse `Car` instanziiert haben, sehen wir uns deren Attribute an und rufen ihre Methoden auf. Wie Sie selbst sich überzeugen können, wird die Geschwindigkeit von `car1` geändert, nachdem Sie `car1` beschleunigt haben, aber für `car2` bleibt sie unverändert, da die beiden Objekte unabhängig voneinander sind:

```
In [3]: # Standardmäßig gibt ein Objekt seinen Speicherort aus.
        car1

Out[3]: <__main__.Car at 0x7fea812e3890>

In [4]: # Über Attribute können Sie auf die Daten eines Objekts zugreifen.
        car1.color

Out[4]: 'red'

In [5]: car1.speed

Out[5]: 0

In [6]: # Die Methode accelerate auf car1 aufrufen.
        car1.accelerate(20)

In [7]: # Das Geschwindigkeitsattribut (speed) von car1 wurde geändert.
        car1.speed

Out[7]: 20

In [8]: # Das Attribut speed von car2 ist unverändert geblieben.
        car2.speed

Out[8]: 0
```

In Python lassen sich Attribute auch direkt ändern, ohne die Methoden aufrufen zu müssen:

```
In [9]: car1.color = "green"

In [10]: car1.color

Out[10]: 'green'

In [11]: car2.color  # unverändert

Out[11]: 'blue'
```

Kurz gesagt: Klassen definieren die Attribute und Methoden von Objekten. Mit Klassen lassen sich verwandte Funktionen (*Methoden*) und Daten (*Attribute*) gruppieren, sodass auf sie bequem über die Punktnotation zugegriffen werden kann: `myobject.attribute` oder `myobject.method()`.

Mit zeitzonenkonformen datetime-Objekten arbeiten

In Kapitel 3 haben wir uns kurz mit zeitzonenunabhängigen `datetime`-Objekten beschäftigt. Wenn die Zeitzone wichtig ist, arbeiten Sie normalerweise in der *UTC*-Zeitzone und transformieren nur zu Anzeigezwecken in lokale Zeitzonen. UTC steht für *Coordinated Universal Time* und ist der Nachfolger der *Greenwich Mean Time* (GMT). Wenn Sie mit Excel und Python arbeiten, müssen Sie möglicherweise naive Zeitstempel, wie sie von Excel kommen, in zeitzonenkonforme `datetime`-Objekte umwandeln. Für die Unterstützung von Zeitzonen in Python können Sie das Paket *dateutil* nutzen, das zwar nicht zur Standardbibliothek gehört, aber mit Anaconda vorinstalliert wird. Die folgenden Beispiele zeigen einige gängige Operationen, die mit `datetime`-Objekten und Zeitzonen zu tun haben:

```
In [12]: import datetime as dt
         from dateutil import tz

In [13]: # Zeitzonennaives datetime-Objekt.
         timestamp = dt.datetime(2020, 1, 31, 14, 30)
         timestamp.isoformat()

Out[13]: '2020-01-31T14:30:00'

In [14]: # Zeitzonenkonformes datetime-Objekt.
         timestamp_eastern = dt.datetime(2020, 1, 31, 14, 30,
                                         tzinfo=tz.gettz("US/Eastern"))
         # Die Ausgabe im ISO-Format zeigt deutlich
         # den Offset zu UTC.
         timestamp_eastern.isoformat()

Out[14]: '2020-01-31T14:30:00-05:00'

In [15]: # Einem naiven datetime-Objekt eine Zeitzone zuweisen.
         timestamp_eastern = timestamp.replace(tzinfo=tz.gettz("US/Eastern"))
         timestamp_eastern.isoformat()

Out[15]: '2020-01-31T14:30:00-05:00'
```

```
In [16]: # Von einer Zeitzone in eine andere konvertieren.
         # Da die UTC-Zeitzone so häufig vorkommt, gibt es
         # eine Kurzform: tz.UTC.
         timestamp_utc = timestamp_eastern.astimezone(tz.UTC)
         timestamp_utc.isoformat()

Out[16]: '2020-01-31T19:30:00+00:00'

In [17]: # Von zeitzonenkonform zu naiv.
         timestamp_eastern.replace(tzinfo=None)

Out[17]: datetime.datetime(2020, 1, 31, 14, 30)

In [18]: # Aktuelle Zeit ohne Zeitzone.
         dt.datetime.now()

Out[18]: datetime.datetime(2021, 1, 3, 11, 18, 37, 172170)

In [19]: # Aktuelle Zeit in UTC-Zeitzone.
         dt.datetime.now(tz.UTC)

Out[19]: datetime.datetime(2021, 1, 3, 10, 18, 37, 176299, tzinfo=tzutc())
```

Zeitzonen bei Python 3.9

Python 3.9 hat in Form des Moduls `timezone` eine ordentliche Unterstützung für Zeitzonen zur Standardbibliothek hinzugefügt. Ersetzen Sie damit die `tz.gettz`-Aufrufe von `dateutil`:

```
from zoneinfo import ZoneInfo
timestamp_eastern = dt.datetime(2020, 1, 31, 14, 30,
                                tzinfo=ZoneInfo("US/Eastern"))
```

Veränderliche vs. unveränderliche Python-Objekte

In Python bezeichnet man Objekte, die ihre Werte ändern können, als *veränderlich* und solche, bei denen dies nicht möglich ist, als *unveränderlich*. Tabelle C-1 zeigt, wie sich die verschiedenen Datentypen qualifizieren.

Änderbarkeit	Datentypen
veränderlich	Listen, Wörterbücher, Mengen
unveränderlich	Ganzzahlen, Gleitkommazahlen, boolesche Werte, Strings, Datum/Uhrzeit, Tupel

Tabelle C-1: Veränderliche und unveränderliche Datentypen

Es ist wichtig, die Unterschiede zu kennen, da sich veränderliche Objekte anders verhalten können, als Sie es von anderen Sprachen – einschließlich VBA – gewohnt sind. Sehen Sie sich dazu das folgende VBA-Fragment an:

```
Dim a As Variant, b As Variant
a = Array(1, 2, 3)
b = a a(1) = 22
Debug.Print a(0) & ", " & a(1) & ", " & a(2)
Debug.Print b(0) & ", " & b(1) & ", " & b(2)
```

Die Ausgabe sieht so aus:

```
1, 22, 3
1, 2, 3
```

Führen Sie jetzt das gleiche Beispiel in Python mit einer Liste aus:

```
In [20]: a = [1, 2, 3]
b = a a[1] = 22 print(a) print(b)
[1, 22, 3]
[1, 22, 3]
```

Was ist hier passiert? In Python sind Variablen Namen, die Sie einem Objekt »zuweisen«. Mit `b = a` weisen Sie beide Namen demselben Objekt zu, der Liste `[1, 2, 3]`. Demzufolge spiegeln alle Variablen, die diesem Objekt zugewiesen sind, die Änderungen an der Liste wider. Dies gilt allerdings nur für veränderliche Objekte, würden Sie die Liste durch ein unveränderliches Objekt – etwa ein Tupel – ersetzen, würde sich `b` nicht ändern, wenn Sie `a` ändern. Wollen Sie erreichen, dass ein veränderliches Objekt wie `b` unabhängig von Änderungen in `a` ist, müssen Sie die Liste explizit kopieren:

```
In [21]: a = [1, 2, 3]
         b = a.copy()

In [22]: a

Out[22]: [1, 2, 3]

In [23]: b

Out[23]: [1, 2, 3]

In [24]: a[1] = 22  # Ändern von "a" ...

In [25]: a

Out[25]: [1, 22, 3]

In [26]: b  # ... wirkt sich nicht auf "b" aus.

Out[26]: [1, 2, 3]
```

Mit der Methode `copy` einer Liste erzeugen Sie eine *flache Kopie*: Zwar erhalten Sie eine Kopie der Liste, doch wenn die Liste veränderliche Elemente enthält, werden diese weiterhin geteilt. Möchten Sie alle Elemente rekursiv kopieren, müssen Sie eine tiefe Kopie erzeugen, indem Sie das Modul `copy` der Standardbibliothek verwenden:

```
In [27]: import copy
         b = copy.deepcopy(a)
```

Sehen Sie sich nun an, was passiert, wenn Sie veränderliche Objekte als Funktionsargumente einsetzen.

Funktionen mit veränderlichen Objekten als Argumente aufrufen

In VBA sind Sie wahrscheinlich daran gewöhnt, Funktionsargumente mit `ByRef` für die Übergabe als Verweis oder mit `ByVal` für die Übergabe als Wert zu kennzeichnen. Wenn Sie einer Funktion als Argument eine Variable übergeben, hat die Funktion die Möglichkeit, die Variable zu ändern (`ByRef`) oder mit einer Kopie der Werte (`ByVal`) zu arbeiten, sodass die ursprüngliche Variable unangetastet bleibt. In VBA ist `ByRef` die Standardeinstellung. Sehen Sie sich diese Funktion in VBA an:

```
Function increment(ByRef x As Integer) As Integer
    x = x + 1
    increment = x
End Function
```

Rufen Sie dann die Funktion wie folgt auf:

```
Sub call_increment()
    Dim a As Integer
    a = 1
    Debug.Print increment(a)
    Debug.Print a
End Sub
```

Die Ausgabe sieht so aus:

```
2
2
```

Wenn Sie jedoch `ByRef` in der Funktion `increment` in `ByVal` ändern, lautet das Ergebnis:

```
2
1
```

Wie funktioniert das in Python? Wenn Sie Variablen übergeben, geben Sie die Namen weiter, die auf Objekte verweisen. Das Verhalten hängt also davon ab, ob das Objekt veränderlich ist oder nicht. Verwenden wir zunächst ein unveränderliches Objekt:

```
In [28]: def increment(x):
             x = x + 1
             return x

In [29]: a = 1
         print(increment(a))
         print(a)
```

```
2
1
```

Wiederholen wir nun das Beispiel mit einem veränderlichen Objekt:

```
In [30]: def increment(x):
             x[0] = x[0] + 1
             return x

In [31]: a = [1]
         print(increment(a))
         print(a)

[2]
[2]
```

Wenn das Objekt veränderlich ist und Sie das ursprüngliche Objekt unverändert lassen möchten, müssen Sie eine Kopie des Objekts übergeben:

```
In [32]: a = [1]
         print(increment(a.copy()))
         print(a)

[2]
[1]
```

Ein weiterer Fall, auf den Sie achten sollten, ist die Verwendung von veränderlichen Objekten als Standardargumente in Funktionsdefinitionen – sehen Sie sich an, warum!

Funktionen mit veränderlichen Objekten als Standardargumente

Wenn Sie Funktionen schreiben, sollten Sie normalerweise keine veränderlichen Objekte als Standardargumente nutzen. Der Grund dafür ist, dass der Wert von Standardargumenten nur einmal als Teil der Funktionsdefinition ausgewertet wird und nicht jedes Mal, wenn die Funktion aufgerufen wird. Demzufolge kann die Verwendung veränderlicher Objekte als Standardargumente zu unerwartetem Verhalten führen:

```
In [33]: # Tun Sie dies nicht:
         def add_one(x=[]):
             x.append(1)
             return x

In [34]: add_one()

Out[34]: [1]

In [35]: add_one()

Out[35]: [1, 1]
```

Wenn Sie eine leere Liste als Standardargument verwenden möchten, schreiben Sie stattdessen folgende Variante:

```
In [36]: def add_one(x=None):
             if x is None:
                 x = []
             x.append(1)
             return x

In [37]: add_one()

Out[37]: [1]

In [38]: add_one()

Out[38]: [1]
```

Index

B

C

E

F

G

H

Q

R

S

T

U

V

W

X

Z

Über den Autor

Felix Zumstein ist der Schöpfer und Betreuer von xlwings, einem beliebten Open-Source-Paket, das die Automatisierung von Excel mit Python unter Windows und macOS ermöglicht. Er organisiert auch die xlwings-Treffen in London und New York City, um eine breite Palette innovativer Lösungen für Excel zu fördern.

Als CEO von xltrail, einem Versionskontrollsystem für Excel-Dateien, hat er mit Hunderten von Anwendern gesprochen, die Excel für geschäftskritische Aufgaben verwenden, und ist daher mit den typischen Excel-Anwendungsfällen und -Problemen in verschiedenen Branchen bestens vertraut.

Kolophon

Das Tier auf dem Cover von *Python für Excel* ist eine Korallenrollschlange (*Anilius scytale*). Diese farbenprächtige Schlange kommt in der südamerikanischen Guianas-Region, im Amazonas-Regenwald sowie auf Trinidad und Tobago vor.

Die Korallenrollschlange wird bis zu 70 cm lang und hat leuchtend rote und schwarze Bänder. Ihr gebändertes Aussehen ähnelt dem der Korallenotter (*Micrurus*), allerdings fehlen der Korallenrollschlange die charakteristischen gelben Bänder dieser hochgiftigen Schlange. Ihr Körper hat fast durchgängig den gleichen Durchmesser bis auf den sehr kurzen Schwanz, was ihr ein schlauchartiges Aussehen verleiht. Die kleinen Augen werden von großen Kopfschuppen verdeckt.

Es wurde beobachtet, dass diese grabende Schlange ovovivipar ist. Dies bedeutet, dass die dotterreichen Eier nicht abgelegt, sondern im Mutterleib dotterernährt ausgebrütet werden. Die 6 bis 15 Jungtiere schlüpfen noch im Körper des Muttertiers.

Die Korallenrollschlange ernährt sich von Käfern, Amphibien, Eidechsen, Fischen und anderen kleinen Schlangen. Sie besitzt Sporne und kleine vorstehende Knochenstücke in der Nähe des Afters, die Überreste von Hüften und Oberschenkelknochen sind. Diese Merkmale, zusammen mit den kräftigen Knochen und der charakteristischen Form ihres Schädels, lässt die Korallenrollschlange den echsenähnlichen Vorfahren der Schlangen sehr nahekommen.

Der Erhaltungszustand der Korallenrollschlange wird als »Data Deficient« eingestuft, d.h., es liegen noch nicht genügend Informationen vor, um ihre Bedrohung durch Aussterben zu beurteilen. Viele der Tiere auf den O'Reilly-Covern sind vom Aussterben bedroht, doch jedes einzelne von ihnen ist für den Erhalt unserer Erde wichtig.

Die Illustration auf dem Umschlag dieses Buchs stammt von Karen Montgomery, die hierfür einen Stich aus der *English Cyclopedia Natural History* verwendet hat. Der Umschlag der deutschen Ausgabe wurde von Karen Montgomery und Michael Oréal entworfen. Auf dem Cover verwenden wir die Schriften Gilroy Semibold und Guardian Sans, als Textschrift die Linotype Birka, die Überschriftenschrift ist die Adobe Myriad Condensed, und die Nichtproportionalschrift für Codes ist LucasFonts TheSans Mono Condensed.